예
수
하버드에

오
다

1세기 랍비의 지혜는
지금 우리에게
무엇을 의미하는가

하비 콕스 지음 | 오강남 옮김

예수
하버드에
오다

When
Jesus
Came to
Harvard:

Making
Moral Choices
Today

문예출판사

추천의 말

누군가에게는 몰래 옷자락이라도 만지고 싶은 아이돌 스타였으나 누군가에게는 주먹을 부르는 밉상이었던 청년 예수. 2000년이 지난 후에도 그는 여전히 환호와 질타의 한가운데 있다. 성서가 여전히 인류 최고의 베스트셀러인데도 말이다. 크리스천과 무슬림이나 무신론자들 사이에서만이 아니다. 크리스천들 사이에서도 예수에 대한 다른 견해들은 롤러코스터를 타듯 천국과 지옥을 오간다.

처녀가 남자 없이 임신하고, 하나님이라면서도 십자가 위에서 하나님에게 버림받음을 한탄하고, 그런데 죽은 자들 가운데서 살아났다는 부활 이야기 등은 과학과 너무도 거리가 멀지만, 정통 기독교에서는 이것을 믿지 않으면 불신앙이라며 마녀사냥이라도 할 공세를 거두지 않는다. 그런데 그런 매도쯤은 아무런 상관조차 하지 않는 하버드생들이 머리로 이해가 가지 않는 의심스러운 성서 구절에 대해 까놓고 토론을 벌인다면 과연 어떻게 될까.

이 책은 1912년을 끝으로 예수에 대한 과목이 자취를 감춘 하버드대학교에서 70년 만에 '무조건 믿습니다'를 외는 '믿음 좋은 크리스천들'과는 달라도 너무도 다른 젊은이들의 도마 위에서 예수가 어떻게 요리되는지를 보여준다. 시골 교회의 순박한 풍토에서 자랐으면서도 꼰대 기질이라고는 찾아볼 수 없을 만큼 기적과 섹스에 대한 질문까지도 독려한 하비 콕스 교수가 아니라면 누가 목사가 설립한 학교에서 이렇게 불순한 논쟁을 펼쳐 금기의 둑을 무너뜨릴 수 있을 것인가.

하버드대학교에서 대흥행한 하비 콕스 교수의 '예수와 윤리적 삶' 강의는 윤리라는 딱딱한 단어와는 정말 어울리지 않을 만큼 재미있다. 그런데 놀라운 것은 낄낄거리며 웃다가 어떤 정통 신학자도 가져다주지 못한, 예수가 진정으로 도달하고자 했던 바로 그곳에 자기도 모르게 가 있게 한다는 것이다. 유대 랍비 예수가 기존의 유대 교사들에게서는 들어볼 수 없던 비유를 들어 '닫힌 감각'을 열어주었듯이, 하비 콕스 교수 역시 기존의 방식과는 전혀 다른 방식으로 눈에 든 들보를 빼준다.

교회 안에서는 모르핀을 맞은 것처럼 기쁨에 들뜨다가도 교회 밖 현실에서는 늘 막히고 힘들고 길이 보이지 않는 사람들에게도 이 책은 새로운 관점을 열어 활로를 만들어준다. 가족 관계, 정치 유전학, 성, 계급, 소유, 세대 갈등 등 다양한 상황의 윤리적 선택 앞에서 막막한 현대인들에게, '하버드에 온 예수'는 '답하는 존재'가 아닌 '질문하는 존재'로서, 우리가 스스로 생각하는 능력을 깨워주기 때문이다.

조현
전 한겨레신문 종교전문기자 겸 논설위원
유튜브 조현TV휴심정 운영자

《예수, 하버드에 오다》. 나의 '인생 책'에서 빠지지 않는 책이다. 20년 전 '진짜 사춘기'를 겪으며 방황할 때 위안을 넘어 지혜와 영감을 얻은 후 많은 사람에게 추천하고 선물했다. 나는 이 책을 나는 왜 읽고 또 읽었을까?

살다 보면 종종 결정의 갈림길에 서게 된다. 대개 유불리를 기준으로 선택하지만 그리 간단치 않을 때도 있다. 가족 문제, 진로 문제, 친구 문제, 돈 문제……, 모두 인격을 시험하는 문제들이다. 유리한 방향과 인간적으로도 괜찮은 방향이 일치하지 않기 때문이다. 딜레마에 빠지는 그때, 이 책을 펼쳐 보시라. 기독교인들만의 예수가 아닌, 2000년 전 유대 땅에 살았던 지혜 높은 랍비 예수를 만나 가슴을 울리는 지혜를 얻을 수 있다.

1980년대 초반 미국에서는 화이트칼라 범죄에 하버드대학교 출신이 연루되는 일이 잦았다. 그러자 대학 측은 자신들이 뭔가 중요한 걸 가르치지 않은 게 아닌가 하는 질문을 던졌고 자성 끝에 '윤리적 사유'라는 강좌를 개설한다. '예수와 윤리적 삶'은 '윤리적 사유' 강좌의 여러 과목 중 하나였다. 이 재미없어 보이는 과목을 학생들은 과연 들었을까. 뜻밖에도 굉장히 많은 학생이 수강했다. 무엇이 옳은지 그른지, 무엇을 해야 하고 무엇을 하면 안 되는지, 윤리 문제로 고민하는 하버드 지성들이 그만큼 많았다는 얘기다. 다들 경쟁과 속도에 치여 살다 정작 중요한 걸 잊고 살았다는 뒤늦은 깨달음이었을까.

　지금, 이곳의 우리들도 갈팡질팡하는 것 같다. 때론 알면서도 비윤리의 경계를 넘는다. 하지만 우리 모두 언젠가는 이 질문 앞에 서게 된다. '이렇게 살아도 괜찮은가'라는. 이 질문을 가슴에 품은 분들께 마음을 담아 추천한다. 《예수, 하버드에 오다》. 당신의 가슴에도 그를 들이기를!

최인아

최인아 책방 대표

이 책을 40여 년 가르치는 동안
나를 떠밀기도 하고 촉발하기도 하고 붙들어주기도 한
수없이 많은 학생 하나하나에게 바친다.
앤도버 뉴턴 신학교, 미시간대학교, 나로파 인스티튜트,
브랜디스대학교, 멕시코 세미나리오 바우티스타,
그리고 특히 하버드대학교와 하버드 신학대학원에서 만난
학생들, 그들이 나에게서 배운 것만큼
나도 그들에게서 그만큼 배웠기 때문이다.

젊어서 낳은 자식은 용사의 손에 쥐어 있는 화살과도 같으니,
그런 화살이 화살통에 가득한 용사에게는 복이 있다.
| 시편 127:4-5

차례

Ⅲ 다른 이들이 예수에 대해 한 더 많은 이야기들

들어가는 말

이 책 제목에 '예수'와 '하버드'라는 두 개의 명사를 나란히 붙여놓은 것이 좀 이상스럽게 보일지도 모르겠다. 하버드는 1636년 원래 목사들을 양성하기 위한 기관으로 창설되었지만 그 이후 오래전부터 종교적 색채를 벗어버렸다. 거의 100년 가까이 그곳은 연구 중심 대학으로서, 어느 정도 재정이 풍부하고, 어딘가 자부심이 강하고, 유명하게 세속적인 기관으로 알려졌다. 한편 2,000년 전에 살았던 예수는 대부분의 사람들 마음속에 영성, 겸손, 영적 삶 같은 것과 연관되어 있다. 그는 세계에서 가장 큰 종교의 중심인물이다. 예수가 살았던 갈릴리 나사렛과 하버드가 위치한 매사추세츠 케임브리지는 무슨 관계가 있다는 것인가?

지난 몇십 년 사이에 일어난 두 가지 큰 흐름이 일견 모순처럼 보이는 이런 대치가 그렇게 엉뚱하지만은 않다는 것을 말해준다. 첫째는 우리가 서로 모순되는 가치관과 상충하는 세계관의 시대에 돌입하고 있지 않은가, 그리고 이런 윤리적 분열이 지방 공동체나 개별 국가만이 아니라 전 인류의 문화와 문명을 뒤흔드는 것이 아닌가 하는 불안감이 많은 사람 사이에서 점증하고 있다는 사실이다. 나는 물론 이런 생각에 동의하지 않는다. 이런 불안감의 상당 부분은 과거에 대한 왜곡된 그림에 근거하고 있고, 역사에서보다는 일종의 노스탤지어에서 유래한다. 세상이, 혹은 미국이 언제 악의에 찬 경쟁 국가들 없이 살아본 적이 있는가? 물론 이렇게 불안한 세상이라는 인식 자체가 존재하는 것만은 사실이다. 그리고 이 경우 이런 인식은 현실보다 우리들이 생각하고 행동하는 방법에 더욱 큰 영향을 주고 있다.

두 번째 흐름도 역시 역사 인식과 관계가 있다. 다시 말해 100여 년 동안 지속적으로 하향 곡선을 긋던 종교가 거의 세계 모든 곳에서 다시 상승 곡선을 긋고 있다는 인식이다. 그러나 이것도 의심의 여지가 많은 생각이다. 1세기 전만 해도 많은 학자들이 신속히 퍼지는 과학적 지식과 도시화와 문맹 퇴치 등으로 종교 전통들은 어쩔 수 없이 현대 사회 한쪽 구석으로 밀려날 거라고 장담했다. 거기서 점차로 쇠퇴하거나 그렇지 않으면 구시대의 이상한 유물로 화석화될 거라고 했다. 그러나 역사에서 확신에 찼던 이 예언처럼 그렇게 극적으로 빗나간 예도 드물다. 엄숙하게 그 죽음을 선고받은 신들이 오히려 신들의 관을 운구하던 자들을 묻으러 되돌아왔다는 걸까? 혹은 내가 믿는 것처럼 그 신들은 결코 죽은 일이 없고 오로지 시대의 변화에 맞춰 새로운 모습으로 변모한 것뿐일까?

이제 학자들 중에는 이렇게 가치의 위기라는 가설과 종교의 재기라는 추정을 인과 관계로 해석하는 이들이 있다. 이런 분석은 두 가지 종류로 나타난다. 첫 번째 분석에서는, 복제 생명이나 장기 이식 등에서부터 대규모 기아나 테러에 이르기까지 온갖 새롭고 벅찬 윤리적 도전에 직면한 사람들이 혼란과 불확실성을 경험할 수밖에 없다고 말한다. 여기에 정치인이나 사업가 같은 특정 집단을 향한 일반인들의 불신도 증가하면서, 자연히 이런 현대화 물결에 얼떨떨해진 희생자들이 과거 몇천 년 동안 의미와 방향을 제시해준 영적 전통을 다시 찾게 되었다는 것이다.

두 번째 분석에서는 이런 그림을 뒤집어본다. 이른바 종교의 부흥이 갈등을 부추긴다는 주장이다. 심지어 지금 우리가 그동안 미뤄놓았던 유대·그리스도교 문명과 이슬람 문명 사이의 전쟁을 향해 치닫고 있다고 선언하면서, 그 이유가 주로 이 두 문명의 핵심적인 종교적 가치가 상충하기 때문이라고 주장하는 사람까지 있다. 이런 진단에 따르면, 종교(적어도 다른 사람의 종교)는 상처를 싸매는 고약이 아니라 독을 품은 병원체다. 그러나 어느 쪽 시나리오를 따르든, 종교(선한 사마리아인이든 귀신의 왕 바알세불이든 간에), 그리고 윤리적 위기(현실이든 환상이든 간에), 이 두 가지는 다시 한번 일반인들의 관심을 사로잡는 주제로 등장했다.

1980년대 초 하버드대학교 학부에서 나에게 새로 도입된 학부 교과 과정인 '윤리적 사유Moral Reasoning' 분과에서 예수에 관한 과목 하나를 가르쳐달라고 부탁했을 당시, 나 스스로가 이런 소용돌이 속에 휩싸여 있었다. 하버드대학교 학부에서 이런 분과를 창설한 것은 우리 주변에서 점점 더 우리를 당황하게 하는 온갖 현상을 더는 묵과할 수 없다는 결론에 이르렀기 때문이다. 부정한 거래, 불의한 범법 행위, 환자보다는 돈에 더 관심이 많은 의사들, 자기들의 연구 자료를 날조하는 과학자들 등에 대한 이야기가 왜 이리도 많이 들려오는가? 더욱 한심한 것은 왜 이런 엉터리들 중 더러가 바로 우리 대학

졸업생들이란 말인가? 고등 교육을 받은 사람들이 왜 그다지도 많이 그렇게 엄청나게 나쁜 일을 하고 있는가? 우리 학생들이 받는 교육에 뭔가 중요한 것이 빠져 있는 게 아닐까?

우리는 학생들이 인문 과학이나 자연 과학에 정통하도록 교육하고 있고, 우리 자신도 이런 사실을 잘 알고 있다. 학생들은 남북 전쟁의 원인을 잘 알고 있었고, 화학 실험에 대해 훌륭한 리포트를 작성할 수도 있었다. 그러나 우리는 학생들에게 자기들이 받은 교육을 어떻게 윤리적 책임을 가지고 적용할지에 대해서는 실질적인 준비를 전혀 시키지 않았다는 사실을 인지하기에 이르렀다. 학생들이 사실에 대해서는 전문가가 되고 있었지만 가치관에서는 초보생으로 남아 있을 뿐이었다. 따라서 교수회에서는 이후 학생들의 졸업 필수 요건으로 '윤리적 사유'라는 제목이 붙은 여러 과목 중 하나를 반드시 이수하도록 결의하게 되었다. 이는 우리 학생들만이 아니라 사회 전체를 병들게 하는 요인에 대처하기 위한 작은 발걸음이었다. 이런 일련의 정황 속에서 교수회의 요청에 따라 '윤리적 사유'라는 강좌에 속하는 여러 과목 중 하나로 '예수와 윤리적 삶Jesus and Moral Life'이라고 하여 예수의 윤리적 모범과 가르침에 초점을 맞추는 과목을 개설하기에 이르렀다.

나 스스로는 이런 조치에 일단 회의적이었다. 윤리라는 것이 강의실에서 가르칠 수 있는 성질인지 확신할 수 없었기 때문이다. 내 생각에는 종교 기관이나 가정에서, 그리고 대학생들보다는 어린아이들에게 가르치는 것이 더 좋지 않을까 싶었다. 다른 문제도 있었다. 윤리적 사유, 윤리적 확신, 그리고 명백한 윤리적 용기 사이에 무슨 관계가 있단 말인가? 예를 들어, 윤리적 사유를 하는 데에는 훌륭한 기술을 익힌 학생이 시험을 칠 때 부정행위를 한 덕택으로 A 학점을 받는다는 것이 이론적으로 가능하지 않은가? 윤리적인 문제에 대해서는 이론적으로 멋들어지게 변론할 수 있지만, 그런 문제에 대해 정말로 확신하지는 못하는 학생을 양산하게 될 위험은 없을까? 소크라테스가 당시 아테네의 젊은이들을 교육하던 교육 방법에 그렇게 분개했는데, 그게 바로 이런 식으로 말만 번지르르하게 하는 교육(그의 말대로 해서 '궤변')이 아니었던가? 윤리적 용기는 또 어떻게 해야 하는가? 강의실에서 일종의 배포 같은 것을 기를 수 있는 길이 있을까?

아직도 선뜻 나서지 못할 이유가 몇 가지 있었다. '윤리적 사유'라는 이름 아래 여러 개의 강좌를 두고 학생들이 그중 하나를 선택하도록 하는 것 자체도 문제였다. 이런 식으로 여러 가지 서로 다른 잡다한 강좌들을 제공하는 것은 학교에서 지양하려 하던 뷔페식 윤리관을 오히려 더욱 조장하는 결과를 가져올 수도 있었다. 말하자면 "내가 의무를 강조하는 임마누엘 칸트를 더 좋아하는가 공리주의를 역설하는 존 스튜어트 밀을 더 좋아하는가? 아리스토텔레스를 좋아하는가 아퀴나스를 좋아하는가? 어디 한번 보자" 하는 식의 태도를 심어주는 결과를 가져올 수도 있다. 이런 식으로 다양한 옵션을 제공하는 것은 결국 학교에서 극복해보려고 하는 애매모호한 윤리적 상대주의를 더욱 조성하는 일이 아닌가?

나는 이런 생각들을 '윤리적 사유'라는 이름 아래 다른 강좌를 맡은 동료 교수들과 커피를 마시면서 털어놓았다. 동료 교수들은 나

들어가는 말

를 안심시키려고 애를 썼다. 그들은 학생들에게 윤리 문제에 대해 '명쾌하게 사유하는 법'을 가르치기만을 바랄 뿐이라고 말했다. 학생들에게 윤리적 선택에 대해서 충분히 이야기해주고 윤리적 논증들을 이해하게 해주면 학생들 스스로 그 방면에 필요한 재능을 계발할 거라는 주장이었다. 마치 실험실에서 학생들 스스로 자기들의 관찰력을 기르고, 밴드나 합창단에서 스스로 음악적 재능을 습득하고, 운동장에서 스스로 체력을 단련하는 것과 같은 일이라는 것이다. 나는 그들의 말에 수긍할 수가 없었다. 뭔가 공통적 바탕 같은 것이 없으면 윤리적 논증이라는 게 결국 종잡을 수 없는 방향으로 흘러가고 말리라는, 따라서 학생들은 더욱 깊은 윤리적 수렁 속으로 빠져들고 말리라는 예감을 떨쳐버릴 수가 없었다.

또 다른 문제점도 예견할 수 있었다. 어느 교수는 예수의 성육신이라든가 부활 같은 그리스도교 교리를 받아들이지 않는 학생들에게 오로지 예수의 윤리적 비전을 보여주는 데만 초점을 맞추면 어떻겠는가 하는 제안을 했다. 나는 그에게 바로 이와 똑같은 문제를 가지고 오랫동안 논쟁이 있었다는 이야기를 했다. 한편으로 많은 사람들은 예수에 관한 그리스도교의 가르침을 받아들이지 않는 한 예수의 윤리적 가르침 같은 것이 거의 의미가 없다고 믿는데, 이런 생각은 어느 정도 사실이 틀림없다. 예수는 보통 그의 가르침을 자신의 삶과 직결시키고 자기 스스로를 자기가 가르치는 메시지의 중심에 두었다. 그러나 다른 한편으로는 예수에 관한 그리스도교의 교리를 그대로 받아들이지 않는 다른 많은 사람이 예수의 가르침에서 영감과 교훈을 받는 것 또한 명백한 사실이다. 마하트마 간디Mahatma

Gandhi가 이런 경우의 가장 잘 알려진 예라 할 수 있다.[1] 나는 이 두 입장 모두를 수용할 수 있을 것 같았다.[2] 그럼에도 아직 이런 과목을 가르치는 것이 좋을까 하는 데에는 의구심이 완전히 가시지는 않았다. 그러나 곰곰이 생각해보면 해볼수록 이런 과목을 가르치는 쪽으로 끌리는 나 자신을 발견하게 되었다. 결국 이런 의구심에도 나는 그 과목을 가르치는 데 동의했다.

나는 그렇게 한 것을 다행으로 생각한다. 처음부터 이 과목이 단순히 여러 과목 중 하나에 지나지 않는, 그런 것이 되지는 않을 것이 분명했다. 첫 학기부터 많은 학생이 등록했는데, 몇 년이 지나자 매년 그 과목을 듣는 수강생 수가 700~800명씩 되었다. 곧이어서 방문 교수들, 박사후 연구원들, 중견 외교관들, 도시 계획관들, 언론인들도 청강하기에 이르렀다. 이처럼 급증하는 등록생 수는 대학을 세속주의의 보루라 여기던 하버드대학교 안팎의 많은 사람에게 놀라운 일로 다가왔다. 과목 명칭에 '윤리'라는 말과 '예수'라는 말이 들어가 있는 이 과목에 그렇게도 많은 학생이 몰린 이유는 무엇일까? 그 이유는 물론 이런 현상에 놀라움을 금치 못한 사람들이 현 학생 세대의 분위기나 변화하는 시대의 성격을 잘못 판단했기 때문이다. 강의를 시작한 지 3년이 지나자 대학 총장이 점심시간에 나를 어느 그리스 식당으로 초대해서는 도대체 무슨 일이 일어나고 있는지 설명해달라고 했다.

나는 총장에게 여러 가지 요인이 작용했을 거라고 했다. 무엇보다 학생들은 '윤리적 사유'라는 제목을 가진 과목 중 하나를 필수로 이수해야 했다. 화학을 전공하는 어느 학생이 솔직히 털어놓았다.

'윤리적 사유'라는 강좌 중 왜 다른 교수가 가르치는 과목을 택하지 않고 내가 가르치는 것을 택했느냐고 물어보았더니 "글쎄요. 데카르트Descartes(그는 이를 "데스카르티즈"라 발음했다)라는 작자의 이름은 들어본 적이 없거든요. 그러나 예수는…… 적어도 그 이름을 들어본 일은 있으니까요" 하고 대답했다. 그리고 또 그 당시는 지금과 달리 하버드대학교 안에서 예수와 관계있는 내용을 가르치는 과목이 전혀 없었기 때문이기도 했다. 옛 카탈로그를 뒤져보니 제목에 '예수'라는 말이 들어간 강좌로는 1912년 하버드를 떠난 고故 조지 산타야나 교수가 가르치던 것이 마지막이었다. 정말 이상스럽게도 예수에 관한 과목이 뭔가 새롭고 색다른 것이 된 셈이었다.

하버드대학교 카탈로그에서 예수라는 이름이 70년 동안이나 사라진 이유는 지난 몇십 년 동안 미국 여러 대학에서 무슨 일이 일어났는가를 분명히 말해준다. 미국 고등 교육은, 비록 교회가 설립한 학교에서마저도, 점점 더 세속화되고 점점 더 전문화되어갔다. 신학이 아니라 과학이 모든 학문의 여왕으로 등극하게 된 것이다. 종교는 신학원이나 신학대학으로 물러나게 되었다. 경건한 청교도들이 종교적 목적으로 창립한 하버드대학교에서마저도 그 종교적 목적을 뒤로 한 지 이미 오래다. 신학대학은 한쪽 구석으로 멀리 밀려났고, 심지어 고故 제임스 B. 코넌트 총장은 신학대학을 없애버릴 것을 심각하게 고려하기까지 했다. '객관성'이라는 것이 무엇을 가르치든 유일한 합법적 접근이라 믿었고, 종교는 결코 객관적으로 가르칠 수 있는 성질이 못 된다고 생각했다. 그 당시 예수는 고대사나 미술사, 음악사 등의 강좌에만 등장하는 정도였다. 1982년 내 과목이 개설되기 전에는 예수에 관한 강좌가 하나도 없었다. 학생들의 호응도가 이렇게 높은 것이 전혀 놀라운 일이 아니었다. 70여 년 동안 막혀 있던 관심이 드디어 분출하게 된 셈이다.

오래되지 않아 수강 신청생 수가 너무 많아지자 등록실에서는 강의실을 붉은 벽돌로 된 높은 건물 '메모리얼 홀' 안에 있는 샌더스 극장으로 옮길 수밖에 없었다. 이곳은 보스턴 심포니 오케스트라나 순회 공연하는 록 밴드가 올 때 사용하는 공간이었다. 수강생 수가 너무 많아져서 학생들을 15명씩 여러 반으로 나누어 자기들끼리 분반 토의를 할 수 있게 하는 이례적인 수단을 강구해야 했다. 나는 학생들이 무슨 생각을 하고 있는가 직접 알아보기 위해 그중 몇 반에는 언제나 참석했다. 이렇게 여러 반으로 나누다 보니 몇 반은 결국 한때 ROTC 건물로 사용했던 그 볼썽사납기로 악명 높은 건물에서 모일 수밖에 없었다. 동물학 실험실과 이젠 쓰지 않는 핵 가속 장치와 하버드 교정에서 제일 먼 곳에 붙은 주차장 사이에 비죽 올라온 이 보기 싫은 골조 건물은 분위기부터 사람의 기를 죽였다. 이곳은 일종의 가건물이었는데, 대학에서는 내가 학생 때부터 이 건물을 헐겠다고 하고서도 아직까지 실천에 옮기지 못해 그대로 남아 있었다. 그러나 이 건물은 가르치는 사람으로서 내 일생에서 가장 잊지 못할 순간들이 이어지던 장소가 되었다.

'예수와 윤리적 삶'이라는 과목은 내가 학부 학생들을 가르치기 시작하고 처음 가르치는 과목이었다. 학생들 대부분은 열일곱에서 스물두 살 사이의 젊은이들이었다. 그전에는 주로 대학원 학생들만 지도했다. 처음에는 약간 걱정이 되기도 했다. 나는 내가 가르치는 것

들어가는 말

들이 학생들의 삶에 실제로 연관되도록 하고 싶었지만 그들이 살아 가고 있는 발 빠른 청년 문화가 나에게는 너무나도 낯설 뿐만 아니라 약간 기가 질리는 것 같기도 했기 때문이다. 내가 알고 있는 노래는 그들이 아니라 그들의 부모들이 부르는 것들이었다. 그들이 보는 영화는 내가 피하는 것이었다. 내가 마지막으로 즐겨 듣던 록 그룹은 비틀스였다. 나는 내가 이런 젊은이들의 세계에서 뭔가 의미가 있는 방법으로 예수에 대해 말할 수 있을까 자신할 수가 없었다.

그러나 강의가 시작되자마자 나는 이 같은 불안감을 말끔히 씻고, 곧바로 다음 수업 시간, 특히 분반 토의 시간을 기다릴 정도가 되었다. 학생들도 아주 마음에 들었다. 그렇다. 학교에서 학생들에게 윤리적 사유에 관한 과목을 필수로 요구했지만, 그들은 비윤리적인 떼거리가 아니었다. 그들은 총명하고 말을 많이 하고 열심이고, 무엇보다 '올바른 일을 하려는' 의도가 지극한 학생들이었다. 그들은 자기들이 택한 문화 인류학, 철학, 심리학, 역사학, 사회학 등의 과목을 통해 윤리란 극히 상대적이라고 믿는 학생들이었다. 윤리란 사람마다, 사회마다, 세대마다 각각 다르다고 생각했다. 우리가 뭐길래 남태평양 도서에 사는 사람들의 느슨한 성적 습관이라든가, 늙은이들을 눈으로 덮인 벌판으로 내보내 거기서 죽게 하는 네스킬리크 에스키모인들의 습속을 문제 삼을 수 있단 말인가? 우리가 어찌 예루살렘을 살육한 로마 군인들이나 테노크티틀란인들을 불태워 죽인 콘퀸스테이도르인들을 판단할 수 있겠는가? 나의 동급생들이 마약을 복용하든지, 성적으로 문란하든지, 그들이 나에게 피해를 주지 않고 나 스스로 그런 일을 안 한다면, 내가 그들의 '개인적 라이프 스타일'

을 두고 비난할 필요가 있겠는가? 하는 식이었다. 학생들은 적어도 자연 과학 과목에서만은 스스로 엄격하게 정직한 관찰자가 되고 그들의 데이터를 조작하면 안 된다는 이야기를 들었다. 그러나 실험실에서 그들은 연구 실험에 종사하는 사람들이라면 그들의 실험이 어떻게 활용되어 종국에는 어떤 결과를 초래할지의 문제에 너무 신경 쓸 필요가 없다는, 묵약적이긴 하지만, 일반적으로 만연된 확신에 쉽게 물들게 되었다. 요컨대 학생들은 훌륭한, 그러나 비非윤리적인 것은 아니지만 무無윤리적인 교육을 받고 있었던 셈이다.

이와 마찬가지로, 학생들 자신도 뭔가 모자란다는 것을 강하게 느끼고 있었다. "성기를 절단하는 것이 나쁜 일인 줄은 나도 알지만, 그것이 왜 나쁜 일인지 구체적으로 설명할 수는 없습니다" 하는 것이 그 쓸모없게 된 ROTC 건물에서 토론을 벌인 반에서 어느 상급 학생이 하는 전형적인 발언이었다. 이 학생들은 지금 세계에서 그 수가 점점 많아지는 다른 사람들과 마찬가지로 윤리적 상대주의에는 뭔가 근본적으로 부적절한 요소가 있다는 것을 막연하게나마 느끼고 있었다. 학생들은 과학 기술이 인성을 황폐하게 하는 것을 못마땅하게 여겼다. 정치인들의 위선과 미디어의 기만에 아연실색했다. 그들은 광고가 계산된 허위로 가득하다는 것도 알고 있었다. 그럼에도 학생들은 다른 사람들과 이야기하면서 실제적인 윤리적 선택을 가름해야 할 입장이 되면 뭔가 어색해하고 스스로의 의중을 분명하게 개진할 능력이 없었다. 일반적으로 쓰는 윤리적 용어들을 찾아내려 애를 쓰면서 이런저런 궁리를 하다가 그냥 포기해버리는 경우가 허다했다. 어느 때는 머리를 흔들고 "글쎄, 모두가 출신 배경에 따라 다른 것 아닐까?" 하는 식으로 결말을 내고 말았다. 그러나 다음 순간 출신 배경이 무엇이든 '분명히 잘못된 것', 예를 들어 어린이를 고문하는 것 등 누가 뭐래도 옳지 못한 일이 있다는 사실을 자각하게 된다. 학생들은 어느 누가 스스로의 윤리적 표준을 그들에게 뒤집어씌우려 하는 것을 몹시 싫어했고, 또 학생 자신들도 자기들의 윤리적 표준을 남에게 뒤집어씌우려 하기를 꺼려 했다. "나도 살고 남도 살게 하라Live and let live" 하는 공존공영의 원리가 그들의 황금률이었다. 요약하면, 학생들은 내 말로 표현해서 "선의의, 그러나 불편해하는 상대주의자"들이었다.

학생들은 이런 선의의 상대주의의 결말이 무엇일까 불안해하기도 했다. 성기 절단 같은 것은 쉬운 문제였다. 그것을 옹호하는 학생은 하나도 없었다. 그러나 우리 주위에서 일어나고 있는 문제들은 어떻게 논의해야 하는가? 빌 게이츠는 많은 학생들에게 일종의 영웅이었다. 그러나 신문 기사에서 그의 개인 재산이 미국 가정의 최하류층 40퍼센트가 가진 전 재산을 다 합한 것보다 더 많다는 이야기를 읽고 그들 중 더러는 뭔가 잘못되었다고 느꼈다. 물론 그들 중에는 "그건 그가 번 돈 아닌가?" 하며 잘못된 일이 아니라고 생각하는 학생들도 있었다. 양쪽은 서로 논쟁하다가 금방 포기하고 만다. 서로가 어떤 합의점에 이르지 못했을 뿐 아니라 이런 문제를 어떻게 토의할지 가늠조차 할 수 없었기 때문이다. 그저 이건 "육감적으로 판단해서 받아들일 수 없다는 거야" 하는 말만 하면 다인가? 낙태를 해야만 할까 혹은 하지 말아야 할까를 두고 친구를 설득하려 노력해야만 할까? 우리가 무슨 권리로 브라질 사람들에게 원시림을 훼손하지 말라고 하고, 파키스탄 사람들에게 핵 실험을 하지 말라고 할 수 있는가? 테러나 고문은 어느 경우에도 옳지 못할까, 아니면 일부 경우에만 그럴까? 무엇보다도 "모두가 출신 배경에 따라 다르다"라고 한다면 어떻게 하나의 국가로서 어떤 결정을 내릴 수가 있겠는가?

학생들에게는 그래도 뭔가 아주 귀엽고 순진한 구석이 있었다. 그들이 혼란스러워하는 상대주의자라면 그들은 분명 부드러운 상대주의자가 틀림없었다. 그들은 종파주의적인 투쟁도, 기업들의 욕심도, 도덕적인 무차별 폭력도 다 역겨워했다. TV 광고에 나오는 과대선전을 조롱하기 좋아했다. 그러나 그 어느 것보다도, 어느 누가 비판적인 자세나 '혼자 경건한 체하면서 남을 업신여기는holier-than-thou' 태도를 가지고 자기들을 지켜본다는 생각에는 질색했다. 그들이 존중하는 가장 훌륭한 미덕은 관용이었다. 그들은 "다른 사람의 신발을 신고 10리를 걸어보기 전에는 결코 그 사람을 판단하지 말라", 물론 10리를 걸은 다음에는 전혀 판단할 마음이 없어질 거라는 뜻이 내포된 미국 본토 인디언들의 옛 속담을 실천하는 살아 있는 실증들이었다.

관용이 미국에서 적어도 문서상으로나마 널리 수용되는 미덕이라는 사실은 정말로 다행스러운 일이다. 지구상에는 그렇지 못한 나라들이 많기 때문이다. 미국처럼 여러 종류의 사람이 섞여 사는 사회에서 관용의 정신이 없다면 끊임없이 서로 불화하고 분쟁할 수밖에 없다. 관용은 필요 불가결의 조건인 셈이다. 그러나 윤리적 삶을 좀 더 사려 깊고 성숙하게 고찰하기 위해서는 관용 이상의 것이 필요하다. 그것은 '결정할 수 있는 권리'를 주장하는 것에서부터 나아가 무엇을 결정하는 것이 옳은가를 고려하는 입장으로 옮겨감을 의미한다. 내 학생들은 우리 모두와 마찬가지로 이 불안정한 과도기적 상태를 붙들고 씨름했다. 내가 아는 다른 성인들과 마찬가지로 학생들도 많은 주제에 대해서 스스로 자기들의 의견을 논리 정연하게 전개할 수 있었지만 복제 생명, 사형, 세계적 기아, 안락사 같은 윤리적 결정을 요구하는 문제를 놓고 자기들과 종교적 혹은 세속적 가치관을 공유하지 않은 사람들과 토의할 때는 곧잘 갈팡질팡했다. 나는 학생들이 '올바른 일을 하기' 원한다는 사실에 고마움을 느꼈다. 그리고 2억 5,000만의 각각 다른 윤리적 코드를 가진 나라란 불가능하다는 것, 60억의 개인들이 모두 각각 자기 생각대로 행동하는 세계란 살 만한 곳이 못 된다는 것을 깨닫게 되어 기쁘게 생각했다.

어느 특정 종교에 매우 헌신적인 학생들이라고 형편이 더 좋은 것은 아니다. 그들은 '그들을 위해', 그리고 어느 경우 모든 사람을 위해, 어느 것이 옳고 그른가를 좀 더 분명히 알고 있었을지 모르지만, 그런 경우에라도 그것을 다른 사람들에게 강요하거나 특히 법으로 강제하는 것을 원하지는 않았다. 그들은 또 스스로 이런 윤리적 행동의 근거가 되는 종교적 전제를 받아들이지 않으면서도 왜 그런 행동을 자발적으로 하려 하는지를 다른 학생들에게 설명하는 것이 어렵다는 사실을 발견하게 되었다. 따라서 그들의 종교에 근거한 윤리적 표준이 어떻게 오늘처럼 종교적으로나 윤리적으로 다원화된 세상에서 작용할 수 있는가 하는 문제에 이르면 그들도 다른 학생들보다 별반 나을 바가 없었다. 결국 가장 종교적으로 헌신적인 학생들이라고 하더라도, 중요하지만 충분하지는 않다고 여겨지는, 일종의 상호 관용의 태도, '남을 해하지 말라'는 자세로 낙착되었다.

이 과목을 가르치기 시작하면서 학생들이라고 우리 일반인들과 크게 다를 바가 없다는 사실을 금방 알게 되었다. 우리 모두는 우리에게 끊임없이 곤란한 결단을 내리라고 강요하는 이런 세상에서 올바른 윤리적 태도를 취한다는 것이 얼마나 어려운가를 잘 알고 있다. 우리가 결단해야 할 문제들 중에는 물론 온 인류가 오랜 세월 동안 당면해온 것과 공통의 문제들도 있지만, 우리 조상들이 전혀 상상도 해보지 못한 문제도 많다. 옛날에는 유전 공학, 핵무기, 장기 이식, 인터넷, 성교 후에 복용하는 피임약 같은 문제가 없었다. 강의를 하면서 알게 된 또 다른 사실은 많은 학생이, 상당수 일반적 의미의 종교를 가지고 있지 않은 학생들을 포함하여, 훌륭한 윤리적 선택을 하는 데 나사렛 예수가 어떻게든 도움을 줄 수 있다고 믿는다는 것, 그러나 이 둘을 연결시키는 방법을 모른다고 했던 교수회의 짐작이 맞았다는 것이다.

여기에는 세대차라는 것이 없다. 우리는 모두 오늘의 변화된 윤리적 환경을 분명하게 생각하고, 종교가 이런 새로운 정황에 관련이 있는가, 있다면 어떻게 관련이 있는가를 재검토해야 할 필요가 있다. 우리 조상 중 많은 사람이 비교적 동질적 공동체에서 전통적으로 주어진 윤리 체계를 가지고 살았다. 그러나 오늘 우리 모두는, 열일곱이거나 일흔이거나를 막론하고, 서로 경쟁적이고 상충하는 윤리 강령이 난무하는 세상에 살고 있다. 전통적으로 내려오던 윤리적 이정표가 옛날처럼 그렇게 뚜렷하지 못하다. 그럼에도 예수를 더 잘 아는 것이, 특히 한정된 신학적 틀 안에서 그를 이해할 필요가 없을 경우,

우리에게 도움이 되리라는 생각은 지속되고 있다. 문제는 어떻게 그를 더 잘 알 수 있을까 하는 것이다.

이런 문제를 가지고 씨름할 때 우리가 개인적으로 종교적이냐 그렇지 않으냐는 거의 문제가 되지 않는다. 또 늙은이냐 젊은이냐 혹은 그 중간층이냐도 차이가 없다. 우리는 모두 한배를 타고 있는 셈이다. 우리는 종교와 윤리적 선택에 대해, 그리고 이 둘이 어떻게 연관되느냐 하는 문제에 대해, 좀 더 참신하고 광범위한 대화를 해야 한다.

나는 실생활에서 당면하는 어려운 윤리적 결단의 문제를 수강생들 스스로 해결해보는 기회를 갖도록 하는 것이 좋다고 생각하고, 일주일에 두 시간씩 하는 나의 강의에 참석하는 것 이외에 매주 한 번씩 모두 작은 토론 그룹에 직접 참가하도록 했다. 이 열띤 토론 시간을 통해 학생들은 '올바른 일을 한다는 것'이 여러 가지 상황에서 무엇을 뜻하는지 탐색해볼 수 있는 포럼을 갖게 된 셈이다. 또 보통 때는 매우 논리적으로 말을 잘하는 학생들이라도 윤리적인 문제를 놓고 서로 자기들의 여러 가지 견해를 개진하려고 할 때에는 적절한 말을 찾아내는 데 어려움을 겪는 경우가 허다한데, 이 토론 시간을 통해 이런 일을 극복하는 연습을 할 수 있는 기회를 갖기도 했다. 그들은 만사를 이미 다 알고 있다는 식의 윤리적 절대주의를 혐오하긴 했지만, 그에 못지않게 자기들 주위에서 흔히 볼 수 있는 나약한 윤리적 상대주의도 못마땅하게 여기는 입장이었다. 뭔가 다른 것을 원했다. 따라서 나사렛 예수의 삶과 가르침을 살펴봄으로써 꽉 막힘과 헐렁함이라는 이 두 가지 흉측한 극단을 피하면서 건전한 결단을 내리는 데 도움이 되는 무엇을 얻을 수 있기를 기대하거나 적어도 그렇게 희망하고 있었다.

강의실은 세계의 축소판 소우주였다. 보통 남녀 학생들의 비율이 비슷했다. 더러는 깊은 종교적 가정 출신 학생들이었지만, 상당부분 그런 학생들이 아니었다. 그리스도교적 배경을 가진 학생들 외에도 힌두교, 유대교, 이슬람교, 불교 등의 배경을 가진 학생들, 심지어는 불가지론자라 자처하는 학생들도 있었다(적어도 한 학생은 자기가 자기 종교를 창시했다고 주장하기도 했다). 학생들의 출신지를 보면 캘리포니아주 샌타바버라에서부터 인도 벵골에 이르기까지, 러시아 상트페테르부르크에서 워싱턴주 시애틀에 이르기까지 다양했을 뿐 아니라 브라질, 나이지리아, 중국을 포함하여 세계 여러 다른 나라에서 온 학생들도 있었다. 인종적으로도 다양했고, 사회 경제적 계층으로도 광범위했다. 예수의 삶에 대해 약간의 지식을 가지고 있는 학생들도 있었고, 성경에 대해 실제적으로 전혀 아는 바가 없는 학생들도 있었다. 그들은 그야말로 잡다한 그룹이었다. 그러나 모두가 자기들 주위에 있는 윤리적 혼란을 피하려는 열망으로 가득했고, 이런 이유로 모두가 '예수와 윤리적 삶'이라는 이 과목에 등록했다. 따라서 우리는 적어도 두 가지 면에서는 공통점을 가지고 있었다.

학생 중 더러는 윤리적 딜레마에 빠졌을 경우 "예수님은 어떻게 하실까?" 하는 질문만 해보면 거의 다 해결할 수 있다는 주장을 들어봤다고 했다. 그러나 그들 중 대부분은 이런 식으로 한다고 해도 문제가 다 해결되는 것이 아니라는 사실도 알고 있었다. 예수는 2,000년 전 지금과 매우 다른 환경에서 살았던 터라 지금 학생들이 당면하고 있는 여러 가지 곤란한 선택의 문제에 직면해본 일이 없기 때문이다.

들어가는 말

학생들은 예수와 우리를 갈라놓은 2,000년이라는 세월이 정말로 문제라는 사실을 깨닫게 되었다. 그러나 강의를 진행해가면서 예수는 랍비였다는 것, 그는 단순히 이미 정해진 해답을 건네주기만 하는 분이 아니라는 것, 오히려 윤리적 결단을 위해 각자가 스스로 생각할 수 있는 사고방식, '랍비적'이라 불릴 수 있는 그런 사고방식을 제시하여 각자가 스스로 문제를 풀도록 유도했다는 것 등을 배우게 되었다. 그들은 결국 예수의 오묘한 말씀이나 예리한 비유들을 들었던 사람이 다 그러했듯이, 우리도 우리의 상상력을 동원하기만 하면 그의 메시지가 정말로 오늘을 사는 우리에게 의미 있는 것이 될 수 있다는 사실을 발견하게 되었다. 문제는 예수의 방법과 메시지를 어떻게 요즘 우리가 알아들을 수 있는 말로 번역하느냐였다.

최근에 '역사적 예수 탐구'에 관한 책이 수없이 나타났다. 그러나 이 책은 그런 책 중 하나가 아니다. 이 책은 사실 그런 책들과 거의 반대편에 서 있다고 할 수 있다. 이 책은 '현재적 예수 탐구'에 관한 것이다. 이 책의 목적은 1세기에 살았던 한 사람이 21세기에 사는 우리에게 어떤 윤리적 의미를 지닐 수 있을까를 밝히려는 것이다. 그러므로 이 책의 구성은 비교적 간단하다. 각 장은 크리스마스 이야기에서 부활 이야기에 이르기까지 사복음서에 기록된 예수의 삶을 그대로 따라간다. 이 책에서는 예수가 직접 말한 이야기들, 그리고 다른 사람들이 예수에 대해 한 이야기들에 초점을 맞춘다. 내 강의를 듣던 학생들이 이런 이야기에 어떤 반응을 보였는지도 제시하려 한다. 물론 다른 일반 사람들과 마찬가지로 학생들도 더러는 황당해서 못 믿겠다는 태도를 보이기도 했고 더러는 잘 받아들이는 자세를 취했지만, 한 가지 공통점은 언제나 깊은 호기심으로 대했다는 점이다. 학생들의 여러 가지 반응들, 더러는 전혀 기대하지 못한 반응들이 어떻게 내 생각을 확대하고 심화시켜주었는지도 밝히려 한다. 나아가 학생들이 이런 옛이야기들에 비추어보아, 지금 당면한 것이든 앞으로 살아가면서 곧 당면하게 되리라 생각하는 것이든, 현 사회의 광범위하고 다양한 윤리적 선택의 문제들을 어떻게 함께 대처했는지도 기술하려 한다.

내가 바라는 것이 있다면 그것은 이 책이 하버드 교정을 넘어 더 먼 곳으로 퍼져가, 더욱 포괄적인 탐색 작업을 촉발하고 모든 연령층의 독자들과 다양한 종교적 배경을 가진, 혹은 그런 배경이 없는 독자들을 초청해서, 이 신나는 탐색 작업에 동참할 수 있도록 문을 열어주는 것이다. 물론 이 책의 독자들이 내 강의를 듣던 대부분의 학생 이상으로 성경에 대해 알고 있으리라고 전제하지는 않는다. 오로지 답답한 윤리적 근본주의나 마음 내키는 대로 하라는 식의 상대주의 중 어느 쪽에도 만족하지 못하는 분들이라면, 누구나 1세기 저 로마 제국 어느 이름 모를 구석에 나타난 한 랍비를 다시 한번 새롭게 살펴보도록 하자고 초청하는 것이다. 그의 삶은 역사상 윤리적으로 가장 영향력이 컸다고 묘사되고 있다. 그러나 그 영향력의 실상이 무엇이었는지 알아내기는 그리 쉬운 일이 아니다. 이 책에서 전제로 하는 것은 모든 신학적 명제나 자동차 범퍼에 붙은 경건한 부착물 내용에도, 그리고 그에 대한 모든 교리나 교의를 넘어서서, 올바르게 이해되기만 하면, 그 갈릴리 사람은 아직도 오늘 이 시대를 위해 강력한, 심지어 지상 명령적인, 윤리적 의미를 지닌 분이라는 생각이다.

늘어가는 날

1 그는 그때, 우리는 지금

예수가 살던 시대에서 20세기, 60세대가 지나갔다. 예수 당시 그를 보거나 그의 말을 들은 사람은 몇백 명, 많아 봐야 몇천 명에 불과했다. 로마인들은 그를 대단한 인물로 여기지 않았기에 그의 처형을 기록으로 남기지도 않았다. 그는 책을 쓴 일도 없다. 그를 기념하는 기념비를 세운 적도 없다. 그런데도 오늘날 수많은 사람이 이런저런 이유로 그가 그 당시뿐만 아니라 이 시대를 위해서도 중요한 윤리적 의미를 지닌 분이라 믿고 있다. 수많은 전문가가 예수에 대해 서로 다른 해석을 하면서 모두가 자기들이 예수에 대해 가장 권위 있는 해석을 한다고 주장한다. 그들이 다 같이 옳을 수는 없다.

예수 당시와 지금 사이의 간극을 메우는 방법 중 하나로 나는 학생들에게 예수가 중요한 영감의 원천이 된 최근의 인물 몇을 소개했다. 우리는 간디를 연구했다. 그는 결코 그리스도인이 되지는 않았지만, 자신의 삶을 예수의 산상 수훈에 근거해서 살려고 한 분이다. 우리는 마틴 루서 킹Martin Luther King, Jr. 목사에 대해 읽었는데, 그는 예수에게서 자신의 비폭력주의와 인종적으로 포용적인 공동체를 위한 전형을 찾았던 분이다. 우리는 가톨릭 노동자 연대를 창설한 도로시 데이Dorothy Day에 대해 이야기했는데, 그는 예수의 청빈과 단순한 삶을 본받기 위해 최선을 다한 분이다. 나는 학생들에게 독일의 신학자 디트리히 본회퍼Dietrich Bonhoeffer에 대해 이야기했는데, 그는 나치 독일에서 예수를 충실히 따르고자 히틀러 암살 음모에 가담했다가 미군들이 그가 갇혀 있던 플로센뷔르크의 수용소에 도착하기 몇 시간 전 게슈타포에 교수형당한 분이다. 많은 학생이 이렇게 20세기 위대한 예수의 제자들 중 한 사람을 골라 그들의 기말 논문을 작성하기로 했다. 많은 수의 위대한 영웅 호걸 중에서 학생들이 정말로 찾고 싶어 하는 이들은 신뢰할 만한 윤리적 영웅들이었다. 예수는 분명 가난한 자들 편에 서고, 힘센 자들에게 진리를 말하고, 그의 확신 때문에 치러야 할 값을 즐겨 치르려고 한 힘 있는 윤리적 모범이었다.

그러나 여전히 뭔가가 아직 부족했다. 아무리 생각이 깊은 학생이라 하더라도 예수의 삶과 가르침에서 그들이 매일 직면하는 일상적인 결정을 내리는 데 구체적인 지침을 찾기는 힘들었다. 하루는 자기 지역 루터교회에서 활발히 활동하는 한 하급반 학생이 내게 와서 솔직하게 물었다.

"우리가 이 과목에서 공부하는 사람들 거의 모두가 왜 결국에는 십자가에 못 박히거나 총살당하거나 교수형당하는 거죠?"

그는 물론 예수, 간디, 킹, 본회퍼를 두고 하는 말이었다. 절대 비꼬려고 하는 질문은 아니었다. 그는 부자가 되거나 유명해지려는 야망은 없다고 했다. 예수가 그 당시 소외된 사람들에게 보여준 그 관심에 진심으로 감명을 받았다고도 했다. 그러나 그는 언젠가 직업을 갖고 결혼해서 가정을 꾸리고 그의 공동체에서나 이 세상에서 선량

한 시민으로 살아가고 싶다고 했다. 자연히 그는 올바른 일을 하기 원했다. 그러나 그는 로마 군인들과 무모하게 맞장뜰 생각은 없다고 했다.

어떤 때는 아주 종교적인 학생들이 나에게 자기들은 윤리적 선택을 해야 할 때 예수님의 인도하심을 위해 그에게 기도한다고 이야기했다. 나는 그들이 정말로 기도했다고 믿는다. 그러나 윤리적 결정을 하기 위해 예수를 살아 있는 본보기로 여겼을 때 그들은 당황스러운 경험을 하기 일쑤였을 것이다. 그들에게 산상 수훈은 강력한 교훈이 틀림없다. 많은 사람이 '왼뺨을 돌리'거나 심지어 원수를 사랑하려고 적어도 시도는 해보았을 것이다. 그들이 정말로 예수의 분부를 문자 그대로 따라서, 가진 것을 모두 팔아 하버드 스퀘어에 있는 노숙자들에게 나눠주어야만 할까? 내가 학생들에게 과제물을 말해주고 기말시험 시간표를 발표하는데도, 예수가 가르친 대로 학생들이 '내일을 위해 염려하지 말 것'을 기대할 수 있을까? 요컨대 학생들은 예수를 무지하게 매력적이라고 여기긴 했지만 예수가 윤리와 어떤 관련이 있는지는 알기 어려웠다.

예수를 극히 매력적이면서 동시에 당황스러운 존재로 생각한 것은 그리스도인들만이 아니었다. 자기 전통을 잘 알고 있던 유대인 학생들은 예수를 이사야나 예레미야와 같은 예언자 전통을 이어받은 동료 유대인으로 생각했다. 불교인들은 당장 예수를 중생들이 모두 열반에 들도록 도와주기 위해 스스로 열반에 들기를 미루기로 한 '보살'이라 생각했다. 이슬람교도들은 그를 예언자들 중 하나라고 여기고, 예수가 쿠란에서 중요한 역할을 담당하고 있다는 사실을 상기시켜주었다.[1] 이 모두가 예수를 영감의 원천으로, 그리고 용기와 자기희생의 모델로 여겼다. 그러나 오늘날의 윤리적 문제를 해결하기 위한 안내자로서는 뭔가 꼭 들어맞지 않는다는 느낌이 들 수밖에 없었다.

한번은 인도에서 방문 교수로 왔던 중년의 힌두 경제학자가 내 강의를 청강했는데, 그는 예수가 정말로 얼마나 존경할 만한 인물인가 알게 되었고, 또 왜 마하트마 간디가 그를 본보기로 삼아 따르려 했는지 이해하게 되었다고 했다. 그도 마하트마 간디와 마찬가지로 예수의 그림을 자기 방에 걸어놓았다고도 했다. 그러나 그는 이어서 예수의 삶이 33년으로 끝났다고 덧붙였다. 예수는 그의 생애에서 힌두교인들이 말하는 이른바 '숲속 거주자의 단계'나 '출가 수행자의 단계'에 못 미친 것은 물론 심지어 '재가자'의 단계에도 이르지 못하고 요절했다는 것이다.† 그러니 50대나 60대 혹은 그보다 나이가 더 든 사람들이 어떻게 예수를 본보기로 삼아 따를 수가 있겠느냐는 것이다.

나 스스로 그가 말하는 마지막 단계에 이르는 형편이었기에 그의 말을 금방 이해할 수 있었다. 그에게 독일 철학자 니체도 똑같은 질문을 놓고 생각하다가 만약 예수가 그렇게 일찍 죽지 않았다면 그도 결국 그의 젊은 혈기에서 벗어나 차분한 모습을 지닌 완전히 다른 사람이 되었을 거라고 생각한 적이 있다는 말을 해주려다가 부질없는 일이라 생각하고 그만두었다. 누가 알겠는가? 노인 연금을 타

---

† 힌두교에서는 삶을 네 단계로 나누어 ① 학생의 단계, ② 재가자의 단계, ③ 숲속 거주자의 단계, ④ 출가 수행자의 단계가 있다고 한다.

려고 줄 서 있는 예수, 포트로더데일에서 셔플보드 놀이를 하고 있는 예수를 상상하기는 정말 어려운 일이 아닐 수 없다.

내가 이 과목을 가르치는 동안 많은 사람이 널리 알려진 '예수 세미나'와 '역사적 예수' 연구가 예수가 '정말로' 누구였는지, 그 신비의 베일을 벗겨주리라는 희망에 부풀었다. 사람들은 드디어 그 혼란스러운 신화와 전설에서 완전히 벗어난 '진짜 예수'를 알게 되리라고 생각했다. 그러나 그들은 금방 실망하고 말았다. 기대가 처음에 더욱 희망적이었기 때문에 실망은 그만큼 더 컸다. 이런 기대가 그렇게 커지다가 그처럼 꺼져버린 데에는 그만한 이유가 있었다. 처음부터 흥미로운 질문으로 시작되었다.

"역사 연구에서 현재 학계가 인정한 방법만 가지고 예수를 본다면 우리는 예수에 대해 무엇을 말할 수 있을까? 2,000년 가까이 예수라는 인물에게 덧씌워진 교리의 층들을 벗겨내면 그는 어떤 모습으로 나타날까? 신약 복음서를 사해사본이나 영지주의적 《도마복음》 같은 그 당시 고대 문서와 다를 바 없이 다룬다면 무슨 일이 일어날까? 고대 팔레스타인을 연구하는 고고학이나 예수 당시와 같은 식민지화된 농촌 구조를 대상으로 하는 인류학 같은 데 눈을 돌리면 무엇을 더 얻을 수 있을까?" 하는 질문이었다. 적어도 예수를 본보기로 삼아 따르고자 하는 사람들에게는 윤리적으로 의미 있는 예수를 밝혀줄 거라는 기대감을 심어주는 과업처럼 들렸다. 몇 년 동안 이 '역사적 예수 연구'가 대학가와 일반인들의 관심을 크게 사로잡았다.

주간 잡지나 TV 프로그램에서 이 문제를 크게 다룬 결과, 이 문제가 더욱 많은 사람에게 알려졌다는 사실은 거의 의심할 바가 없다. 미디어에서는 예수에 관한 이야기를 다루기만 하면 독자나 시청자의 관심을 끌어올 수가 있다는 사실을 경험으로 알고 있었다. 이번에도 그들의 예상은 적중했다. 2,000년이란 세월이 지난 오늘도 나사렛 예수는 엄청나게 매혹적인 인물로 남아 있고, 지속적으로 세계 많은 곳에서 집단의식의 핵심 부분으로 자리 잡고 있다. 이는 우리가 그리스도인이든 아니든, 심지어 통속적인 종교인이라고 하더라도 마찬가지다. 무신론자들과 불가지론자들도 예수에 대해 긍정적인 책을 썼다. 거의 모든 사람은 예수가 어느 면에서 윤리적 중요성을 틀림없이 가지고 있었다고 믿는다. 그러나 예수가 정확히 어떤 존재여야 하는지, 그리고 예수를 따른다는 것이 이런저런 상황 속에서 구체적으로 무엇을 의미하는지의 문제에서는 혼란과 갈등이 그대로 남아 있다.

이런 불일치의 상당 부분은 그동안 예수를 해석하는 사람들이 예수를 인자한 목수, 불 같은 예언자, 거룩한 애인, 기적을 행하는 치유자, 창백한 신비주의자 등 그를 근본적으로 다르게 묘사한 데에서 기인한다. 최근에는 〈지저스 크라이스트 슈퍼스타Jesus Christ Superstar〉라는 뮤지컬 같은 데에서 예수가 록 가수로 등장하기도 했고, 〈갓스펠Godspell〉이라는 뮤지컬에서는 서커스의 광대로 나오기도 했다. 또 《다빈치 코드The Da Vinci Code》라는 소설에서는 막달라 마리아의 남편으로 묘사되기도 하고, 영화 〈패션 오브 크라이스트The Passion of the Christ〉에서는 피투성이가 되도록 얻어맞는 무기력한 희생자로 등장하기도 한다. 그러나 '정말로' 예수는 누구였을까 하는 문제는 아직도 많은 사람이 궁금해하고 있다. 이제 예수 세미나의 과학 사학자들이 작업을 하고 있으니 어쩌면 이 문제가 마침내는 해결될지도 모르겠다. 일반인들이 혹하는 것도 무리가 아니다.

더욱이 우리는 지금 무엇이든 대서특필하고 '지금은 말할 수 있다' 식의 선정적인 기사로 가득한 언론 매체의 시대에 살고 있다. 사람들은 대체로 무엇이든 공식적인 발표를 액면 그대로 받아들이지 않고 거기에 뭔가 속임수가 있지 않을까 의심하는 경향이 있다. 따라서 보통 사람들이 성경의 복음서들에 적힌 사건들이 일어나고 여러 해 후에 기록되었고, 복음서들이 그전에 있던 자료들을 짜깁기해서 생겼으며, 복음서들이 특수한 청중을 대상으로 하여 편집되었다는 사실 등을, 설교단에서가 아니라 매점에서 산 신문과 잡지에서 보고 알게 되면, 그들은 그 '내막'을 파헤쳐보고 싶어 하게 마련이다. 이제 1990년대 초에 화제의 초점이 되었던 새로운 역사적 예수 연구 학자들이 등장했다. 그들은 탄소 연대 측정기, 컴퓨터 데이터베이스, 엄격한 과학적 방법 등의 덕택으로 드디어 '진짜 예수'가 누구인지 알 수 있다고 주장했다. 자연히 일반인들의 호기심에 불을 댕긴 것이다. 역사 수정주의자들이 제시 제임스[+]에서부터 베트남전에 이르기까지 모든 것에 대한 기존의 성스러운 전설적인 이야기들을 뒤집어보는 시점에, 일반인들이 역사적 예수 연구에 매료된 것은 이해할 수 있는 일이다. 그런데 왜 실망이 그렇게도 빨리 다가왔을까?

얼마 못 가서 역사적 예수를 찾겠다고 나선 학자들이 예수가 '정말로' 누구인가 하는 문제를 놓고 각자 황당할 정도로 서로 모순되

+   서부의 로빈후드로 불린 19세기 후반의 은행 및 열차 강도로, 서부극에도 자주 등장한다.

는 결론을 이끌어내고 있다는 사실이 명백해졌다. 더러는 예수를 떠돌아다니는 성인으로, 다른 이들은 카리스마를 가진 설교자로, 또 다른 이들은 종교적으로 고무된 사회 혁명가로 묘사했다. 이렇게 상반되는 결론은 게놈 프로젝트의 종교판이라고 할 수 있는 '과학적' 연구 방법으로 예수가 정말로 누구인가 하는 문제에 분명하면서도 최종적인 해답을 주리라 기대한 많은 사람을 당혹스럽게 했다. "예수가 정말로 누구냐?" 하는 문제는 이전과 다름없이 풀기 힘든 문제라는 사실이 명백해진 셈이다. 어찌하여 이렇게 태산같이 많은 학문적 노력에도 이처럼 두더지 흙무덤같이 초라한 결과가 초래되었는가?

　물론 역사적 예수 연구를 이처럼 성급하게 부정하는 것은 공평한 처사라 할 수 없다. 연구자들 사이에 여러 가지 상이한 의견들이 있지만 몇 가지 점에서 의견 일치를 보고 있기 때문이다. 그들 모두는 예수가 실제로 존재했으며, 모든 식민지를 종파나 정파로 분리해 서로 싸움질시키는 정책을 펴온 로마 제국의 식민지에 살았던 1세기 팔레스타인의 유대인이었다는 데 동의한다. 또한 예수가 하나님 나라의 임박한 도래를 가르치고, 가르치는 자이자 병 고치는 자로서, 특히 농토가 없고 지극히 가난하던 사람들 사이에서 인기 있던 랍비였다는 것, 그러나 그는 초조한 종교 지도자들을 노엽게 하고 로마 관리들을 긴장시켰다는 것 등에서도 의견이 일치한다. 예수와 그를 따르는 얼마의 사람들이 유월절을 지키러 예루살렘에 왔을 때 성전에서 소란을 피우고, 체포되고, 심문받고, 그 당시 로마 권력에 대항한 혐의가 있는 자들에게만 행하던 방법인 십자가형으로 죽음을 당했다는 것, 그러나 그의 죽음 이후 그를 따르던 이들이 그가 살아서 나타났다고 주장하면서 극심한 박해에도 그의 메시지를 계속 전파했다는 것 등도 합의된 사항이다.

이와 같은 극소량의 역사적 기본 사실 너머에는 과학 사학자들의 검증을 통과하지 못한 추가 자료들이 바다처럼 많이 있다. 상당 부분은 성경 자체에 있다. 그러나 예수가 가르치고 말했다고 전해지는 것, 그에 대한 이야기들 상당수는 초대 교회 그리스도인들이 신약성경을 결집할 당시 성경에 포함시키지 않기로 한 이른바 '위경'이라는 자료에 있기도 하다. 복음서는 열두 살부터 죽기 3년 전까지 예수의 생애에 대해 전혀 언급하지 않고 뛰어넘는데, 이른바 이 '침묵의 해들' 동안 그가 인도나 티베트 혹은 일본을 여행했다는 등의 여러 가지 전설도 있다. 물론 이런 흥미로운 여행을 했으리라는 것을 입증할 역사적인 증거는 전무하다.

결국 우리는 '역사적 예수', 즉 현재 진행되고 있는 역사적 예수 연구로 밝혀낸 기본적인 사실들은 어느 정도 알고 있다. 그렇지만 이런 방법으로는 많은 결과를 얻을 수 없고 또 앞으로도 그럴 가능성이 낮다는 사실을 알게 되었다. 그러나 역사적 예수 연구가 완전히 실패했다는 뜻은 아니다. 본래 의도한 상당 부분을 이룩했다. 단지 부풀려진 청구서, 혹은 과장된 기대에 부응하지 못했을 뿐이다.[2]

그렇게 부산하던 역사적 예수 연구가 많은 사람에게 실망을 안겨준 주된 이유는 이것이 아니다. 문제는 연구의 결과물이 너무 적어서가 아니라 그 적은 결과물이 우리와 거의 상관없다는 사실이다. 역사적 예수 연구가 예수를 역사적인 인물로 발굴해냈을 뿐 아니라, 그를 그냥 역사적 인물로 방치한다는 사실이다.[3] 역설적이게도 이는 바로 그 학자들이 주장하는 역사적 예수의 중심 가르침을 저해하는 결과를 초래했다. 그들은 모두 예수가 그의 청중을 향해 바로 '지금 여기에서' 하나님의 임재에 응답하라고 가르쳤다는 데 동의한다. 그러나 역사적 예수를 복원한 결과란 결국 예수를 '그때 거기에' 남아 있도록 하는 것이었다. 그는 아직도 주일 학교 어린이 이야기 책에서나 예수 영화들에서 보듯, 긴 도포에 수염을 기른 분, 로맨틱하고 비극적이며 영웅적인 인물, 그러나 결코 소크라테스나 율리우스 카이사르보다 우리에게 더 가까운 존재는 아닌 채로 남아 있다. 그는 매혹적이지만 근접할 수 없는 존재, 우리가 사는 세상과 매우 다른 이상스러운 세상에서 활보하면서, 우리가 당면한 문제와 전혀 다른 문제를 가진 존재로 보일 뿐이다.

역사적 예수 탐구는 이처럼 그것이 만들어낸 비현실적 기대를 만족시키지 못했는데도 어떤 사람들은 계속해서 역사적 탐색이 이루어지면, 또 하나의 동굴에서 또 하나의 옛 두루마리 사본이 발견되면, 예수가 정말로 누구였는지 분명하게 밝혀지리라 기대하고 있다. 또 어떤 사람들은 이럴 때 "예수님이라면 어떻게 하셨을까?" 하는 질문을 하기만 하면 모든 윤리적 딜레마를 다 해결할 수 있다고 생각한다.

그러나 첫 번째 종류의 희망에서 문제는, 예수가 정말 누구인지에 대한 가장 기본적인 사실 몇 가지를 제외하면 역사적 예수 탐색 전문가들 모두 백인백색 의견을 달리한다는 점이다. 따라서 어느 동굴에서 동굴 한가득 두루마리를 발견하더라도 그가 '정말로' 누구였는지 확실히 말해줄 수는 없다. 결과적으로 예수의 삶에 대한 그들의 각각 다른 이야기들을 읽거나 예수에 관한 TV 프로그램을 보면, 우리는 마치 깊고 넓은 심연 저편에 서 있는 아득히 먼 인물의 지나가는 편린이나 잔영 정도를 보는 듯한 느낌을 떨칠 수가 없다.

"예수님이라면 어떻게 하실까?" 하는 질문만 하면 모든 문제가 다 해결되리라 믿는 것도 문제가 있기는 마찬가지다. 우리는 지금 예수 시대에는 상상도 못 하던 여러 가지 윤리적 결단의 문제에 직면해 있다. 지금 우리가 당면한 윤리적 딜레마에 대해 예수는 어떻게 대처했을지 물어보는 일도 결국 짐작에 불과할 뿐이다. 그는 그때요, 우리는 지금이기 때문이다.

내 강의를 듣던 학생들은 이런 사실을 너무나도 잘 알고 있었다. 예수는 계속되는 고달픈 취업 면접에 시달릴 필요가 없었고, 의도치 않은 임신 문제를 해결하거나, 여자 친구와 헤어졌을 때의 결과를 저울질하거나 하는 문제에 직면한 적이 없다는 사실을 알고 있었다. 학생들이 자기들의 장래 문제를 놓고 생각할 때도, 예수는 부모님에게 마음에 안 들어할 것 같은 여자 친구를 어떻게 소개할지 고민할 필요도 없었고, 열다섯 살 아들이 마약을 하고 있을지 모른다고 걱정할 필요도 없었으며, 점점 쇠약해지는 어머니 마리아를 요양원으로 모실까, 혹은 아버지 요셉이 암에 걸려 암이 온 장기에 퍼졌을 때 생명 유지 장치를 제거하는 데 동의할지 말지 고뇌할 필요도 없었다는 사실도 알고 있었다. 인도주의적인 군사 개입, 생명 복제, 의사의 조력 자살 등의 문제에 이르면 예수의 삶이나 가르침에서 명쾌한 답을 얻을 수 없고, 심지어는 서로 상충하는 답이 나올 수도 있다는 것 역시 알고 있었다. 아무리 애를 써보아도 여전히 아득히 먼 계곡 저편에서 있는 예수를 발견할 수밖에 없다.

　이 학생들만의 문제가 아니다. 일반적으로 널리 통용되는 일정한 윤리적 규범이 없는 사회에 사는 사람이라면 누구나 비슷한 문제에 부딪힐 수밖에 없다. 생각이 깊은 사람들은 모두 '가치관을 심어주는 교육'을 해야 한다고 주장한다. 맞는 말일 수 있다. 그러나 그렇게 한다고 할 때, 누구의 가치관을 심어주어야 할까? '어떤' 윤리 체계를 말하는가? 미국시민자유연맹ACLU의 윤리관? 혹은 보수적인 그리스도교 연합의 가치관? 유대인 학교나 복음주의적 그리스도교 대학이나 이슬람교 쿠란 대학의 경우 대답은 자명하다. 그러나 이렇게 특수한 종교적 가치에 근거한 교육을 받은 사람들이 여러 가지 다른 종교들과 가치 체계 간 충돌을 일으키며 불화를 가져오기 일쑤인 오늘의 다원주의적 세계에서 어떻게 잘 살아갈 수 있을까 자문해보지 않을 수 없다.

　학생들이라고 딴 별에 사는 것이 아니다. 학생들이 윤리적 결단을 요구하는 문제를 가지고 씨름하면서 대화하는 것을 들어보면, 음식점이나 가족 모임, 텔레비전 토론 패널, 피자집, 동네 술집에서 하는 이야기를 엿들을 때 느낄 수 있는 것과 같은 선의와 혼란의 메아리를 발견할 수 있다. 학생들이든 어른들이든 우리 모두는 결국 같은 문제를 가지고 씨름하는 셈이다. 우리는 옛 지침으로는 모든 사람을 다 설득할 수 없는, 심지어 우리마저도 설득할 수 없는 시대에 살면서 '올바른 일'을 하려 애쓰고 있다. 도대체 '올바른 일'이란 무엇인가? 예수는 그것이 무엇인지 분간하도록 우리를 도와줄 수 있을까?

　비록 예수와 우리 사이를 갈라놓는 넓은 역사적 간극이 있다손

치더라도 그가 21세기를 살아가는 우리에게 중요한 윤리적 의미를 지니고 있다고 믿는 사람들의 태도는 역시 적절하다고 생각한다. 그러나 동시에 우리는 그런 의미를 대부분 잘못된 방법으로 찾으려 했다고 믿는다. 이 문제에 대해 더욱 깊이 생각하게 되면서, 나는 예수와 우리 사이에 놓인 간극에 다리를 놓으려면 두 가지 중요한 요소를 분명히 해야 한다는 확신을 더욱 굳혔다. 이 두 가지 요소는 서로 밀접하게 연결되어 있다.

그 첫째는 주님, 주인, 구주, 하나님의 어린 양 등 그리스도교 역사에서 예수에게 부여한 온갖 현란한 호칭 이전에 그는 무엇보다도 유대인 랍비였다는 사실을 기억해야 한다는 것이다. 비록 전례가 없는 특수한 역사적 정황 속에서 근본적으로 새로운 방법을 채택하기는 했지만, 그는 어디까지나 유대인의 율법 토라를 가르치고 이를 실생활에 적용하려고 애쓴 유대인 랍비였다. 그는 어려운 질문에 손쉬운 답을 주는 대신, 오랜 랍비적 전통에 따라 또 다른 질문을 던지거나 한 번 들으면 결코 잊을 수 없는 이야기를 들려주는 유대인 랍비였다. 그는 사람들이 스스로 결단하는 책임에서 벗어나도록 놓아두지 않고 그 대신 그들의 윤리적 안목을 성숙하게 하고 심화하는 데 도움이 될 사고방식을 일러주는 유대인 랍비였다. 이 모든 것이 바로 훌륭한 랍비들이 언제나 하던 일로, 그 전통은 아직도 이어지고 있다.

예수와 우리 사이의 심연을 메우기 위해 필요한 두 번째 요소는 그가 자기 백성들이 지녀온 윤리적 전통을 이어받아 그것을 여러 가지 새로운 요구에 따라 적용했지만, 단순히 법령이나 원리보다는 오히려 구체적 이야기나 실제적인 본보기를 근거로 삼았다는 사실을 명심하는 것이다. 그는 그때나 지금이나 모든 윤리적 성찰에서 잊고 있는 차원이 바로 상상력이라는 사실을 깨달은 분이다. 물론 우리는 윤리적 삶을 이어가기 위해 우리의 이성을 활용할 필요가 있다. 그러나 그보다 더욱 중요한 일은 무엇이 중요하고 무엇이 중요하지 않은가를 꿰뚫어 보고, 다른 가능성을 시각화하고, 막다른 골목처럼 보이는 것의 너머를 꿰뚫어 보는 능력이다. 우리에게는 단순히 다른 사람들이 사물을 어떻게 보는지만이 아니라 사물을 어떻게 느끼는지를 알아내는 것이 필요하다. 이를 위해 우리에게 가장 중요한 자질은 역시 감동적인 이야기로 깨어나는 인간의 상상력이다.

예수와 우리 사이에 있는 간극을 메우는 일이 불가능하지만은 않다. 비결은 랍비의 전통에 따라 이야기하는 이로서의 예수와 우리 자신의 인간적 상상력 사이에 가로놓인 연결 고리를 다시 발견하는 것이다. 이 두 가지 요인이 합쳐질 때, 그는 우리와 같은 시대를 사는 분으로서, 윤리적으로 잠든 상태에 있는 우리를 일깨우는 분이 될 수 있다.

2 랍비 예수의 등장

바리새파 사람 가운데 니고데모라는 사람이 있었다. 그는 유대
사람의 한 지도자였다. 이 사람이 밤에 예수께 와서 말하였다.
"랍비님, 우리는 선생님이 하나님께로부터 오신 분임을 압니다.
하나님께서 함께하지 않으시면, 선생님께서 행하시는 그런 표징
들을 아무도 행할 수 없습니다."

| 요한복음 3:1-2

역사적으로 예수를 증명하기 위해 탐구 작업을 하고 있지만, 우리는
아직도 넓은 간극 너머에 있는 예수를 볼 수밖에 없다. 나사렛 예수
는 여전히 1세기의 인물 그대로다. 우리가 당면한 문제는 여전히 그
를 어떻게 우리와 동시대를 사는 사람이 되게 하고, 그의 가르침과
본보기, 즉 그의 윤리적 지혜를 21세기를 사는 우리에게 적용할 수
있는가이다. 우리는 그와 우리 사이에 있는 이 간극을 메울 수 있을
까? 역사적 예수 연구가들이 대답할 성질의 질문은 아니다. 그러나
역사적 연구에서 나온 예수의 모습의 핵심, 곧 그가 랍비였다고 하는
사실은 우리를 다음 단계로 나아가게 하는 데 큰 도움이 된다.

예수가 랍비였다는 사실을 아는 사람들은 의외로 너무나도 적다. 예수에 관해 이 중요한 사실을 망각하는 일은 예수가 죽은 후 곧 생겨나기 시작했다. 예수의 죽음 직후 너무나 많은 이방인이 예수가 시작한 운동에 가담했고 얼마 가지 않아 그 수가 예수의 처음 제자들인 유대인들보다 더 많아졌기 때문이다. 이 운동이 팔레스타인에서 그리스 로마의 지중해 연안으로 퍼져나가면서, 이 운동에 새로 합류하는 사람들은 랍비가 뭔지 잘 알지도 못했고, 또 그런 데 관심도 별로 없었다. 그들은 예수를 자기들의 문화에서 찾을 수 있는 용어로 이해하려 했다. 그들은 우리에게 풍부한 상징적 해석들을 선물한 셈이다.

'신성의 로고스'라든가 '신과 동일한 본성'과 같은 고대 명칭들을 버릴 이유는 전혀 없다. 이런 명칭들은, 최근 아프리카나 아시아 그리스도인들 사이에서 예수를 '우주적 조상'이라든가 '도道'의 현현이라 하는 새로운 명칭들처럼, 각이한 시대와 장소에서 그리스도인들이 예수에게 어떤 반응을 보였는지를 이해하는 데 도움이 된다. 이렇게 되면 예수가 우리가 사는 시대와 장소에서 새로운 의미를 가질 수 있다는 사실을 이해하는 데 도움이 되기도 한다. 그러나 이것이 우리가 윤리적으로 가장 낮은 형태의 공통 분모를 찾아야 한다는 의미는 아니다.

여러 해 동안 '예수와 윤리적 삶'이라는 과목을 그렇게도 다양한 배경을 가진 학생들에게 가르치면서 배운 것이 있다면, 그것은 예수의 윤리적 타당성을 함께 확인하는 일이 반드시 예수에 대한 교리와 서로 일치해야만 하는 것은 아니라는 사실이다. 그리고 이런 교리나 이미지를 무조건 버리면 뭔가 중대한 것을 잃게 된다는 것도 배웠다. 이런 것에는 모두 뭔가 말해줄 이야기들이 들어 있다. 그러나 이런 무성한 신학적 역사가 시작되기 전부터 이미 예수는 정말 랍비였다는 사실을 다시 한번 확인해야 할 때가 되었다. 그는 지상에 있는 날들을 주로 이야기를 통해서, 그리고 자신의 삶을 자신이 가르치는 것의 산 예증으로 살아가면서, 유대인의 율법인 토라를 해석하고 적용하면서 보냈다.

예수는 최초의 랍비도 최후의 랍비도 아니었다. 우리는 단순히 예수 당시의 유대 율법이나 종교적 행위를 '배경背景'으로 하고서만 그를 이해하려 해서는 안 된다. 이 일은 역사적 예수 연구자들이 매우 잘하는 일이다. 우리가 예수를 이해할 때는 그 당시 이후 2,000년 동안 흘러온 랍비들의 가르치기와 이야기하기라는 전통을 '전경前景'으로 하고 이해해야 한다. 이런 훌륭한 유대인의 전통에 익숙해지면 우리는 랍비적, 윤리적 사유가 오늘날까지 계속되는 현재 진행형의 무엇이라는 사실을 깨닫게 된다.《탈무드》는 성경 본문과 본문에 대한 주석과 그 주석에 대한 주석으로 이루어졌는데, 이 모든 것은 지금 진행되고 있는 윤리적 전통의 빛 아래서 윤리적 결정을 하는 데 도움을 주는 방향으로 이루어진다. 이런 과정은 오늘날도 계속 이어지고 있다. 우리가 윤리적으로 오늘 우리를 위해 의미 있는 예수를 발견하려 한다면 이것이 바로 우리의 출발점이 되어야 한다. 그러나 이는 오로지 예비적인 발걸음에 불과하다.

랍비들은 이야기를 했다. 이야기는 설화다. 설화는 상상력을 일깨운다. 상상력이 윤리적 삶에 필요 불가결한 요소이긴 하지만 이 분야를 취급하는 대부분의 글이나 가르침에서는 이 문제를 완전히 무시하고 있다. 그 대신 미덕의 개념, 원칙, 가치 등에 초점을 맞추고 있는데, 물론 이런 것도 그 나름대로 중요하다. 흔히 빠뜨리는 문제는 "나는 어떤 종류의 사람이 되고 싶은가?" 하는 가장 근본적인 질문이다. 이 질문에 대답하려면 이전까지 전혀 경험해보지 않은 상황에 우리 스스로를 대입해보고 우리와 다른 계급이나 인종이나 성별이나 연령을 가진 사람들의 관점에서 윤리적 문제를 검토해보는 것, 특히 '느껴보는 것'이 필요하다.

윤리적 딜레마에 처하면, 우리는 언제나 세 가지 단계에 직면한다. 첫째가 가장 중요한 단계로서, 우리가 어떤 문제에 봉착했을 때 그 문제를 단순히 투자 문제라든가 임상적인 문제라든가 정치적 선택의 문제같이 개별적인 문제로 보지 말고, 근본적으로 윤리적인 문제라는 사실을 인식해야만 한다. 둘째 단계는 "내가 무슨 일을 해야 할까?" 하는 문제에 대한 해답을 찾는 것이다. 셋째 단계는 아마 제일 어려운 단계로서, 찾아낸 해답대로 실천할 수 있는 용기를 갖는 것이다. 잘 계발된 상상력은 이 모든 단계에 필요한 정보를 제공한다. 그것은 여러 가지 종류의 선택 사항들에 겹싸인 윤리적 문제를 올바로 인식할 수 있게 도와준다. 또 무엇이 올바른 선택인가를 분명히 하는 데 도움을 주고, 그 선택이 요구하는 행동을 취하도록 동기를 부여한다. 그러나 어떻게 해야 이런 상상력을 획득하고 기를 수 있을까?

바로 여기가 이야기와 상상력이 중요시되는 대목이다. 유대인 철학자 에디스 위소그로드Edith Wyschogrod는 도덕적 원칙이나 윤리적 이론들이 그 자체로 중요하기는 하지만 그것만으로 사람들을 정말로 움직일 수는 없다고 했다. 사람들에게 동기를 부여해 움직이게 하는 것은 이야기, 설화, 그리고 어떤 선택을 해야 하고 어떤 입지를 취해야 하는 상황에 대한 설명이다.[1] 철학자 마사 누스바움Martha Nussbaum은 도덕을 위해 문학이 얼마나 중요한가를 논의하면서, 설화는 우리에게 "저것이 아니라 이것을 주목하게 하고, 저런 방법이 아니라 이런 방법으로 행동을 취하라고" 가르쳐준다고 했다. 설화는 우리를 "다른 것을 버리고 일정한 마음의 자세를 취하도록" 인도한다.[2] 그것은 내적 정신에 이야기를 하는 것이다. 설화는 우리가 우리의 머리로 하는 윤리적 사유를 마음에서 나와야 하는 용기나 자비심으로 연결시켜주는 일을 한다. 요약하면, 설화는 우리에게 우리가 원하는 사람이 되도록 도와준다.

이것이 바로 랍비로서의 예수와 윤리적 상상력이 어떻게 연결되는가를 보여주는 대목이다. 그는 그의 짧은 생애를 이야기를 들려주고 그것들을 실천하게 하는 일로 보냈다. 심지어 그가 도발적으로 예루살렘에 입성한 것이라든지 고문받고 죽음을 당한 것도 그의 삶에 대한 설화의 일부가 되었다. 그를 만나는 것은 언제나 일깨움을 얻는 일이었던 것 같다. 그는 사람들이 그들의 직접적인 이해관계를 넘어서 생각하도록, 선택과 행동이 필요한 여러 가지 상황에 그들 스스로를 넣고 상상해보도록, 요컨대, 그들의 상상력을 사용하도록 끊임없이 사람들을 일깨워주었다. 어떤 사람이 피를 흘리며 길가에 쓰러져 있는 것을 보면 어떻게 하겠는가? 잔치를 크게 벌여놓았는데 손님이 나타나지 않는다면? 건방지고 반항적인 아들이 영영 가출을 한 줄 알았는데 어느 날 갑자기 알거지가 되어 문 앞에 나타난다면? 하는 식이었다.

예수는 또 그가 살아간 삶의 방식 자체를 가지고도 사람들을 불편한 상황에 처하게 했다. 그는 그 당시에 지켜지던 사회적, 종교적 금기 사항을 파기했다. 그는 존경받는 랍비라면 함께하지 않을 사람들과 함께 식사를 했다. 수상쩍은 인물들이나 사회적으로 빗나간 사람들과 교제했다. 그는 이런 방식으로 살았기 때문에 그를 만나는 사람은 누구나 삶의 의미가 무엇일까 다시 살피게 되고 새로운 관점에서 세상을 보지 않을 수 없었다. 그의 말은 그의 행동이었고, 그의 행동은 그의 말이었다.

그러나 이것도 단지 시작에 지나지 않았다. 예수가 '우리' 시대의 문제들을 위해 어떤 의미를 가지는지 이해하려면 그가 '그의' 시대 문제들에 어떤 반응을 보였는지 살펴보아야만 한다. 이를 위해서는 역사적 예수 연구가들의 도움이 상당히 중요하다. 우리는 내 학생들이 잘 쓰는 말대로 "그가 어디 출신인가?" 하는 것을 알아야만 한다. 예수는 물론 로마의 식민지에 살던 1세기 팔레스타인 유대인이었다. 그러나 그는 랍비이기도 했고, 그런 랍비의 입장에서 로마 독재자들의 학정이나 자기 민족의 파괴적인 분열을 극복해야만 했다. 그는 윤리적 혼동, 정치적 원한, 종교적 갈등 등을 너무나 잘 알고 있었다. 이것이 예수가 '누구'고 '어디' 있었는지를 보여준다. 그렇다면 그의 출신 배경은 정말 무엇이었을까?

예수는 자기 백성들의 옛 종교 전통에 충실한 사람이었다. 매년 유월절이 되면 식구들과 유월절 만찬을 들면서 조상들의 출애굽 경험을 경축했다. 복음서에 보면 그는 안식일에 '규례대로' 회당에 나갔다고 했다. 그러나 기도하기 위해서만이 아니라 가르치기 위해서도 갔다. 그는 예레미야, 아모스, 이사야 등의 예언자를 너무나 잘 알고 있어서 자신의 사명을 그들의 사명과 연계할 정도였다. 우리 중 많은 이들과 마찬가지로 그는 어려서 성경 학자들이 전체 유대교의 윤리적, 종교적 전통의 정수精髓라고 보는 십계명을 외워야만 했다. 그가 자신을 따르는 사람들에게 가르쳐준 기도문은 잘 알려진 유대교 기도문 중 하나였다. 그를 이해하기 위해서 우리는 복음서 이상의 것을 읽어야 한다. 우리는 1세기 유대인의 생활상은 물론 그리스도인들이 지금 구약이라 부르지만 사실 예수에게는 유일한 '성경'이었던 히브리 성경에 대해서도 잘 알아야 한다.[3]

예수가 읽던 성경을 잘 알게 되면 우리는 왜 사복음서가 사람들이 기대하는 구체적인 도덕적 지침을 주지 않는지 알 수 있다. 예수도, 그리고 그 당시 그의 말을 듣던 사람들 거의 모두도 이미 이런 지침들을 잘 알고 있었기 때문이다. 예수는 랍비였기 때문에 새로운 법을 도입하는 것에 흥미가 없었다. 사실 그는 성경의 '일점일획'도 폐해서는 안 된다고 주장했다. 그러나 랍비로서 예수는 한 걸음 더 나아갔다. 그는 비유와 이야기를 통해 '하나님의 다스림Reign of God'✝이라고 하는 유대 전통의 핵심에 가까운 무엇의 '현재적' 실재성을 드러내려 했다. 그 당시 대부분의 유대인은 하나님의 다스림이 오로지

✝ 복음서에서 '바실레이아 데우'로 표현된 용어다. 보통 하나님의 나라, 하늘나라, 신국, 천국 등으로 번역하는데, 이 책의 저자는 하나님의 주권을 강조하는 의미에서 'Reign of God'이라 번역했다. 따라서 한국말로도 '하나님의 다스림'이라 했다.

메시아의 도래와 함께 비로소 시작된다고 믿었다. '하나님의 다스림'이라는 개념은 예수의 삶과 가르침의 중심이지만 그가 이 개념을 만들어낸 것은 아니다. 그는 물론 자기 말을 듣는 사람들이 자신이 이 말을 썼을 때 무엇을 가리키는지 이미 다 안다고 가정하고 있었다. 예수가 덧붙인 것은 그렇게 오래 기다려온 일상생활 속 하나님의 임재가 이제 동트고 있다고 강조하는 것이었다. 하나님의 임재는 더는 연기될 수 없고, 지금 여기에, '너희 중에' 있다는 가르침을 통해 비록 아직은 부분적이고 여전히 감추어져 있지만 거기에 긴급하고 즉각적으로 반응하라고 촉구했다. 그저 기다리고 기도만 할 무엇이 아니라 우리 주위에서, 심지어 가장 엉뚱한 데에서라도 찾아야 할 무엇이라는 것이다.

예수는 윤리적 사유를 위해 훌륭한 본보기를 제공하고 있다. 그러나 대부분의 사람들이 기대하는 그런 방법은 아니다. 그는 사람들에게 이야기와 요즘 말로 해서 케이스 스터디 같은 방법을 사용해서 사람들 스스로가 생각하도록 했다. 그 이후에 등장한 많은 세대의 유대 랍비들과 마찬가지로 그는 언제 어디서나 모든 사람에게 일률적으로 적용할 수 있는 그런 대답을 주지는 않았다. 그는 일반적인 윤리 이론에도 관심이 없었다. 그는 사안별로 문제를 다루었다. 이런 면에서 예수는 《탈무드》를 지은 랍비들과 아주 비슷하다. 이들 랍비들도 이론적인 문제에는 관심이 없었고, 그들의 논증은 한 가지 대답으로 끝나지 않고 언제나 두 사람 이상의 의견을 제시했다. 어떤 사람이 예수에게 가설적인 질문을 하면 예수는 보통 전형적인 랍비 스타일로 대답했는데, 어떤 일화를 들려주거나 질문한 사람에게 오히

2 랍비 예수의 등장

려 다시 질문을 던지는 식이었다. 그는 윤리적 문제의 핵심이 무엇인지 사람들이 직접 이해하도록 구체적인 이야기를 사용했다. 결코 진공 상태에서 문제를 다루는 일이 없었다. 예수는 사람들이 이런 질문들에 대해 윤리 전통의 빛 아래서, 그리고 그들이 이런 결정을 하지 않을 수 없게 된 삶의 궤적 전체의 빛 아래서 스스로 생각해보기를 기대했다. 예수나 랍비들 모두가 가정한 기본 전제는 누구나 이런 과정을 통해 문제에 접근하는 사람은 뭔가 지극히 가치 있는 것을 배울 수 있고, 그리하여 앞으로 현명한 선택을 할 수 있는 더 좋은 위치에 처하게 되리라는 것이었다. 그리고 인간이 처한 상황이 어느 하나 다른 것과 동일한 것이 없는 이상 모든 해답은 그 본성상 잠정적일 수밖에 없다. 다음에 처할 상황이 어느 면에서 비슷할지는 몰라도 역시 전의 것과는 다른 상황이므로 다른 반응이 있을 수밖에 없다. 어떤 윤리적 딜레마에 대한 주어진 해답도 중요하지만, 그것이 반응하는 '방법' 자체보다 중요하지는 않다. 내일이면 다른 윤리적 문제가 있고, 다음날은 또 다른 문제가 있으므로 이런 문제를 다루는 '방법'을 터득해야 한다.

일단 상상력이 윤리적 사유에 얼마나 중요한가를 부각시킨 이상, 이제 "예수님이라면 어떻게 하셨을까?" 하는 소박한 공식을 새로운 빛 속에서 재조명해보는 것이 가능하게 되었다. 그것이 "그가 이렇게 했으니 나도 그렇게 한다"는 식으로 예수의 행위를 단순히 기계적으로 모방하려는 의미라면 분명 윤리적 지침으로서는 적절하지 못하다. 이 공식이 포괄하지 못하는 윤리적 결단이 너무나 많기 때문이다. 그러나 그것이 두 가지 상황이 동일할 수 없다는 랍비 전통의 통찰과 윤리적 상상력을 결합하는 것을 의미한다면 "예수님이라면 어떻게 하셨을까?" 하는 질문은 어느 정도 의미가 있을 수도 있다. 예수가 그의 청중에게 그렇게 했듯이 그 질문도 이상스럽고 낯설고 위협적인 상황에 우리 스스로를 집어넣어보도록 촉구할 수 있기 때문이다. 단순히 예수 스스로가 어떤 행동을 했는지가 아니라 그의 삶과 메시지를 접한 사람들이 여러 해를 거치면서 어떤 일을 했는지를 곰곰이 되새겨보게 해준다.

예수의 삶을 보면, 상상력이야말로 효과적인 윤리적 참여를 촉발하기 위해 그가 의지한 가장 중요한 수단이었음을 발견할 수 있다. 이것은 지금도 마찬가지라고 생각한다. 그러나 한 가지 문제가 남아 있다. 예수가 정말로 유대인 전통에 뿌리를 내린 랍비였다면, 무엇 때문에 그렇게도 인기가 있으면서 동시에 그렇게도 말썽을 일으키는 사람이었을까?

예수는 사람들을 둘로 나누는 이였다. 간디가 말했듯이 예수는 가르치는 사람일 뿐 아니라 자신이 가르친 것을 그대로 실천하는 사람이었다. 그는 로마 황제나 헤롯왕이나 제사장들이 아니라 하나님만이 윤리적 권위의 유일하고 진정한 근원이라고 주장했고, 이런 확신을 너무나도 도발적으로 실천했기 때문에 지배 세력은 그를 제거해야만 하겠다고 생각하게 되었다. 더욱이 예수는 유대 전통 속에서 태어나지 않은 사람들을 포함하여 모든 사람이 동일한 윤리적 노력의 일원이 될 수 있다는 것을 모든 사람에게 다 가르쳐주었다. 이런 일은 소수일지는 모르지만 동료 유대인들의 비위를 건드렸다. 그러나 결국에는 지금 우리가 그렇게 부르지만 그 당시에는 이름마저 없었던 '그리스도교'와 '유대교' 사이를, 그를 따르는 유대인들 및 이방인들(후대에 와서야 이들이 '그리스도인'이라는 이름으로 불리기 시작했다)과 그를 따르지 않던 유대인들 사이를 둘로 나누는 불화의 근원 중 하나가 되었다.

초대 그리스도교에서 가장 탁월한 목소리를 낸 지도자 중 하나였던 사도 바울도 널리 존경을 받던 유대교 율법 선생이었다. 그는 이방인들을 환영한 예수의 태도를 약간 다른 말로 표현했다. 그는 그의 '로마인들에게 보내는 편지'에서 율법은 유대인들이 가지고 있지만 이방인들도 '본성으로' 율법을 가지고 있다고 했다(로마서 2:14). 그는 율법이 이방인들의 '마음에 새겨져' 있다고 했다(로마서 2:15). 물론 바울은 불교인이나 힌두교인을 만난 적이 없다. 그는 하나님이 율법을 이방인들의 마음에 새겨놓았을 뿐 아니라 이런 사람들도 유대교 토라에 해당하는 그들 자신의 성스러운 경에 기록해두었다는 것을 알 길이 없었다. 예수나 바울은 유대인의 종교 전통 속에 그 전통을 초월해서 비추는 하나의 빛나는 핵심이 있음을 간파한 것이다.

이렇게 공통적인 인간의 윤리적 능력에 대한 믿음은 오해를 불러일으키는 경우가 허다하다. 예수는 추상적인 윤리적 행동 강령 같은 것을 가르치지 않았다. 이제 모두가 도덕적 의미에서 다 유대인이 되어야 한다고 하지도 않았다. 동료 유대인들에게 말하면서 그는 이방인들을 윤리적 삶의 모범으로 치켜세우는 일이 많았다. 물론 유대 성인들도 그전에 이 같은 일을 자주 했지만, 이것은 역시 그의 말을 듣는 일부 사람들의 비위에 거슬리는 일이기도 했다. 예를 들면, 예수는 로마의 백부장에 대해 말하면서, "내가 이스라엘 중 아무에게서도 이만한 믿음을 만나보지 못했노라"(마태복음 8:10)고 했다. 그의 유명한 '선한 사마리아인'의 비유는 그 당시 종교적 관습으로 볼 때 의심스러운 사람을 등장시켜 윤리적 원형의 역할을 하도록 하는 것이었다. 그는 다른 전통의 사람들이 서로 어울린다고 해서 윤리적 혼동을 걱정할 필요는 없다고 믿은 것 같다. 사실 이런 것은 환영할 성질의 것이다. 이런 어울림 자체가 믿음과 윤리를 위해 신선한 자극제가 될 수 있기 때문이다.

이것은 윤리적으로나 종교적으로 다양한 세상에 살고 있는 우리에게 필요한 아주 중요한 통찰이다. 다양한 영적 전통 속에서 자라난 사람들이 만나면 그 만남으로 좌절감을 맛보는 수가 많다. 이런 만남에서 생겨날 수 있는 것은 무조건 자기 입장을 방어하기 위해 싸고도는 태도를 취하거나 연체동물 같은 상대주의로 후퇴하는 태도를 보이거나 둘 중 하나다. 첫째 입장은 일종의 윤리적 근본주의에 고착하는 것이고, 두 번째 태도는 회의주의로 용해되고 마는 것이다. 그러나 두 전술 모두 더는 대화해보아야 뾰족한 수도 없는 것, 왜 사서 고생이냐 하는 마음을 갖게 하고 만다.

그런데 예수는 이 두 가지 반응이 다 불필요하다는 사실을 보여주었다. 그가 본보기로 보여주는 게 있다면, 그것은 이와 같은 교차문화의 만남을 장애가 아니라 오히려 기회로 보아야 한다는 것이다. 그가 만난 이들이 로마의 백부장이든, 욕심 많은 세금 징수원이든, 유식한 바리새인이든, 혹은 마을 우물에서 물을 긷던 소문난 사마리아 여인이든, 그는 그들이 살던 그 실재의 세계로 들어갔다. 그러고는 비록 더러는 논쟁을 원했겠지만 그는 논쟁에 휘말리지 않고 대화

　　　　　　　　　　　　　2 랍비 예수의 등장

를 나누었다. 물론 이야기를 통해서. 이렇게 했을 때 나타난 결과는 그가 그들에게 강요하고 싶었던 어떤 행동 강령 같은 것도 아니고, 반대로 그들이 방어하려고 하던 행동 강령도 아니었다. 오히려 뭔가 새로운 것, 양쪽을 다 어우르는 확대된 윤리적 우주 같은 것이었다. 다중 언어를 구사하면서 문제를 해결한 예수의 창조적 재능은, 예수가 오늘날같이 윤리적으로 다중 언어를 사용하는 세상에서 여전히 윤리적 사유를 하는 데 필수적인 본보기로 남아 있는 중요한 이유다.

내가 랍비로서의 예수와 상상력의 중요성을 이해하기 시작하자, 우리가 토론 활동을 위해 모였던 그 정체불명의 ROTC 건물도 더는 우중충하게만 보이지 않았다. 아주 다른 윤리적, 종교적 전통들을 배경으로 한 개인들이 이곳에 모여 서로가 하는 이야기를 듣고 또 예수가 한 이야기들을 우리의 다양한 삶의 역정에 비추어 반응하면서 시간을 보냈다. 나는 나사렛 출신의 랍비가 이를 기뻐하시리라 믿었다. 그도 결국 자신의 전통이 가진 유용성을 확인했지만 동시에 모든 인류가 가진 생래적인 윤리적 가능성도 인정했기 때문이다. 그리고 서로 다른 사람들끼리 활기에 넘치는 대화를 촉구하는 것은 피해야 할 일이 아니라 오히려 공동의 도덕적 비전을 형성하는 데 기여할 수 있다고 믿었기 때문이기도 하다. 나아가 그는 관심을 사로잡는 이야기로 인간의 상상력에 불을 붙이는 것이 윤리적 교류를 창조하는 최선의 길이라 믿었다. 이제 이 이야기들의 신나는 세계로 발을 들여놓아보자.

3 이야기로 가득한 세상

이 모든 일을 증언하고 또 이 사실을 기록한 사람이 바로 이 제자
이다. 우리는 그의 증언이 참되다는 것을 알고 있다. 예수께서 하
신 일은 이 밖에도 많이 있어서, 그것을 낱낱이 기록한다면, 이 세
상이라도 그 기록한 책들을 다 담아두기에 부족할 것이라고 생각
한다.

| 요한복음 21:24-25

현명한 랍비 렙 제불룬Reb Zebulun은 이런 말을 한 적이 있다.

"오늘 우리는 산다. 그러나 내일이면 오늘은 이야기가 될 것이
다. 온 세상은, 모든 인생사는, 하나의 긴 이야기다."[1]

그는 맞는 말을 했다. 우리는 이야기로 가득한 세상에 살고 있
다. 어떤 사람들은 위대한 이야기꾼으로 역사에 남아 있다. 또 다른
사람들은 사람들이 이야기하는 이야기의 주인공들이다. 단 몇 사람
만 이야기를 하는 사람이면서 동시에 이야기의 주인공이 되는데, 랍
비 예수가 바로 그런 사람 중 한 분이다. 사복음서는 예수가 한 이야
기와 예수에 대한 이야기를 담고 있는 기본 자료다. 이 복음서들은

설화라고 하는 실에 꿰여 있는 진주 수집품이다. 그중 약 반은 예수의 말씀이고 다른 반은 예수에 대해 다른 사람들이 한 말이다. 그러나 여러 세기 동안 이 복음서들이 도대체 어떤 '종류'의 문헌인가 하는 문제가 계속 논쟁의 초점이 되어왔다.

나는 미국 펜실베이니아주 조그만 마을에서 자랐다. 부모님은 교회에 다니지 않으셨지만 나와 내 남자 형제와 여자 형제를 옆에 있는 침례교회 주일 학교에 보내셨다. 거기서 나는 복음서들이 우리가 학교에서 읽는 교과서와 마찬가지로 역사적 사실을 이야기한 거라는, 다른 점이 있다면 성령의 영감으로 기록되어 절대적으로 정확하다고 생각하는, 열성적인 선생님들의 가르침을 받았다. 그 후 대학과 신학대학원에서 나는 성경을 역사 비평학적 방법으로 연구하는 교수들에게서 성경의 상당 부분이 신화요 전설이라는 이야기를 들었다. 그러나 그것이 다른 문자주의자들에게는 심각한 문제였겠지만 나에게는 별문제가 되지 않았다. 나는 여전히 성경 이야기를 좋아했고, 그 외에도 소포클레스, 셰익스피어, 밀턴, 허먼 멜빌 등을 함께 공부하고 있었다. 이들도 이야기를 만들었고, 그들의 이야기 중 많은 부분이 리처드 3세나 오이디푸스왕과 같이 실재적인 역사적 인물에게 영감을 받은 것들이었다. 이런 이야기들이 심각한 이야기로 받아들여지기 위해서, 그리고 우리의 삶에 영향을 미치기 위해서, 반드시 말 그대로 영감을 받은 것이어야 할 필요가 없었다는 점이 내게는 매우 설득력 있게 들렸다. 성경이 비록 상당 부분 역사에 근거하고 있긴 하지만, 부분적으로나마 이야기를 모아놓았다는 사실 때문에 그 영적 효용성을 불신할 이유는 전혀 없었다. 이런 이야기는 사실 여러 가지 방법으로 그 효용성을 더욱 증대시켰다.

이것이 내가 강의 시간 동안 복음서에 접근하는 방법이었다. 나는 이것이 예수의 윤리적 의미를 발견하기 위해 택할 수 있는 최선의 방법이라 믿는다. 이것이 내가 '역사적 예수'의 진상을 찾아내려고 애쓰는 그 많은 훌륭한 학자들의 노력에 만족하지 못하는 이유 중 하나다. 문제는 잘 훈련된 학자들이 그렇게도 서로 다른 예수 상을 가지고 나온 것뿐만이 아니다. 현재 진행되고 있는 역사적 연구에 너무도 충실한 나머지 자기들도 모르게 복음서가 결국 본질적으로 이야기라는 사실을 흐리게 하는 것이 더욱 큰 문제다. 그들이 하는 일은 부분적으로 모든 것을 과학적 방법이라고 하는 렌즈를 통해서만 보아야 한다는 현대인의 편집광적 태도를 반영한다고 볼 수 있다. 사실 이런 태도는 진실을 파악할 수 있는 여러 가지 미세한 방법을 알아듣지 못하는 우리의 음치적 자질을 더욱 깊게 하는 불행한 결과를 초래한다.

그러나 현대인인 학생들 앞에 섰을 때 나는 금방 이런 현대인의 결함을 극복하지 않으면 안 되겠다는 사실을 깨달았다. 성경에 나오는 이런저런 설화에 대해 학생들은 "뭐라고요? 그게 단순히 이야기에 불과하다고요?" 하고 질문하기 일쑤였다. 예를 들어 나는 지나가는 말로 고고학자들의 연구 결과 고대 여리고성에는 성벽이 없었다는 결론에 이르렀다고 말했다. 히브리 성경《여호수아》에 보면 여리고 성벽이 '무너졌다'고 극적으로 표현하고 그 외에 노래나 이야기에서도 성벽이 무너짐을 찬양하는데, 이런 표현은 결국 이스라엘의 과거를 상상력을 동원해 재창조한 것으로 이해해야 한다는 뜻이라 말

　　　　　　　　　3 이야기로 가득한 세상

해주었다. 이 이야기는 사실 그 사건이 일어났으리라고 생각되는 때로부터 800년이 지난 후에 기록된 것이다. 나는 이런 사실을 알았다고 해서 성경에 대한 나의 확신이 결코 위축되지는 않았다고도 했다. 오히려 더욱 큰 확신을 가지게 되었다. 이런 지식을 가지고 《여호수아》를 읽으면 유대인들이 그들의 역사에서 그 결정적인 시기에 겪었던 그들의 영적 투쟁에 직접 뛰어들게 된다. 여기서 그 결정적인 시기란 그 책이 말해주는 여호수아 당시가 아니라 후대 그 책이 쓰여진 시기를 말한다. 톨스토이의 《전쟁과 평화》에 대해서도 같은 이야기를 할 수 있다. 이 책은 책에서 묘사하고 있는 나폴레옹의 러시아 침공이 아니라, 그 후 반세기가 지나 톨스토이가 그 책을 쓰던 당시의 러시아에 대해 훨씬 더 많은 것을 이야기해주고 있다. 이 책은 그 전쟁에 대한 정확한 기록이라 주장하지 않는다. 그저 소설이다. 따라서 인간의 조건, 특히 러시아인의 정신을 묘사하는 완전히 다른, 그러면서도 똑같이 가치가 있는 또 하나의 그림일 뿐이다.

그러나 한 학생은 강의가 끝나고 나서 내가 한 말에 동의할 수가 없다고 했다. 성경에 나오는 이야기들이 역사적 사실로 믿을 것이 못 된다면 어떻게 거기에 나오는 종교적, 윤리적 진리를 믿을 수 있느냐는 것이었다. 그는 이 모든 것이 서로 떨어질 수 없는 하나가 아니겠느냐고 했다. 나는 그가 이런 질문을 제기해서 기뻤다. 다른 학생들도 물어보고 싶어 하는 질문이지만 이 학생만 용기를 내어 문제를 제기했다는 것을 알고 있었다. 그래서 그에게 다음 강의 시간 다른 학생들도 있을 때 이 질문을 다시 해달라고 부탁했다. 예상대로 다음 시간 그가 질문을 하자 많은 학생이 그의 의견에 동조했다. 이를 계기로 우리는 성경에 나오는 여러 종류의 문학 형식, 역사 기록이라는 현대 개념, 진리를 전달하는 그 외의 방법과 이 둘 사이의 관계에 대한 매우 중요한 토의를 진행했다. 단순히 강의 내용을 공책에 적었다가 시험 칠 때 그냥 쏟아내는 학생들보다 이렇게 의문을 제기할 배짱을 가진 학생들이 있다는 것은 정말로 고마운 일이 아닐 수 없다.

그러나 이렇게 토의를 하고 나니, 나는 좀 더 근본적인 물음을 던지지 않을 수 없었다. 왜 사람들은 "단순히 이야기에 불과하다only a story"는 말을 그렇게 자주 쓰는가? 왜 많은 학생은, 그리고 일반인들도, 오늘날 우리가 아는 역사 기록 방식이 오로지 근대에 이르러 계발되었고, 성경을 포함하여 인류의 정신을 살찌운 문헌 대부분이 역사물이 아니라 시, 전설, 신화, 무용담 같은 것으로 이루어졌다는 사실을 알고 나면 고민하고 당황해할까? 우리 주위에 과장하거나 은폐하는 일이 그렇게도 많았기 때문이 아닐까? 출처를 조작하는 기자들, 표리부동한 광고물과 선전문을 대할 때마다 우리는 또다시 속아 넘어가는 것은 아닌지 자문해보지 않을 수 없을 정도로 이런 것들에 불안해한다. 그러니 이것은 이해할 만한 일이다. 이런 이유로 성경 이야기가 단순히 꾸며낸 이야기가 아님을 아는 것은 중요한 일이다. 성경 이야기들은 홍보팀이나 마케팅 부서에서 짜낸 이야기가 아니다. 우리가 아직도 그렇게 하듯, 성경 이야기들은 현재에서 의미를 찾고 미래를 준비하려 노력한 여러 세대 사람들이 과거를 선별해서 상상력을 가지고 활용한 결과로 생긴 것이다.

물론 사려 깊은 사람들 중에는 실제 역사에 전혀 근거가 없는 이야기를 찬양하거나 심지어 그런 것을 더 좋아하는 사람들도 많다. 예를 들어, 이탈리아 소설가이며 평론가인 움베르토 에코Umberto Eco 같은 사람은 만약 그가 다른 별에서 지구를 방문해, "보편적 사랑, 원수에 대한 용서, 다른 사람들이 살기 위한 자기희생" 같은 그리스도의 이야기를 꿈꾼 인종을 발견한다면, 이들에 대한 경외감으로 가슴이 부풀 거라고 했다. 그리스도가 오로지 하나의 위대한 이야기의 주제에 불과하다고 해도 그렇다고 하면서, 다음과 같다고 이어서 말했다.

> 자기들이 알지 못한다는 사실만을 아는 피조물들인 인간들이 이런 이야기를 상상할 수 있었다는 사실 자체가 참 하나님이 육신을 썼다는 이야기와 똑같이 기적적인 (기적적으로 신비로운) 일이다.

에코는 이와 같은 이야기가 비록 "그리스도교 신앙을 가지지 않은 사람들의 마음도 움직이고 고상하게" 하리라고 말한다.[2]

프랑스계 캐나다인 소설가 얀 마텔Yann Martel도 같은 목소리를 냈다. 그는 현대 서양적 삶에서 이성을 우선시하는 데 불편해하며 고뇌하는 인물들을 등장시킨다. 이성 우선시는 "신비를 죽이고 영적 허기를 가져오기 때문"이라는 것이다. 이들은 신을 찾고, 어떤 신이든 거의 다 좋다고 생각한다. 자신의 소설 《자아Self》에서 그는 이렇게 쓰고 있다.

> 때때로 나는 신이 존재한다면 우리의 삶을 위한 장정이 얼마나 더 위대할까 하는 직관을 가지곤 한다. 이런 순간 신의 존재가

진실이냐 거짓이냐 하는 따위는 전혀 상관없다. 이와 같이 거대한 허구라면 믿지 않아야 할 이유가 무엇인가? 공허한 감정만 남기는 그런 진리로 얻을 수 있는 것이 무엇이란 말인가?

그 후에 쓴 《파이 이야기 Life of Pi》에서 마텔은 영적 지혜를 구하러 동양으로 가는 서양 젊은이에 대한 맛없는 이야기에 진리를 찾아 나서는 인도 청년을 주인공으로 등장시켜 맛있게 반전시킨다. 그러나 그 주인공도 같은 의심을 가지고 있다. 그는 "불가지론자들은 상상력이 부족하여 더 좋은 이야기를 놓치고 있다"고 믿는다.[3]

나는 에코나 마텔을 이해할 수는 있다. 그러나 그들의 생각에 완전 동의할 수는 없다. 인간이 이런 이야기를 만들어낼 수 있다는 사실, 이런 이야기가 우리의 기분을 더욱 좋게 해줄 수 있다는 사실, 나는 이것만으로는 부족하다고 생각한다. 이것만으로 만족하기에는 내가 너무 대지에 발을 붙이고 있는 현실적 인간이다. 나는 무엇인가가 내가 사는 역사에서, 내가 살아가고 있는 이 대지에서 실제로 일어났던 것, 그리고 내가 지금 읽고 있는 이 이야기가 그 이야기에서 의미를 찾으려고 하던 구체적인 사람들에게서 생겨났다는 것을 알아야 할 필요가 있다. 종교는 뒤엉키고 범벅이 된 삶에서 의미를 찾는 것이다. 실제 일어난 사실에 근거할 필요가 없다. 그러나 참된 것이어야 한다. 이야기에서 '참됨'이란 뉴스거리에서나 실험실 보고에서 말하는 '참됨'과는 다른 무엇이다. 참된 이야기란 가장 깊고 가장 복잡한 차원의 삶에 참된 이야기라는 뜻이다.

물론 좋은 이야기도 있고 나쁜 이야기도 있다. 좋은 이야기는 자비와 희망과 너그러움을 불러일으킨다. 나쁜 이야기는 사람들을 비열하게 혹은 악마처럼 만든다. 더욱이 언제나 열려 있어야 할 질문들을 닫아버리거나, 치장이나 보탬이나 다듬는 것을 더는 불가능하게 한다. 이 말은 고대 신화나 이야기를 복원해야 한다고 열변을 토하는 사람들이 좀 더 조심해야 한다는 뜻이다. 20세기 비교 종교학의 거장 미르치아 엘리아데Mircea Eliade는 '신화의 귀환'을 설득력 있게 옹호한 사람이다. 그러나 그는 신화에다 윤리적 판단 기준을 적용하기를 꺼렸고, 그 결과 그가 젊었을 당시 그의 고향 루마니아에 창궐하던 극단적인 민족주의적 반유대주의를 수용하게 되었다.[4]

　　종교적 설화는 모든 설화와 마찬가지로 해가 될 수도 있고 이득이 될 수도 있다. 그러나 더 큰 이야기의 세계에서 종교적 설화는 특별한 자리를 차지하고 있다. 다른 모든 설화에서와 같이 종교적 설화는 히브리 성경에 나오는 족장들과 왕들에 대한 이야기처럼 전설이나 노래나 무용담 같은 형식을 통해 어렴풋하게나마 기억된 역사적 사실에 기초하고 있는 경우도 있다. 그러나 요나나 에스더의 이야기처럼 완전히 지어낸 이야기일 수도 있고, 선지자 에스겔의 이야기에 나오는 바퀴와 불병거처럼, 혹은 《요한 계시록》에 나오는 전갈이나 용처럼 상상적인 비전의 결정체일 수도 있다. 그러나 종교적 이야기가 다른 이야기들과 다른 가장 중요한 차이점은 종교적 이야기들이 그 자체를 넘어, 경험적 입증이나 반증으로 환원될 수 없는 인간 실존의 결정적 차원을 가리키고 있다는 점이다. 종교적 이야기들은 마음뿐 아니라 몸과 모든 감각을 설화에 쏟아 넣는 예배 의식과 함께 짜여져 있다. 종교적 이야기들은 역사적 연구나 과학적 연구로 참되다 혹은 참되지 않다고 증명될 수가 없다. 사람이나 사람들을 이런 궁극적 차원으로 적절하게 맺어주는 일을 하지 못할 때 종교적 이야기들은 참된 것이 못 된다. 결국 종교적 이야기들은 객관과 주관, 사실과 가치, 산문과 운문의 예리한 차별화를 강조하는 오늘 같은 세상에서는 이해하기 곤란한 종자에 속한다는 뜻이다. 그러나 종교적 이야기들은 진정으로 인간적인 것에서 빠질 수 없는 필요 불가결의 요소를 제공해주고 있고, 이런 종교적 이야기들이 없는 삶이란 상상하기 곤란하다고밖에 할 수 없다.

아무튼 이야기에 대한 학생들의 불편함에 봉착해서, 그리고 하버드대학교의 모토가 '진리Veritas'라는 사실을 감안해, 나는 이 시대에 왜 '사실성factualness'이 진리와 동의어가 되었는가 하는 끈질긴 딜레마를 곰곰이 생각해보지 않을 수 없었다. '정보'의 홍수가 의사소통의 선호 수단이 되어 설화 같은 것을 밀어내고 있기 때문일까? 만약 그렇다면 실로 슬픈 소식이 아닐 수 없다. 이렇게 되면 결국 마음과 정신의 삭막함만이 따를 뿐이다. 우리에게는 사실이 필요하다. 그러나 속임수에서 우리를 보호하기 위해서만이다. 우리에게 더욱 필요한 것은 그런 사실에서 의미를 찾아낼 수 있도록 해주는 이야기들이다.

제롬 브루너Jerome Brunner는 인간의 학습 과정을 연구하는 데 공헌한 20세기 가장 위대한 학자 중 하나다. 오랜 기간에 걸친 연구 끝에 그는 과학이나 논리와 함께 설화나 이야기가 우리의 경험을 조직화하는 데 필수적이라는 결론에 도달했다. 설화가 없으면 우리에게 끊임없이 밀려오는 단편적 정보를 처리하는 것이 불가능하다는 것이다. 설화는 우리가 우리의 세계를 알 수 있게 하는 기본적 틀을 제공해준다. 설화라고 하는 실이 없으면 세상이라고 하는 천은 걸레나 넝마에 불과한 것이 되고 만다. "그건 단지 이야기에 불과해!"라고 하는 것보다 "그건 단지 사실에 불과해!"라고 말하는 것이 이치에 맞거나 더욱 의미 있는 말이라 할 수 있다.

나쁜 이야기들이 좋은 이야기들을 쫓아내면 곧 설화 자체가 곪기 시작한다. 설화가 없으면 윤리적 사유도 불가능하다. 어떤 종류의 사람이 되고 싶은지, 주어진 상황에서 어떤 행동을 해야 할지 분간하기 위해서는, 내가 학생들과 토의하면서 발견했듯이, '우리의 출신 배경'에 대해 어느 정도 알아야 한다. 철학자 앨러스데어 매킨타이어 Alasdair MacIntyre는 이런 말을 했다.

"나는 '내가 어떤 이야기나 이야기들의 한 부분인가?' 하는 질문에 대답할 수 있으면, '내가 무엇을 해야 할까?' 하는 질문에 대답할 수 있을 것이다."

우리가 사실에 편집광적으로 집착하는 것은 좀 더 깊은 곳에서 뭔가가 잘못 되었다는 징후일 수 있다. 이는 점점 더 정신없이 돌아가는 현대 생활의 미친 듯한 속도와 밤낮으로 사방에서 밀어닥쳐서 우리들 삶의 시간적인 면을 조직화할 능력을 퇴행시키는 정보의 과부하 때문일지도 모른다. 그렇게도 많은 사람이 명상을 실천하고, 삶의 속도를 늦추어 생각과 경험이 함께 갈 수 있도록 해주는 피정 센터를 찾는 것도 놀라운 일이 아니다. 심지어 컴퓨터도 우리가 거기에 입력하는 정보를 처리하고 조직하고 불러오기 위해 필요한 시간이 들 때 붕붕거리거나 삐삐 소리를 낸다.

이야기들이 식상할 정도로 과다할 뿐 아니라 서로 상충되고 모순되는 일이 허다하다. 내가 학생들과 함께 발견한 바와 마찬가지로 사람들은 자기 삶을 형성하는 이런 여러 가지 이야기들이 윤리적 문제에 대한 자신의 의견에 어떤 영향을 주는지조차 자각하지 못하고 있다. 이는 우리의 분반 토의 중 좌절감을 안겨주는 원인의 하나였다. 학생들은 때때로 윤리적 문제에 대해 토의한들 무슨 소용이 있겠는가 하는 생각을 가지고 그 ROTC 건물에서 나오곤 했다. 그러나 이것이야말로 내가 결코 생겨서는 안 된다고 우려한 바로 그것이었다. 그래서 나는 천천히, 그리고 고통을 감내해가면서, 그들이 이처럼 의견 일치를 보지 못하는 근본 원인이 도대체 어디 있는가를 스스로 발견해내는 데 도움이 될 방법을 생각해냈다.

나는 학생들이 자기들도 모르는 사이에 논쟁의 서로 다른 차원에서 의견 일치를 보지 못한다는 것, 그래서 그들의 논쟁은 서로 비껴갈 뿐 한 번도 정면으로 맞부딪치지 않는다는 것을 감지했다. 이러니 그들이 때때로 분통을 터뜨리고, 심지어 윤리적 논의의 가능성 자체를 포기해버리려는 것도 무리가 아니었다. 그러나 이런 방식이 바로 상대주의, 심지어 냉소주의로서 '윤리적 사유'라는 필수 과목이 반드시 피해야 할 것이었다.

내가 결국에 가서 채택한 방법은 논쟁에 각자 참가할 때 잠시 멈추고, 한 발 뒤로 물러서서, 적어도 어떤 점에서 의견이 불일치하는지만이라도 의견 일치를 보도록 노력하라는 것이었다. 이렇게 하여 의견 불일치를 네 가지 차원으로 분류할 수 있었다.[5] 첫째는 사실 파악의 차원이다. '부분적 낙태'가 정확히 무엇을 말하는가? 아마

존 계곡에서 벌목을 하는 사람들이 정확하게 누구인가? 핵무기 생산을 감시하는 것이 기술적으로 가능한가 가능하지 않은가? 다행스럽게도, 이 대학이 연구 중심 대학교이기에 이런 사실을 확인하는 것은 어려운 일이 아니었다. 그러나 사실에서 의견 일치를 보는 것은 시작에 불과하다.

둘째는 '윤리적 사유'라는 과목들 거의 모두에서 일반적으로 채택하고 있는 차원이다. 지금 학생이 주장하고 있는 것이 일관되고 체계적인가? 논리적인가? 학생의 주장에 대한 반론은 무엇이고 거기에 대한 학생의 반응은 무엇일까? 내가 보기에 이것은 본질적으로 필요한 접근이지만 그 자체로 충분하지는 않았다. 이것은 의견 일치를 보지 못하는 참된 이유가 시작되는 데서 끝나버리는 수가 많다.

셋째는 대부분의 일반적 '윤리적 사유' 과목들이 다루는 것을 넘어서는 차원이다. 이것은 충성의 대상에 초점을 맞추었다. 나는 학생들에게 자기들의 근본적 삶을 바칠 대상이 무엇인지 스스로 생각해 보라고 부탁했다. 가족, 국가, 신앙 공동체, 소수 민족, 성별 같은 것인가? 이런 충성의 대상들이, 비록 정도 차이가 다르고 변하는 것이라 해도, 학생의 윤리적 사유에 어떤 영향을 미치는가? 나는 물론 충성의 대상이 윤리적 선택을 하는 데 충분한 근거가 된다는 것을 제시하기 위해 이런 질문을 한 것은 아니었다. 나치 정권에 충성을 다한 사람들이 끔찍한 일을 저지른 경우도 있지 않은가. 또한 그 충성의 대상을 버려야만 한다는 뜻도 아니었다. 그렇게 되면 외톨이 개인주의만을 양산할 것이기 때문이다. 이런 질문을 하면서 기대한 것은 윤리적인 문제를 놓고 토론할 때 흔히 수면 아래 숨어 있는 요인들이 표면으로 떠오르게 하여 정말로 어디에 의견의 불일치가 있는가를 좀 더 쉽게 알아볼 수 있게 하자는 것이었다.

그러나 넷째 차원이 또 있는데, 많은 경우 가장 의미 깊은 차원이다. 이것은 '거대 담론' 혹은 흔히 말하는 대로 '세계관'의 차원이다. 이것이야말로 모든 사람에게 가장 깊이 뿌리박힌 차원으로서, 보통 어린아이 때부터 시작된다. 그러나 철학적 개념들이 아니라 이야기들로 이루어져 있다. 영국 신학자 돈 쿠피트Don Cupit는 다음과 같이 기록했다.

"이야기들은 해석적 자원, 모델, 시나리오로서 우리는 이야기들로 우리에게 일어나는 일들의 의미를 파악하고 우리 행동의 틀을 만든다. 철학적 형식이나 개념과 달리 이야기들은 시간적으로 길게 뻗어 있다……. 이야기들은 삶의 과정을 형성한다. 우리의 사회적 자아, 곧 우리의 참된 자아가 실질적으로 생겨나는 것은 이런 이야기들을 통해서다."[6]

여기다 내가 덧붙이고 싶은 것은 이렇게 우리를 형성해주는 설화는 일반적으로 우리 속 깊이에, 더러는 단편적으로, 묻혀 있어서 우리의 원초적 이야기들의 그 고요한 의미를 자각하지 못하는 경우가 허다하다는 점이다.

학생들은 이와 같은 네 가지 접근법을 가치 있는 것으로 보았다. 무엇보다 주어진 윤리적 문제를 논의하면서 서로 어느 차원에서 의견 일치를 보지 못하는가를 분명하게 집어내려고 노력했고 그 결과 그들은 한발 물러서서 그들의 목소리를 한두 눈금 낮출 수가 있었다. 그들은 산기슭에서 서로 뿔로 치고받는 수사슴처럼 행동하는 일

3 이야기로 가득한 세상

을 그만두고 대화하는 목소리의 톤도 한결 부드러워졌다. 문제 자체에는 아직 서로 동의하지 못하더라도 자기들이 왜 동의하지 못하는가를 알아내는 것만으로도 어느 정도 만족을 얻을 수 있었다. 학생들은 인도 소설가 아룬다티 로이Arundhati Roy가 소설《작은 것들의 신 The God of Small Things》첫 부분에서 존 버거를 인용하여 올린 경구, "결코 다시는 하나의 이야기가 마치 절대적으로 유일한 이야기인 것처럼 이야기되는 일은 없을 것이다"[7]라는 것이 우리에게 상기시키는 바를 스스로 발견하게 되었다. 학생들은 여러 가지 다양하면서도 흔히 서로 모순되는 이야기들로 가득한 세상에서 삶을 살 수밖에 없다는 사실을 배우게 되었다.

학생들은 도움이 되는 또 하나의 발견을 했다. 비록 약간의 노력으로 이런 차원들을 분별할 수는 있지만, 윤리적 문제에서 의견이 불일치할 경우 대부분 이런 차원들이 서로 연결되어 있어서 서로에게 영향을 미친다는 사실을 감지하게 된 것이다. 세계관과 충성의 대상이 무엇이냐 하는 것은 어떤 것을 '사실'로 받아들이느냐 받아들이지 않느냐 하는 데 영향을 준다. 그러나 끈질기고 부정할 수 없는 '사실'은 때로 오랫동안 간직해온 충성의 대상이나 심지어 세계관을, 그리고 그런 것을 지탱해온 이야기들을 수정하게 만든다. 각각 다른 설화들을 비교하기만 해도 새롭고 복합적인 설화를 창출해내는 결과를 가져올 수도 있다. 이것이 바로 여러 세기를 거치면서 종교적 설화들이 발전해온 방법이기도 하다. 성경 자체가 한때 양립 불가능한 모순이라고 생각하던 여러 가지 설화들의 복합체다. 다행스럽게도 우리 과목에서는 윤리적 토의를 위한 이 네 가지 차원을 모두 실행했기 때문에 여러 가지 다른 중요 설화들을 제시할 수 있었다. 힌두교인들이나 무신론자들이나 이슬람교도들이 그리스도인들과 함께 예수의 이야기를 놓고 토의했지만, 그들이 가지고 들어간 이야기와 똑같은 이야기를 꺼내는 사람은 거의 없었다.

그러나 이런 접근에서는 사람들이 자기 이야기를 말할 수 있고 또 남의 이야기를 들을 줄 알아야 하는데, 이는 우리가 배워야 하는 기술이다. 우리는 지금 상충된 이야기가 너무 많아서 힘든가? 독일 작가며 평론가인 발터 벤야민Walter Benjamin은 그렇다고 생각했다. 〈이야기꾼〉이라는 수필에서 그는 이렇게 말한 적이 있다.

"이야기하는 기술은 끝나가고 있다."

우리가 정말로 이야기를 잘하는 사람들과 만나는 일이 점점 줄어든다는 사실을 그는 슬퍼했다.

"이것은 마치 우리에게서 필요 불가결한 무엇, 우리가 가진 것 중 가장 안전한 무엇, 곧 우리의 경험을 서로 교환할 수 있는 능력이 우리에게서 사라지는 것과 같다."[8]

벤야민은 이처럼 이야기하는 것이 없어져간다는 게 사실 인간이 자기 자신의 경험에 대해 자신감을 잃기 시작한다는 징표라 본다.

많은 사람이 자기 자신의 경험에 대해 자신감을 잃기 시작했다는 생각은 20세기 철학과 문학의 주제 중 하나가 되었다. 이와 같이 자신감을 잃게 된 이유를 이해하기는 그렇게 힘들지 않다. 20세기 초반 몇백만 젊은이들이 전쟁에 투입되었는데, 전에 보지 못하던 기관총, 대포, 독가스 등의 무기가 가진 살상력과 자기들 주위에 산적한 죽음들을 보면서 그들은 도대체 무슨 일이 일어나고 있는지 전혀

감을 잡을 수도 없었다. 그러고 나서 세계를 휩쓴 인플레이션으로 두 손 가득히 움켜잡은 마르크화나 프랑크화로 빵 한 조각도 살 수 없었고 이런 사실에 사람들은 충격을 받았다. 그러고는 또다시 전쟁이 일어났는데, 이번에는 몇천의 비행기 공습과 원자탄이 등장하여 그전 전쟁들을 아이들 장난처럼 만들었다. 뒤를 이어 텔레비전이 등장했는데, 이는 시민 사회에서 인간적인 개인 접촉을 여지없이 축소시켜버렸고 화면에서 생기는 것이 옆집에서 실제 일어나고 있는 일보다 더욱 중요한 일이 되고 말았다.

벤야민이 그리는 그림이 지나치게 음산하지 않나라고 생각할 수도 있다. 우리가 적어도 아직은 그 정도로 형편없지는 않다고 여길 수 있기 때문이다. 사람들은 아직 좋은 이야기를 즐긴다. 내 학생들도 비교적 피상적인 문제를 이야기할 때는 별로 관심을 갖지 않고 떠들기 일쑤지만, 일단 자기들의 가장 중요한 경험을 나눌 때가 되면 갑자기 쥐 죽은 듯 조용해진다. 이것이 바로 벤야민이 마음에 둔 바가 아닌가 싶고, 또 이것이야말로 우리에게 뭔가를 말해주는 불길한 전조가 아닌가 생각된다. 우리는 우리의 경험들을 실감나게 전달하기 위해 우리의 이야기를 다른 사람들에게만 아니라 우리 스스로에게도 해야 한다. 따라서 우리가 우리의 경험을 서로에게 알리는 것, 그리고 우리의 삶을 확인하고 비교하려는 인간의 절박한 요구를 충족시키는 것이 귀찮아질 때 우리의 경험 자체는 시들어버린다. 곤두박질이 계속될 뿐이다.

이런 악순환에는 윤리적 상상력이나 윤리적 사유에 특별히 중대한 위협이 도사리고 있다. 우리가 원하는 인간이 되고 건전한 윤리적 선택이 가능하려면 일상적인 수준 이상의 수준에서 이야기할 수 있어야 한다. 윤리적 딜레마가 나타났을 때 인지할 능력이 있어야 한다. 그 딜레마가 무엇이고 어떻게 대처했는지를 우리 스스로에게, 그리고 다른 이들에게 말할 수 있어야 한다. 그것도 어느 정도 일관성 있게 이야기할 수 있어야 한다. 그러고 나서 우리는 다른 이들이 비슷한 이야기를 할 때 그들의 말에 귀를 기울이고, 그들의 이야기에 동정적으로 반응하여 그들이 이야기를 계속할 수 있도록 해야 한다. 그렇게 되면 본래의 이야기가 더 큰 이야기가 되어 이야기하는 사람이나 듣는 사람을 모두 어우르게 된다. 내 이야기와 너의 이야기가 합쳐져 우리의 이야기가 된다.

이렇게 이야기 줄거리의 어울림은 인간관계에서 아주 중요한 특징이다. 이야기를 숙련되게 잘하는 사람은 이야기하기 전에 그가 언제 어디에서 이 이야기를 들었는지 말해준다. 예를 들어 20세기 최대의 이야기꾼이라 할 수 있는 아이작 바셰비스 싱어Isaac Bashevis Singer는 언제나 이야기를 시작할 때마다 자기나 자기에게 이야기를 해준 사람이 그 이야기를 듣게 된 상황을 말한다. 어느 때는 폴란드에 있던 어느 랍비의 우중충한 서재이기도 하고, 어느 때는 뉴욕 맨해튼의 밤늦은 카페테리아이기도 하다. 그러나 그곳이 어디든 이런 정황을 말해주면 이야기하는 사람이나 듣는 사람이 하나의 더 크고 더 오래된 대화로 이끌려오게 된다. 성경이나 인류의 영적 전통에 담겨 있는 이야기들도 이와 같다. 이런 이야기들은 보통 특수한 정황에서 생기지만, 전체적으로 볼 때 끝없이 계속되는 윤리적 난제들에 대한 물음과 반응을 담고 있는 거대한 저장고라 할 수 있다. 그러나 만

　　　　　　　　3 이야기로 가득한 세상

약 우리가 이야기를 하고 이야기를 듣는 능력을 상실한다면 우리는 이 지혜를 접할 기회도 잃어버리고 만다. 인간은 똑바로 설 수 있다. 그러나 고릴라도 그렇게 할 수 있다. 인간은 자신이 죽는다는 것을 안다. 그러나 어쩌면 코끼리도 알고 있는 것 같다. 인간은 말로 의사 소통을 한다. 그러나 돌고래의 떠드는 소리도 어느 정도 그것과 유사하다고 할 수 있다. 그러나 이야기를 할 수 있는 능력을 가진 다른 동물이 있을까? 나는 그렇게 생각하지 않는다.

발터 벤야민은 이야기의 죽음을 알리는 만가挽歌를 너무 빨리 읊었는지 모른다. 그러나 그의 진단만은 분명 예리했다. 오늘날 설화는 세 가지 서로 연관된 위기에 둘러싸여 있다. 첫째는 이야기하기가 불공정하게도 그 중요성에서 낮은 자리로 밀려나고 있다는 것이다. 이야기가 없으면 우리는 인간일 수가 없고 이는 거의 확실한 사실인데도 이야기는 사방에서 공격을 당하고 있다. 몇몇 포스트모던 철학자들은 우리가 이른바 거대 담론이라는 것 없이 살아가는 법을 배워야 한다고 주장한다. 여러 해 동안 작가들과 영화 제작자들은 뚜렷한 줄거리가 없는 소설이나 영화를 가지고 실험하고 있다. 이렇게 줄거리 없는 허구들을 감상할 줄 아는 것이 교양 있는 사람들이 길러야 할 재능이라 여기고 있다. 이런 재능을 연마한 사람들은 자기들이야말로 소설이나 영화를 보고 "그런데 이게 무슨 이야기지?" 하고 끈질기게 물어보는 사람들보다 우월하다는 생각까지 하는 실정이다.

그러나 나는 이런 줄거리 없는 이야기가 우리에게 더욱 심오한 메시지를 준다는 생각이 들었다. 줄거리에 좌절감을 느껴 아주 없이 해버린다는 것 자체가 줄거리의 중요성을 일깨워주는 일일 수 있기 때문이다. 줄거리가 없을 때 우리는 그것을 그리워하게 된다. 벤야민은 우리가 설화를 정말로 귀하게 여기게 되는 것은 설화의 쇠퇴에서만 가능하다고 했다. 우리는 이제 이야기가 얼마나 중요한가를 알게되었다. 이전 세대들은 이야기를 당연시했기 때문에 이런 중요성을 눈여겨보지 못한 것이다.

설화가 당면한 둘째 위협은 역설적이지만 설화가 너무 많다는 것이다. 이야기가 없다고 하는 대신 이야기에 치인다고 해야 할 지경이다. 우리에게는 다큐드라마, 다큐멘터리, '모큐멘터리', 역사적 허구, 허구화한 역사, 언론사 릴리스, 커버 스토리, 다이어트 약품의 사용 이전과 이후에 대한 증언, 자기 계발 서적, 운동 기구, 하나님 등 이야기들에서 헤어나지 못하는 형편이다. 어떤 것은 어느 정도 진실한 부분도 있고, 다른 것들은 완전한 허구에 불과하다. 어떤 것들은 인간성의 더욱 깊은 면을 훌륭하게 비춰주고 있고, 다른 것들은 우리의 감각을 마비시키거나 다음 순간 잊어버릴 수 있는 것이기도 하다. 그러나 이 모두가 우리가 가진 의식의 지평에서 일견 똑같은 면허를 가지고 춤을 춘다. 아무것이나 우리 의식의 화면으로 불쑥 튀어나올 수 있고, 우리는 어떻게 혼란 속에서 사건을, 시시한 것에서 중요한 것을, 껍데기에서 알곡을 분간해야 할지 어리둥절해하기 일쑤다. 나 자신의 계속되는 이야기와 그 이야기의 모체가 되는 더 큰 설화에 대한 분명한 생각이 없으면, 상충되는 주장과 반론의 소용돌이에서 쉽게 헤어나지 못하고 만다.

이것은 설화가 당하고 있는 셋째 요인으로 연결된다. 이렇게도 많은 이야기 중에서 어떻게 자신만의 개인적 이야기를 만들어낼 수

　　　　　　　　　　3 이야기로 가득한 세상

있을까 하는 것이다. 폴 엘리Paul Elie는 말했다.

"좋든 싫든 우리는 우리 자신의 이야기가 아닌 이야기들 속에 묻혀 살고 있다."[9]

동시에 자신만의 개인적 이야기와 내 동족 및 인류 전체의 이야기를 잇는 연결 고리도 더욱 흐릿해지고 말았다. 한때는 민족 공동체, 종교 전통, 가족과 이웃이 나 스스로를 더욱 큰 그림 안에서 볼 수 있도록 도와주었다. 그러나 세계 시장 문화가 가져다준 인식의 파편화와 무자비한 평준화가 심각한 대가를 요구했다. 이런 것들이 이런 전통적인 기구들이 가진 의미 전달 능력을 저하시키고 말았다. 한때 반복되던 종교 의식儀式과 다시 들은 이야기들이 더 큰 틀 속에서 우리 스스로를 보도록 도와주었지만 이제는 모두 각자 알아서 그 일을 처리해야 할 판이 되었다.

그러나 이런 변화가 반드시 손해만은 아니다. 엘리는 "예로부터 종교적 믿음은 계시와 투사, 성스러움과 인간의 허약성, 그 중간 어디쯤에서 그 주장을 전개했다. 그러나 그 주장을 증명해야 한다는 부담은, 실로 믿음의 부담은, 너무나 오랫동안 사회가 그 짐을 지고 있었는데, 이제 그 본래의 영역인 신앙인들에게로 돌아왔다." 우리의 종교 전통들은 이제 우리를 위해 의미 창출의 역할을 하지 못하고 있다. 우리는 이제 종교 전통들을 우리가 누구인가를 말해주는 무오의 권위가 아니라, 오로지 필요할 때 선별적으로 돌아가 우리가 원하는 사람이 되는 데 도움을 얻기 위한 자원 정도로 생각하고 있다. 이는 환영해야 할 성과일 수 있다. 그러나 이것은 대담한 과제로서 이전 어느 때도 이루어본 적이 없는 것이기도 하다. 그리고 나만의 전기를 꾸미고 또 꾸미는 일은 결코 우리 홀로 할 수 없는 일이다. 우리에게는 한때 고전적인 이야기들을 노래하고, 행동으로 옮기고, 해석하던 그런 제의적인 환경에 해당하는 오늘날의 무엇이 필요하다. 그러나 바뀐 문화적 맥락을 고려할 때 오늘날에 필요한 제의 같은 것은 옛날에는 없었던 어느 정도의 분류와 선별을 환영하고, 또 사람들에게 더 큰 설화의 빛 아래에서 자기들의 개인적 이야기를 교환하도록 용기를 주어야 한다.

　이런 일이 어디에서든 일어나고 있는가? 나는 그렇다고 생각한다. 그리고 놀랄 정도로 다양한 조건 아래에서 일어나고 있다. 12단계 프로그램에서 이야기를 주고받는 일이나 몇몇 종교 및 정치 집회에서 하는 간증의 관습 같은 것이 머리에 떠오른다. 많은 유대인이 유월절 밤 축제에서 하는 예식은 단 포도주와 무교병을 놓고 출애굽이라는 옛이야기에서 오늘을 위한 의미를 찾으려는 몸부림이라 할 수 있다. 우리가 ROTC 건물에서 매주 가진 토론회도 이와 비슷한 기회를 제공한 거라고 생각한다.

　설화를 보존하고 재생하려는 투쟁은 지는 싸움이 아니었다. 그러나 우리가 벤야민이 어렴풋하게나마 예견한 위협을 물리칠 수 있는 유일한 길은 삼지창 같은 공격에 적절히 대응하는 것이다. 첫째, 설화의 역할을 폄하하는 일을 그만두고 설화를 인간적이 되는 데 필요 불가결의 요소로서 정당한 자리에 다시 세우는 것이다. 프랑스 철학자 폴 리쾨르Paul Ricoeur가 말했듯이, 모든 삶은 설화적 모양을 가지고 있고 인간으로서 우리의 사명은 다시 이야기할 가치가 있는 삶을 사는 것이다.

둘째, 우리는 이야기하기와 관련하여 이 시대에 생긴 이런 현상이란 그것이 죽기 직전에 내는 소리가 아니라 병적 다변증 같은 것이라는 사실을 인지해야 한다. 우리는 스스로 알지 못하더라도 이야기 속에서 헤엄치고 있다. 눈을 멀게 할 정도로 쏟아지는 사실들, 증거도 없으면서 사실이라 주장하는 사실들, 우리를 압도하는 온갖 정보 속에서도 이야기들은 여전히 살아 있다. 이런 이야기에는 벤야민이 충분히 감지하지 못한 끈질김이 있다. 그러나 물론 이야기에는 좋은 이야기도 있고 나쁜 이야기도 있다. 우리에게 문제가 되는 것은 이야기가 너무 적은 것이 아니라 너무 많다는 점이다. 그러니 우리가 할 일은 유해한 이야기에서 건강한 이야기들을 골라내는 것이다.

셋째, 이렇게 좋은 이야기들을 골라내기 위해서는 우리에게 전통적으로 내려오는 큰 설화들 중에서 여전히 가치 있는 것들을 우리 삶의 일부가 되도록 서로의 능력을 강화시켜주는 수단과 기회가 있어야만 한다. 이런 큰 원형에 기초하여 우리는 일시적인 것들에서 시대를 초월하는 것들을, 선전문에서 진리를, 우리를 분열시키는 것들에서 우리를 연합하게 하는 것들을 골라낼 수 있다.

설화는 벤야민이 생각한 것처럼 그런 방식으로는 아닐지 모르지만 여전히 멸종 위기에 처한 종이라 할 수 있다. 우리가 해야 할 일은 그 존재를 위험하게 하는 참된 위협을 알아내고 거기에 저항하는 것이다. 내가 생각하기로 이런 일을 하기 위한 최선의 방법은 우리 스스로가 이야기꾼이 되는 것이다. 이는 그렇게 어려운 일이 아니다. 우리의 두뇌가 작용하는 방식의 일부분이기 때문에 자연적으로 될 수 있다.

랍비 예수는 전 역사를 통해 가장 위대한 이야기꾼이었다. 우리와 마찬가지로 그도 서로 겨루고 상충하는 설화의 세계에서 살았다. 그가 들려준 이야기들, 그에 대한 사람들의 이야기들은 우열을 다투던 다른 많은 이야기가 오래전에 사라져 잠잠해진 이후 아직까지 계속 살아 있다. 누가 지금 로마 황제의 영광과 권력을 노래하는가? 누가 지금 이집트 신 이시스, 페르시아의 신 미트라의 어두운 신비를 읊조리는가? 그러나 이 팔레스타인 랍비의 이야기는 2,000년 이상 셀 수 없이 많은 사람의 입에서 되풀이되고 있지 않은가. 그의 이야기 세계로 들어가는 것은 오늘 이 시대를 위한 그의 영적, 윤리적 가르침의 의미가 무엇인지 이해하기 위해 첫발을 디디는 것이다.

3 이야기로 가득한 세상

I

그들이
예수에 대해 한
이야기들

4 '낳고'의 발라드

아브라함의 자손이요 다윗의 자손이신 예수 그리스도의 계보는
이러하다. 아브라함은 이삭을 낳고, 이삭은 야곱을 낳고, 야곱은
유다와 그의 형제들을 낳고, 유다는 다말에게서 베레스와 세라를
낳고, ……살몬은 라합에게서 보아스를 낳고, 보아스는 룻에게서
오벳을 낳고, 오벳은 이새를 낳고, 이새는 다윗왕을 낳았다. 다윗
은 우리야의 아내에게서 솔로몬을 낳고, ……야곱은 마리아의 남
편 요셉을 낳았다. 마리아에게서 그리스도라고 하는 예수가 태어
나셨다.

| 마태복음 1:1-3, 5-7, 16

대부분의 학생들은 학기 초 열심을 내는 것이 보통이다. 학기가 진행
되면서 속도를 조절하게 되지만 시작할 때만은 극히 열심이다. 내 학
생들도 다를 바가 없었다. 첫 수업을 시작하기도 전에 복음서를 읽기
시작한 학생도 많았다.

　그렇게 하는 것은 언제나 실수였다. 신약 성경 첫 권인《마태복
음》은 얼른 보아서 무슨 뜻인지도 알아볼 수 없는 기다란 족보 혹은

계보로 시작한다. 인내심이 여간하지 않은 학생이라면 금방 용기를 잃고 마는데, 그건 그들의 경우만이 아니다. 간디도 그가 처음 성경을 읽기 시작했을 때 그 많은 '낳고'에 완전히 압도되어 헤어나지 못했다고 했다. 학생들도 같은 문제를 가지고 있는데, 전혀 놀랄 것이 없다. '예수의 족보'는 《마태복음》에 18절이나 되고 《누가복음》에는 21절이나 되는데, 이 위에 인용한 것은 그 일부에 지나지 않는다. 거기에는 성경을 잘 아는 사람에게도 생소하기 그지없는 이름이 많다. 내가 어떻게 이런 간디 신드롬에서 학생들을 구출하여 그들이 이 끝없이 이어지는 족보를 읽어나가면서 그 눈이 흐려지는 것을 막아줄 수 있었을까?

첫째, 나는 학생들에게 이 족보를 읽지 말고 노래하라고 일러주었다. 성경에 있는 것을 포함하여 대부분의 고대 족보들은 그 저자들이 역사적 기록으로 남길 의도로 쓴 것이 아니다. 역사적 기록은 저자들의 목적이 아니었다. 사실 《마태복음》에 나타나는 족보와 《누가복음》에 나타나는 족보는 서로 일치하지 않는다. 그들의 목적은 그 긴 족보 끝에 나오는 인물을 위해 후광을 만들어내는 것, 그의 자리를 마련하는 것이었다. 이 복음서에 나오는 족보에서는 그 인물이 바로 '그리스도라고 하는 예수'로서, 이 족보를 통해 그의 중요성을 확립하는 것이다. 이 족보는 옛 음유 시인이 모닥불가에서 수금을 타며 부르던 발라드와 비슷하다. 나는 학생들에게 적절한 마음 상태에 들어가기 위해서 그 족보들을 방에서 혼자 소리를 내어 조용히 읊어보라고 했다. 이런 식으로 이해를 하면, 《마태복음》이나 《누가복음》에 나오는 족보들은 보물과 같아진다. 얼른 보기보다 훨씬 더 많은 것을 말해줄 뿐 아니라, 어느 정도 짜릿한 밑그림에 대한 암시를 주기도 한다. 학생들에게 이런 이야기를 하면 학생들은 얼른 돌아가 그 족보에 나오는 이름들 일부를 다시 읽어보곤 했다.

요즘 사람들은 이런 족보를 우스개로 여긴다. 그러나 그렇게 하면 결국 21세기에 사는 인간들에 대한 진실도 놓쳐버리고 만다. 우리는 우리의 뿌리에 대한 동경과 그 뿌리가 우리에게 당연히 요구하는 존경심을 버려도 될 만큼 커버린 적이 없다. 자기들이 스코틀랜드 영주나 중세 프랑스 귀족의 가문이라도 되는 듯이 벽난로 위에 붙여놓고 과시하기 위해 해마다 얼마나 많은 사람이 그 선전 광고에 나오는 문장紋章을 주문하고 있는가? 검 둘을 십자로 엇갈리게 한 모형의 문장, 사자가 뒷발로 서 있는 모습의 문장, 프랑스 왕가의 불꽃 문장 등 모두 인상적인 것들이 아닐 수 없다. 비록 이런 문장을 볼링 트로피 옆에 걸어놓는 이들의 조상이 영주의 식탁에서 식사를 했다기보다는 그 영지에서 농노로 파밭에 거름을 주던 사람들일 확률이 더 클지라도 말이다. 우리는 모두 뿌리를 원한다. 그 뿌리를 모르면 찾아나선다. 찾지 못하면 만들어내기까지 한다.

뉴에이지는 새로운, 그러나 사실은 오래된, 족보 추적 방법을 가지고 있다. 그것은 각자의 전생을 접해보려는 노력의 형태를 취한다. 이 개념은 물론 유대교와 그리스도교에서 적어도 공식적으로는 거부하고 있는 환생을 의미한다. 그러나 환생이란 조상 대대로 내려오는 가문家紋을 좀 더 개인적인 경우에 적용한 형태라 할 수 있다. 그러나 더욱 의미심장한 일은 사람들이 그들의 전생을 추적해 들어갔을 때, 그들이 찾아낸 조상들이 클레오파트라의 궁전에 있던 궁녀나 나폴레옹 군대의 시위대장 같은 것으로 나타난다는 사실이다. 자기의 전생이나 그 이전 생에서 자기가 부엌데기나 돼지 치는 사람이었다는 것을 발견했다고 하는 사람을 찾기는 매우 어렵다.

이런 사실을 명심하면 유대인의 역사에서 가장 유명하던 랍비들의 위치를 설정해주는 그들의 이야기 방식에서 어느 정도 즐거움과 통찰을 얻을 수 있다. 예를 들어 1772년에 출생한 18세기 위대한 랍비요 학자였던 브레슬로프의 나흐만Nachman of Bresliv은 그가 카발라Kabala에 대해 쓴 영감적인 책 때문만이 아니라 그의 외할아버지가 그 위대한 바알 셈 토브Baal Shem Tov요, 친할아버지가 호로덴카의 나흐만Nachman of Horodenka이었기에 더욱 유명한 것이기도 하다. 좀 더 최근의 예를 들면, 1907년에 출생한 유명한 학자 아브라함 요슈아 헤셀Abraham Joshua Heschel은 아버지 쪽으로 메지리히의 도브 바이어Dov Baer of Mezhirich의 후손이요, 어머니 쪽으로는 베르디체프의 레비 이삭Levi Isaak of Berdichev의 후손이다. 두 번째 경우 이런 학자적 가문의 전통은 이전 세대의 랍비들을 놀라게 할 수 있는 방법으로 계속되고 있다. 헤셀의 딸 수잔나Susannah가 지금 다트머스대학교에서 유대학을 가르치는 교수이기 때문이다. 이런 피가 자기들 몸속에 흐른다고 믿는데 이들이 어찌 위대한 학자들이 되지 않을 수 있었겠는가?[1]

그러나 《마태복음》이나 《누가복음》에 나오는 나사렛 예수의 족보는 다른 랍비들의 족보와 다르다. 이 두 가지 족보는 전혀 다른 발언을 하기 위해 똑같은 형식을 사용하고 있다는 점에서 특히 흥미롭다. 이 두 족보는 족장들과 선지자들과 왕과 평범한 사람들을 섞어놓았다. 얼른 보기에 무작위로 만든 것 같지만 남자와 여자를 함께 포함하고 있다. 이렇게 창의적으로 꾸민 가계보가 갈릴리의 랍비 예수에 대해 무엇을 말하려 하는 것일까?

이 두 족보는 두 가지 서로 모순되는 것을 이야기하는 듯하다. 첫째, 예수는 족장들만이 아니라 왕들의 후예라는 것이다. 두 족보에서는 예수를 아브라함과 이삭과 야곱의 가계에 확실히 넣었을 뿐 아니라 이새와 위대한 왕 다윗의 후손이라는 점도 함께 이야기하고 있다. 그다음으로 《마태복음》에서는 히스기야, 므낫세, 요시야 같은 왕들의 이름을 열거하고 있다. 14대씩으로 구성된 세 개의 명단이 나오는데, 아마도 히브리어로 '다윗'이라는 이름에 들어 있는 숫자에 해당하도록 하려는 배열일 수 있다.

그러나 이 족보를 나열하고 있는 마태가 요셉에 대해서 말할 때는 또 다른 목적이 있는 것이 분명해진다. 물론 이와 함께 문제도 있었다. 마태는 일반적으로 하듯 아버지들로 조상을 거슬러 올라갔다. 그러나 이런 왕족의 혈통이 아무리 중요하다고 해도, 그가 궁극적으로 주장하려는 것은 예수의 위대함이 이런 왕족의 혈통 때문이 아니라는 점이다. 예수의 혈통은 하나님 자신이었다. 따라서 마지막 13대 이르면 이 왕손의 명단에 포함된 요셉을 '예수의 아버지'라 하지 않고 '마리아의 남편'이라 했다. 그렇다면 이 왕가의 DNA는 어떻게 된 셈인가?

다시 문자를 고집하는 사람들은 이 모순에 눈을 깜박일 것이다. 그러나 《마태복음》의 족보는 연구 도서관 서고에 비치된 혈통 추적도 같은 종류로 만들려고 작성한 게 아니다. 마태는 유산 문제로 생긴 법정 소송에 제출할 법적 서류 같은 것을 작성하는 것이 아니었다. 그는 예수의 의미를 선언하고 이제 곧 나올 주제들 중 몇을 미리 알리기 위한 서곡을 작곡하고 있는 것이다. 나사렛 목수를 위해 그가 좋은 솜씨로 구성한 족보는 이 복음서 거의 매 페이지에 등장하는 비유들 중 처음으로 등장하는 '비유'였다.

이 족보 겸 비유에는 1세기 독자들에게 충격적으로 다가왔을 또 하나의 이상스러운 요소가 들어 있는데, 이것이야말로 실로 맛깔나는 부분이다. 전통적인 형식을 따라, 이 족보도 남자의 혈통을 따르고 있지만, 이상스럽게도, 네 명의 여자들이 들어가 있다. 처음 두 여자, 다말과 라합은 둘 다 가나안 사람으로 이스라엘 사람이 아니었다. 셋째 여자 룻은 모압 사람이었다. 넷째는 이름 자체는 나오지 않지만 누구나 알고 있듯이 다윗왕이 옥상에서 목욕하는 모습을 본 미모의 헷 여인 밧세바였다. 처음 다윗은 그녀를 불러들이고, 나중 그 아름다운 여인을 독차지하기 위해 그의 남편 헷 사람 우리야를 전쟁터로 보내 죽게 했다. 이 네 여인들에게는 뭔가 주목할 만한 공통점이 있다. 모두가 이방인이라는 사실이다. 모두가 또 불륜이나 국가 전복이나 기만의 냄새를 풍기는 음모에 가담했다는 것이다.

다말의 이야기는 《창세기》 38장 6절 이하에 나와 있는데, 거기를 보면 족장 야곱의 아들 유다가 자기 맏아들 엘의 신붓감으로 그녀를 택했는데, 그녀가 임신하기 전에 엘이 "주께서 보시기에 악"한 무슨 일(성경에는 그것이 구체적으로 무엇인지 말해주지 않는다)을 해서 주께서 그를 죽게 했다. 유다는 그의 다른 아들 오난에게 일러 형수 다말과 동침하여 아이를 낳게 하여 시동생으로서 책임을 다 하라고 지시했다. 그러나 오난에게는 뭔가 미심쩍은 것이 있었다. 아마도 형이 죽고 너무 일찍 아버지가 명령을 내려서 아이가 나면 자기의 아이가 아니라 형의 아이라 여겨질 수도 있다고 생각한 모양이었다. 그래서 오난은 형수와 동침할 때마다 "정액을 땅바닥에다 쏟아버리곤 하였다"(여기서 질외 사정을 영어로 '오나니즘'이라 하게 된 것). 그래서 하나님은 오난도 죽여버리고 말았다. 다말은 두 번이나 과부가 되었고 아직도 자식이 없었다. 그러자 유다는 다말에게 다른 아들 셀라가 아직 너무 어리므로 장성하여 아이를 낳게 할 수 있을 때까지 친정집에 가서 기다리라고 했고 그녀는 그 말대로 했다.

이야기의 줄거리는 더욱 흥미진진해진다. 유다의 처가 죽었다. 셀라가 장성했지만 유다는 그를 다말에게 보내지 않는다. 그 대신 양털 깎는 계절이 되었을 때 자기 양들이 있는 딤나라는 마을로 갔다. 기다리다 지친 다말은 자기 시아버지 유다가 그리로 온다는 소문을 듣고 즉각 행동을 취했다. 그녀는 과부의 상복을 벗고 너울로 창녀처럼 가장한 다음 딤나로 가는 길 어귀에 가 앉았다. 유다는 그녀를 보고는 창녀인 줄로만 알고 같이 자자고 했다. 그녀는 그에게 무엇을 화대로 주겠느냐고 물었고, 유다는 자기 가축 떼에서 새끼 염소 한 마리를 주겠다고 했다. 그러나 다말은 그 새끼 염소를 받기 전까지 담보물을 주어야 한다고 하면서, 그의 목에 걸고 있는 도장과 들고 다니는 지팡이면 되겠다고 했다. 유다도 좋다고 하고 그들은 같이 안으로 들어갔다. 그러고 나서 유다는 집으로 오고 다말은 자기의 상복을 다시 입었다.

이 일이 있은 직후, 유다는 자기 친구를 보내 그 '창녀'에게 약속한 새끼 염소를 주고 그의 도장과 지팡이를 찾아오라고 부탁했다. 그러나 그 친구가 그녀를 찾아보았지만 찾지 못하고 돌아왔다. 딤나에 사는 사람들이 거기에는 창녀 같은 것이 없다 하더라고 전했다. 석 달 후 유다는 며느리 다말이 아직 정식 배우자가 없는 과부인데도 임신했다는 소문을 들었다. 화가 난 유다는 다말을 끌고 와 불에 태워 죽이라고 명령했다. 그러나 그녀는 끌려오면서 유다의 하인들에게 그의 도장과 지팡이를 보이고 그들 주인이 바로 뱃속 아기의 아버지라 일러주었다. 풀이 죽은 유다는 자기의 잘못을 인정하고 명령을 취소했다. 그 후 다말은 하나도 아닌 쌍둥이, 베레스와 세라를 낳았는데, 베레스가 바로 예수의 조상 중 하나가 되었다. '거룩한 책' 뚜껑 안에 이런 스캔들 이야기가 있는데, 누가 따로 돈을 주고 로맨스 잡지를 산단 말인가?

라합과 룻의 이야기도 학부 학생들의 입맛을 자극했다. 또 성경에는 이런 식의 욕정이나 야릇한 짓에 대한 이야기가 있을 수 없다는 잘못된 관념을 털어내기에도 충분했다. 라합은 다말과는 반대로 위장이 아니라 정말로 창녀였다. 그녀는 여리고 성벽 위 편리한 곳에 정식 기방을 차리고 열심히 영업을 하고 있었다. 모세를 이어 유대인의 지도자가 된 여호수아가 그의 정탐꾼(스파이)들을 여리고성에 보냈을 때, 라합(성경에는 "그들 하나님의 위대하심"을 들어 알고 있었다고 한다)은 그들에게 잠자리를 제공했다. 그뿐 아니라 여리고 왕의 사자들이 그들을 찾으러 왔을 때 그들을 지붕 위에 널어놓은 아마 줄기들 사이에 숨기고 왕의 사자들에게 그들이 이미 떠났으니 뒤쫓아가면 잡을 수도 있을 거라고 거짓으로 이야기했다. 그다음 성문 밖으로 밧줄을 내려뜨려 그들이 내려갈 수 있게 하여 안전하게 성을 빠져나가게 해주었다. 정탐꾼들은 은혜에 보답하기 위해 이스라엘 백성들이 여리고성을 칠 때 그녀와 그녀의 가족을 살려주겠다고 약속하고 후에 그 약속을 지켰다. 랍비 전설에서 라합은 세상에서 가장 아름다운 네 명의 여인 중 하나로서 예레미야와 다른 일곱 명의 예언자들의 조상이 되었다고 한다.

룻의 이야기는 라합의 이야기처럼 기절초풍할 성질의 것은 아니다. 그러나 그 자체로 매력을 가지고 있다. 사실 어느 성서 학자는 그 이야기가 너무나 단순하고 직설적이고 아름다워 거기다 무슨 해석이나 주석을 다는 것은 올바른 일이 아니라고까지 했다. 그러나 왜 모압 여자 룻이 예수의 족보에 등장하는가를 알아보는 것은 옳은 일이다.

그 내력은 이렇다. 유대 땅에 흉년이 들어 아버지, 어머니, 두 아들로 된 한 이스라엘 가족이 먹을 것을 찾아 베들레헴에서 모압 땅으로 이주했다. 그들이 거기 사는 동안 두 아들은 이방인 여자들과 결혼했다. 얼마 지나 아버지가 죽고, 10년 후 두 아들도 죽자, 어머니 나오미는 자기 고향에 되돌아가기로 결심했다. 한 며느리는 모압에 그대로 남기로 했지만 다른 며느리 룻은 자기 시어머니를 좋아해 시어머니와 함께 자기가 한 번도 보지 못한 땅으로 같이 가기로 결심했다. 그래서 그 유명한 구절 "어머님이 가시는 곳에 나도 가고, 어머님이 머무르시는 곳에 나도 머무르겠습니다. 어머님의 겨레가 내 겨레이고, 어머님의 하나님이 내 하나님입니다"(룻기 1:16)라는 말이 생긴 것이다.

시어머니와 며느리가 옛 고향에 돌아왔지만 고생을 면할 수는 없었다. 그들은 추수하고 난 밭에 가서 떨어진 이삭을 주워 먹고 사는 신세가 되었다. 그러나 이것만으로는 먹고살 수가 없었기에, 분명 현명하면서도 꾀 많은 시어머니 나오미는 며느리 룻을 먼 친척뻘 되는 보아스라는 사람에게 보내 도움을 구하도록 했다. 무슨 이유에서인지 보아스는 요청을 들어주고 나중에는 결혼까지 하게 되었다. 성경에서는 룻이 밤에 그의 잠자리에 들어 "그의 발치를 들쳤다"고 했다. 물론 분명한 완곡어법이다. 성경 자체에서는 말하지 않고 있지만 숨은 의미는 가난하지만 아름답던 한 여인이 미모를 이용해 먼 일가뻘 되는 부자 지주를 매혹했다는 것이다. 성경 이야기로는 여기서 난 아들이 다윗왕의 조상이 되었다고 한다.

이 모든 이야기는 보잘것없던 주변적인 여인들이 잘되는 해피엔드로 결말이 나고 있다. 이들 모두는 여성적 매력을 옳은 일에 사용한 성경 속 미인 열전에 속한다. 이런 미인 열전 중 최고 스타는 단연 에스더 왕후를 들지 않을 수 없다. 비록 에스더가 예수의 족보에는 나오지 않지만, 그녀의 이야기는 매년 유대인들의 절기인 부림절에 되새겨지고 있다. 자기 민족과 함께 포로 생활을 하고 있던 에스더는 이방 왕이 벌인 미인 대회에서 뽑힐 만큼 아름다워 결국 그의 후궁 궁녀 중 하나로 들어가게 되었는데, 이런 연줄을 이용하여 악마처럼 잔인한 하만이라는 자의 손에서 자기 민족을 구원하게 되었다. 이런 것은 에스더가 집에서 촛대나 닦고 유대인이 먹는 마짜나 굽고 있었다면, 혹은 그녀가 너무 말라빠지거나 너무 뚱뚱했다면, 결코 이룰 수 없었던 일이다.

섹스나 매력 같은 문제가 머리에서 멀리 떠나 있는 일이 없는 젊은이들로 가득 찬 교실에서 그 무미건조한 족보 뒤에 숨어 있는 이런 신나는 이야기들이 어떤 토의를 촉발했을지 상상해보는 일은 어렵지 않다. 토의의 초점은 주로 좋은 목적을 위해서라면 어느 정도까지 자기의 육체적, 성적 매력을 이용할 수 있는가? 그렇게 하는 것은 과연 정당한가? 이런 일이 다반사로 일어난다고 인정하면 그 한계선은 무엇인가? 한계라는 것이 있기나 한가? 하는 등의 문제였다. 이러한 토의에서 어떤 명확한 결론이 도출되는 경우는 거의 없었다고 해도 과언이 아니다. 앞으로도 그럴 거 같다. 하지만 나는 이 과목이 젊은 이들에게 윤리적 삶에 대한 상당히 중요한 문제를 허심탄회하게 토론할 수 있는 장을 마련해주었다는 점을 기쁘게 생각한다.

물론 마태 자신도 호기심을 자극하는 그의 족보 비유가 학생들 사이에 이런 토론을 촉발했다는 사실을 알면 놀라워했을 것이다. 그가 쓴 예수의 족보는 후대에 가서 신약 성경이 될 책의 첫 책, 첫 장 첫 절에서 시작하고 있다. 그 당시에는 물론 신약이라는 것이 없었고, 단지 구전과 여러 가지 예수에 대한 문서들이 떠돌아다녔는데, 물론 대부분은 오래전에 없어져버렸다. 성서 학자들은 《마태복음》이 예수의 죽음 후 40년이 지난 기원후 70년경, 이방인들을 포함하여 점점 많은 사람이 예수의 메시지에 반응하던 시기에 기록된 거라 한다. 이 복음서를 읽는 대부분은 예수를 직접 보지 못한 사람들이었다. 마태가 바란 것은 두 가지였다. 첫 번째는 갈릴리의 랍비 예수를 유대인들의 이전 역사와 분명하게 연결시키고, 동시에 예수는 뭔가 신선한 것을 대표한다는 것, 유대인과 비유대인을 연합시키는 새로운 공동체가 형성되고 있다는 사실을 분명히 밝히고 싶어 했다. 그가 바라던 두 번째는 그의 족보가 음악의 서곡처럼 예수의 삶을 미리 암시하는 것, 독자들에게 앞으로 올 일을 미리 경고하는 것이었다. 이것은 예수에 '대한' 처음 이야기다. 마태는 이 특이한 랍비에 대해 알려진 정보 파일을 모두 이 발라드에 집어넣었다. 그는 우리에게 예수가 유대인 왕족으로서 둘째가라면 서러울 정도로 훌륭한 자격을 갖추고 있고, 그러면서도 그런 자격 같은 것은 그에게 그렇게 중요하지 않다고 이야기하고 있다. 그는 이 랍비가 그의 가르침을 통해 사회적으로 변두리에 속하며 이방인들인 여자들, 더구나 평판이 그렇게 좋지 않은 여자들, 틀에 박힌 교사들이 간과하거나 정죄하는, 그 같은 사람들에게 호소력을 크게 발휘할 거라는 이야기를 귀띔하고 있는 것이다.

5 적절한 여인을 고르다

그 뒤로 여섯 달이 되었을 때에, 하나님께서 천사 가브리엘을 갈릴리 지방의 나사렛 동네로 보내시어, 다윗의 가문에 속한 요셉이라는 남자와 약혼한 처녀에게 가게 하셨다. 그 처녀의 이름은 마리아였다. 천사가 안으로 들어가서, 마리아에게 말하였다. "기뻐하여라, 은혜를 입은 자야, 주님께서 그대와 함께하신다." 마리아는 그 말을 듣고 몹시 놀라, 도대체 그 인사말이 무슨 뜻일까 하고 궁금히 여겼다. 천사가 마리아에게 말하였다. "두려워하지 말아라. 마리아야, 그대는 하나님의 은혜를 입었다. 보아라, 그대가 잉태하여 아들을 낳을 터이니, 그의 이름을 예수라고 하여라. 그는 위대하게 되고, 더없이 높으신 분의 아들이라 불릴 것이다. 주하나님께서 그에게 그의 조상 다윗의 왕위를 주실 것이다. 그는 영원히 야곱의 집을 다스리고, 그의 나라는 무궁할 것이다."

| 누가복음 1: 26-33

그녀는 머리 숙인다.
유순한 태도로, 그러나
밑으로 떨어뜨린 그녀의 눈길은

천사에게 묻고 있다. "왜
이 로맨스,
내 자격으로?"
| 사무엘 메나셰의 〈수태고지〉에서

《크림슨Crimson》은 하버드 학부 학생들이 만들어내는 일간 신문이다. 나는 그것을 자주 훑어보지만 판매 광고나 구인 광고 같은 것에는 관심을 기울이는 일이 거의 없다. 그런데 하루는 학생 하나가 나에게 다음과 같은 기사를 보라고 했다.

> 지적이고 건강하고 매우 매력적인 19세 이상 30세 이하의 영국계 미국인 여인 구함. 키는 5피트 4인치 내지 7인치, 체구는 작거나 중간 정도로 눈은 갈색이나 푸른색이어야 함.[1]

나에게 이것을 보여준 여학생은 체외 수정을 위해 쓸 난자를 구하는 광고라고 했다. 그 여학생은 이런 광고가 이 신문에 자주 나오고 난자 하나에 주겠다는 돈이 5,000달러에서 5만 달러까지인데, 이 돈은 엄청난 학자금 대출을 갚느라 허덕이는 여학생들에게 심각한 유혹이라는 것이다. 이 여학생은 이렇게 점증하는 관행이 불러일으키는 윤리적 문제에 대해 기말 논문을 써도 좋은지 물어보려고 내게 온 것이다. 나는 그 여학생에게 복음서 이야기 중 어느 부분이 머리에 떠올랐느냐고 물어보았다. 그 여학생은 당장 하나님이 마리아를 택해 아들을 낳게 한 것을 알리는 수태고지라고 했다. 그 여학생이 고맙게

5 적절한 여인을 고르다

도 지적한 사항은, 하나님도 아주 특별한 젊은 여자를 찾다가 마리아에게 성교 없이 임신하게 했는데, 이는 결국 하버드 교정에서 얻은 이런 난자로 임신하는 것과 별반 다를 것이 없지 않는가 하는 것이었다.

나는 이런 생각에 너무 놀라 몇 초 동안 아무 말도 하지 못했다. 그 여학생은 기대하는 태도로 나를 응시하고 있었다. 드디어 나는 그 여학생의 말에 동의했다. 그러나 나는 그 여학생에게 동정녀 마리아가 다른 여러 가지 미덕이 있었을지라도 그녀는 일류 대학 여학생이 아니었다고, 흔히 수태고지 그림에서 손에 조그만 기도서를 든 채 무릎을 꿇고 있는 모습으로 나오기는 하지만 마리아는 문맹이 틀림없다는 사실을 상기시켰다. 나아가 마리아는 이런 광고에서 요구하는 인종적 배경을 가지고 있지도 않았고, 아직 10대 후반에 이르지도 못했으며, 이미 약혼 상태였다는 것도 일러주었다. 그러나 기말 논문에 이런 문제를 다루겠다는 제안이 완전 엉뚱한 것만은 아니었기에 나는 그 여학생에게 어떤 식으로 계획하고 있는지 물어보았다. 그 여학생은 자기 학부 여대생 친구들 중 그 광고를 본 학생들, 그 광고에 응할 것을 고려 중인 많은 학생들, 이미 거기에 응한 몇 명의 학생을 만나 이야기해보고 이 문제에 대한 그들의 생각이 어떤지, 어떤 윤리적 문제가 마음에 떠오르는지, 이런저런 결정을 했으면 그 이유는 무엇인지, 다른 친구들에게 충고하고 싶은 것은 무엇인지 등을 조사하겠다고 했다. 그러고 나서 미소를 지으며 자기 이름도 메리(마리아)라고 했다. 나는 좋으니 써보라고 하고 쓰고 나면 깊은 관심을 가지고 읽겠노라고 해주었다.

물론 나는 성경에 나오는 수태고지의 이야기가 체외 수정에 대한 것이 아님을 알고 있었다. 오랫동안 신학자들은 마리아가 가브리엘 천사의 제안에 '동의'할 수밖에 없었다는 사실을 강조해왔다. 마리아는 백조 모양으로 나타난 제우스 신에게 강간당하여 카스토르와 클뤼타임네스트라를 낳은 레다와 같지 않다. 마리아는 자기 약혼자 요셉의 아들이 아닌 아들을 낳겠다고 '선택'한 것이다. 그러나 하나님이 왜 하필 바로 이 유대인 처녀를 찾아 예수의 어머니가 되도록 했을까 하는 것도 흥미 있는 질문이다. 아무튼 이 옛이야기가 2,000년이 지난 후 어느 열심 있는 젊은 여인을 촉발하여 하나의 중요한 윤리적 문제를 조사하게 했다는 사실은 다시 한번 설화가 윤리적 상상력을 자극하는 데 얼마나 큰 힘을 발휘하는지 보여주는 사례라 할 수 있다. 이야기가 하는 역할이 바로 이런 것이다. 이야기는 지성과 기억이 서로 앞을 다투도록 해준다. 연결, 접속, 연관을 함의하고 듣는 사람의 삶에서 비슷한 경험들을 불러일으킨다.

2,000년이 지난 성경 이야기가 여러 세기를 거쳐 한 학생의 머릿속에 기말 논문을 위한 아이디어를 떠오르게 했다는 사실은 이야기란 일단 했으면 이야기한 사람의 통제권에서 벗어난다는 사실을 보여주기도 한다. 이야기는 자유롭게 날아다니게 된다. 근본적으로는 같은 이야기로 남아 있지만 거기에는 새로운 버전이 따르고 새로운 의미가 덧붙여진다. 이야기는 다른 형태의 인간 표현 방법에서 보기 힘든 고유의 공명 장치를 소유하고 있다.

나는 이 옛이야기가 청바지에 책가방을 걸머멘 대학 2학년 여학생 메리에게 어떤 모양을 하고 새롭게 태어날까 궁금했다. 그래서 몇

주가 지난 다음부터 어떻게 되어가고 있는지 가끔씩 물어보았다. 잘 되고 있다고 했다. 메리가 무엇을 발견하게 되었을까 하는 호기심이 더욱 발동해, 학기말이 되어 학생들이 기말 논문을 제출했을 때, 나는 학생들 논문 중 메리의 논문을 제일 먼저 찾아 읽었다. 정말 기막히게 훌륭했다. 메리는 과학사를 전공하는 학생으로서 생리학, 화학 과목도 여러 개 수강한 학생이었다. 그래서 그녀의 논문을 읽을 때 나는 때때로 사전을 찾아보아야 했다. 그러나 빈틈없이 잘 쓴 논문인 것은 분명했다.

메리가 인터뷰한 여학생들 중 실제로 난자를 기증한(더 정확히 말하면 '판') 학생들 대부분은 그렇게 한 이유로 재정적 보상이 너무나도 매력적이었기 때문이라고 대답했다. 며칠 사이에 그들은 교실 청소를 하거나 식당에서 팬케이크를 뒤집는 일을 하는 여자들이 1년이나 그 이상 벌어야 할 돈을 벌 수 있었다. 난자에 현금을 지불하겠다는 제안에 응하지 않은 학생들 대부분은 어떤 윤리적 고려 때문이 아니라 난자 채취 과정 자체가 거칠고, 흔히는 고통스럽고, 심지어는 부작용이 따르기도 한다는 이야기를 들었기 때문이라고 했다.

나는 이들이 주저한 이유를 충분히 이해할 수 있었다. 우선 '기증자'에게는 난자가 완전히 성숙되기까지 배란이 되지 않도록 하는 약물을 투여한다. 호르몬의 레벨을 측정하기 위한 장치를 이용하여 난자가 완전히 자랐다고 하는 수치가 나오면 다시 배란을 촉진하는 또 다른 약물을 투여한다. 그리고 나서 36시간이 지난 다음 '난자 흡입'이라는 과정을 거쳐 난자를 제거하는데, 이것은 문자 그대로 난자를 자궁에서 빨아내는 것을 의미한다. 그 '기증자'는 자기 앞으로 된 수표를 거두어 집에 가면 된다. 다음 단계들은 기증자와 상관없이 진행된다. 난자는 실험실에서 정자와 만나 수정된 다음 출생 때까지 수정란을 지니고 있을 여자의 자궁에 심어진다.[2]

내가 흥미 있게 생각한 부분은 내 학생이 인터뷰한 많은 여학생이, 심지어 난자를 팔지 않은 학생들까지도, 이런 과정에 아무런 잘못이 없다고 보았다는 것이다. 건강한 여인은 일생 동안 400개 내지 500개의 난자를 배출한다. 그중 극소수를 가지고 아이를 낳는다. 따라서 난자를 몇 개 판다고 해서 아이를 낳는 능력을 잃지는 않는다. 더욱이 이런 난자를 구하는 사람들 상당수가 아이를 갖지 못해 고심하는 사람들이다. 이들은 아이 갖기를 고대하는데, 많은 이들은 아기가 자기들의 유전자 일부라도 가지고 있기를 원한다. 그런데 이 과정은 자기 남편의 정자라도 사용하는 것이 아닌가. 더욱 중요한 것은 부부가 아기의 실제적 출산을 경험하고 싶어 한다는 것이다. 이제 과학으로 이런 이들도 이런 식으로나마 아기를 가질 수 있게 하는데, 이에 반대할 이유가 뭐란 말인가?

그러나 이 논문을 작성한 학생이 제기한 질문은 난자 기증자의 조건이 '매우 매력적'인 아이비리그 명문 대학 학생이어야 한다는 것에 대해 어떻게 생각하는지였다. 이것이 일종의 일류병이나 뭔가 수상쩍은 일로 보이지 않는가? 여학생들 중 더러는 대답했다.

"그걸 이상하게 생각할 이유가 뭔가? 우리도 우리가 어느 대학교에 갈까? 누구와 데이트를 할까? 누구와 결혼할까? 등을 따질 때 이런 조건을 생각하지 않나. 우리 부모만 짝을 고를 때 이 광고에 나오는 것과 대동소이한 선별 기준을 가지고 고르는 것이 아니다. 우리도 똑같은 일을 한다."

학생들은 짝을 고를 때(결국 아이들의 질을 고를 때) 일반적으로 인종적인 요인을 고려하는데, 난자를 얻으려 할 때 그렇게 하는 것이 왜 갑자기 이상한 일인지 이해할 수 없다는 것이다.

"그러면 이처럼 돈을 주고 거래하는 것은 어떻게 생각하는가?" 하는 질문도 했다. 나도 분반 토론에서 똑같은 질문을 해보았다.

"인간의 난자를 상품으로 전락시키는 것은 인간 생명의 고유 가치를 하찮은 것으로 만드는 것이 아닌가? 우리 조상들은 결국 인간을 사고파는 일, 곧 노예 제도에 분노하지 않았던가? 이런 식으로 인간의 난자를 상품화하는 것도 이와 동일하게 인간의 생래적 가치를 천박하게 만드는 일이 되는 것 아닌가? 부부가 정말로 아기를 원하고, 너에게 남아돌아가는 난자가 있다면, 문자 그대로 '기증자'가 되어 돈 안 받고 주면 되지 않는가?"

몇 학생이 대꾸했다.

"글쎄, 그건 월급을 많이 받는 사람들이라면 하기 쉬운 말이죠. 그런 사람들은 갚아야 할 5만 달러의 학자금 대출을 짊어진 채 사회생활을 시작할 필요가 없으니까요."

다른 여학생은 자기가 인류학 강의에서 배웠는데, 몇몇 문화에서는 결혼 지참금이나 그와 비슷한 제도 같은 엄청난 재정적 유인물이 결혼 전 거래의 일부라고 했다. 다른 학생들은 몇십 년 동안 혈액 시장이 공공연하게 인정되고 있는 점, 지금은 그처럼 공공연하지는 않지만 신장이나 기타 장기를 팔고 사기도 한다는 점을 지적했다.

"어떤 사람들은 두 개밖에 없는 신장 중 한 개를 판다. 몇몇 의료

전문가들은 장기에 대해 돈을 지급하는 것을 공식적으로 제도화해야 한다고 공공연히 주장하고 있다. 적어도 한 나라, 이스라엘은 이런 제도를 합법화하고 있다. 400개 중 한두 개가 뭐 그리 대수인가? 싫든 좋든 우리는 자유 시장 제도 속에서 살고 있다. 모든 것에는 값이 따른다. 더 좋은 제도가 있을지 모르지만 적어도 그런 제도가 도입되기 전에는 시장 제도 이외의 뾰족한 방법이 없지 않은가."

이것이 많은 여학생이 따른 논리였다.

인터뷰에 응한 여학생들 중 몇 명만이 난자를 파는 일은 하나님(혹은 자연)이 출산을 위해 정해준 방법을 위배하기 때문에 반대한다고 했다. 다른 몇몇은 돈이 필요하지만 '잘못된' 인종에 속한 여학생들과 아이를 원하지만 은행 통장이 두둑하지 못한 부부 모두에 대한 차별이기 때문에 이런 상업적인 방식을 반대한다고 했다. 한두 학생은 자기들에게 돈다발을 흔드는 돈 많은 부부보다는 돈이 없는 부부를 위해 고통과 불편을 견디고 싶을 거라고 말하기도 했다.

그 여학생은 내가 익숙히 보아오던 방법으로 자기 논문의 결론을 내렸다. 자기는 스스로 이런 광고에 어떻게 대응할지 알고 있지만, 그런 확신이 자기의 느낌에 근거한 것 이상의 무엇은 결코 아니라고 했다. 물론 돈이 탐나지 않은 것 아니지만 자신은 결코 이런 일을 하지 않으리라 '매우 강하게' 느낀다고 했다. 그러나 자기가 '왜' 이런 감정을 가지게 되었는지는 확실히 알 수 없다고 했다. 자기가 난자 기증자가 되지는 않으리라는 확신은 '매우 육감적인' 거라는 점을 인정했다.

나는 그 여학생이 자기의 결론에 대해 좀 더 그럴듯한 이유를 열거했으면 하는 아쉬움이 있었지만 그 논문에 좋은 점수를 주었다. 직접적인 연관이 없다고 하더라도, 이 여학생은 성경 이야기에서 영감을 받아 이런 복잡한 윤리적 난제를 철저하게 검토했다. 나아가 이 여학생은 그가 인터뷰한 여학생들의 의식을 일깨워주었고 그들이 결국 어떤 결정을 하든 간에 난자를 파는 일에 연관된 도덕적 차원이 무엇인지 생각하도록 도와주었을 것은 틀림없다. 그 여학생은 또 앞으로 살아가면서 어쩔 수 없이 부딪히게 될 다른 복잡한 윤리적 문제에 당면했을 때 스스로 사용할 수 있는 연장을 더욱 예리하게 갈 수도 있었다. 요컨대 기말 논문을 쓰는 일을 통해 랍비 예수가 그에게 기대했으리라고 생각되는 그런 종류의 경험을 한 것이다. 그 여학생은 그의 삶을 살아가면서 불가피하게 닥칠 다음번의 복잡한 문제를 위해 훌륭한 대비책을 마련한 셈이다.

내가 그 여학생의 논문을 읽고 궁금해진 것은 정말 왜 하나님이 그 당시 많은 이스라엘 젊은 처녀 중 마리아를 택했는가였다. 성경 자체는 이 문제에 대해 말이 없다. 단 하나님이 마리아를 택하신 것은 하나님이 누구를 택하시든 그것은 하나님의 자유라는 점을 암시할 뿐이다. 물론 성경의 침묵 자체가 하나님의 선택에 대한 끊임없는 사변에 기름을 더했다. 장 뤽 고다르의 도발적인 영화 〈마리아에게 경배를Je Vous Salue, Marie〉에 보면, 20세기 마리아는 주유소에서 일하는 여자다. 4세기 신학자 아타나시우스Athanasius는 마리아가 순결한 처녀였을 뿐 아니라 "조화스러운 성정"을 가지고 있었고, "남자들의 눈에 띄기를 원치 않았다"라고 했다. 마리아는 언제나 집에 남아서 꿀벌처럼 일만 하고, 가난한 사람들을 돌보고 하나님께 "나쁜 생각이 그 마음에 뿌리내리지 않도록 해주시기를 기도했다".[3] 물론 아타나시우스는 완전한 여자가 아니라면 적어도 훌륭한 여자에 대한 자신의 이미지를 나사렛 처녀에 투영하고 있다. 그러나 그는 그와 같은 일을 한 몇천 명의 사람들 중 하나에 불과하다. 마리아는 그리스도 자신과 마찬가지로 일종의 로르샤흐 검사Rorschach inkblot test+가 되어 그 속에서 수없이 많은 사람이 자신들의 어머니나 부인, 연인이나 기타 자기들이 흠모하는 여인들의 모습을 찾아낼 수 있게 되었다.

가톨릭 전통에서는 마리아가 죽음을 맛보지 않고 하늘로 올라간 날을 기념하는 성모 승천 축일이 있는데, 나는 라틴아메리카의 어느 급진적 신부가 이날 모인 신도들에게 이 교리가 자기에게 무엇을 뜻하는지 이야기하는 것을 들은 적이 있다. 그는 그 교리를 마리아가 지금 '하나님과 함께' 있고, 또 우리가 아는 것처럼 하나님은 자기들의 억압자들과 싸우는 가난한 사람들과 함께하시기 때문에, 마리아도 하나님과 같이 가난한 사람들과 함께하고 있다는 의미라고 해석했다.

혁명적인 마리아? 복음서 기록자들이 마리아를 어떤 종류의 인물로 생각했을까를 암시하는 비록 얼마 안 되는 성경의 증거를 보면, 그 급진적 신부의 생각이 아타나시우스의 생각보다 훨씬 더 신빙성이 있는 듯하다. 수태고지 직후 마리아가 침례 요한을 배고 있던 그의 사촌 언니 엘리사벳을 찾아갔다. 그다음 마리아는 우리가 지금 〈성모 마리아의 찬가Magnificat〉라 알고 있는 노래를 스스로 불렀다.

+ 사람들의 심리 상태를 파악하는 검사 중 하나다. 잉크 얼룩을 보여주고 해석하게 하여 그 사람의 감정 상태와 성격 특성 등을 파악한다.

5 직절한 여인을 고르다

그리하여 마리아가 말하였다.

"내 영혼이 주님을 찬양하며

내 마음이

내 구주 하나님을 좋아함은,

그가 이 여종의 비천함을

보살펴주셨기 때문입니다.

이제부터는

모든 세대가 나를 행복하다 할 것입니다.

힘센 분이 나에게 큰일을 하셨기 때문입니다.

그의 이름은 거룩하고,

그의 자비하심은,

그를 두려워하는 사람들에게

대대로 있을 것입니다.

그는 그 팔로 권능을 행하시고,

마음이 교만한 사람들을 흩으셨으니,

제왕들을 왕좌에서 끌어내리시고

비천한 사람들을 높이셨습니다.

주린 사람들을 좋은 것으로 배부르게 하시고,

부한 사람들을 빈손으로 떠나보내셨습니다.

주께서 자비를 기억하셔서,

자기의 종 이스라엘을 도우셨습니다.

우리 조상에게 말씀하신 대로,

그 자비는 아브라함과 그 자손에게

영원토록 있을 것입니다."

| 누가복음 1:46-55

이 노래가 그 무엇을 말해주든, 일단 집에 틀어박혀 있는 여인을 묘사한 것이 아니라는 사실만은 분명하다. 여기 나오는 마리아는 교만한 사람들을 흩으시고, 힘센 사람들을 왕좌에서 끌어내리시고, 비천한 사람들을 높이시는 것을 찬양하는 여인이다. 아들 예수가 나중에 산상 수훈에서 팔복을 말하듯이, 마리아는 가난한 사람들에게 복이 있다고 하고 굶주린 사람들이 좋은 것으로 배부르게 될 거라고 약속할 뿐만 아니라 부자들에게는 "빈손으로 떠나게" 될 거라고 예언한다. 하버드에서 신약 성서와 초기 그리스도교 역사를 가르치고 있는 나의 동료 엘리자베스 쉬슬러 피오렌자Elizabeth Schüssler Fiorenza 교수는 그녀 특유의 억센 말투로 마리아에 대한 자신의 견해를 다음과 같이 말했다.

"그리스도교 이야기의 중심에는 예술적이고 대중적 상상력이 만들어낸 사랑스러운 '백인 여인'이 그의 아들 앞에 찬양의 자세로 무릎을 꿇고 있는 모습이 있을 수 없다. 거기에는 식민지에 살면서 온갖 희생을 강요당하면서도 이에 대항하며 살아남으려고 몸부림치는 임신한 여인이 서 있어야 한다."[4]

전체적으로 보아 마리아에 대한 이 말은 아타나시우스의 묘사보다 내가 급진적 신부님에게 들은 이야기에 더욱 가깝다.

나는 개신교인의 가정에서 자랐기 때문에 동정녀 마리아를 숭배하라는 가르침을 받아본 적이 없다. 물론 우리 교회에서 마리아를 결코 경시하지 않지만, 무염시태無染始胎나 성모 승천 같은 교리는 의심스러운 눈으로 본 것이 사실이다. 우리는 마리아상에다 면류관을 씌우는 일도 하지 않았고, 성모의 날 행진도 없었고, 성모송을 외우지도 않았다. 우리는 목에 마리아 메달리온을 걸고 다니지도 않았다. 그러나 마리아 숭배가 가톨릭 신도들 사이에서뿐 아니라 많은 사람 사이에서 오늘날까지 주목할 정도로 계속되고 있다는 사실에 계속 깊은 감명을 받고 있다. 세계 어느 곳에서든 한 해도 마리아의 모습이 나타나는 대발현大發顯 없이 지나는 일이 거의 없고, 소발현은 그보다 잦게 일어나고 있다. 마리아의 모습은 구름에서, 나뭇잎에서, 멕시코 음식 타코에서, 최근에는 플로리다 탬파에서 은행 창문에도 나타났다고 한다. 어떤 때는 가톨릭교회의 정통 교리를 성실하게 확인해주지만, 또 어떤 때는 묵주 기도처럼 전통적인 헌신을 충분히 강조하지 않는 교회 상부층을 질타하기도 한다. 마리아는 여전히 여린 마음을 가지고 있어서, 학대받고 주변화된 사람들이 아직도 도움과 위로를 받기 위해 찾아갈 수 있는 분이 분명하다.

나는 그 당시 비록 인간의 난자를 사고파는 일이 가능했다 할지라도 팔레스타인의 상류 가정이 마리아의 난자를 사겠다고 했으리라 믿지 않는다. 마리아는 그들이 찾는 타입의 여자가 아니었다. 그러나 분명 마리아는 하나님이 찾고 계시던 그런 여자였다.

6 에덴에서 추방

여자가 뱀에게 대답하였다. "우리는 동산 안에 있는 나무의 열매를 먹을 수 있다. 그러나 하나님은, 동산 한가운데 있는 나무의 열매는 먹지도 말고 만지지도 말라고 하셨다. 어기면 우리가 죽는다고 하셨다." 뱀이 여자에게 말하였다. "너희는 절대로 죽지 않는다. 하나님은, 너희가 그 나무 열매를 먹으면, 너희의 눈이 밝아지고 하나님처럼 되어서 선과 악을 알게 된다는 것을 아시고, 그렇게 말씀하신 것이다."

| 창세기 3:2-5

마리아가 천사에게 말하였다. "나는 남자를 알지 못하는데, 어떻게 이런 일이 있겠습니까?" 천사가 마리아에게 대답하였다. "성령이 그대에게 임하시고, 더없이 높으신 분의 능력이 그대를 감싸줄 것이다. 그러므로 태어날 아기는 거룩한 분이요, 하나님의 아들이라고 불릴 것이다."

| 누가복음 1:34-35

"그렇지만 정말로 처녀였을까요? 처녀였을 까닭이 없잖아요?" 해마

다 학생들이 물어보는 질문이다. 좋은 질문이다. 예수의 '동정녀 탄생'이라고 알려져온 이 이야기가 그리스도교 역사에서 엄청난 역할을 담당해왔다는 사실은 의심의 여지가 없다. "동정녀 마리아에게서 나시고" 하는 구절은 최초에 생긴 신조에도 들어가 있다. '우리들의 부인'에 대한 헌신과 경배는 중세 시대 시詩에서부터 그림, 교회 건물에 이르기까지 모든 것을 낳게 한 영감의 원천이었다. 헨리 애덤스Henry Adams는 '샤르트르Chartres✛를 지은 이'는 동정녀라고 한 적이 있다. 19세기와 20세기에 들어와 로마 가톨릭교회는 신도들이 받아들여야 할 공식 교리로 '무염시태'와 '성모 승천'이라는 두 가지 새로운 교리를 채택했다. 처음 교리는 마리아의 부모들이 마리아를 밸 때 죄에서 보호를 받았기 때문에 마리아에게는 원죄의 독이 없었고, 따라서 마리아가 아기 예수에게 원죄를 전해주지 않았다고 선언했다. 둘째 교리는 마리아가 죽음의 문을 통과하지 않은 채 하늘로 직접 올라갔다고 가르친다. 노트르담Notre Dame이라고 미국에서 가장 뛰어난 가톨릭 대학의 이름도 '우리들의 부인'이라는 뜻으로 물론 마리아를 두고 지어진 이름이다.

그러나 예수의 어머니 마리아를 공경하거나 심지어 숭배하는 것과 동정녀 탄생을 문자적인 생물학적 사실로 받아들이는 것 사이에는 매우 중요한 차이가 있다. 이런 교리를 문자적으로 이해하면 동정녀 탄생은 오늘날의 많은 학생들과 성인들에게 하나의 장애물, 내가 생각하기에 불필요한 장애물이 될 뿐이다. 성경에 나오는 이야기

✛　아름다운 채색 창문으로 유명한 프랑스 사원이다.

자체에 초점을 맞추는 일이 중요한 이유가 바로 여기에 있다. 성경에 보면 요셉과 약혼한 사이지만 아직 결혼은 하지 않은 마리아가 천사의 메시지를 들었을 때 즉각적으로 아주 당연한 질문을 했다. "내가 남자를 알지 못하는데 어떻게 이런 일이 있겠습니까?"였다. 마리아가 들은 대답은 성령이 아버지가 되리라는 것이었다. 그러나 그리스도교 전통은 지금까지 하나님의 아버지되심divine fatherhood을 강조하는 대신 처녀의 어머니됨virginal motherhood에 초점을 맞추었다. 이처럼 강조점을 뒤바꾼 것은 오늘날 많은 사람에게 반성적antisexual이고 심지어 반인간적antihuman이기까지 하다고 비친다. 이렇게 의심스러운 눈으로 보는 것도 무리가 아니다. 따라서 이 부분을 놓고 토의할 때 내가 할 일은 학생들의 관심을 내 나름대로 이 이야기의 본래 의도였다고 여겨지는 것으로 되돌리는 거라고 생각했다. 이 이야기의 본래 의도란 다음과 같은 두 가지 사실을 전하는 것이었다.

첫째, 예수는 인간 생명의 자연스러운 과정에 동참했다는 것이다. 그는 작은 태아로 시작하여 젊은 여인의 산고를 통해 자궁 밖으로 나왔다. 예수는 비너스처럼 제우스 신의 눈썹에서 장성한 모습으로 갑작스럽게 튀어나온 것이 아니다.

둘째, 그리스도교에서 이해하는 대로의 하나님은 인간이 가진 한계, 고통, 기쁨, 실의, 죽음 등 모든 것을 인간과 나누어 가지길 염원하시는 분이라는 것이다.

족보와 마찬가지로 '하나님의 아버지되심'(나는 '동정녀 탄생'이라는 말보다 이것을 선호한다)에 대한 이야기는 초대 교회 그리스도인들이 예수가 어떻게 우리와 같으면서도 동시에 우리와 그렇게 달랐는가 하는 문제를 놓고 씨름하던 모습을 보여준다. 그러나 이것은 그 당시 다른 종교 전통들에서 나온 이야기와 성격이 같다. 예수가 랍비였기 때문에 우선 유대교에서 이와 평행하는 이야기를 찾아볼 수 있다. 예를 들어 하시드 전설에서는 아담이 에덴동산에서 선악을 알게 하는 나무 밑에 서 있을 때 미래에 존재하게 될 모든 영혼이 그의 영혼 속에 모여 있었다고 한다. 그러나 아담이 서 있는 동안, 한 영혼만은 다른 영혼에서 떨어져 나와 위로 날아가버렸다고 한다. 그 한 영혼이 바로 랍비 벤 엘리에제르, 하시디즘Hasidism이라고 하는 유대교 신비 운동의 창시자로 유명한 저 바알 셈 토브였다는 것이다. 이렇게 하여 아담이 그 치명적 열매인 선악과를 먹었을 때 바알 셈 토브의 영혼은 거기 동참하지 않았다는 것이다.

참으로 위대한 랍비가 이 세상을 하직하게 되면, 그의 삶에 감동한 사람들은 보통 그가 이 세상에 태어난 사정이 뭔가 남달랐으리라 믿는다. 그가 분명 우리와 다를 것이 없는 인간이라 하더라도 그는 이런저런 방법으로 출생부터 우리 보통 인간들을 짓누르고 있는 치명적 오류 몇 가지는 가지고 있지 않았으리라 믿는다. 많은 유대인이나 그리스도인에게 우리를 짓누르는 그 치명적 오류는 아담과 하와의 이야기에 상징적으로 나타나 있다.

이 흥미로운 인류 최초의 부부 이야기가 무엇을 의미하는지를 두고 여러 가지 상충하는 의견들이 있다. 그 어느 부부가 이보다 더 많은 해석과 반대 해석의 주제가 된 적이 있겠는가? 로마 황제나 클레오파트라나 로미오와 줄리엣마저도 이 유혹적인 나체 부부만큼 많은 그림의 주제가 된 적이 없다. 이들은 언제나 나뭇잎이나 가지로 나체를 살짝 가린채, 그들의 바로 옆 나무를 휘감으며 위협적인 자세를 취하는 뱀과 함께 등장한다.[1] 그들이 금단의 열매를 먹은 것이 모든 승리와 패배로 점철된 인간 역사의 처음 장면을 대표할까? 존 밀턴이 《실낙원》 12부에서 말했듯이 세상의 구속을 포함하여 그렇게도 선한 것이 이 타락으로 가능하게 되었기에 이것은 정말로 '다행스러운 타락'이라고 했는데 이 말이 사실일까? 남성 해석가들이 여러 세기 동안 주장해왔듯이 여자란 믿을 것이 못 된다는 사실을 증명하여 사람들에게 경고를 주려는 이야기였을까? 이 이야기가 정말로 이 부부의 잘못에 대한 거라면 그들의 잘못이란 과연 무엇이었을까? 육욕? 불순종? 게으름? 욕심? 그들에 대한 이야기가 어떻게 전개되든, 우리는 이 둘을, 혹은 뱀까지를 포함하면 셋을, 잠시도 가만 내버려두지 못하는 셈이다.

다른 사람들과 마찬가지로 이 에덴동산 이야기에 대해 내 나름대로 좋아하는 해석이 있다. 물론 여러 해석 중 하나지만, 내 생각에 가장 의미 있는 해석이 아닌가 생각한다. 성경 이 부분을 주의 깊게 읽어보면 그들의 치명적 실수란 인간됨, 그러기에 죽을 수밖에 없음, 그것에 만족하기를 거절한 거라는 사실을 알 수 있다. 맑은 공기, 잘 익은 과일, 심지어 서로 사랑하는 배우자 등 온갖 좋은 것으로 가득한 낙원마저도 그들에게는 불충분했다. 그들은 늙음, 죽음, 그 외에 이 지상에 사는 삶과 관련하여 짊어질 수밖에 없는 온갖 불편한 부담 등에서 풀려나기를 원했다. 그들은 무한한 가능성을 희구한 것이다. 뱀이 그렇게 간결하게 속삭였듯이 '하나님처럼 되기'를 갈구한 것이다.

그러나 그들을 파멸로 이끈 그 잘못이 무엇이든 간에 그 잘못의 너울은 아직도 올바른 정신과 고상한 태도를 유지할 수 있는 우리의 능력에 해독을 끼치고 있다. 다른 말로 표현하면, 아담과 하와는 선사 시대의 선조들이 아니다. 우리는 그들을 만난 적이 있고, 또 그들은 바로 우리들이다. 그들의 이야기는 신화적 시간으로 투영된 바로 우리 자신의 이야기다. 우리는 단순히 인간이라는 데 만족하지 못하고 좀 더 위대해지려고, 뭐든지 지배하려고 애쓰고, 그리하여 모두를 망가뜨리고 만다. 우리가 병 때문에 우울해지는 것은 병이 우리에게 가져다주는 고통 때문만이 아니라 우리의 삶을 우리 스스로 관장하지 못하고 남의 손에 맡겨야 한다는 사실 때문이기도 하다. 우리는 우리의 직장이나 집에서 우리와 가까운 이들을 때때로 미묘한 방법으로 좌지우지하여 우리가 원하는 방향으로 일들이 이루어지게 하려고 애쓴다. 우리는 우리 팀이, 우리 부족이, 우리 민족이 제일이 되기를 원한다. 우리는 심지어 우리의 삶이 인생 칠십 고래희라는 수명의 한계를 넘어서, 어쩌면 무한히 연장되리라는 환상에 젖기도 한다. 어쩔 수 없이 우리는 우리가 모든 것을 마음대로 할 수 없다는 사실을 깨닫게 된다. 그러나 우리가 우리의 방법을 고치려고 하고, 또 어느 정도 고치는 데 성공한 이후에도, 우리는 여전히 호수를 오염시키고 산림을 황폐케 한 우리 이전 세대들의 욕심이 남겨준 찌꺼기를 가지고, 그리고 과거에 치른 전쟁으로 촉발된 역겨운 원한 관계를 가지고 살지 않을 수 없다. 우리는 아직도 무엇이든 지배하려고 한 우리 이전 세대들과 우리 스스로가 만들어놓은 뒤죽박죽 상태에서 벗어나지 못하고 있다.

아, 그렇지만 우리가 궁극적으로 이런 뒤죽박죽 상태에 살도록 된 것은 아니라는 사실을 우리에게 상기시켜주기 위해 하나님께서 보내시는 그 훌륭한 사자들은 어떻게 된 것인가? 예언자들과 성인들은 또 누구인가? 한편으로 그들도 우리와 마찬가지로 지지고 볶고 한 전 세대가 엉망진창으로 만든 삶의 절망적인 한계 속에서 살아야 하는 사람들이다. 우리와 같이 그들도 피곤함과 배고픔을 안다. 그들도 화를 내고 유혹을 받기도 한다. 우리들처럼 그들도 죽는다. 그러나 그들은 뒤죽박죽의 상태를 가지고 다니는 것 같지도 않고 또 그것을 영구화하지도 않는다. 그들은 다른 길을 제시한다. 적어도 부분적으로나마 그들은 아담과 하와가 대표하는 일반적 결함에서 면제된 걸까? 그들은 삶의 또 다른 가능성, 곧 완전히 인간적이면서도 잔인함과 낙담의 쇠사슬에 또 다른 쇠사슬을 만들기로 운명 지워지지 않는 삶의 가능성을 예표할까?

하나님의 아버지되심('동정녀 탄생')이라는 그리스도교 전통과 바알 셈 토브가 아담의 잘못에서 기적적으로 면제받았다는 유대교 이야기는 목적이 비슷하다. 둘 다 우리 인간을 악에다 얽어매는 인과 관계의 사슬이 끊어질 수 있다는 사실을 보여주려는 것이 목적이다. '아담'은 '사람'을 뜻하고 '하와'는 '생명'을 의미한다. 그러나 아담도 하와도 단순히 인간이기만 한 것, 살아 있기만 한 것에 만족하지 못했다. 바알 셈 토브의 영혼은, 적어도 그를 아는 사람들이 볼 때, 사람 이상이 되려고 한 아담의 쓸데없는 노력에 오염되지 않았다. 유대교 전설에서 '베슈트Besht'라는 애칭으로 불리는 그는 이 세상 삶에서 크게 즐거워하고 조약돌 하나하나에서, 풀잎 하나하나에서 하나님을 보았다. 이와 마찬가지로 나사렛 랍비 예수의 영도 마리아의 뱃속에 그를 넣어주신 하나님의 영이라고 했다. 물론 두 사람 모두 아우구스티누스가 투박하게 표현한 것처럼 "소변과 대변 사이"에서 태어났다. 둘 다 어린 시절 고통을 겪었다. 바알 셈 토브의 아버지는 그가 아직 어린아이였을 때 죽었다. 아기 예수도 오늘날 몇백만 어린이들과 마찬가지로 정치적 독재자에 대한 두려움에 질린 부모의 품에 안겨 황급히 도망가 사는 피란민 신세로 떨어지지 않을 수 없었다. 둘다 삶의 상처를 비껴가지 않았다. 그러나 이 둘 하나하나에는 아담이 주위를 둘러보고 하나님이 창조하신 대로의 삶이 만족스럽지 못하다는 결론을 내기 이전 그에게 있던 번뜩임을 연상하게 하는 무엇인가가 있다.

유대교와 그리스도교 전통은 둘 다 나름대로 아담에게서 울려나오는 메아리를 내고 있다. 유명한 랍비 벨츠의 샬롬Shalom of Belz에 대해 이런 이야기가 있다. 하루는 한 친구가 자기 아들을 데리고 랍비의 집으로 왔다. 그 친구가 따뜻한 환영을 받으며 방으로 들어가보니, 방에는 가구나 장식이 전혀 없고 평범한 밥상 하나만 덩그러니 있었다. 집으로 돌아가는 길에 아버지는 아들에게 물어보았다.

"그래 그 거룩한 랍비와 그 부인의 인상이 어떻더냐?"
"그분들은 아담과 하와가 죄를 짓기 이전 모습과 같았습니다."
"그 방, 그건 어떻더냐?"
아버지가 다시 물었다.
"낙원 같던데요."

아들이 대답했다.

"좋아. 나도 그렇게 생각했지."[2]

나사렛 랍비 예수는 아담과 하와에 대해 딱 한 번 언급한 적이 있는데, 지금 결혼식에서 많이 인용하는 그 유명한 말, "그러므로 하나님이 짝지어주신 것을 사람이 나누지 못할지니라"(마태복음 19:6)고 선언하기 위해서였다.[3] 그러나 그를 따르는 사람들은 그 정도에 머무르지 않고, 직접 비교하는 데 이르렀다. 주목해야 할 중요한 사항은 비교라는 것이 대부분 현격한 차이점을 밝히는 대조라는 사실이다. 예수와 마리아는 아담과 하와가 퍼뜨린 독을 제거하는 제독제로서 대조되었다. 사도 바울은 예를 들어 '무죄한' 아담 같은 데는 거의 관심이 없었다. 그는 아담을 시종 인간이 겪고 있는 곤혹의 원천이나 상징으로서 부정적으로만 그렸다. 아담을 통해 죽음과 썩음이 세상으로 들어왔고, 예수는 제2의 아담으로서 그를 통해 인류가 새로운 기회를 가질 수 있게 되었다는 것이다. 중세 그리스도교 미술에서 예수가 십자가에 달린 장면을 묘사한 그림들을 보면 많은 경우 십자가 바로 밑에 해골이 놓여 있는데, 바로 아담의 것이라 한다. 말하자면 잘못을 저지른 바로 그 자리에 모든 것을 다시 시작할 수 있는 자리가 열렸다는 의미다. 이것은 물론 문자적인 진술이 아니다. '하나님의 아버지되심'이라는 생각은 밖에서부터 인간을 창조하신 하나님이 이제 그의 피조물들이 서로에게 준 피해를 안에서부터 고치기로 작정하셨다는 의미다. 아담과 예수를 대조하고, 하와와 마리아를 대조하는 것은 최초의 부부가 우리가 지금 살고 있는 인간의 조건을 가져오게 했지만 그들이 우리의 운명을 좌지우지하지 않는다는 것을 뜻한다. 양쪽을 이렇게 상징적으로 대비시키는 것은 우리 모두에게는 아담뿐 아니라 그리스도도 있으며, 스스로를 좌절과 실의로 몰아넣은 불평분자뿐 아니라 그의 삶을 하나님이 의도하신 충만한 분량에 이르도록 살 수 있는 인간도 있음을 함의한다.

"아담 안에서 모든 사람이 죽는 것과 같이, 그리스도 안에서 모든 사람이 살아나게 될 것입니다."(고린도전서 15:22)

오늘 아담과 하와의 이야기는 또 하나의 영적 로르샤흐 검사가 되었다. 유대교와 그리스도교 두 전통이 이 이야기를 각각 어떻게 다루는지를 보면 표면적으로 비슷한 이야기가 때때로 중요한 차이점을 감추고 있다는 사실을 말해주는 아주 훌륭한 예증이 된다. 유대 전통에서 내가 감격하는 점은 나약한 낭만주의를 끝까지 의심하고, 삶을 현실적으로 똑바로 바라보며, 그러면서도 희망을 잃지 않는다는 것이다. 다른 한편, 그리스도교에서 볼 수 있는 좋은 점은 우리의 땅에 뿌리 박은 본성을 인정하면서도, 그 한계를 뚫고 다른 차원의 빛이 새어 들어올 수 있는 천장에서 틈새 찾기를 여망한다는 것이다. 일반 평신도 수준에서 보면 유대교보다 그리스도교에서 기적이나 초자연적 기사, 신비적 발현 같은 것에 더욱 쉽게 흔들린다고 볼 수 있다. 물론 이것은 하나의 일반화일 뿐이다. 두 전통은 일관성이 있지는 않다. 그리스도교도 우리의 가장 높은 열망까지도 뒤틀리게 하는 죄와 자기기만의 힘을 더욱 강조하는 경향이 있고, 유대인들도 여러 세기 동안 기적과 기적을 행하는 사람들에 대한 이야기를 줄곧 해왔다. 두 전통 사이에는 강조점이 다르기는 하지만 서로 중첩되는 부분도 많다.

전체적으로 아담과 하와의 이야기, 마리아의 이야기, 하나님의 아버지되심의 이야기는 인간의 한계성과 그 한계를 초극하려는 여망 사이에서 끊임없이 몸부림치는 인간 드라마의 주제를 상징하고 있다. 이런 이야기들은 생물학적 인간종homo sapiens의 역사적 기원이나 또 다른 생식 방법과 같은 이야기가 아니다. 학생들은 이 점을 분명히 이해하지 못했다. 가끔씩은 동정녀 탄생이 정말 과학적으로 가능한지 알아내기 위해 유전자 분해와 유전 공학에 대한 새로운 실험을 다룬 기말 논문을 써도 되는지 질문하는 학생도 있다. 난자 판매에 대한 논문을 쓴 학생과 달리 나는 이런 학생들은 보통 말린다. 이런 학생들은 마리아와 천사 이야기를 너무 문자적으로 읽은 것 같기 때문이다.[4] 이런 식으로 자연법칙을 벗어나 새 길을 발명하는 사람들은 동정녀 탄생 / 하나님의 아버지되심에 대한 전통이 주려고 하는 의미와 '정반대'되는 의미를 찾으려고 하는 것 같다. 이들은 남자(그리고 여자)가 자연적인 과정을 벗어나기를, 그리고 죽어야 한다는 사실과 같은 인간의 유한성이나 불편한 일에 묶이지 않는 어떤 특별한 존재로 비상하기를 원하는 것 같다. 하나님의 아버지되심 이야기는 하나님이 정반대의 방향으로 움직이셨다는 것, 그의 무한성을 뒤로하고 수정된 태아로 다시 시작하기로 선택하셨다는 것 같은 놀라운 주장을 펴고 있다. 이런 움직임은 양수에서 떠 있다가, 좁은 질을 통과해 나와, 눈을 깜박이면서 무서운 새 세상을 보게 되고, 자라나, 고난을 겪다가 돌아가심을 수반한다.

이 이야기는 인간이 몸을 가지고 있다는 것이 무엇을 의미하는

지에 대한 이야기이기도 하다. 어느 수준에서 우리는 모두 이 사실을 알고 있다. 그리고 우리가 내려야 할 가장 친숙하고 고통스러운 윤리적 결단 중 더러는 바로 우리 몸에 관계된 것들이다. 무엇을 먹고 무엇은 먹지 말아야 하는가? 누구에게 이 몸을 주고 누구에게 주지 말아야 하는가? 어떻게 관리할까? 몸이 쇠약해지거나 노쇠하게 되면 어떻게 해야 할까? 언젠가 몸은 없어지고 만다는 분명한 사실을 어떻게 받아들여야 할까?

나는 한때 젊은이들이란 이런 질문들을 거의 생각하지 않을 거라고, 특히 나이듦, 병듦, 죽음 같은 것은 그들 관심에서 멀어도 한참 멀 거라고 생각했다. 그러나 의외로 그들도 이런 문제를 심각하게 생각하고 있었다. 어떤 학생들은 이런 문제 중 한둘은 거의 매일 생각한다고 말하기도 했다. 그러나 대학에서는 이들에게 생각을 발표하고 또래 젊은이들의 생각과 비교할 수 있는 기회를 마련해주지 못하고 있다. 한 여학생은 분반 토론 중 다른 학생들에게 어릴 때 부르던 다음과 같은 노래를 기억하는지 물어보았다.

너는 생각해보았는가?/영구차가 지나갈 때면/어느 날인가 너도/죽으리라는 것을. 벌레가 기어들고/기어 나가고/벌레가 네 코 위에서 놀이를 한다.

많은 학생이 이 노래를 기억하고 있었다. 그 여학생은 자기가 어려서 이 노래를 부를 때 '자기'가 죽으리라고 결코 생각하지 못했다는 것이다. 죽는 것은 늙은이들만 하는 일이었다. 그러나 이제 "조종弔鐘은 누구를 위하여 울리는가 묻지 말라/조종은 그대를 위해 울리느니"
하는 17세기 영국 시인 존 던John Dunne의 유명한 시구를 들을 때마다
그 여학생은 조종이 언젠가 자기를 위해 울리리라는 것을 안다고 했
다. 물론 자기는 '그것을 들을 수 없다'는 사실도.

　　동정녀 탄생/하나님의 아버지되심의 이야기는 '수육受肉'+에 관
한 이야기이기도 하다. 나는 이 용어를 강의 시간에 거의 쓰지 않지
만, 용어가 뜻하는 바는 하나님이 몸을 입으셨다는 것, 하나님이 우
리의 몸됨을 나누셨고, 나누시기 때문에 우리 몸됨의 애매함을 이해
하신다는 것이다. 끊임없이 육체 속의 생명을 찬양하여, 계속해서 학
부 학생들의 사랑을 받고 있는 작가 로렌스D. H. Lawrence는 그의 시
〈조물주Demiuge〉에서 그 누구보다도 수육의 뜻을 명쾌하게 파악하고
있다.

　　그들은 말한다.
　　실재는 정신 속에만 존재한다고
　　육체적 실존은 일종의 죽음이라고
　　순수한 존재는 몸이 없다고
　　형상에 대한 관념이 실체적인 형상에 앞선다고.
　　그러나 이 얼마나 정신 나간 소리인가!
　　마치 아무 마음이나 저 깊은 곳에서 졸다가 그 잔인하고 강철 같
　　은 집게발을 뻗는

+　　영어로 'incar-nation'이라고 하는데 '성육신', '육화' 등으로 번역하기도 한다.

바닷가재를 상상할 수 있었던 것처럼!
하나님의 마음마저도 구체화된 것들만을,
발끝으로 선 바닷가재에 지나지 않는 것이라도 창조에 근거한
몸과 현존, 여기 지금 현실의 피조물만을,
상상할 수 있을 뿐.
종교는 철학보다 더 잘 알고 있다.
종교는 예수가 어머니 뱃속에서 태어나
국과 빵을 먹고 자라나 창조의 경이 속에서
몸을 지니고, 필요한 것도 알고, 사랑스러운 정신을 가진
구체적인 예수가 될 때까지는
결코 예수가 아니었다는 사실을 알고 있다.[5]

예수의 '동정녀 탄생' 이야기는 심하게 오해하는 경우가 허다하다. 마리아의 처녀성을 너무 강조한 나머지 이야기의 핵심, 곧 하나님이 기선을 잡으신다는 사실을 흐리게 하는 것은 빗나간 해석이다. 특히 가톨릭 교리 중 더러가 그렇듯이 마리아가 나머지 전 생애를 '영원히 처녀'로 남아 있었다고 주장하는 것은 옳지 못하다. 이는 결혼에서 성적 친밀감을 평가 절하하는 일이다. 예수에게는 적어도 초대 예루살렘 교회의 지도자 야고보라는 형제가 하나 있었다. 예수가 마리아에게서 난 것은 근본적으로 처녀성과 아무 상관이 없다. 로렌스가 올바로 보았다. 그것은 하나님이 몸을 입으신 일에 대한 것이다. 핵심은 간단하다. 하나님도 몸을 필요로 하시고 원하셨다는 점이다. 아담과 하와가 인간됨에, 다시 말해 몸 가짐에, 만족하지 못했을지라도

하나님은 인간됨이, 그와 관련된 그 모든 한계성에도, 결코 그렇게 나쁜 것이 아님을 보여주기 위해, 어쩌면 자기 스스로를 만족시키기 위해, 그 반대 방향으로 나가셨을 것이다.[6]

7 구루들과 의심스러운 자들

헤롯왕 때에, 예수께서 유대 베들레헴에서 나셨다. 그런데 동방으로부터 박사들이 예루살렘에 와서 말하였다. "유대인의 왕으로 나신 이가 어디에 계십니까? 우리가 동방에서 그의 별을 보고, 그에게 경배하러 왔습니다." 헤롯왕은 이 말을 듣고 당황하였고, 온 예루살렘 사람들도 그와 함께 당황하였다. 왕은 백성의 대제사장들과 율법 교사들을 다 모아놓고서, 그리스도가 어디에서 태어나실지를 그들에게 물어보았다. 그들이 왕에게 말하였다. "유대 베들레헴입니다. 예언자가 이렇게 기록하여놓았습니다. '너 유대 땅에 있는 베들레헴아, 너는 유대 고을 가운데서 아주 작지가 않다. 너에게서 통치자가 나올 것이니, 그가 내 백성 이스라엘을 다스릴 것이다.'" 그때에 헤롯은 그 박사들을 가만히 불러서, 별이 나타난 때를 캐어묻고, 그들을 베들레헴으로 보내며 말하였다. "가서, 그 아기를 샅샅이 찾아보시오. 찾거든, 나에게 알려주시오. 나도 가서, 그에게 경배할 생각이오." 그들은 왕의 말을 듣고 떠났다. 그런데 동방에서 본 그 별이 그들 앞에 나타나서 그들을 인도해 가다가, 아기가 있는 곳에 이르러서, 그 위에 멈추었다. 그들은 그 별을 보고, 무척이나 크게 기뻐하였다. 그들은 그 집에 들어가서, 아기가 그의 어머니 마리아와 함께 있는 것을 보고, 엎드려서 그에게 경배하였다. 그리고 그들의 보물 상자를 열어서, 아기에게 황금과 유향과 몰약을 예물로 드렸다. 그리고 그들은 꿈에 헤롯에게 돌아가지 말라는 지시를 받아, 다른 길로 자기 나라에 돌아갔다.

| 마태복음 2:1-12

예수의 출생과 관련하여 잘 알려진 이야기 꾸러미의 다음 부분을 들려주는 이는 누가가 아니고 마태다. 이 이야기는 나사렛 랍비의 삶에서 중요한 부분을 보여주는 전조이기도 하다. 그리스어 원문에 '마고이magoi'라고 된 방문자들이 선물을 가지고 마구간 문 앞에 나타난다. 많은 학생이 크리스마스 연극 중 이 부분을 위해 종이로 오린 왕관을 쓰고 마분지로 만들어 반짝이는 은박지로 싼 홀笏을 들었던 것을 기억하고 있었다. 그러나 '세 왕'에 대한 그 많은 캐럴이나 금박지의 왕관이나 몇천 가지 그림들, 그중에 예술적으로 놀라운 것들도 있지만, 성경에는 동방에서 온 이 방문자들이 '왕들'이었다거나, 세 명이었다거나, 모두 남자였다거나, 그중 한 명은 흑인이고 다른 두 명은 백인이었다거나 하는 것을 말해주는 아무런 단서도 없다.

영어 성경 개역 표준판Revised Standard Version에서는 이들을 '현자들'이라고 했다. 개역 영어판Revised English Version에서는 '점성가들'이라 했다.+ 아무튼 《마태복음》의 저자는 우리가 이들을 유대교가 아닌 다른 종교의 수행자들로서, 아마도 페르시아에서 온 이들이라 생

+ 한글 개역, 공동번역, 표준 새번역 모두 '박사들'이라고 옮기고 있다. 이 책 번역에서는 한국 독자들에게 익숙한 '동방박사'라는 말로 옮기기로 한다.

각해주길 원한 것 같다. 현행 용법으로 '마고이'라고 하는 것을 동방에서 온 영적 스승, '구루들Gurus'이라 옮기는 것이 가장 적절할 듯하다. 요즘 식으로 그 명단을 고친다면 교회 학교 몽타주에는 이슬람의 춤추는 수도자, 티베트 불교의 라마승, 힌두교의 출가 수행자, 유교의 성인, 심지어 옛날 켈트족의 드루이드 승려 등이 들어가 있어야 할지도 모르겠다. 아무튼 중요한 점은 이들이 다른 종교 전통에서 온 스승들이었다는 사실이다. 이 지혜의 스승들에게 홀과 왕관을 주어 왕의 모습으로 등장하게 한 것은 그리스도교가 로마 제국의 종교가 되고, 그 훨씬 이후에 유럽 제후들의 이데올로기가 되고 나서야 생긴 일이다. 그러나 《마태복음》의 저자가 이 이야기를 통해서 말하려고 한 핵심은 그들이 분명 이스라엘 사람들이 아니었다는 것, 그러나 이들은 이 이상스러운 히브리인들 사이에서 자신들에게도 중요하기 그지없는 뭔가 심상치 않은 일이 일어나고 있음을 감지했다는 점이다. 이들은 그것이 무엇인지 알아보려고 왔다. 성경 이야기에서 그들은 황금과 유향과 몰약을 선물로 가져다주고 다시 고향으로 돌아갔다고 한다. 그들은 거기 눌러살지 않았다. 이 아기의 제자들이 되지도 않았고, 그렇게 되어야 한다는 암시도 전혀 없다.

　동방박사 이야기는 또 다른 차원을 가지고 있다. 그 특유의 정치적인, 심지어 정권 전복적인 차원이다. 그들은 새로운 별이 뜨는 것을 보고 특별한 길조라 생각했다. 그러나 그들이 동방에서 도착했을 때 어디에서부터 찾아봐야 할지 알지 못했다. 그래서 우선 예루살렘으로 가서 그들의 생각에 앞으로 자라나 유대인의 왕이 될 아기의 행방을 물어보았다. 로마 상원에서 왕으로 지명되었고, 자기의 왕위에

한 번도 안정감을 가져보지 못한 헤롯왕은 물론 불안해졌다. 그는 방문자들에게 자기도 아기에게 경배할 생각이라고 거짓말을 하면서 아기의 거처를 알게 되거든 알려달라고 했다. 그러나 동방박사들은 그의 교활한 속임수를 꿰뚫어 보고 그를 피해 다른 길로 해서 집으로 돌아갔다.

여기에도 족보와 마찬가지로 음모와 갈등과 기만으로 가득한 출생 이야기가 있다. 다시 한번 서스펜스 영화에서 특별한 예감을 주는 음악 주제곡처럼 이 이야기는 뭔가 심상치 않은 것이 다가온다는 사실을 경고하고 있다. 이 랍비는 가난한 사람들과 종교적으로 수상쩍은 사람들을 좋아할 뿐 아니라 이방인들에게도 손을 내밀 거라는, 로마 세력과 그들의 대리인들을 너무나 싫어하여 그들이 그를 선동죄로 사형에 처하리라는 것을 예고하고 있는 셈이다. 사실 동방박사들이 자기들이 찾고 있는 아기를 '유대인의 왕'이라고 묘사한 그 말은 예수가 결국 십자가에서 처형될 때 그 십자가 위에 로마 총독 빌라도가 새겨 넣게 한 말 그대로다.

우리가 이 문제를 토의한 후 한 학생이 자기 고향 신문에서 오린 종잇조각을 내게 건네주었다. 거기에는 잔카를로 시비에리Giancarlo Sivieri라는 한 신부가 2001년 크리스마스를 앞두고 이탈리아 토스카나주 그로세토시에 있는 자신의 교회 성심 성당 뜰에 예수의 출생 장면을 묘사한 조각 모형 옆에 오사마 빈 라덴의 조그마한 모형도 함께 세웠고, 이는 오로지 좋은 의도만으로 한 일이라고 주장했다는 내용의 기사가 실려 있었다. 그 신부는 신문에서 빈 라덴의 사진을 오려내 하드보드에 붙이고 그것을 동방박사들, 짐승들, 목자들, 마리아,

요셉, 아기와 함께 나란히 세워놓았다.

그러나 잘 알려진 이 이야기에 대한 시비에리 신부의 창조적 해석은 사람들의 눈을 피할 수 없었다. 이탈리아 통신사 ANSA는 교구 신자들이나 그로세토 사람들뿐 아니라 교구장 자코모 바비니 신부, 알레산드로 안티키 시장 등이 불만을 쏟았다고 전했다. 시비에리 신부는 사람들이 자기가 전하려고 하는 신학적 메시지를 이해하지 못하는 것이 못내 슬프다고 했다. 그 메시지란 "그리스도는 빈 라덴을 포함하여 모든 죄인을 구원하기 위해 이 세상에 오셨고, 아기 예수는 크리스마스 때 읊을 시를 위해 오신 것이 아니라 세상의 죄를 지고 가기 위해 오셨다"라는 것이었다. 그 기사에는 크리스마스 이야기를 이렇게 이례적으로 다룬 일의 결말이 어떻게 났는지는 실리지 않았다. 그러나 시비에리 신부도 그 눈살 사나운 인물을 제거하지 않았을까 싶다. 그가 아주 흥미로운 점을 지적하고 있었기에 이런 식의 결말이 심히 유감스럽다. 또한 그는 우리에게 그렇게 익숙하고 잘 아는 것을 이상스러운 것, 주목할 만한 것으로 만들었는데, 이는 쉽게 하기 힘든 일이다.

《마태복음》에 실린 이야기에서 헤롯왕은 분명 로마와 자기들의 지배자에게 부역한 유대인 매국노들 양쪽을 다 대표한다. 이것이 바로 동방박사와 헤롯의 만남이 그렇게도 중요한 이유다. 이 만남은 장성한 랍비 예수가 로마의 백부장을 만나게 되는 사건의 전주곡이기도 한데, 이 만남의 이야기에는 놀라운 반전이 들어 있다. 이 이야기는 산상 수훈 바로 뒤에 나오는데, 산 위에서 토라를 가르친 예수는 밑으로 내려와 곧 나병 환자를 만난다. 나병 환자는 종교적으로 부정하기에 나병 환자와 접촉한 사람도 자연히 종교적으로 부정해졌다. 그러나 예수는 조금도 주저하지 않고 나병 환자에게 손을 내밀어 그에게 대고 고쳐준 후, 성전에 가서 '모세가 명령한' 예물을 드리라고 보냈다.

그러고 나서 나병 환자를 만진 것만으로는 하루 일과로 모자라다는 듯, 증오의 대상이던 로마 점령군의 장교인 백부장이 그에게 다가왔다. 그러나 로마의 세력을 대표하는 이 무서운 사람은 예수를 죽이려 하지 않는다. 그 대신 예수에게 "중풍으로 집에 누워서 몹시 괴로워하고 있는" 자기 하인을 고쳐달라고 부탁한다. 예수는 그와 함께 가서 고쳐주겠다고 했지만 그 백부장은 랍비 예수가 "말씀만 가지고" 고칠 수 있으리라 확신한다고 한다. 그러자 예수는 "내가 진정으로 너희에게 말한다. 나는 지금까지 이스라엘 사람 가운데서는 아무에게서도 이런 믿음을 본 일이 없다. 내가 너희에게 말한다. 많은 사람이 동과 서에서 와서, 하늘나라에서 아브라함과 이삭과 야곱과 함께 잔치 자리에 앉을 것이다. 그러나 이 나라의 아들들은 바깥 어두운 데로 쫓겨나서, 거기에서 울며 이를 갈 것이다"(마태복음 8:5-12 참조)라고 했다. 동방박사들은 동에서 온 사람들이고 로마인들은 서에서 온 사람이다. 나병 환자는 종교 예식적으로 정결한 사회의 울타리 밖에서 온 사람이다. 그의 탄생에 참여한 그 상징적 등장인물들과 동일한 성격의 인물들이 이 그림에도 다시 나오는 셈이다. 그러나 이번에는 예수가 직접 이런 사람들을 데리고 와 그의 족보에 나오는 동일한 족장들의 가족 밥상에 둘러앉게 한 것이다. 유대인의 역사와 전설에는 위대한 히브리 하시디즘파의 지도자들zaddiks과 대중 설교가

maggids에게 도움을 요청하는 이방인들 이야기가 무수히 나온다. 이 이야기에서는 그런 일이 랍비 예수에게 생긴 것이다.

여기에 울타리를 허무는 랍비 예수가 가장 생생하게 묘사되고 있다. 나병 환자들과 로마인들을 대하는 모습. 이제 그다음은 무엇일까? 최근 성서 학자들 중에는 '실제적인 예수'가 이방인들에게 정말로 이와 같은 관심을 보였을까 의문을 제기하는 사람들도 있다. 그들은 초기 예수 운동이 다수의 유대인들을 그의 토라 해석으로 끌어들이는 데 실패한 후 이방인들에게로 시선을 돌리고 나서 이런 이야기를 거꾸로 기록했을 거라고 주장한다. 물론 이게 확실한지는 알 수 없다. 그러나 나는 이런 주장에 설득력이 있다고 보지 않는데, 그 이유 중 하나는 예수가 유대교 안에서 이런 강한 개방적 성향을 스스로 발명한 것이 아니기 때문이다. 예언자들이 예수보다 오래전에 그런 것을 가르쳤다. 이사야는 다음과 같이 말했다.

땅끝까지 나의 구원이 미치게 하려고,
내가 너를 '뭇 민족의 빛'으로 삼았다.
| 이사야 49:6

예수의 생애 이후 2,000년 동안 유대교는 그 보편주의적 성격과 특수주의적 특성 사이에 일정한 긴장감을 유지하며 살아오고 있다. 최근의 학계에서는 기원후 처음 3세기 동안은 이전에 알려진 것보다 더 보편주의적 성격이 강했다고 주장한다.[1] 그리스도인들이 특히 콘스탄티누스 황제의 개종 이래 오만하고 제국주의적이 되자 유대

인들도 할 수 없이 자기들의 특수성을 강조할 수밖에 없었다는 것이다. 그러나 유대교에 있는 보편주의적 흐름이 결코 사라진 것은 아니다. 유명한 코즈니츠의 레베Rebbe of Kozhnitz는 "오 주님, 이스라엘을 구해주시옵기 간구하옵니다. 그리고 그렇게 하지 않으시려면 이방인들을 구원하여주시옵소서"라고 했다. 예수의 가르침이 이런 개방적인 경향성을 그의 전통 속에서 특별히 강조한 것은 사실이다. 그러나 백부장에 대한 그의 언급은 결코 반유대적이라 할 수 없고, 오로지 마태가 동방박사 이야기에서 미리 예견한 것과 같은 맥락일 뿐이다.

오늘날 아직도 많은 그리스도인이 유대교를 두고 폐쇄적이고 배타적이라 희화화하고 있고, 일부 유대인들도 여전히 랍비 예수가 자기 전통의 경계선을 쓸데없이 너무 넘어갔다고 보고 있는 이때, 언약을 이방인들에게 개방하려는 열망이 일찌감치 유대 역사에서 시작되었고 정도 차이는 있지만 여러 세기 동안 계속되었다는 사실을 상기하는 것은 중요한 일이다. 사실 일부 유대인 스승들은 이런 열망에 입각해 행동한 것이 바로 예수가 보여준 천재성이라는 데 동의하고 있다. 한 가지만 예를 들면, 1901년 당시에는 거의 알려지지 않았던 젊은 독일 학자이자 랍비였던 레오 베크Leo Baeck는 그때로부터 1900년 전에 '하나님이 보내신 인물'을 위해 때가 무르익었던 적이 있다고 했다. 그때란 이방인들이 이스라엘의 가치를 배우고 받아들일 수 있는 때라는 것이다. 베크는 유대인들도 이때에 반응을 했고 그 반응이 나사렛 예수의 형태로 나타났다고 믿었다. 베크가 희망했던 그리스도교와 유대교 간의 긴밀한 관계를 악화시키는 너무도 많은 일이 일어났고 아직도 일어나고 있다. 그러나 1966년 미국의 유대인 학자 윌 허버그Will Herberg는 실제적으로 같은 생각을 다른 말로 표현했다. 어느 인간이든지 하나님과 관계를 맺는 것은 오로지 언약의 백성 중 일원이 되는 것으로만 가능하지 개인적으로 가능하지 않다고 주장하면서, 그는 계속해서 "그리스도교가 하나님의 구속 계획, 즉 이스라엘의 언약을 '뭇 민족'에게 알리기 위해 생겨났다는 확신을 피하기 어렵다"고 했다. 우리가 기억해야 할 것은 동방박사들이 마구간에 찾아왔을 때는 그리스도교는 아직 없었다는 사실이다. 그러나 비둘기 둥지가 걸려 있던 서까래 아래에서 일어난 사건은 하나님이 그의 백성들과 영원한 언약을 맺는 새로운 장이 시작되고 있음을, 그들 또한 이렇게 확장된 언약의 일부가 될 것임을 암시했다. 그러고 나서 이 이야기는 음험하고 폭력적인 방향으로 전개된다.

> 헤롯은 박사들에게 속은 것을 알고, 몹시 노하였다. 그는 사람을 보내어, 그 박사들에게 알아본 때를 기준으로, 베들레헴과 그 가까운 온 지역에 사는, 두 살짜리로부터 그 아래의 사내아이를 모조리 죽였다. 이리하여 예언자 예레미야를 시켜서 하신 말씀이 이루어졌다. "라마에서 소리가 들려왔다. 울부짖으며, 크게 슬피 우는 소리다. 라헬이 자식들을 잃고 우는데, 자식들이 없어졌으므로, 위로를 받으려 하지 않았다."
>
> | 마태복음 2:16-18

랍비 예수의 탄생 이야기들 중 이 부분은 주일 학교 크리스마스 연극에 절대 등장하지 않는다. 당연한 일이다. 너무나도 흉악한 이야기,

그러면서도 유대인 후기 역사에서 너무나도 자주 재현된 이야기이며 오늘도 몹쓸 악몽처럼 다가오는 이야기이기 때문이다. 이것은 헤롯이 무고한 어린이들을 학살하고 예수의 가족이 이집트로 피란 가는 이야기다. 이 이야기에 따르면 헤롯왕은 동방박사들을 속여 자신의 왕위에 위협이 될 수 있는 아기 예수의 행방을 알아내려 한 음모가 실패로 돌아가자, 현대 세계에서 너무나도 잘 알려진 전술을 실시하기로 작정했다. 그 문제의 아기를 놓치지 않겠다는 생각으로 그 지역의 남자 아기들을 모조리 도륙하도록 했다. 〈베들레헴의 영아 학살〉이라는 브뤼헐의 끔찍한 그림에 그 이야기가 무자비하게 되살아나 있다. 철모를 쓴 군인들이 창을 들고 첫눈이 내린 마을에 진군하고 있다. 질겁을 한 엄마들이 아기들을 끌어안고 감추려 하지만 헛수고. 군인들이 아기들을 낚아채어 찔러댄다. 흰 눈 위에는 유혈이 낭자하다.

적어도 아기 예수에 관한 한 헤롯의 살인적 음모는 실패로 돌아갔다. 요셉과 마리아는 미리 경고를 받고 군인들이 들이닥치기 전 아기를 안은 채 서둘러 이집트로 향했다. 그러나 이 이야기는 해피엔드로 끝나지 않는다. 한번은 한 학생이 물었다.

"예수는 자라나, 그 모든 아기가 그렇게 억울하고 난폭한 죽음을 당한 것이 헤롯이 자기를 죽이려고 해서 일어난 일이라는 사실을 알게 되었을까" 하는 질문이었다. 만약 알게 되었다면 예수는 거기에 대해 어떻게 생각했을지 묻기도 했다. 물론 어린아이들은 자기 때문에 다른 사람이 죽었다는 사실을 알게 되면 정신적 고통을 받는 경우가 허다하다. 이 이야기에서 예수는 적어도 간접적으로나마 베들레

7 ✝부들과 의심스러운 자들

헴 어린이들의 죽음의 원인이 되었다. 아이러니하게도 그리스도인들은 예수가 "우리를 위해 돌아가셨다"고 말하지만, 이 경우에는 그 어린아이들이 예수를 위해 죽은 셈이다.

다른 학생은 나에게 예수가 오늘날 이른바 '살아남은 자의 죄책감'이라는 것에 시달린 일이 있으리라 생각하는지 물어보았다. 물론 나는 만족스러운 대답을 할 수 없었다. 그러나 아마도 예수는 알고 있었고, 그래서 다른 이들의 고통에 공감하는 비상한 능력을 가지게 됐을지도 모른다고 말했다. 그러나 예수가 그 사실을 알았든 몰랐든 학생의 질문은 하나의 압도적인 설화가 어떻게 심각한 윤리적 반성을 촉발할 수 있는지를 다시 한번 보여준다.

그러나 예수의 식구들은 헤롯의 두려움과 악의가 가져온 모든 결과를 다 피할 수는 없었다. 피란을 갔지만, 그들은 폭군을 피해 급하게 피란 간 최초의 가족도 아니고 또 최후의 가족도 아니었다. 여러 세기를 통해 피란민 신세로 살아가는 것이 유대인들이 대대로 겪은 운명이었다. 그러나 오늘날에도 몇백만 사람들이 똑같은 피란민 신세를 맛보고 있는 형편이다. 디아스포라는 너무나도 보편적이고 유대인의 역사는 르완다인, 티베트인, 엘살바도르인, 그 외 많은 사람의 전형이 되었다. 20세기는 난민들의 세기라 불렸다. 오늘 그전 어느 때보다 더 많은 사람이 고향을 잃고 뿌리가 뽑힌 채 살고 있다. 내가 이 이야기를 어느 날 수업 시간에 하니, 학생들 중 더러, 거의 아시아, 아프리카, 라틴아메리카 출신 학생들이었는데, 이들은 예수의 이야기와 유대인의 이야기 중 가장 쉽게 공감할 수 있는 부분이라고 했다. 그들 자신 또는 식구들도 빨리 짐을 싸서 빠져나와 헤롯에게서 생명을 부지할 수 있었다. 그들은 자기들의 직접적인 경험을 통해 피란이 동반하는 충격적이고 전율적인 장소 이탈감을 잘 알고 있었다. 서아프리카에서 온 한 학생은 요셉과 마리아와 아기 예수의 이야기를 내전과 독재와 상해로 얼룩진 나라에서 간신히 도망쳐 나온 자기 식구들의 경험에 비추어 '난민으로서의 예수'라는 제목으로 웅변적인 논문을 썼다.

몇 해 전 나는 지친 마리아가 아기 예수에게 젖을 먹이기 위해 잠시 머문 곳이라는 전설이 있는 베들레헴 근처 길가 작은 예배당에 발을 멈춘 일이 있었다. '우유 동굴'이라 불리는 곳이다. 젖 먹이는 데 문제가 있는 엄마들이 오늘날까지 그곳을 찾아 마리아의 도움을 구하고 있다. 내가 거기 간 날은 이슬람교도와 그리스도인이 함께 촛불을 켜고 모든 소원 중 가장 근본이 되는 자식 소원이 이루어지도록 도와달라고 동정녀 마리아에게 기도드리고 있었다. 이 여인들이 함께 기도드리는 것을 보고 마리아가 쿠란에서 크게 존경받는 인물로 등장한다는 사실을 떠올렸다.

그러나 이들은 행운의 여인들이었다. 기도 후 집으로 돌아갈 수 있었기 때문이다. 거의 매일 텔레비전이나 신문에서는 훨씬 더 비참한 난민들의 모습이 나온다. 길옆에는 집을 잃은 사람이나 집이 없는 사람들, 젖이 말라 더는 먹일 젖이 나오지 않는데도 아이에게 젖을 먹이려고 죽을 애를 쓰는 지친 엄마들로 메워져 있다. 하지만 그들 대부분은 찾아갈 '기적의 우유 동굴'이 없다. 다음날 그들은 다음 장소를 향해 정처 없이 떠밀려 가야 했다. 정처 없는 신세가 된다는 것은 어쩔 수 없이 멀고도 고통스러운 길, 흔히 끝이 보이지 않는 길을

/ 구루들과 의심스러운 자들

나선다는 의미다. 거룩한 가정은 헤롯의 호위병이 휘두르는 창검에서는 벗어났지만 피란길에서 겪어야만 하는 먼지와 피곤, 정처 없는 삶의 비참함과 무방향성에서는 벗어날 수 없었다.

어려서 겪은 이런 처량한 피란민의 삶은 예수에게 무엇을 의미했을까? 그는 자라서 당시를 기억했을까? 분명하게 알 수 없을 경우 상상으로 그려보는 '미드라시'라는 훌륭한 랍비식 방법을 잠시 적용해보겠다. 나는 이 세 식구가 이집트에 도착했을 때 무엇을 발견했을지 눈앞에 그려본다. 역사가들의 말을 빌리면, 예수 당시 이집트에는 몇천 명의 유대인들이 살고 있었다고 한다. 그들은 이주 노동자들, 날품팔이들, 일자리나 이민 허가서에 해당하는 1세기 무슨 증서 같은 것을 얻어 입에 풀칠이라도 하려고 떠돌아다니는 농부들이었다. 기원후 2세기로 거슬러 올라가는 유대인 전설을 보면, 예수는 나중 팔레스타인으로 되돌아가기 전까지 이집트에서 오랫동안 노동자로 일했다고 한다. 《마태복음》에는 헤롯이 죽은 후에 돌아갔다고 했지만, 죽고 얼마나 오랜 시간이 지난 후였는지는 언급이 없다. 예수에 대한 다음 언급은 열두 살 때로, 예수가 그의 부모를 따라 유월절을 지키기 위해 예루살렘으로 갔다고 나온다. 예수와 그의 부모가 이집트에 몇 년 동안 머물렀는지는 분명하지 않다. 분명한 사실은 나사렛 랍비가 될 아기의 최초 기억이 피란 생활이었다는 점이다.

그러나 피란민의 신세가 힘들기는 해도 그 경험은 가치 있는 교훈을 줄 수 있다. 예수가 어린 시절 피란민으로 살았다면 그는 매일 다른 언어, 다른 문화, 다른 종교의 사람들과 어울려 살았을 것이다. 이집트인들과의 만남이 모두 괴롭기만 했을 거라고는 믿기 어렵다.

그가 그 짧은 성년의 삶을 살 동안 그렇게도 다양한 사람들에게 놀라울 정도로 개방적이었던 이유는 이 때문이 아니었을까? 낯선 땅에서 이방인으로 보낸 어린 시절은 랍비의 소명을 더욱 바람직하고 적절하게 만드는 데 보탬이 되었다. 랍비란 어디까지나 디아스포라 상태에서 이스라엘 백성들을 인도하고 가르치는 사람이다. 물론 예수의 탄생 이전 몇 년 전부터도 랍비가 있었지만 랍비가 유대인 공동체에서 중요한 지도자로 부각된 것은 기원후 70년 예루살렘 성전의 파괴로 희생 제사가 불가능해지고, 이에 따라 제사장들의 역할이 더는 필요 없게 된 이후의 일이다.

전체적으로 볼 때, 갈릴리 랍비 예수의 탄생과 관련하여 사람들이 들려준 이야기들은 그가 장성하여 어떤 삶을 살게 될지 그 윤곽을 그려준다. 그는 선생으로서 그 선조들의 전통을 그대로 이어받아 자신의 삶을 살았고, 놀라울 정도의 정확성으로 시대의 징조를 읽었다. 랍비 베크가 말했듯이 그는 이방인들, ‘뭇 민족’ 혹은 ‘열방’이 이제 언약의 밥상에 함께 둘러앉아 환영받을 수 있는 ‘때가 무르익었다’는 사실을 알았다. 그는 너무나도 가난하고, 너무나도 병들고, 너무나도 윤리적으로 의심스러워 토라의 사랑을 제대로 알 수도 없는 사람들을 보면 마음이 아팠고, 이런 사람들의 운명을 더욱 힘들게 하는 사람들을 보면 참을 수가 없었다. 그는 로마의 학정에 무력으로 저항하는 것이 부질없다는 것도 알고 동시에 비겁하게 그들의 뒤나 빨아주는 것이 얼마나 치욕적인가도 알았다. 그는 사회적으로 엇나간 사람들, 떠돌아다니는 사람들과 사귀기를 좋아했다. 그는 대부분의 사람이 약하다고 생각하는 것에서 힘을 식별해냈다. 그는 독재자와의 갈

등을 피하려 하지 않았다. 그러나 진리로 권력에 맞섰다. 그런데 이 모든 특성은 그의 출생과 어린 시절의 이야기들 속에 이미 다 들어 있다. 간단히 말하면 바로 이것이 이런 이야기들의 핵심이다.

8 시므온 효과

그런데 마침 예루살렘에 시므온이라는 사람이 있었는데, 그 사람은 의롭고 경건한 사람이므로, 이스라엘이 받을 위로를 기다리고 있었고, 또 성령이 그에게 임하여 계셨다. 그는 주님께서 세우신 그리스도를 보기 전에는 죽지 아니할 것이라는 성령의 지시를 받은 사람이었다. 그가 성령의 인도로 성전에 들어갔을 때에, 마침 아기의 부모가 율법이 정한 대로 행하고자 하여, 아기 예수를 데리고 들어왔다. 시므온이 아기를 자기 팔에 받아서 안고, 하나님을 찬양하여 말하였다.

"주님, 이제 주께서는 주의 말씀을 따라,

이 종을 세상에서 평안히 떠나가게 해주십니다.

내 눈이 주님의 구원을 보았습니다.

주님께서 이것을 모든 백성 앞에 마련하셨으니,

이는 이방 사람들에게는 계시하시는 빛이요,

주님의 백성 이스라엘에게는 영광입니다."

아기의 아버지와 어머니는, 시므온이 아기에 대하여 하는 이 말을 듣고서 이상하게 여겼다. 시므온이 그들을 축복한 뒤에, 아기의 어머니 마리아에게 말하였다. "보십시오, 이 아기는 이스라엘 가운데 많은 사람을 넘어지게도 하고 일어서게도 하려고 세우심을 받았으며, 비방을 받는 표징이 되게 하려고 세우심을 받았습니다. 그리고 칼이 당신의 마음을 찌를 것입니다. 그리하여 많은 사람의 마음속 생각들이 드러나게 될 것입니다."

| 누가복음 2:25-35

종교적 상상력은 재즈 음악인들이 '리핑riffing'이라 부르는 것과 같다. 재즈를 연주하는 사람은 주제나 기본 음조로 시작해, 그 기본 구조를 떠나지 않고 원본에 충실하면서도 자기 나름대로 멋을 낸다. 이는 섬세한 기교에 속한다. 이런 일을 잘하는 사람은 본래의 악보를 그대로 따라하지도 않고, 또 거기서 완전히 벗어나지도 않는다. 《누가복음》의 저자는 탄생 설화가 나오는 바로 다음에 이와 같은 기교의 놀라운 예를 삽입하고 있다. 이것은 종교적 상상력이 작용했다는 이야기다.

요셉과 마리아는 유대 율법에 따라 할례를 받게 하려고 갓 태어난 아들을 데리고 성전에 갔다. 그때 예루살렘에 사는 시므온이라는 노인은 성전으로 가서 이들을 찾아 아기에게 축복을 해주라는 성령을 받았다. 하나님은 그에게 백성들을 구원할 구원자를 눈으로 직접 보기 전에는 죽지 않으리라 약속하셨다. 시므온은 조그만 아기를 팔에 안았다. 그가 아기에게 한 축복은 요셉과 마리아의 기대를 훨씬 뛰어넘는 것이었다. 그는 예수가 이스라엘의 해방자일 뿐 아니라 "이방 사람들에게는 계시하는 빛"이 되리라고 선언했다. 비록 이 문장은 《이사야서》에서 인용한 거였는데도, 아기 부모는 그의 말에 놀랐다 (그들은 "그에 대해 한 말에 놀랐다"). 그러나 시므온은 마리아에게 이 일은 결코 쉽지 않고, 또 "칼이 당신의 마음을 찌를 것"이라고 경고했다. 여러 세기 동안 마리아를 그린 성화에서는 칼이 마리아의 심장을 관통하는 모습으로 묘사해왔다.

　시므온이 등장하는 이 연속극은 종교적 기교, 즉 주어진 주제에서 창의적인 추론을 완벽하게 보여주는 예시다. 또한 랍비들이나 다른 영적 스승들에 대해 떠돌아다니던 그런 종류 이야기들의 전형적인 형태이기도 하다. 예를 들어 불교에서 아기 부처의 운명을 예언한 아시타라는 노인도 비슷한 이야기가 전해오고 있다. 학자들 중에는 시므온이 랍비 힐렐(미국 대학 유대인 학생회 명칭은 아직도 이 이름을 따서 지은 것이 많다)의 아들이었고 랍비 가말리엘의 아버지였던 1세기 유대인 랍비였다고 보는 이들이 있다. 가말리엘은 몇 가지 이유로 특히 중요하다. 그는 예수 당시 유대인 통치 기구인 산헤드린 회원이었고, 일부 전하는 말에는 사도 바울의 선생이었다고도 한다. 그는 율법의 너그러운 해석을 옹호한 것으로 알려졌고, 더욱 유명한 것은 산헤드린을 향해 새롭게 부상하는 예수 운동을 박멸하려 하지 말고 이 운동이 하나님의 축복을 받은 것인지 아닌지 미래가 결정하도록 허용하라고 충고한 것이다.

　힐렐과 가말리엘이 역사적 인물이라는 데는 의심의 여지가 없다. 더 나아가 그들이 시므온이나 예수와 역사적 연관을 가지고 있는가 하는 이야기에는 모두 논란의 여지가 있다.[1] 그러나 내 학생들 대부분은 그것이 그렇게 중요하지 않다는 사실에 만족해했다. 그들은 비판적 논쟁과 반론으로 지새지 않아도 되는 것을 기쁘게 생각했다. 만약 18세기에 살았던 랍비 벤 이스라엘, 곧 바알 셈 토브에 대한 이야기가, 심지어 그가 살아 있을 동안에도, 그렇게도 많이 생겨났다면, 시므온과 예수에 대해서도 똑같은 과정이 작용했다고 해서 놀라울 것이 없다. 시므온의 이야기는 유대 전통에서 말하는 '미드라시'의 고전적 케이스다.

미드라시라는 말 자체는 히브리어 '다라시'에서 나왔는데, 이 말에는 '탐구하다'라는 뜻이 있다. 미드라시의 가능성은, 사실 그 필요성은, 하나님이 모세에게 주신 계명, 즉 모든 유대교 도덕의 기초가 되는 이 계명이 대부분 너무 일반적인 용어로 되어 있어서 실제로 적용하려고 할 때에는 구체적인 것이 필요했다. 성경 자체는 단지 주께서 "모세에게 명한 것같이" 행동해야 한다고만 말하고 있을 뿐이다. 정확하게 어떻게 하는 것이 그런 것인지는 말해주지 않고 있다. 미드라시는 바로 이 공백을 채우려고, 일반적인 것과 구체적인 것 사이, 그때와 지금의 간극을 메우려고 랍비들이 창안한 방법이다.

미드라심(복수형)은 주로 이야기 형식을 취한다. 이것은 《옥스퍼드 유대교 사전The Oxford Dictionary of the Jewish Religion》에서 말하는 "상상력을 동원한 해석"으로서 신학, 도덕, 일반 철학 등을 다룰 수 있다. 우화나 비유로 표현되기도 한다. 대비나 다른 본문의 메아리나 말의 리듬 같은 것에 의존하기도 한다. 아무튼 그 목적만은 뚜렷하다. "성경에 나오는 사건에 현재적 의미를 부여하려는 수단"이다. 다음 세대와 다양한 정황에도 알맞도록 "토라의 도덕을 새롭고 의미 있게 유지하려는" 것이다. 제이콥 뉴스너Jacob Neusner가 말한 대로 "고대 이스라엘이 받은 성경이 실제로 우리 시대와 어떻게 관계가 있는지, 혹은 실현되는지 보여주기" 위해 의도된 것이다.[2]

미드라시는 문자 그대로 몇천 가지다. 그것들 사이에서 발견되는 공통점은 성경의 행간을 읽으려는 노력, 설화의 힘을 사용하여 옛 문헌의 핵심을 지금의 청자들에게 전달하려는 의도라 할 수 있다. 예를 들어 다음의 비유를 읽어보자. 또 다른 시므온, 곧 랍비 시므온 벤 엘리자르가 아담과 하와 이야기에 대한 자기의 미드라시를 보여주는 내용인데, 훨씬 더 하와 쪽에 공감하는 시각에서 썼다고 할 수 있다.

이 인류의 첫 남자를 무엇에 비유할까? 그는 풋내기와 결혼한 남자와 같다. 가만히 앉아 그녀에게 이래라저래라 지시만 한다. "내 딸아, 네 손이 예전적禮典的으로 더러우면 빵을 먹지 말고, 십일조를 드리지 않은 소산은 먹지 말고, 안식일을 욕되게 하지 말고, 다른 남자와 걸어 다니지 말아라. 이제 이 명령 중 하나라도 어기면 너는 사형에 처해질 것이다" 하고.

이 남자는 무슨 일을 하였는가? 그는 나아가 그녀가 있는 데서 그의 손이 예전적으로 더러운데도 빵을 먹고, 십일조를 드리지 않은 소산도 먹고, 안식일도 범하고, 돌아다니며 서원도 하고, 그녀 앞에서 (자기가 하지 말라고 한 것은) 스스로 다 한다. 그 풋내기는 혼자 무엇이라고 말하는가? "내 남편이 나에게 한 모든 명령은 처음부터 모두 거짓이었다." 그리하여 그녀는 나아가 마음대로 이 명령들을 위반하게 되었다.[3]

이 미드라시가 언제 쓰였는지 정확한 연대는 알 수 없지만 중세 초기에서부터 내려온 것이 아닌가 여겨진다. 그러기에 에덴동산의 이야기에 대한 이런 환상적 설명이 타락의 책임을 거의 하와에게만 전가시키는 그리스도교 해석을 배척하면서도 아직 도덕적 견해에서는 구태의연한 모습을 보이는 게 아닐까 싶다. 그러나 이것이 랍비들이나 미드라시 과정을 위해 넘지 못할 문제는 아니다. 그 후속으로 고쳐서 나오는 것들이 똑같은 권위를 가질 수 있고, 또 이런 새것들도 다시 새로운 재해석과 보충 설명의 대상이 되기 때문이다. 이야기는 이렇게 계속 이어진다. 그 자체로 생명력을 가지고 전개되지만, 비록 매우 긴 줄이긴 하나, 항상 성경 본문에 줄이 길게 붙어 있다. 이것이 바로 《누가복음》에 나오는 늙은이 시므온에 대한 이야기가 하는 역할이다. 누가가 암시하는 성경 본문은 선지자 이사야의 글에서 나오는 것으로(이사야 40:5, 52:10, 42:6, 49:6, 46:13), 이사야는 그보다 600년 전에 살았던 사람이지만, 이 이야기는 시므온이 이런 성경 본문을 그 당시에 적용하는 것으로 묘사하고 있다.

가끔씩 랍비들은 성경 이야기에서 빠진 장면을 보충하고 그러고 나서는 거기서 윤리적인 교훈을 끌어내기도 한다. 시므온과 마리아 사이의 대화에서와 마찬가지로 흔히 늙은이와 젊은이들 사이의 대화를 묘사하고 있다. 수업 시간에 시므온의 이야기를 토론할 때 학생들은 자기들에게 충고하거나 꾸짖거나 격려한 자기 할아버지나 기타 다른 늙은 분들과 나눈 대화를 떠올렸다. 학생들 중 더러는 자기들이 대화했던 그 사람이 이미 고인이 되어서 고마움을 전할 길이 없다는 사실이 섭섭하다고 했다. 이는 공통적인 감정이었다. 그러나 다른 학생들은 솔직히 자기들이 아는 늙은이들은 지루하거나 흥미 없었다고 했다. 현명한 충고가 많은 경우 백발에서 온다고 하는 말을 듣고 그러기를 소원했지만 그런 것을 실제로 얻어본 적이 없다고도 했다. '나이 드신 분들의 지혜'니 뭐니 하는 것이 사실상 과장되었다고 생각했다. 이런 토의는 몇 주 동안이든 계속될 수도 있었다.

이런 세대 사이의 대화를 주제로 한 미드라시 문헌 중 내가 좋아하는 것 하나는 랍비들이 창안해낸 나이 들어가는 족장 야곱과 그 아들들 사이의 대화다. 야곱이 흉년에 먹을 것을 구해 오라고 그의 아들들을 이집트(애굽)로 보냈는데, 아들들이 막 집으로 돌아온 참이었다. 성경에서도 말하듯이, 그들은 자기들이 여러 해 전에 노예로 팔아넘긴 동생 요셉을 만났지만 그가 누구인지 알아보지도 못한다 ("요셉은 형들을 알아보았으나 형들은 요셉을 알아보지 못하였다." 창세기 42:8). 요셉은 형들을 도와주었으나 막냇동생 베냐민을 데리고 오지 않으려면 다시는 오지 말라고 했다. 늙은 야곱은 이미 총애하던 아들 요셉을 잃었는데, 다시 어린 베냐민까지 위험한 사지로 몰아넣고 싶지 않아 주저했다. 그러나 그의 아들 유다는 아버지를 안심시키려고 애쓴다. 그는 어린 동생을 무사히 다시 데려오겠다고 약속하고, 야곱은 결국 승낙한다. 그러나 재미있는 질문은 바로 그 늙은 야곱이 무엇 때문에 마음을 바꾸었을까 하는 것이다.

랍비들은 서스펜스를 오래 지속하지 않는다. 여기에 그 대화의 틈새를 '메우는 일'이 일어난다. 루이스 긴즈버그Louis Ginzberg의 《성경의 전설Legends of the Bible》에 이 이야기가 다시 재생되어 있다. 여기에 보면 야곱이 유다를 꾸짖는 것으로 시작한다. 왜 그 힘센 이집트인에게 어린 동생이 있다는 소리를 했느냐는 것이다. 그러나 랍비들이 하나님을 주저 없이 논쟁에 직접 끌어들인다는 점에 주목하라.

그리고 야곱이 말했다. "어찌하여 너희는 그 사람에게 너희에게 동생이 있다는 말을 해서 나를 이렇게 괴롭게 하느냐?" 하나님이 말했다. "내가 일을 이렇게 꾸며 그의 아들을 이집트의 통치자 자리로 올려 세웠는데 그는 불평하면서 어찌하여 나를 이렇게 괴롭게 하느냐 하는구나."

이제 유다는 이런 꾸지람에 언짢아하면서 자기 아버지에게 대꾸한다. 그 이집트 통치자가 자기 식구들과 고향에 대해 어차피 모르는 것 없이 다 아는 것 같아서 달리 어쩔 도리가 없었다고 주장한다.

"아버님, 어찌 그가 우리 유모차가 무슨 나무로 만들어졌는지 알고 있단 말입니까!" 유다는 말을 계속했다. "만약 베냐민이 우리와 갔다가 영영 우리와 함께 오지 못할 수도 있고 그렇게 되지 않을 수도 있습니다. 이건 잘 모르는 일이지요. 그러나 확실히 알 수 있는 것은 만약 그 아이가 우리와 가지 않으면 우리가 다 굶어 죽는다는 것입니다."

이제 유다는 핵심을 말하고 거기서 윤리적인 것을 도출한다.

잘 모르는 일을 근심하기보다 확실한 것에 따라 행동하는 것이 더 좋다.[4]

이것이 윤리적 삶을 위해 분명한 교훈을 주는 미드라시다. 결국 그대가 짐작하는 것보다는 그대가 확실히 아는 것에 따라 결정하라는 것이다. 모든 미드라시가 이처럼 분명한 것은 아니다. 뭔가 수수께끼 같은 것도 있고 심지어 격언 같은 것도 많다. 때로는 서로 상충하는 요점을 말하는 것처럼 보이기도 한다. 그러나 랍비 전통에서는 서로 모순적인 독법이 같은 미드라시 모음에도 나란히 나타나지만 별로 문제될 것이 없다. 랍비들은 성경에 나오는 어느 절이나 어느 이야기도 여러 가지 다른 해석에 개방되어 있다고 믿고, 후대에 쓰인 성경 구절들 안에는 그 이전 성경 구절을 재해석하고 확대한 것도 포함되어 있다는 사실을 즐겨 인정한다. 성경 저자들은, 말하자면 그들 스스로 문자주의자들이 아니었던 것이다.

이는 역사 비평 학자들이나 근본주의자들을 막론하고 주어진 어느 텍스트에는 단 한 가지 '참된 의미'만 있어야 한다고 주장하는 그리스도인들에게 훌륭한 교정 수단이라 할 수 있다. 역사 비평 학자들은 원래의 맥락과 그 텍스트가 쓰인 역사적 상황, 그리고 신약 성경을 쓴 언어인 그리스어로 된 구절이라면 예수가 말할 때 정말로 사용한 아람어로는 무엇이었을까 등을 조사하는 데 엄청난 에너지를 쓰고 있다. 복음서 전부를 본래 아람말로 어떻게 되었을까 생각하면서 그 말로 다시 번역한 복음서들도 출판되었다. 그러나 이런 작업에는 엄청난 정도의 짐작이 필요했다. 더욱 중요한 것은 그 누구도 예수가 말을 할 때의 억양이라든가 손놀림이라든가 그에 따라오는 몸 동작 같은 것을 재생할 수 없다는 점이다. 현대 성서학의 특징이라 할 수 있는 '본래 말씀 그 자체ipsissima verba'를 찾겠다는 강박 관념은 결코 그 목적을 성취할 수 없다. 잘해야 극히 사변적인 작업에 그칠 수밖에 없다.

다른 한편, 근본주의자들은 말 하나하나가 다 하나님의 영감으로 기록되었고, 상식이 있는 사람이라면 누구나 다 그 명백한 뜻을 분명히 알 수 있다는 주장으로 문제를 해결하려 한다. 그러나 이렇게 해서는 문제가 해결될 수도 없다. 아무리 언어학의 대가라 하더라도 어떤 그리스어나 히브리어가 실제로 무엇을 뜻하는지 다 알 수가 없기 때문이다. 그들도 완전한 문장을 만들고 분명 뭔가 빠진 듯한 틈을 메우기 위해 낱말이나 어구를 삽입해야만 한다. 고전적인 흠정역 King James Version 성경 편집자들도 이런 삽입 부분을 이탤릭 글씨체를 써서 표시했다. '명백한 뜻'이라 하지만 근본주의자들조차 그것이 무엇인지 의견 일치를 보지 못하고, 결국 정말 얼마나 명백한가를 두고 심각한 문제를 일으키기까지 한다.

후기 랍비들은 물론 예수에 관해서 시므온이 말했다고 전해오는 이 미드라시에 동의하지 않았다. 그들은 예수가 이사야가 한 예언의 성취를 이룰 그분이라는 시므온의 주장을 받아들이지 않았다. 그러나 미드라시 형식은 아직도 유효한 교육적 및 해석학적 도구로 남아 있다. 아마도 이제 랍비들에게서 이런 교훈을 배워 성경 본문에는 유일하고 최종적이고 결정적인 뜻 하나만 있어야 할 필요가 없다는 사실을 확실히 해둘 때가 되지 않았나, 라는 생각이 든다. 예수가 말한 이야기들이나 다른 사람들이 말한 예수 이야기들을 읽을 때 우리는 랍비 예수에게서 이런 미드라시 형식의 훌륭한 예를 발견할 수 있다. 그리스도인이라면 랍비들의 미드라시를 읽을 때 천사와 목자들과 동방박사들이 등장하는 예수의 탄생 이야기를 생각하지 않을 수 없다. 미드라시를 짜서 엮고, 옛 주제에 새 멋을 덧붙이는 것, 이것이 바로 나사렛의 랍비 예수가 하던 일이다.

　　예수는 그 이전이나 그 이후의 랍비들과 마찬가지로 토라를 해석하고 적용했는데, 그러기 위해 여러 가지 방법 중에 특히 기막힌 이야기들을 사용했다. 나는 예수가 자기의 말과 비유들이 싹이 되고 잎이 되고, 다시 봉오리가 되고 꽃이 될 씨처럼 널리 퍼져나가게 되리라 기대했다고 믿는다. 우리가 저지른 큰 실수는 1세기 팔레스타인에 살던 유대인의 일상적인 문제를 해결하려고 한 예수의 해석이 이제는 절대로 상상력에 근거한 확대 해석이나 새롭게 고침을 허용하지 않는다고 가정한 것이다. 그러나 이렇게 확대 해석하고 새롭게 고쳐나가는 것이 바로 랍비들의 가르침에서 그렇게도 중요한 특성이 아니었던가. 이런 식의 가정으로 우리는 사실상 랍비 예수의 삶을 그의 삶에서 밀어내버리고, 아이러니하게도, 역사적 예수 연구가들의 몇 안 되는 공통 주장 중 하나인 예수가 정말로 랍비였다고 하는 사실을 부정하고 말았다. 바로 이것이 우리가 예수의 '랍비됨'을 심각하게 고려하는 것이 오늘날을 위한 그의 도덕적 의미를 이해하는 데 열쇠가 된다고 하는 이유다.

9 마귀를 물리쳐라

그즈음에 예수께서 성령에 이끌려 광야로 가셔서, 악마에게 시험을 받으셨다. 예수께서 밤낮 40일을 금식하시니, 시장하셨다. 그런데 시험하는 자가 와서, 예수께 말하였다. "네가 하나님의 아들이거든, 이 돌들에게 빵이 되라고 말해보아라." 예수께서 대답하셨다. "성경에 기록하기를 '사람이 빵으로만 살 것이 아니라, 하나님의 입에서 나오는 모든 말씀으로 살 것이다' 하였다."

그때에 악마는 예수를 그 거룩한 도성으로 데리고 가서, 성전 꼭대기에 세우고 말하였다. "네가 하나님의 아들이거든, 여기에서 뛰어내려보아라. 성경에 기록하기를 '하나님이 너를 위하여 자기 천사들에게 명하실 것이다'. 그리고 '그들이 손으로 너를 떠받쳐, 너의 발이 돌에 부딪히지 않게 할 것이다' 하였다." 예수께서는 악마에게 말씀하셨다. "또 성경에 기록하기를 '주 너의 하나님을 시험하지 말아라' 하였다."

또다시 악마는 예수를 매우 높은 산으로 데리고 가서, 세상의 모든 나라와 그 영광을 보여주고 말하였다. "네가 나에게 엎드려서 절을 하면, 이 모든 것을 네게 주겠다." 그때에 예수께서 그에게 말씀하셨다. "사탄아, 물러가라. 성경에 기록하기를 '주 너의 하나님께 경배하고, 그분만을 섬겨라' 하였다."

| 마태복음 4:1-10

내 학생들에게는 여기 나오는 'temptation유혹'+이라는 말이 그렇게 에로틱하고 매혹적인 냄새를 가진 말로 다가오지 않는다. 오히려 구미가 당기는 칼로리 많은 후식과 관계있는 말로 여긴다. 여기 대학 구내 음식점에는 과일을 넣은 아이스크림 초콜릿 선디를 파는데, 메뉴판에 'The Tempter유혹자'라고 적혀 있다. 그러나 《마태복음》에 나오는 이 '시험 장면Temptation Scene'은 이런 것과는 그 성격이 달랐다. 이는 힘의 오남용과 관계있었다. 도스토옙스키는 일종의 그리스도교 미드라시라 할 수 있는 《카라마조프가의 형제들》에 나오는 대심판관에 대한 그의 치열한 이야기에서 이 문제를 다룬다.

광야에서 그리스도가 사탄과 대결하는 이야기는 단식으로 유도될 수 있는 특별한 정신 상태를 전문으로 다루는 심리학자들 사이에서 끝없는 논쟁을 촉발시켰다. 그러나 나는 성경 문자주의자들이 고집하듯 마귀 혹은 악마라는 존재가 실제로 예수와 대결을 벌였는지, 아니면 상상의 존재였는지, 단지 예수가 자기 내적 경향성과 씨름한 처절한 몸부림을 극적인 방법으로 묘사한 것인지를 두고 논쟁하는 것은 부질없는 일이라 생각한다.

이 광야에서 벌인 대결이 예수의 삶의 궤적에서 언제 생겼는지

+ 영어 단어 'temptation'에는 '시험'이라는 의미가 있다.

를 기억하는 게 중요하다. 예수가 열두 살 때 그의 부모를 따라 성전을 방문했다는 간단한 언급이 있은 후, 그는 '침례 요한'+이라는 수상쩍은 황야의 무법자 모집책이 이끈 의심스러운 개혁 운동에 합세할 때에 가서야 비로소 재등장한다. 침례 요한의 제자들은 모두 예루살렘 성전의 종교 지도자들을 거칠게 비판했다. 침례 요한은 고대 유대교에서 내려온, 그리고 지금도 정통 유대인들이 실행하는 정결 예식인 물속에 잠기는 의식을 받아들여 자기의 목적에 맞게 적용했다. 요한에게 침례를 받는 것은 기득권을 가진 종교 세력에 대한 저항 행위였다. 그 당시 기득권을 가진 종교 세력은 사실 로마인들이 자기들의 무질서한 식민지를 지배하는 데 사용하던 도구였다. 따라서 헤롯왕이 요한의 머리를 자른 일도 놀라울 것이 없다. 예수는 이 사건 후 비밀경찰을 피하기 위해 서둘러 다른 곳으로 갈 수밖에 없었다. 그러나 예수가 요한의 견해를 받아들였다는 데에는 의심의 여지가 없다. 후에 예수는 요한의 견해를 더욱 깊고 예리하게 다듬었지만, 요한과는 달리 사람들이 광야로 자신을 찾아올 것을 기대하는 대신 스스로 동네와 도시로 나가 그의 메시지를 전했다.

물론 예수가 요한에게 침례를 받은 직후 광야로 나가 40일 동안 금식하고 기도하고 깊이 명상할 때 그에게 실제로 무슨 일이 일어났는지 확실히 아는 사람은 아무도 없다. 거기에 대해 심리학적으로 토를 붙이는 것은 이 이야기의 진정한 핵심을 흐리게 할 뿐이다. 이야기의 핵심은 그가 어떤 삶을 살게 되고 어떤 선택에 직면했는지에 관

+ 한국말로는 '침례'라고도 하고 '세례'라고도 하는데, 예수 당시는 물에 잠기는 침례를 실행했고, 또 저자 콕스 교수가 침례교인이라는 점을 감안해 '침례'라 옮기겠다.

한 것이다. 이때쯤 예수는 자기가 지도자가 될 것을 알고 있었다. 이런 통찰력은 그가 침례를 받을 때 그에게 찾아왔는데, 이는 그를 하나님의 아들이라 선언한 하늘로부터의 음성에서 분명히 나타난다. 문제는 어떤 종류의 지도자가 되느냐였다.[1]

요즘 학생들은 이런 해석을 들어도 예수가 시험을 받는 장면을 이해하기 힘들어한다. 가장 큰 장애물은 마귀 혹은 악마에 대해 그들이 상상하는 이미지다. 악마라고 하면 보통 뿔을 달고, 붉은 옷을 입고, 삼지창을 휘두르는 대형 핼러윈 귀신쯤을 생각한다. 그러나 이런 상상의 존재는 뒤로하고 성경 이야기가 전해주는 것, 곧 지도자상의 유형론 같은 것을 보는 것이 중요하다. 사람들이 사회인으로 살아가기 시작하면 불가피하게 어떤 결정을 내릴 수밖에 없고, 그럴 경우 그 결정에 도달하기 위한 나름대로의 접근 방식을 계발해내는데, 바로 아퀴나스가 말한 '하비투스habitus'다. 예수의 시험 이야기는 지도자를 포함하여 누구나 결정을 내릴 때 어떤 기본적인 자세를 취해야 하는지를 검토해볼 수 있는 유용한 좌표를 제공한다.

세 가지 시험이 나오는데, 그 하나하나는 인간이 취할 수 있는 가장 보편적인 기본자세들을 생생하게 예시해준다.

첫째, 돌들로 빵을 만들라는 것은 우리가 스스로 하는 일의 결과를 직접 보고 통제하려는 너무나도 인간적인 갈망을 가지고 있다는 것, 곧 애매함을 가지고는 살지 못한다는 것을 의미한다.

둘째, 천사들의 손으로 떠받침을 받으리라는 것은 공로를 인정받으려는 희망, 우리가 이룩한 성취를 사람들이 찬양하고 인정해주기를 바라는 마음을 뜻한다. 요즘 말로 고치면 열광하는 군중의 어깨

위로 떠받들어지는 것쯤이라 할 수도 있다.

셋째, 시험은 가장 물리치기 힘든 것이다. 할 말을 다 하고, 할 일을 다 했으면, "이제 그대는 더 할 수 있는 것이 없지 않느냐?" 하는 질문에 굴복하는 것을 의미한다. 이미 카드는 다 섞였다. 쓸데없이 시청과 싸워서 어쩔 것이냐? 하는 태도다. 그러나 이는 바로 악마가 자기 마음대로 하게 허용하는 일이다. 악마에게 모든 것을 떠맡기는 것이다. 사탄에게 무릎을 꿇는다는 것은 핼러윈 귀신에게 충성을 맹세한다는 뜻이 아니다. 그것은 "손을 드는 것, 그럴 수밖에 없지. 이제 할 수 없는 것 아닌가?" 하는 식으로 믿고 싶은 유혹에 굴복하는 것과 같다. 루시퍼가 승리하는 것이다.

이 시험 이야기는 예수가 공생애를 시작하면서 어떤 지도자상을 선택할지를 두고 씨름했음을 보여준다. 이런 이유로 마태가 예수의 시험 장면을 그의 첫 제자들, 즉 베드로와 안드레와 야고보와 요한을 선택하는 이야기 직전에 배치해놓은 것 같다. 이것은 결국 그가 지도자로서 내린 최초의 큰 결정이었고, 그가 선택한 이 제자들은 끝까지 그의 직원들, 내각의 핵심을 구성했다.

예수가 왜 이런 이들은 택하고 저런 이들은 택하지 않았는가 하는 제자 선택은 당장 학생들의 관심 대상이 되었다. 어린 나이지만 학생들도 친구와 동료가 얼마나 중요한지 잘 알고 있었다. 대학 2학년 연극반에서 배역을 맡을 다른 친구들, 축구장에서 같이 팀을 이룰 친구들, 실험실에서 같이 실험할 친구들을 선택하는 것이 얼마나 중요한지 잘 알았다. 심지어 이 과목을 택하면서도 매주 곤란한 선택을 하게 될 때마다 대화 상대나 길벗이 필요하다는 것을 절감했다. 학생들은 자신의 새로운 생각을 털어놓아도 안전하다고 느껴지는 믿을 만한 동료가 필요했다. 그래서 학생들은 예수도 그런 필요를 절감했다는 사실을 알고 기뻐했다.

예수가 나면서부터 자기 일생의 사명을 완전히 알고 있지는 않았을 거라는 사실은 복음서들 자체에 엄청나게 많은 증거가 있다. 그는 침례 요한이 체포되어 죽기 전까지 얼마 동안 그의 제자로 있지 않았던가? 그는 자주 자기 제자들에게 물어보기도 했다. 어떤 그리스도인은 예수가 이미 대답을 알고 있었지만 제자들을 떠보기 위해 물어본 수사학적 질문이었을 뿐이라고 하지만, 나는 그렇게 생각하지 않는다. 그리스도인들은 예수가 하나님의 사랑을 '완전히 인간이 되어' 표현했다고 믿는데, 그렇다면 그도 다른 모든 인간과 마찬가지로 불확실성의 고뇌를 느껴야만 했다. 그는 겟세마네 동산에서 피땀을 흘리며 자신의 사명을 계속할지 말지 고민했다. 목숨을 잃을 수도 있다는 것을 알면서도 말이다. 그는 온전히 인간이었고, 인간은 제자로서뿐만 아니라 친구로서도 다른 인간이 필요하다. 이것이 그가 최후의 만찬에서 제자들에게 친구가 되어달라고 부탁한 바로 그 이유다(요한복음 15:15). 요점은 분명하다. 윤리적 삶을 산다는 것은 단독 비행이 아니라는 점이다.

이것은 내 학생들이 이 과목에서 배운 가장 중요한 것 중 하나일 것이다. 다른 대학들과 마찬가지로 개인적 성취에 특별한 가치를 부여하는 이런 대학에서는 쉽게 배울 수 있는 것이 아니다. 더구나 강의실 밖에 나가면 윤리적 결단에 대한 다른 접근 방법들은 무엇이든 혼자서 결정하라고 강조하는 형편이다. 예를 들어 일간 신문에 나오는 '개인 조언' 칼럼에 보면 예의나 도덕에 대해 자칭 전문가라고 하는 이들이 나와서 질문자에게 확실한 대답을 해주는 것이 보통이고, 아주 드문 경우만 질문자에게 다른 사람들과 그 문제를 상의해보라고 제안한다. 접촉은 일 대 일로 이루어진다. 그러나 그 ROTC 건물에서 있었던 길고 철저한 토의는 경우에 따라 고통스럽기도 했지만, 이 토의 덕에 학생들은 윤리적 삶을 사는 것이 궁극적으로 공동의 작업이라는 것을 서서히 깨닫게 되었다.

아직도 학생들 중 더러는, 많은 어른들도 마찬가지라 생각하지만, 악마는 어떤 모습일까 하며 어리둥절해하고 있다. 어떤 학생들은, 심지어 내가 대답을 알지 못한다고 말을 했는데도, 이 모든 것이 예수의 상상 속에서 일어난 일이면 어떻게 되느냐고 물어본다.

글쎄, 그럴 수도 있을 것이다. 나는 이미 인간의 상상력은 윤리적 삶을 위해, 아마도 영적 삶을 위해서도 마찬가지겠지만, 덜 계발된 기관이라 한 적이 있다. 미드라시 전통과 랍비들의 상상력에 용기를 얻어 나는 이미 이것을 확신하고 있었다. 그러나 이 과목을 가르치기 시작하고 몇 년 안 되어 나는 그리스도교 전통 자체의 핵심에서 이를 뒷받침해주는 놀라운 지지자를 발견하게 되었다. 바로 성 이그나티우스 로욜라St. Ignatius Loyola가 쓴 그 유명한 책 《영성 수련Spiritual Exercise》이었다. 나는 삶에서 상상력의 역할이 얼마나 중요한지 의심할 필요가 없다는 사실을 이 책에서 배웠다.

이그나티우스는 그의 삶을 군인으로 출발했지만, 중년의 나이에 전투에서 중상을 입고 겨우 죽음을 면하고 난 다음 삶의 진로를 바꾸었다. 병상에서 요양 중 복음서들과 성인전들을 읽고 예수를 섬기는 군인이 되어 그의 명령을 따르기로 결심했다. 그러고 나서 자기와 같은 마음을 가진 사람 얼마를 모집하여 '예수회'라는 것을 조직했는데, 오늘 [영어권 사람들에게] 더욱 잘 알려진 이름은 제수이트 Jesuits다. 그러나 이그나티우스는 그가 모집한 사람들의 고충을 잘 알고 있었다. 예수를 따르려 하는데 예수가 한 번도 처해보지 않은 상황이라면 그들은 어떻게 행동해야 한단 말인가? 예수의 지상 생애 이후 2,000년 동안 '예수 따름'을 실행하려는 사람이라면 누구나 당면하는 똑같은 딜레마인데, 이그나티우스는 많은 부분 이 질문에 대답하려고 《영성 수련》이라는 책을 썼다.

《영성 수련》에는 미드라시와 놀랄 만큼 비슷한 면이 있다. 랍비들과 마찬가지로 이그나티우스도 그때와 지금 사이에 가로놓인 간극을 메우기 위해 상상력에 호소한다. 그는 특별한 형태의 명상법을 마련하고 모든 예수회 회원이 정기적으로 실천하도록 했다. 이 명상법에서는 독자들이 스스로를 복음서 이야기 속으로, 그리고 살아 계신 예수의 현존 속으로 들어가, 스스로 예수와 함께하는 상상의 대화를 이어나가라고 한다. 처음에는 거의 예수회 회원들만 사용했지만 이제 성경의 이야기와 기도와 상상력을 아우르는 이 강력한 명상법은 몇천 명 남녀들의 믿음을 심화 확대해주고 있다. 그러나 이 명상법이 윤리적 사유에 적용되는 일은 거의 없다.

내가 이그나티우스의 《영성 수련》을 만난 것은 강의실에서가 아니다. 강의실에서는 상상력을 권장하는 일이 별로 없다. 그러나 '윤리적 사유'를 가르치는 내 동료 교수들의 강의에 대해 더 알면 알수록, 오늘 윤리적 결단을 위해 예수가 무슨 의미가 있는가 하는 문제로 더 몸부림치면 칠수록, 나는 더욱 절실하게 윤리적 삶에 상상력을 다시 불어넣어야 한다는 사실을 깨달았다. 나는 우리가 해야 할 것은 학생들에게 칸트나 흄이나 심지어 복음서의 텍스트에서 한 걸음 물러나 그들의 상상력과 창의력을 사용하라고 권장하는 일이라고 생각했다. 나는 학생들이 그들 삶의 다른 많은 부분에서 상상력과 창의력을 실증했으므로 그들에게는 충분히 그렇게 할 능력이 있다고 생각했다. 그들 중 더러는 학교 연극반에서 배역을 맡아 연기를 했기에 어떻게 무대에서 딴 사람도 되고 딴 곳에도 있을 수 있는지를 알고 있었다. 더러는 소설을 쓰기도 했고, 다른 학생들은 시를 짓기도 했다. 그러나 자기들의 창의적 재능을 자기들의 윤리적 반성에 적용할 수 있으리라고 생각한 학생은 거의 없었다.

나는 나 자신과 내 학생들의 윤리적 상상력을 어떻게 하면 일깨워줄 수 있는지 발견했는데, 이 발견은 어느 면에서는 우연한 일이었다. 여러 해 동안 나는 이른바 '영성 지도자spiritual director'라는 사람과 일정 시간을 함께 협력하여 그 믿음이 강화되었다는 사람들의 이야기를 들어왔다. 어느 정도 주저하다가 나도 한번 해보기로 작정했다. 드디어 나를 받아주겠다는 영성 지도자 한 사람을 만나게 되었다. 예수회 회원으로서 하버드 교정 가까이에 있는 '종교계발센터'라는 기관에서 일하고 있었는데, 거기는 숙달된 수행자들이 여러 다른 교파의 사람들을 모아놓고 영성 카운셀러로 훈련시키는 곳이었다. 나는 그에게 영성 카운셀러가 될 마음은 없다고 했지만 그는 관대한 마음으로 나를 받아 1년 기간으로 매주 정기적으로 지도를 해주었다.

그 한 해는 나의 교수 생활뿐 아니라 내 개인적 신앙생활에서도 일종의 전환점이 되었다. 나는 예수회 회원들이 아직까지 엄격한 4주 동안의 영성 수련 프로그램을 실시한다는 것을 알았다. 그러나 그들이 융통성으로도 유명하다는 것을 알고 있었다. 이는 사실로 입증되었다. 나의 영성 지도자인 그 예수회 회원은 나를 예수회 회원으로 만들려 하지 않았다. 그 대신 그는 인내심을 가지고 시간을 보내며, 나 자신의 영적 배경을 찾아내고, 그것을 토대로 하여 나를 도와주려 했다. 다행스럽게도 나는 "주가 나와 늘 동행하시어 나를 친구 삼으셨네" 하는 생각이, 이그나티우스가 그의 《영성 수련》에서 중심으로 삼은 그 개념이 별로 이상할 것 없는 믿음 속에서 자랐다. 복음 찬송가를 아는 사람은 누구나 그런 노래를 부르면서 자란 우리 같은 사람들이 "밤 깊도록 동산 안에" 혹은 "주 예수 해변에서"의 예수를 만나 그와 이야기하는 것을 상상해보라고 고무받았다는 사실을 잘 안다.

이런 노래를 배운 우리 같은 사람들은 사실 자라면서 이런 노래 때문에 당혹감을 느끼기도 한다. 이런 노래들은 유치해 보일 수도 있고, 음악적으로 모차르트의 미사나 바흐의 합창과 비교할 바도 못 된다. 따라서 나는 영성 지도자와 그해를 시작할 때 내 어릴 때의 배경에 약간 자격지심 비슷한 것을 가지고 있었다. 그러나 그는 나를 편안하게 해주었다. 그는 도대체 영적 또는 도덕적 삶에서 상상의 대화를 왜 추방해야 하는가 반문했다. '사실일 뿐'만을 대단히 여기는 강박 관념에 사로잡힌 우리 사회가 우리의 상상력을 너무나도 철저하게 비하했고, 그래서 상상력은 이제 인간의 생각 주변에서 부루퉁하고 있는 것이 아닐까?

나는 그의 말에 확신을 얻었다. 몇 주일 안에 나는 예수님과 정기적인 상상의 대화를 계속하게 되었다. 나는 조깅을 하면서, 공원을 걸으면서, 내 연구실에 앉아서, 혹은 복음서에 있는 구절들을 읽으면서 그렇게 했다. 그러나 몇 달이 지나자 뭔가 좀 내키지 않는 느낌이 들기 시작했다. 창조적인 기도 형식 대신에 이렇게 하는 상상의 대화가 한갓 자기기만에 불과하다면 어떻게 하겠는가? 나의 영성 지도자에게 내 마음에 생긴 이런 의심을 말했는데, 그는 놀라는 기색이 없었다. 그는 조용히 말해주었다. 내가 정말로 자기기만적 상상력을 투영하고 있는가를 알아보기 위해 쓸 수 있는 가장 중요한 시험 방법은 예수님이 나에게 내가 듣기를 원하지 않는 충고를 주신 일이 있는지, 그리고 내가 원하지 않는 것을 나에게 하라고 제안하신 일이 있는지 살펴보는 거라고 했다. 예수님이 실제로 나에게 그렇게 하신 적이 있다고 말하자 그는 빙그레 웃었다. 나는 그의 의도를 파악할 수 있었다. 여러 해가 지났지만 나는 아직도 나사렛 출신 랍비와 상상의 대화를 계속하고 있다. 이것이 내가 하는 명상의 가장 중요한 형식이 되었다.

내가 영성 지도자를 찾은 것은 사실 개인적인 이유에서였다. 그러나 어느 하루 나는 매우 중요한 연결 고리를 만들었다. 나는 보통 그와 월요일 오후에 약속을 해서 만났다. 한편 전체 강의는 화요일과 목요일에 있었고, 분반 토의는 수요일에 있었다. 내 삶의 이 두 가지 부면이 점차 합쳐지기 시작했다. 나는 우리가 젊은이들에게 윤리적 문제에 대해 생각하는 법을 가르치려 할 때, 그리고 우리 스스로도 배우려 할 때 상상력을 재활성화하는 것이 절대적으로 중요하다는 사실을 깨닫기 시작했다. 그러나 내가 가장 어려운 딜레마에 봉착하게 된 것은 바로 이 점에서였다. 내 학생들은 한 가지 색깔이나 성향이 아니었다. 내가 윤리적 사유와 상상력 사이의 힘 있는 결합을 이 학생들에게 맞게 적용할 길이 있을까?

나는 성 이그나티우스 로욜라의 《영성 수련》과 거기에 대한 몇 가지 주석을 읽기로 작정했다. 이는 나의 영성 지도자가 제안한 것이 아니었다. 그래서 내가 여기에 대해 말하자 그는 어깨를 들썩하고 의심스러운 듯한 표정을 지었다. 곧 그 이유를 알 수 있었다. 읽기를 시작하자마자 그 일을 포기하고 말았던 것이다. 《영성 수련》이나 주석서 모두가 비록 최근에 번역된 것이라 하더라도 얼마나 기괴한 신학 용어로 쓰였는지 알아듣는 것이 거의 불가능했다. 나는 이것들이 내 학생들에게 전혀 도움이 되지 않으리라 생각했다. 그러나 이런 책들의 그 화려한 수사학적 표현 밑에 뭔가 중요한 게 있는 것은 분명한 듯했다. 그러나 이런 책을 활용하려면 그 용어뿐 아니라 그 사상까지 우리 학생들이, 그리고 나 스스로가 이해할 수 있는 익숙한 어휘로 '번역'해야 한다는 사실을 절감했다. 나는 이런 작업의 결과가 이그나티우스 자신이나 아직도 그의 16세기 세계관을 가지고 살아가는 사람들이 고맙게 여길 무엇이 될 수 있을지는 회의적이었다. 그러나 적어도 나에게는 의미 있는 일이었고, 실상 내가 예수를 이해하는 방법이나 '예수와 윤리적 삶'이라는 과목을 가르치는 방법에 커다란 변화를 가져다주었다.

《영성 수련》은 성경에 나타난 예수의 지상 생애에 대해 고도로 조직적인 명상 시리즈로 이루어졌다. 4주 동안에 걸쳐 실시되는 이 훈련은 서로 다르지만 밀접하게 관계된 네 개의 프로그램으로 나누

9 마귀를 물리쳐라

어져 있다. 이그나티우스는 이런 명상의 목적이 예수님의 지상 생애 속에서 하나님의 숨은 생명을 분별해내는 거라고 주장한다. 그러나 이 책은 많은 학생에게, 특히 예수가 하나님의 수육이라는 수육의 교리를 믿지 않는 학생들에게, 내가 거의 요구하지 않는 무엇을 요구하고 있었다. 나는 수육 교리를 믿는 학생들, 믿지 않는 학생들, 그것이 도대체 뭔지도 모르는 학생들을 다 포함할 수 있는 방법으로 이 가치 있는 수련법을 제시하고 싶었다. 내가 이렇게 생각한 이유는 예수를 처음 만난 사람들이 예수를 보러 나온 것은 병 고치는 자와 가르치는 자라는 그의 재능에 끌렸기 때문이라는 것, 수육의 교리는 예수 안에 하나님의 영이 어떻게 현존하는지 묘사하는 하나의 방법으로서 이 교리는 이런 처음 만남 훨씬 후 여러 해가 지나서 발전했다는 사실 때문이다. 그래서 무슨 일이 일어날지 알지 못한 채 그대로 밀고 나갔다.[2]

그러나 장애물은 이게 끝이 아니었다. 첫 주의 수련은 무자비한 자기 검토였는데, 후에 예수회는 이 일로 유명하게 되었다. 이그나티우스는 이런 내적 자기 성찰로 시작하는 것이 나중에 올 것의 터를 준비하는 데 필요하다고 믿었다. 그러나 학생들은 윤리적 선택을 생각하는 다른 모든 사람들과 마찬가지로 선택을 하기는 해야 하지만 문제 자체는 '내 속에'가 아니라 '저 밖에' 있다고 믿었다. 학생들은 찬반을 재고, 무슨 원칙을 적용할까 곰곰이 생각하기를 원했다. 그들은 "옳은 일 '하기'를" 원했지, 자기들의 귀중한 시간을 자기들의 배꼽이나 관상하면서 낭비할 마음은 없었다.

그러나 대대적으로 간소화한 《영성 수련》 버전을 가지고 실험한 내 경험으로는 이처럼 '내 속에'와 '저 밖에'를 나누는 것이 우리가 지금 윤리적 문제를 생각할 때 저지르는 잘못 중 하나라는 확신이 들었다. 우리는 '나는 누구인가' 하는 문제를 '나는 무엇을 해야 하는가' 하는 문제와 분리하는 잘못을 범하고 있다. 이 둘은 떼어놓을 수 없는 문제들이다. 나는 《영성 수련》 주석자 중 한 명이 이 수련 방법은 도덕적 사유를 다룰 때 표준적인 논리적 접근이 줄 수 있는 것 이상을 제공한다고 주장한 말에 공감한다. 그는 이 방법이 "지적 성찰이 생각해낼 수도 없고, 열성적인 활동이 짜낼 수도 없고, 교양 있는 냉정함이 꾸며낼 수도 없는 마음과 영혼의 고요함"을 가져다준다고 지적했다.[3] 그러나 여전히 궁금한 것은 윤리적인 문제를 검토하려 할 때 직접 그 문제를 들여다보는 대신 우리 자신을 들여다보는 것에서부터 시작해야 한다는 생각이 활기 넘치는 대학생들에게 어떻게 먹혀들어갈 수 있을까였다.

놀랍게도 잘 먹혀들었다. 유대인 학생들은 유대인 신년제Rosh Hashanah와 속죄일Yom Kippur 중간에 오는 '경외의 날들' 동안에 해야 하는 자기 성찰에 대해 잘 알고 있었다. 그리스도인 학생들은 사순절에 대해 알고 있었다. 다른 학생들도 모든 노력이 스스로 하는 '윤리적 재고 정리'라 일컬어지는 것으로 시작되는 여러 가지 '12단계 프로그램' 같은 것을 경험해보았다. 또 다른 학생들은 참선이나 위파사나 같은 불교 수련에 참가해보기도 하고, 만트라를 가지고 하는 명상법도 시도해보았다. 소크라테스는 진정으로 인간다운 삶을 살기 위한 열쇠는 '네 자신을 아는 것'이라 했다. 나는 그것만으로는 충분하다고 믿지 않지만, 필요 불가결의 시작인 것만은 확실하다. 《영성 수련》을 읽으면서 나는 25년 전에 티베트 불교 스님 초감 트룽파 린포체와 나눈 대화가 기억났다. 그때 그는 나를 보고 미국인들, 특히 미국 젊은이들에게 다른 어느 것보다 더욱 절실한 일은 매일 두 시간 조용히 앉아 자신들의 생각이 어떤 과정으로 움직이는지 알아보는 거라고 했다. 그는 우리가 매일 매시간 외부에서 오는 많은 메시지에 치여 우리 자신의 내적 소리에 귀 기울일 능력을 상실했다고 했고, 나는 그 말이 바른말이라고 생각한다. 이그나티우스는 그에 앞선 일종의 구루였던 셈이다.

그러나 영성 수련 첫째 주일 프로그램에는 나를 어리둥절하게 하는 다른 요소들도 있었다. 예를 들어 이 수련에 참여하는 사람들은 자기 검토를 시작할 때 먼저 '천사들의 죄'에 대해 생각하고, 그 후 '첫 부모들의 죄'에 대해 성찰하고, 그런 후에 비로소 각자 자기들의 개인적 양심을 살펴보라고 했다. 다시 나는 거의 포기할 뻔했다. 내 학생들은 말할 것도 없고, 나 스스로도 어찌 이런 말을 이해할 수 있단 말인가? 물론 어떤 특별한 종류의 천사들은 요즘 노래나 텔레비전에서 인기를 누리고 있다. 그러나 이런 천사들은 대부분 웃기는 역을 하는 우스꽝스러운 존재로 등장하는 것이 보통이다. 우리들의 신화적 부모 아담과 하와의 죄라는 것도 그리 의미 있는 것이 못 된다. 어차피 괴롭겠지만 왜 직접 나 자신의 양심을 살펴보는 일로 곧바로 들어가지 않는단 말인가?

다시 한번 나는 비록 내가 그것을 '번역'해야 하기는 하지만 이그나티우스의 가르침에는 참된 지혜가 있음을 발견하게 되었다. 요즘의 성서 신학자들이나 조직 신학자들은 고대 사람들이 선한 천사와 악한 천사에 대해 이야기할 때 그들은 사실 선악의 신비스러운 기원 문제를 가지고 자기들 나름대로의 문법에 따라 씨름한 거라고 말한다. 그들은 왜 악이 개인에게만이 아니라 문화적인 양태나 제도 속에서도 그렇게 끝까지 버티고 있는가 하는 오래된 문제를 가지고 씨름한다는 것이다. 천사들은 다신론적인 시대에 있던 신들과 반신半神들의 영적 후예들로서 각각은 자기들의 통치 영역을 가지고 있었다. 부엌, 밭, 벽난로, 잔칫상, 신혼 잠자리 등 인간사의 모든 영역을 이들이 다스린다고 믿었다. 이들은 개인의 일생 이전부터 있었고, 그 후에도 계속되는 존재들이다. 《일리아드》와 《오디세이아》의 페이지마다 잘 묘사하고 있듯이 인간들이 이런 존재들을 무시하면 위험을 당할 수밖에 없다.[4]

천사와 악마에 대한 이야기는 세상의 힘센 물살이 우리를 휩쓸어갈 수 있다는 사실을 인식한 고대인들이 이를 신화적으로 표현한 것이다. 마르크스와 프로이트는 이런 힘을 천사들이라 부르지는 않았지만 둘 다 이런 힘에 대해 잘 알고 있었다. 분명히 우리 스스로에 대하여, 그리고 우리가 당면한 선택에 대하여 생각할 때 우리는 이런 외부적 힘을 결코 무시할 수가 없다. 그래서 나는 학생들에게 자기 검토를 자신들을 살피는 것부터 하지 말고(이렇게 하는 것은 너무나도 기를 죽이는 일이라서 어떤 학생들은 바로 집어치우는 수가 있다), 문제를 좀 더 다른 각도에서 살피라고 충고했다. 차분하게 앉아 "이 문제는 어디에서 온 것인가?" "그것은 내 삶에서 어떻게 나타나게 되었는가?" 등의 질문을 조심스럽게 고려해보는 것이 좋다고 말한다. 요즘은 그냥 지나가는 문제들이 옛날에는 그렇지 않았다. 나나 그 누구에게 어느 문제가 문제이게끔 해주는 제도적 양태는 무엇인가? 이런 질문을 하게 되면 이른바 '윤리적 문제의 사회 고고학'이라는 답사 여행을 가는 것과 같다. 나는 천사라는 용어를 쓰지 않았지만, 여러 가지 사정을 고려했을 때, 이그나티우스도 이해하고 승인해주리라 믿는다.

'첫 부모들의 죄'에 관한 한, 번역하기가 그렇게 어렵지 않았다. 사람들은 매우 오랜 기간 좋은 선택도 하고 나쁜 선택도 해오고 있는데, 그런 선택의 잔재가 아직도 우리에게, 그리고 우리 안에 남아 있다. 학생들은 이미 자기들이 내려야 할 결단에 대해 생각할 때 즐겨 "내 출신 배경이 뭔가?" 하는 질문을 해왔다. 이 말은 자기들의 가정 배경, 인종적 전통, 자기 부모의 영향력에 대한 기억 등을 의미했다. 완전히 그런 것은 아니지만, 상당 부분 이런 요인들이 그들의 정체성과 출신 배경을 만들어주었다. 이런 출신 배경을 상기하는 것은 소중한 일이다. 흔히 희미하게 기억되는 요인들을 분명히 하는 데 도움이 되기 때문이다. 또 이런 배경을 조직적으로 생각하여 우리는 일종의 거리감을 가지고 바라볼 수도 있다. 이렇게 되면 우리는 우리의 출신 배경에 책임이 있는 사람들에게 전적으로 책임을 전가하는 대신 우리 스스로 우리의 결단에 책임을 지게 된다.

천사들과 첫 부모들의 죄를 살피는 일을 마치면, 우리는 성 이그나티우스가 처방한 다음 단계, 곧 우리 자신의 개인적 양심을 살피는 것으로 올라갈 준비가 된 셈이다. 여기서 그가 강조하는 중심적 모티프는 십자가에 못 박히는 것이다. 다시 어떤 학생들은 이그나티우스가 권고한 것처럼 자기들이 십자가에 달리신 예수님과 대화하는 모습을 상상하게 된다. 그러나 나는 학생들에게 이그나티우스가 그림 그리듯 또렷하게 말하려고 한 것, 곧 '옳은 일을 하는 것'은 대부분 비싼 값을 요구한다는 것을 분명히 이해하도록 도와주어야만 했다. 옳은 일을 하는 것은 나나 내 주위 사람에게는 고통스러운 일일 수 있다. 그뤼네발트의 그림 〈이센하임의 제단화〉와 같이 예수의 십자가 처형 장면을 그린 위대한 그림들은 십자가 위에서 고통을 당하는 사람이 그리스도 자신뿐이 아니라는 사실을 보여준다. 그의 친구들과 가족들과 제자들도 고통을 겪고 있는데, 예수는 자기가 이런 결정을 하면 그들이 이처럼 고통당할 것을 알았을 것이다. 이를 많은 학생이 받아들이기 어려워한다. 학생들은 내가 이름 지은 '후회 없는 결단re-gret free decision'을 찾고 있었다. 그들은 아무도 아파하거나 기분 나빠하지 않을 선택, 어느 학생이 지적한 것처럼 '모두에게 이익이 되는' 그런 선택을 할 수 있기를 원했다.

나는 그들에게 행운을 빌었다. 그러나 그들의 삶에서 그런 결정은 그리 많지 않을 거라는 이야기도 해주었다. 많은 학생들은 이런 예상을 결코 좋아하지 않았다. 미국 역사를 전공하던 한 학생이 내게 말했다. 해리 트루먼 대통령이 히로시마에 원자 폭탄을 투하하기로 결정을 내리던 날 밤 그는 잠자리에 들어 "갓난아기처럼 잘 잤다"고 했다는 이야기를 읽은 적이 있다는 것이다. 나는 그에게 그건 사실이 아니길 바란다고 했다. 트루먼 대통령의 결정이 옳았느냐 글렀느냐 하는 문제는 논외로 하고(맥아더와 아이젠하워는 모두 그 결정이 글렀다고 생각했다), 트루먼은 그가 자는 동안 그의 결정이 멀리 떨어져 있는 도시에 사는 몇십만 무고한 여자들과 어린아이들을 재로 만들

거라는 사실은 알고 있었다. 우리는 우리가 내리는 선택에 대해 마음을 편하게 가질 수는 있어도, 이런 선택이 다른 사람들에게 고통, 흔히 엄청난 고통을 준다는 사실을 알아야 한다.

결정을 내리는 일이 얼마나 고통스러운가 하는 문제는 윤리적 사유를 논할 때 그렇게 중요하게 다루지 않는다. 위대한 윤리 철학자들의 저술을 읽어보면 그들은 주로 복잡한 논리적 곤경을 해결하는 방법에 신경을 쓰는 것 같다. 그들은 고뇌가 얼마나 큰가 하는 문제는 별로 언급하지 않는다. 거기에는 십자가의 고통 같은 것이 없다. 그러나 실제 세계에서 내리는 결정에는 어쩔 수 없이 아픔이 따른다. 물론 단순히 살갗을 두껍게 하는 것으로 이런 아픔에 아랑곳하지 않고 사는 법을 배운 사람들도 있다. 그러나 이런 사람들도 그들의 철면피에 대해 큰 대가를 치를 수밖에 없다. 그들은 보통 윤리적 결단이 가져다주는 다른 사람들의 아픔을 느낄 수 있는 능력을 상실하고 말기 때문이다.

그러나 이그나티우스가 십자가 장면에만 머물러 있지는 않는다. 그는 우리에게 목자들, 마리아와 요셉, 아기 예수 그리스도와 함께 마구간에 있는 우리 스스로를 상상하라고 한다. 영성 수련의 기간이 지나면서 그는 우리의 상상력을 동원하여 예수가 설교하고 가르쳤던 "회당과 도성과 마을에" 가, 그와 함께 "먼지 나는 길을 걷고", 마치 우리가 실제로 거기 있었던 것처럼 그 장면을 직접 "냄새 맡고 맛보라"고 권장한다. 이것을 읽는 사람이라면 유대인의 유월절 만찬의 공식 목적을 떠올릴 수밖에 없다. 유대인의 유월절 만찬은 참석한 모든 사람 하나하나가 출애굽 사건 때 이집트에서 모세와 함께 정말로 만찬을 하고 있는 것처럼 느끼게 하는 것이 목적이다. 이 모든 것이 윤리적 사유에서 상상력을 배제한다는 것은 상상력을 훼손하고, 결국에는 무력화하는 거라는 확신을 더욱 굳건하게 했다.

예수의 시험에 관한 이야기는 경고로 끝을 맺는다. 악마가 예수를 시험하는 것이 끝나고 그를 떠났다고 했다. 그러나 완전히 떠난 것은 아니다. 악마는 '호기가 이를 때까지만' 잠정적으로 떠났을 뿐이다. 시험 혹은 유혹이란 한 번 떠나면 다시 오지 않는 그런 것이 아니다. 모든 것의 결말을 좌지우지하려는 마음, 모든 영광을 독차지하겠다는 열망, 가만히 앉아서 기다리기만 하면 된다는 생각, 이 모든 것은 일생을 두고 끊임없이 우리를 공격하는 충동이다. 시험 혹은 유혹은 언제나 우리가 함께 살아갈 방법을 배워야 할 무엇이다. 예수도 광야에서 돌아온 후, 고향을 방문하여 논란 많은 자신의 공생애를 시작했다.

10 캠페인이 시작되다

예수께서 성령의 능력을 입고 갈릴리로 돌아오셨다. 예수의 소문이 사방의 온 지역에 두루 퍼졌다. 그는 유대 사람의 여러 회당에서 가르치셨으며, 모든 사람에게서 영광을 받으셨다. 예수께서는, 자기가 자라나신 나사렛에 오셔서, 늘 하시던 대로 안식일에 회당에 들어가셨다. 그는 성경을 읽으려고 일어서서 예언자 이사야의 두루마리를 건네받아서, 그것을 펴시어, 이런 말씀이 있는 데를 찾으셨다.

"주님의 영이 내게 내리셨다.

주님께서 내게 기름을 부으셔서,

가난한 사람에게 기쁜 소식을 전하게 하셨다.

주님께서 나를 보내셔서,

포로된 사람들에게 해방을 선포하고,

눈먼 사람들에게 눈뜸을 선포하고,

억눌린 사람들을 풀어주고,

주님의 은혜의 해를 선포하게 하셨다."

예수께서 두루마리를 말아서, 시중드는 사람에게 되돌려주시고, 앉으셨다. 회당에 있는 모든 사람의 눈은 예수께로 쏠렸다.

| 누가복음 4:14-20

예수가 '자기가 자라난' 나사렛에 간 이야기는 사람들이 말한 예수 이야기들과 예수가 말한 이야기들, 이 경우 정확하게 그가 '다시' 말한 이야기들의 경계선에 속한다. 어느 해 케네디 행정대학원에 다니는 학생이 이 이야기에는 정치적 캠페인의 특징들이 많이 포함되어 있다고 자기의 관찰을 말했다. 미국 대통령 선거에서 후보자들은 공식적인 선거 운동을 자기들 고향에 가서 연설하는 것으로 시작하는 습관이 있다. 이런 습관은 후보자들의 '위치'를 말해주며, 그들이 정말 어디 출신인지 국민들에게 확인시켜준다. 물론 거기에는 자기를 밀어줄 청중이 있을 확률도 높다. 더욱이 이러한 고향 방문은 앞으로 있을 자기 선거 운동의 기본 원칙과 선거 공약을 분명히 할 기회가 되기도 한다. 이런 모든 요인이 예수가 나사렛에 잠깐 머무르는 동안 이루어졌지만, 이 고향 방문은 선거 운동 대책 본부장이 좋아할 방향으로 이루어지지는 않았다.

누구나 예수를 '목수의 아들'이라 알고 있는 나사렛 동네를 찾아가고, 안식일과 다른 중요 절기에 부모와 함께 회당(시나고그)에 참석했을 때 예수가 무엇을 기대했는지는 알기 힘들다. 아무튼 처음에는 그의 방문이 꽤 성공적이었던 것 같다. 동네 사람들은 그를 좋아하고 그의 달변에 박수를 보냈다.[1] 그러나 그 후 뭔가 일이 지독하게 꼬이고 분위기는 무서울 정도로 바뀌었다.

예수께서 그들에게 말씀하셨다. "이 성경 말씀이 너희가 듣는 가운데서 오늘 이루어졌다." 사람들은 모두 감탄하고, 그의 입에서 나오는 그 은혜로운 말씀에 놀라서 "이 사람은 요셉의 아들이 아닌가?" 하고 말하였다. 그래서 예수께서 그들에게 말씀하셨다. "너희는 틀림없이 '의사야, 네 병이나 고쳐라' 하는 속담을 내게다 끌어 대면서, '우리가 들은 대로 당신이 가버나움에서 했다는 모든 일을, 여기 당신의 고향에서도 해보시오' 하고 말하려고 한다." 예수께서 또 말씀하셨다. "내가 진정으로 너희에게 말한다. 아무 예언자도 자기 고향에서는 환영을 받지 못한다. 내가 진정으로 너희에게 말한다. 엘리야 시대에 3년 6개월 동안 하늘이 닫혀서 온 땅에 기근이 심했을 때에, 이스라엘에 과부들이 많이 있었지만, 하나님이 엘리야를 그 많은 과부 가운데서 다른 아무에게도 보내지 않으시고, 오직 시돈에 있는 사렙다 마을의 한 과부에게만 보내셨다. 또 예언자 엘리사 시대에 이스라엘에 나병 환자가 많이 있었지만, 그들 가운데서 아무도 고침을 받지 못하고, 오직 시리아 사람 나아만만이 고침을 받았다." 회당에 모인 사람들은 이 말씀을 듣고서, 모두 화가 잔뜩 났다. 그래서 그들은 들고일어나 예수를 동네 밖으로 내쫓았다. 그들의 동네가 산 위에 있으므로, 그들은 예수를 산 벼랑까지 끌고 가서, 거기에서 밀쳐 떨어뜨리려고 하였다. 그러나 예수께서는 그들의 한 가운데를 지나서 떠나가셨다.

| 누가복음 4:21-30

청중의 분위기에서 나타난 이 극적 변화는 매우 갑작스럽게 생긴 것 같다. 예수가 성경 절을 읽고 일반적으로 하듯 거기에 주석을 붙이고 난 다음 아주 과격하다고 여겨지는 해석을 하기 위해 성경 다른 부분

172

에 있는 이야기를 상기시키자 이런 변화가 생겼다. 감탄하던 태도는 싹 가시고, 그의 말씀을 은혜롭게 생각하던 청중은 심술궂은 폭도로 돌변했다. 그들은 예수와 악수하며 "설교에 은혜 많이 받았습니다" 하는 말을 하려고 출입구로 가서 서 있었던 것이 아니다. 예수를 벼랑에서 밀쳐 떨어뜨리려고 했다. 적어도 지금까지의 표준에서 보면 전체적으로 이 설교는 성공적이지 못했고, 또 캠페인으로서도 기약할 수 없는 출발이었다. 정말 무슨 일이 일어났을까?

이것이 내가 학생들에게 다음 주일까지 생각해보라고 주는 화두였다. 보통 그들이 어떤 참고 문헌을 찾아보았는지, 또 내 짐작이지만, 그 전해 이 과목을 들은 학생들 중 어떤 학생과 이야기해보았는지에 따라 여러 가지 다른 반응을 보였다. 일반적으로 그들의 반응은 현재 진행되고 있는 학문적 토론을 반영했다. 예를 들어 어떤 학생들은 가장 엄격한 역사 비평적인 의견을 제시했다. 이런 의견에 따르면 이 장면 전체는 예수가 '자기의 백성들'에게 배척당하는 모습을 보여주어 이제 이방인들이 새로운 언약으로 들어가는 것을 정당화하기로 작정한 누가가 완전히 새롭게 창안한 이야기라는 것이다. 그래서 여기에서 예수가 읽는 것으로 묘사된 《이사야서》의 성경 절도 누가가 스스로 선택했고, 예수가 거기에 단 주석도 누가가 지었으며, 이 놀라운 대단원의 클라이맥스로 등장하는 벼랑 이야기도 그가 꾸며냈다는 것이다.

이는 다른 학생들에게 너무 엉뚱한 이야기처럼 들렸다. 다른 학생들은 예수가 실제로 나사렛으로 갔다고 하는 생각을 선호했다. 예수의 고향 방문은 구전의 일부가 되었고, 누가가 자기의 요점을 분명히 하기 위해 나중에 이 부분에 살을 붙였다고 생각했다. 예수가 정말로 성경 어디를 읽었는지, 그가 주석에서 정확히 어떤 말을 했는지, 예수를 배척하는 것이 여기 나온 것처럼 그렇게 잔인했을까 하는 등의 문제는 자신들이 알 수 있는 게 아니라고 여겼다.

또 다른 그룹의 학생들은 복음서에 나오는 이 이야기에 미심쩍은 점이 있긴 하지만 일단 액면 그대로 믿어보는 쪽을 선호했다. 비록 누가가 그때 나사렛에 없었다고 하더라도 이렇게 생생하게 표현된 사건이 완전히 조작이라고 하기는 곤란하다는 것이다. 물론 근본주의 학생들은 이 이야기의 글자 하나하나를 그대로 사실이라 받아들이는 데 아무런 문제가 없었다. 하나님이 성경 저자에게 영감을 주셨으면 절대 오류나 과장을 허용하시지 않으셨을 거라는 주장이다. 그러나 이들 중 누구도 이런 소란을 촉발시킨 것이 예수의 주석 중 정확하게 무엇인지, 그것이 역사적인 것, 옛이야기처럼 들리게 한 것, 꾸며낸 것, 그 어떤 성질의 것이었는가 하는 문제에 대해서는 설명하지 못했다.

《이사야서》에서 나온 성경 절에 대한 예수의 간단한 주석 중 두 가지 요인을 살펴보면 이 문제에 대한 답을 얻는 데 도움이 된다. 첫째는 '주의 은혜의 해'가 오늘 이루어졌다고 하는 그의 선포요, 둘째는 이 은혜의 해에 혜택을 받을 사람이 누구인가에 대한 그의 묘사였다.

학자들은 이 '은혜의 해'라는 것이 유대 율법에서 50년에 한 번씩 지키도록 규정한 '희년Jubilee Year'을 가리킨다는 데 대체로 의견 일치를 보고 있다. 그 제도는 《레위기》 첫 부분에 다음과 같이 나와 있다.

안식년을 7번 세어라. 7년이 7번이면, 안식년이 7번 지나, 49년이 끝난다. 일곱째 달 열흘날은 속죄일이니, 너희는 뿔나팔을 크게 불어라. 나팔을 불어, 너희가 사는 온 땅에 울려 퍼지게 하여라. 너희는 50년이 시작되는 이 해를 거룩한 해로 정하고, 전국의 모든 거민에게 자유를 선포하여라. 이 해는 너희가 희년으로 누릴 해이다. 이 해는 너희가 유산, 곧 분배받은 땅으로 돌아가는 해이며, 저마다 가족에게로 돌아가는 해이다. 50년이 시작되는 해는, 너희가 희년으로 지켜야 하는 해이다. 희년에는 씨를 뿌리지 말고, 저절로 자란 것을 거두어서도 안 되며, 너희가 가꾸지 않은 포도나무에서 저절로 열린 포도도 따서는 안 된다. 그 해는 희년이다. 너희는 그 한 해를 거룩하게 보내야 한다. 너희는 밭에서 난 것을 먹게 될 것이다.

| 레위기 25:8-12

이 법에 대한 더욱 상세한 규정은 뒤에 나오는 책 《신명기》에도 실려 있다.

매 7년 끝에는 빚을 면제하여주십시오. 면제 규례는 이러합니다. 누구든지 이웃에게 돈을 꾸어준 사람은 그 빚을 면제하여주십시오. 주님께서 면제를 선포하였기 때문에 이웃이나 동족에게 빚을 갚으라고 다그쳐서는 안 됩니다. 이방 사람에게 준 빚은 갚으라고 할 수 있으나, 당신들의 동족에게 준 빚은 면제해주어야 합니다. 당신들 가운데 가난한 사람이 없게 하십시오. 그러면

10 캠페인이 시작되다

주 당신들의 하나님이 당신들에게 유산으로 주어 차지하게 하시는 땅에서 당신들이 참으로 복을 받을 것입니다. 주 당신들의 하나님의 말씀을 잘 듣고, 오늘 내가 당신들에게 명한 이 모든 명령을 다 지키면, 주 당신들의 하나님이 당신들에게 말씀하신 대로 복을 내려주실 것입니다.

| 신명기 15:1-5

전체적으로 보면, 이런 제도는 일괄적인 경제적 재분배에 해당한다. 종들도 자유함을 얻고, 모든 부채와 채무도 탕감되고, 융자도 용서를 받고, 저당 잡힌 토지도 본래의 소유주에게로 돌아가고, 모든 농지까지도 1년 동안 경작하지 않은 채 놀린다. 희년 제도는 축적되는 불의의 힘을 인정하고 근본적이고 과격한 해결책을 명한다. 부자와 힘센 사람은 더욱 큰 부자가 되고 더욱더 힘센 사람이 되는 경향이 있기 때문에 정기적으로 획기적인 '뉴딜', 다시 다같이 '출발점으로 돌아가 시작'할 기회가 필요하다. '희년'을 영어로 'Jubilee Year'라 하는 것은 49년째 연말에 큰 '나팔'을 불어 그 해의 시작을 알렸는데, 히브리어로 나팔을 'Yobhel'이라 하기 때문이다.[2]

그러나 여기에는 심각한 함정이 있다. 토라에 나오는 이 법규가 정말로 실행되거나 강행된 일이 있는가? 적어도 간헐적으로 실시해 보려는 노력이 있었다는 증거는 약간 있다. 지주나 토지 대여 기관은 정기적으로 차명 계좌에 재산을 예치하고 그 충격을 피하기 위해 다른 방법을 찾아 그 여파를 줄이는 길을 찾아냈다. 그러나 예수 당시 희년, 혹은 '주의 은혜의 해'는 하나의 이상으로 받들 뿐, 정책으로 실천하지 않고 있었다. 성스러운 사람들이 듣고 공부하는 성스러운 책에 있을 뿐, 실제로는 법적 구속력이 없는 죽은 글자에 불과했다.

예수가 나사렛 사람들에게 '주의 은혜의 해'를 실제로 선포한다고 고지했을 때 그는 두 가지 측면에서 그들의 화를 불러일으켰다. 첫째, 회당에 있던 대부분의 사람은 희년이 강행되지 않고 하나의 이상으로만 남아 있기를 원했다. 예수는 그때 이미 감당할 수 없는 빚에 쪼들리던 가난한 사람들, 자기 땅이 없는 농사꾼들을 자기에게로 많이 끌어모았다. 그런 사람들은 말할 것도 없이 희년을 실시하면 크게 혜택을 받을 수 있는 사람들이었다. 그러나 그런 사람들은 회당에 있던 높은 사람들이 아니었다. 그들은 길거리나 밭에서 만나 이야기 나눈 사람들이었다.

그리고 그가 누구길래 스스로 희년을 선포한단 말인가? 어떻게 이 떠돌이 병 고치는 이, 정처 없는 랍비가 이런 엄청난 일을 할 권위를 가질 수 있었을까? 이론적으로 대제사장만이 해를 계산하고 49년째 되는 해, 안식일 중 안식일에 나팔을 불게 할 수 있다. 아무리 신경이 무딘 청중이라 하더라도 예수가 기득권 종교 엘리트의 권위에 도전한다는 사실을 감지할 수 있었다. 그는 그 권위를 자기 손에 넣으려 한 것이다. 극히 도발적인 행위였다. 만약 예루살렘에서 이런 말을 했다면 살아남기 어려웠겠지만, 갈릴리 시골 골짝에서도 그런 말은 역시 도전적이고 위험했다.

그러나 누가의 기록은 예수가 이런 용감한 주장을 하고 난 후에도, 비록 일부는 이미 수군거리기 시작했지만 청중 대다수는 여전히 그를 좋아했다고 전한다. 그 후 예수는 이런 사람들마저도 그냥 지나

10 캠페인이 시작되나

칠 수 없는 일을 했다. 아마 이런 희년의 선포로 혜택을 누릴 사람들이 누구인가를 보여주기 위해서였는지, 그는 청중에게 성서에서 나오는 두 가지 이야기를 상기시킨다.

첫째 이야기는 《열왕기상》 17:1-24에 나오는 예언자 엘리야 이야기다. 여기에 보면 유대 땅에 가뭄과 흉년이 들었다고 한다. 엘리야도 고생을 하는데, 하나님이 그를 시돈 땅에 있는 사렙다로 가라고 했다. 하나님은 그곳에 그를 돌볼 과부를 준비해두셨다고 했다. 분명 이 과부는 이스라엘 여인이 아니었다. 엘리야는 그리로 가 그 여인의 보살핌을 받았다. 그러나 그들 사이에 약간의 긴장이 생겼다. 과부의 아들이 병들어 죽어가자, 그 여인은 엘리야 때문에 집안에 이런 불운이 닥쳤다고 했다. 그러나 엘리야는 아들이 죽어가고 있는 방으로 가 하나님께 기도하고 그 아이를 고쳐준다. 아이가 회복되고 엘리야와 과부의 사이도 다시 좋아졌다.

다음 예수는 시리아 사람 나아만이라는 또 다른 이방인을 도와준 또 하나의 예언자 엘리사의 이야기를 끌어온다. 이 이야기는 더욱 괄목할 만하다. 나아만은 그냥 비이스라엘 사람이 아니라 이스라엘을 성공적으로 공략한 적군의 대장이요, 어느 침략 전쟁에서는 이스라엘 소녀를 잡아가 자기 부인의 하녀로 삼은 사람이기도 하다. 그야말로 어느 주의 깊은 법대생이 묘하게 지적한 것과 같이 어린이를 유괴하여 주 경계를 넘는 것을 사형이라고 규정한 '린드버그 법'의 명백한 위반이다. 이런 사람보다 이스라엘 사람에게 더 큰 미움을 받는 사람을 상상하기란 어려울 지경이다.

나아만은 높은 지위를 가지고 있었지만 나병을 앓고 있었다. 그의 여종이 그에게 엘리사를 만나보라고 했다. 그 여종의 말을 듣고 엘리사를 만나 그가 하라는 대로 강에서 목욕을 하는데, 어느 강에서 할까 약간 논쟁하다가 결국 요단강으로 가서 몸을 씻고 나음을 받아 이스라엘의 하나님을 찬양하며 고향으로 돌아갔다는 이야기다.

이것이 결정적인 순간이었다. "회당에 모인 사람들은 이 말씀을 듣고서, 모두 화가 잔뜩 났다." 그래서 그들은 들고일어나 자기 동네 출신 젊은이 예수에게 달려들어 그를 끌고 "산 벼랑까지" 가서, 거기에서 "밀쳐 떨어뜨리려고 하였다". 그러나 예수는 어찌어찌 거기를 피하여 그 가까이에 있는 가버나움으로 향했다.

나는 내 강의에 들어오는 많은 유대인 학생들이 이 이야기를 읽고 어떻게 생각할지 가끔 궁금했다. 유대인 학생들 중에 이 이야기를 좋지 않게 생각하는 학생은 거의 없었다. 유대인의 종교 전통을 잘 아는 학생들은 이 이야기가 얼마나 '유대적'인지 알 수 있다고 했다. 여기에는 랍비가 등장하고, 회당이 나오고, 예언자에 대한 해석이 있고, 그의 해석 때문에 회중의 몇 사람에게 비난받는 것 등, 이상할 점이 전혀 없다고 봤다. 유대교 전통에 별로 익숙하지 않은 학생들은 예수가 유대교가 가지고 있던 정의에 대한 열정을 이방인들에게까지 확대하길 원했다는 것은 전적으로 잘한 일이라 생각했다. 익히 알려진 구분을 원용해서, 두 쪽 다 자기들에게 문제가 되는 것은 "예수'의' 종교"가 아니라 "예수에 '대한' 종교"라고 했다.

이 구분은 오랫동안 유포되어왔지만, 전적으로 타당하다고 확신할 수는 없다. 앞으로 보겠지만, 예수는 자신을 자기 메시지의 중심으로 삼는다. 그럼에도 어느 면에서는 유대인 학생들이 이 이야기를 읽는 방식이 나에게 그럴듯하게 보이기도 한다. 이 이야기에 사실과 상상력이 어느 정도로 섞여 있는지는 모르겠지만 다른 자료에서 랍비 예수에 대해 우리가 얻을 수 있는 모든 내용과 부합한다.

다시 한번 예수는 자기 민족의 종교 전통에서 벗어나지 않은 이로 묘사되어 있다. 여기서 그는 그리스도인들이 좋아하듯, 스스로 예언자들의 전통에 입각한 인물로 나올 뿐 아니라, 그리스도인들이 '너무 율법주의적'이라 좋지 않게 보는 《레위기》에서 나오는 희년을 들먹이고 있다. 그뿐 아니라 《열왕기》에 나오는 이야기들을 창의적으로 사용하기도 한다. 그러나 그가 말하는 것은 결코 애매모호하지 않다. 이런 성경 구절들에 나오는 하나님의 통치 비전이 이제 아득한 유토피아만이 아니라는 것이다. 그것은 사람들이 이제 실생활에서 가지고 살아갈 수 있는 무엇이었다. 이런 새로운 사물의 질서가 주는 축복이 이방인들에게도, 심지어 하나님 백성들의 원수라고 여기던 열방에까지 흘러갈 거라는 그의 주장은 유대 전통에서 결코 이질적인 생각이 아니었다.

여기에서 우리는 과도기를 본다. 이 성경 구절은 예수가 행한 일을 묘사하면서 시작한다. 그러고는 그가 직접 한 말을 소개한다. 그리고 그 말들 때문에 겪은 어려움으로 끝을 맺는다. 이는 모든 요소가 일종의 '미니 복음서'다. 이제 우리는 예수가 직접 한 이야기들 중 얼마를 알아볼 준비가 되었다.

II

그가
들려준
이야기들

11 예수는 자기 백성들의 이야기를 되풀이했다

그랜드 피아노를 10층 양복장과 관들로 운반하는 이들
나무 한 단을 들고 지평선 너머로 절룩이며 가는 할아버지
쐐기풀 혹불을 달고 있는 할머니
빈 보드카 병으로 가득한 유모차를 밀고 있는 광인
이들은 모두 일어나게 되리라
갈매기의 깃털처럼 마른 잎처럼
길거리 신문지의 계란껍질처럼

운반하는 이들은 복이 있나니
저들은 일으킴을 받으리라.
| 안나 카미엔스카, 〈운반하는 자들〉[1]

예수께서 무리를 보시고, 산에 올라가 앉으시니, 제자들이 그에
게 나아왔다. 예수께서 입을 열어서 그들을 가르치셨다.
| 마태복음 5:1-2

이를 일반적으로 '산상 수훈'이라 부르는데, 신약 성경에서 예수의

가르침 중 단일 종목으로 가장 긴 부분이다.《마태복음》에는 이 부분이 세 장이나 된다. 우리도 이 장과 이다음에 나오는 두 장을 할애해서 여기에 대해 생각해보고자 한다. 거의 예외 없이 내 학생들 중 가장 종교적으로 문맹인 학생들조차도 강의 시간에 산상 수훈을 토의하기 전 적어도 산상 수훈에 대해 들어는 본 적이 있었다. 한번은 학생들에게 산상 수훈 중 아는 구절을 외워볼 수 있겠느냐고 했더니, 외우는 학생들도 더러 있었다. "다른 뺨을 돌려 대라"든지 "원수를 사랑하라", "가난한 사람은 복이 있나니" 같은 구절을 들어는 보았다는 것이다. 하지만 대부분의 학생은 이런 친숙한 구절의 맥락은 알지 못했고, 산상 수훈이 예수의 삶과 가르침의 다른 부분과 어떻게 연관되는지도 전혀 알지 못했다.

그러나 나는 언제나 이 문제를 다룰 때마다 일종의 기대감을 가졌다. 비록 예수가 물 위를 걸었다든지, 물을 포도주로 만들었다든지 등의 복음서 다른 부분을 어떻게 이해해야 할지 난감해하는 학생들이라도 최소한 산상 수훈에서만은 예수의 '윤리적' 가르침의 핵심에 도달하리라 기대했고, 또 그것이 이 수업의 목적이 아니던가? 그러나 학생들의 큰 기대와 달리 실제로는 학생들이 여기서 발견한 것에 다소 실망감을 느끼며 끝나는 것 아닌가 하는 생각이 들었다. 내가 잘못 가르친 걸까?

그러나 해가 지나면서 나는 그들이 실망하는 것은 예수의 말씀이 아니라는 것을 알게 되었다. 예수의 말씀을 기술하는 데 그들은 자기들이 잘 쓰는 말들 중 하나인 'awesome기막히다'이라는 말을 쓰기까지 했다. 자기 식구들이 도쿄에서 절을 운영하고 있다는 한 일본 학생은 내게 와서, 산상 수훈을 처음 읽었는데 자신이 읽은 가장 아름다운 것들 중 하나라고 말했다. 학생들을 괴롭히는 것은 예수의 말씀이 자신들은 거의 도달할 수 없는 수준이라는 사실에서 기인했다. 그들이 사는 이 세상이 예수의 말을 삶 속에 적용하기 어렵도록, 심지어는 불가능하도록 만드는 것이 아닌가 하는 회의적 생각 때문이었다. 이는 예수와 우리 사이에 단순히 시간적인 거리뿐만 아니라 또 다른 어떤 거리가 있음을 생생하게 상기시켜주었다. 그러나 나는 동시에 이런 것이 귀중한 통찰임을 인정했다. 학생들은 산상 수훈이 개인들이 실천할 윤리 강령이 아니라 공동체를 위한 거라는 것을 감지했다. 일종의 편리한 윤리 안내서쯤으로 여겨 예수의 다른 이야기들 위로 받들어 모실 수 있는 것도 아니다. 그렇다면 산상 수훈은 도대체 무엇인가?

요약하면, 산상 수훈은 예수가 곧 임하리라고 믿은 하나님의 나라, 하나님의 다스림이 완전히 오게 되면 사람들이 어떻게 살게 될까 묘사한 것이다. 그러나 또한 그때나 지금이나 그의 말을 듣는 사람들에게 더 기다리지 말고 마치 그때가 이미 온 것처럼 살기 시작하라는 예수의 초대이기도 하다. 이는 그 이전 히브리 예언자들이 암시한 비전에 대한 예수 자신의 버전이기도 하다. 그러나 결코 허황된 백일몽은 아니었다. 그는 그것이 꼭 어느 먼 장래에 임할 무엇이 아니라고 끊임없이 주장했다. 비록 조금씩이지만 지금 여기에서 나타나고 있다는 것이다. 예수는 그의 말을 듣는 사람들이 하나님의 다스림을 기다리면서 기도나 할 것이 아니라(물론 예수도 그들에게 기도를 가르치기는 했지만), 최선을 다해 지금 당장 그 속에서 살기 시작하기를 원했다.

이는 옛이야기를 근본적으로 새롭게 뒤집어서 가르친 것이다.

여러 세기를 거쳐 이스라엘 사람들은 한 가지 이야기를 했다. 그들은 그 이야기를 자신들'에게' 했고 또 자신들에 '대해서'도 했다. 그들은 이야기를 꼬거나 달리해서 했고, 거기다 양념을 치기도 하고, 색깔을 칠하기도 하고, 미화하기도 했다. 하지만 본질적으로 언제나 같은 이야기였다. 하나님이 세상과 그의 백성들을 창조하셨다는 것, 그리고 백성들이 서로 사랑하고 평화스럽게 살며, 그를 찬양하고 섬기길 원하셨다는 것이다. 그러나 그 많은 백성 중 하나님은 유대인들을 택해 그들에게 특별한 사명을 주셨다는 것이다. 하나님은 유대인들이 열방의 빛이 되고, 하나님의 목적을 알리는 전령관이 되고, 하나님이 다른 모든 백성에게 바라시는 바를 보여주는 산 증인이 되길 명하셨다고 한다. 하나님은 그들이 이 책임을 성취하면 그들에게 복과 혜택을 소나기처럼 부어주시리라 약속했다는 것이다. 그러나 그들이 이 일을 하지 못하게 되자 하나님은 예언자들을 보내 그들이 누구고 무엇을 하여야 하는가 일깨워주셨는데, 유대인들이 회개하여 자신들에게 주어진 과업으로 돌아가지 않는다면 엄청난 결과를 맞게 된다는 것이다. 그러면 어느 날, 하나님의 때에, 악과 불의가 쫓겨나고 세상은 하나님이 원래 의도했던 상태로 회복되리라는 내용이었다.

하나님은 아셨다. 그리고 그의 백성들도 배워서 알았다. 그가 그들에게 지워주신 책임이 혼자서 지기에는 너무 무거운 것임을. 그러나 하나님은 언제라도 그들을 도와주시고, 그들이 잘못된 길로 나가면 다시 받아들이시고 모든 것을 다시 시작하도록 도와주실 준비를

11 예수는 자기 백성들의 이야기를 되풀이했다

하고 계시리라는 것도 약속하셨다. 하나님은 또 결국에는 모든 것이 잘되고, 어느 날엔가는 반드시 '열국' 혹은 '이방'의 다른 모든 백성이 한 가지 언약 공동체에서 이스라엘의 파트너가 되리라는 약속도 하셨다.

이것은 하나의 대서사시였다. 그 자체 안에서 몇백 가지로 제시되고 적용될 수 있는 여유를 허용하고 있었다. 이것은 이스라엘 백성들이 살육과 포로, 가끔씩이나마 있었던 안온한 기간 등, 그들이 겪었던 역사의 요동과 부침 속에서 뭔가 의미를 찾을 수 있게 하는 하나의 틀을 제공해주었다. 이스라엘 사람들은 이 이야기를 여러 가지 목소리로 이야기했다. 계절마다 찾아오는 예식이나 절기에 재현하고, 성경이나 민담을 통해 연습하고, 그들의 법과 풍속에 암호처럼 새겨 넣었다. 모두가 다 그 줄거리를 알고 있었다. 이 이야기는 그들을 하나의 민족으로 묶어주었다. 실로 이것이 없었다면 그들은 하나의 민족으로 살아남지 못했을 것이고 그들은 이 사실을 너무나 잘 알고 있었다. 그러기에 그들의 중심적인 계명 중 하나는 계속해서 이 이야기를 들려주라는 것이었고, 그것은 지금도 마찬가지다.

그러나 이렇게 큰 무게를 가진 설화지만 때를 따라 고쳐지고 새롭게 되어야 할 필요가 있었다. 사물은 모두 변한다. 비록 이스라엘 백성에게 승리란 미미했고 패배란 엄청나게 컸지만 새로운 승리와 새로운 패배가 줄지어 일어났다. 그때마다 그 이야기를 확대하고, 새롭게 재해석하고, 새롭게 자아낼 수밖에 없었다. 성경을 묘사하는 최선의 방법은 이 한 가지 밑에 깔린 이야기에 대한 여러 가지 버전을 모아놓은 거대한 편집물이라 할 수도 있을 것이다. 이 이야기는 마치 계속 쿵쿵 울리는 베이스 저음처럼 여러 가지 변조를 통해서도 계속되었다.

　나사렛 랍비 예수는 다른 모든 사람과 마찬가지로 그 이야기를 잘 알고 있었다. 그는 이 이야기를 들으면서 자랐다. 장성했을 때 그는 그 시간이, 과거 다른 개정판에서 여러 번 왔다고 생각했듯이, 이제 정말로 왔다고 믿었다. 그 비참한 역사적 순간이 그런 시간의 도래를 요구하고 있었다. 무자비한 로마의 식민지 정책은 그 백성들에게서 그들의 위엄을 앗아갔다. 제사장들의 부패는 사람들을 분노하게 했다. 그 시대의 추하고 절망적 상황에 그 옛이야기의 신뢰성을 절감하기 시작하고 있었다. 백성들을 하나로 묶는 대신 상호 갈등과 적의의 원천이 되었다. 더욱이 다른 이야기들이 홍수처럼 밀려왔다. 동방에서 오는 무역상들은 그들의 무역선과 낙타 캐러밴에다 그쪽 구세주에 관한 이야기들을 싣고 왔다. 로마 군대들은 그들의 휘장에다 신이라 믿는 로마 황제의 상징들을 붙이고 있었다. 떠돌아다니던 스승들은 헬레니즘의 사해동포주의적 철학에 관한 교훈을 가지고 들어왔다. 이런 식으로 불협화음을 내는 뒤죽박죽의 상황은 혼란과 절망을 가져다주었다. 이스라엘 백성들은 그 옛이야기를 그들이 살고 있던 당혹스러운 시대에 적절한 새로운 방법으로 다시 들을 필요가 있었다.

　예수는 이런 엄청난 과업을 맡은 분이었다. 《마태복음》은 그 가장 중요한 부분 중 하나에서 예수가 어느 날 산꼭대기로 올라가 앉아서(랍비가 가르칠 때 취하던 전통적 자세) 가르쳤다고 보고하고 있다. 그 이후 석 장에 나오는 것이 이른바 '산상 수훈'이다. 이것은 인류 역사상 가장 찬란하고, 가장 많이 인용되고, 가장 많이 분석되고, 가장 많은 논쟁의 대상이 되고, 가장 영향력이 큰 윤리적, 종교적 담론이 되었다. 이런 말은 과장처럼 들릴지 모르지만 결코 과장이 아니다. 예수는 여기저기 기회 닿는 대로 그 옛이야기를 그의 새로운 방식으로 이야기해주었다. 그러나 이 팔레스타인 산 위에서 그는 가장 순서 있고 체계적인 방식을 가지고 이야기했다. 그 이야기는 그의 제5교향곡이요, 그의 모나리자요, 그의 최대 걸작이다.

산상 수훈은 가장 웅변적이요 용감했던 랍비 예수의 면을 보여주기도 한다. 그의 말들은 단순하고 명백했다. 그럼에도 세기가 지나면서 수많은 해석가가 서로 모순되는 해석을 가지고 엎치락뒤치락하는 일을 예방하지는 못했다. 토마스 아퀴나스는 이를 소수 정예만을 위해 의도된 '완전의 권고counsels of perfection'라 불렀고, 임마누엘 칸트는 윤리적 절대명령의 결정이라 보았고, 예수의 지상 생애를 묘사하려 한 19세기 전기 작가 에른스트 르낭Ernst Renan은 목가적 환상이라고 각하하고, 레프 톨스토이는 문자 그대로 다 따라야 할 그리스도의 법이라 주장하고, 마하트마 간디는 자기의 사탸그라하(진리파지)를 위한 영감의 원천이라 보았다. 물론 앞으로도 더 많은 해석이 있을 것이다.

유대인이라면《마태복음》에 나오는 이 이야기를 읽거나 듣고 그것이 명백하게 의도한 평행성을 놓칠 수가 없을 것이다. '산'이라는 말은 곧 모세와 그가 시내산에서 받은 십계명을 떠올리게 할 것이다. 사실 많은 종교 전통에서 산이란 지혜의 스승들이 자기들의 가르침을 전하는 장소로 나와 있다. 중앙아메리카 아즈텍 사람들은 자기들 주변을 싸고 있는 산을 본떠 신전을 고안했고, 일본 후지산은 일본에서 가장 신령한 곳이며, 붓다도 그의 가장 잊지 못할 설법 중 하나를 영취산靈鷲山, 독수리산에서 했다.

마태는 나사렛 랍비 예수가 산꼭대기로 올라가, 앉아, 그의 가르침을 시작했다고 말해준다. 그러나 많은 사람이 알고 싶어 하는 다른 한 가지는 침묵하고 있다. 그의 말을 듣는 사람들이 누구였는가 하는 문제다. 그의 제자들뿐이었을까? 예수가 어디를 가든 따라다니기 시작한, 농토도 없고 풀도 죽은 그 일반 대중이었을까? 학자들은 이 문제에 대해 의견이 각각이다. 전설에서는 붓다가 영취산에서 설법할 때 이 세상에 사는 사람들뿐 아니라 그전에 살았고 앞으로 살 사람들도 모두 모였다고 한다. 그러나 예수의 말을 들으려고 온 사람들이 누구였는지 아는 것은 그렇게 중요한 일이 아니었던 모양이다. 거기에 누가 있었든 그가 말한 말씀이 그 후 지금까지 계속 울려, 육대주로 퍼져나갔다. 또 하나의 전설을 믿을 수 있다면 성 프란치스코와 함께 동물의 세계에까지 이르기도 했다.

산상 수훈은 일반적으로 '팔복'이라고 불리는 것으로 시작한다. 예수는 자신의 말을 듣는 사람들 중 적어도 일부는 하나님의 은총을 받아 '앞으로' 복을 받을 뿐만 아니라 '이미' 복을 받았다고 확신시켜주었다. 그들에게 이것이 바로 '복된 소식'이었다.

마음이 가난한 사람은 복이 있다. 하늘나라가 그들의 것이다.
슬퍼하는 사람은 복이 있다. 하나님이 그들을 위로하실 것이다.
온유한 사람은 복이 있다. 그들이 땅을 차지할 것이다.

11 예수는 자기 백성들의 이야기를 되풀이했다

의에 주리고 목마른 사람은 복이 있다. 그들이 배부를 것이다.

자비한 사람은 복이 있다. 하나님이 그들을 자비롭게 대하실 것이다.

마음이 깨끗한 사람은 복이 있다. 그들이 하나님을 볼 것이다.

평화를 이루는 사람은 복이 있다. 하나님이 그들을 자녀라고 부르실 것이다.

의를 위하여 박해를 받은 사람은 복이 있다. 하늘나라가 그들의 것이다.

| 마태복음 5:3-10

이것은 실로 좋은 소식이다. 그러나 나쁜 소식도 있다. 《누가복음》이 같은 가르침을 보고하고 있듯, 거기에는 복도 있지만 화, 혹은 저주도 있다.

그러나 너희, 부요한 사람들은 화가 있다.

너희가 너희의 위안을 받고 있기 때문이다.

너희, 지금 배부른 사람들은 화가 있다.

너희가 굶주리게 될 것이기 때문이다.

너희, 지금 웃는 사람들은 화가 있다.

너희가 슬퍼하며 울 것이기 때문이다.

모든 사람이 너희를 좋게 말할 때에, 너희는 화가 있다.

그들의 조상이 거짓 예언자들에게 그와 같이 행하였다.

| 누가복음 6:24-26

어려서 주일 학교에 다닐 때 나는 어린이날 성경 대회에 나가기 위해 팔복을 외웠다. 짧아서 외우기가 쉬웠다. 내가 앵무새처럼 외우니 어른들이 모두 미소를 띠며 좋아했다. 그러나 무슨 일인지 주일 학교에서 그 복과 함께 나오는 화에 대해서는 들어본 적이 없었다. 내가 만약 피아노 옆 그 조그만 무대에서 말쑥한 옷을 입고 "너희, 부요한 사람들은 화가 있다"고 하거나 "모든 사람이 너희를 좋게 말할 때에, 너희는 화가 있다" 하는 말을 외웠다면 내 부모나 다른 어른들이 이와 같이 미소를 띠며 좋아했을 것 같지는 않다. 그들은 예수가 정말 이런 말을 했으리라 한 번이라도 생각해본 적이 없었을 것이다. 지금도 많은 그리스도인이 그런 사실을 모르고 있기는 마찬가지다. '화가 있다'라든가 '화 있을진저' 하는 것은 주일 학교 교재에도 나타나지 않고, 설교의 본문으로 채택되는 일도 거의 없다. 그러나 "부한 사람들을 빈손으로 떠나보내셨습니다"고 하는 〈마리아의 찬가〉나, 예수가 나사렛에서 가난한 사람들의 해방을 강조하면서 널리 외친 그의 선언에 친숙하게 되면, '화 있을진저'는 그렇게 큰 놀라움으로 다가오지 않을 것이다.

《누가복음》에 기록된 버전에는 "마음이 가난한 사람"이라는 말이 나오지 않고 단순히 "가난한 사람이 복이 있다"라고 되어 있다. 오랜 세월 학자들은 이런 명백한 차이에 대해 논전을 벌여왔다. 마태가 정말로, 육체적으로 못사는 사람들에 대한 하나님의 은총의 약속을 영적인 것으로 바꾸거나 희석시키려고 한 걸까? 그렇다면 그는 왜 그런 일을 했을까? 마태는 그의 복음서를 예수가 죽고 35년 후에 썼다. 자라나고 있는 예수 운동을 덜 과격해 보이게 하려고, 기득권 권

11 예수는 자기 백성들의 이야기를 되풀이했다

력자들에게 덜 위협적으로 보이게 하려고 했을까?

나는 이 두 구절의 차이가 그렇게 대단하다고 생각지 않게 되었다. '마음이 가난하다'는 것은 단념하거나 참거나 적당히 넘어가겠다는 의미가 아니다. 그것은 절망적인 것, 심지어 완전히 망가진 것을 뜻한다. 참된 가난의 가장 잔인한 면, 하루하루 입에 풀칠할 것도 없이 버티려는 것, 절망적인 상태를 두고 하는 말이다. 가난한 사람은 약하다고 느낀다. 그들은 자신들은 어쩌지 못하는 큰 힘에 종속되어 있음을 본다. 그들은 흔히 자기들이 처한 비참한 현실을 두고 스스로 거기에 책임이 있다고 생각한다. 그리스도교에 깊이 동정적인 유대인 철학자 시몬 베유Simone Weil는 1930년대 프랑스 자동차 공장에서 일한 적이 있는데, 그때 그녀는 견딜 수 없는 소음, 몸을 마비시키는 긴 노동 시간, 안전 대책의 결여 등 열악한 노동 환경을 두고 여자 노동자들이 회사 측에 책임을 묻는 대신 자기들 스스로나 서로에게 책임을 지우는 것을 보고 경악하지 않을 수 없었다고 한다. 그런 노동 환경은 그들을 일깨워 혁명을 일으키게 하는 대신 그들의 정신을 피폐하게 했다.[2] 여러 세기 동안 유대 예언자들은 하나님께서 궁핍한 자들의 신원을 풀어주시리라 약속했다. 예수도 똑같은 말을 하고 있었다. 그러나 예수 특유의 어법으로, 그 약속이 이제 작동할 시간이 이르렀다는 이야기를 한다.

슬퍼하는 사람은 복이 있다. 하나님이 그들을 위로하실 것이다.

'슬퍼하는 사람'을 향해 이야기할 때 예수는 자기들의 개인적 재난 때문에 슬퍼하고 있는 사람들을 주로 염두에 두고 한 말이 아니었다. 다시 예언자들과 마찬가지로 그는 이스라엘 백성들을 짓누르고 있고, 그들의 많은 지도자를 부패하게 하고, 그들의 생계 수단을 앗아가고, 그들의 위엄을 송두리째 빼앗아간 그 민족적 재난이 영원히 계속되지는 않을 거라고 말하고 있었다. 과거 그들의 조상들은 이집트와 바빌론의 억압 밑에서 슬퍼하고 신음했다. 이제 로마인들과 그들의 현지 하수인들이 똑같은 피해를 주고 있다. 그러나 그들의 다스림도 곧 끝이 난다는 것이다. 오만한 로마 군대는, 비록 그 휘날리는 깃발과 찬란한 군기와 함께 영원히 패배하지 않을 거라는 환상을 가지고 있었지만, 다른 강대국처럼, 그들의 아첨쟁이 주구들을 끌고 함께 멸망하게 될 거라는 이야기였다.

온유한 사람은 복이 있다. 그들이 땅을 차지할 것이다.

산상 수훈의 표준적인 영어 번역은 아직도 이 구절을 번역하는 데 'meek'라는 잘못된 낱말을 쓰고 있다. 그러나 매우 숙련된 주석가가 지적한 것과 마찬가지로, 이 낱말은 허약하거나 비열하거나 피동적이라는 뜻이 아니다.[3] 그것은 대항하지 않고, 그리하여 억압의 악순환을 영속시키지 않고, 인내심을 가지고 참는 것을 말한다. 랍비 예수가 이 말을 할 때 시편 37편을 언급하고 있었다는 것은 의문의 여지가 없다.

노여움을 버려라. 격분을 가라앉혀라.

11 예수는 자기 백성들의 이야기를 되풀이했다

안달하지 말아라.

이런 것들은 오히려 악으로 기울어질 뿐이다……

겸손한 사람들이 오히려 땅을 차지할 것이며,

그들이 크게 기뻐하면서 평화를 누릴 것이다.

| 시편 37:8, 11

그러나 예수는 그렇게 잔인한 취급을 받는 사람들을 보고 어떻게 하라고 충고하고 있는가? 워렌 카터는 다음과 같이 훌륭한 말을 했다.

"그들은 폭력적으로 악한 자들을 향해 안달하지도 말고, 그들을 닮으려고 하지도 말아야 한다. 그들은 정의를 자기 손에 들고 그들 자신의 원수를 갚으려고 해서는 안 된다. 비록 그들이 불의한 경제적 처사로 심한 타격을 받았다 하더라도 그들의 전술은 그와 다른 의로운 삶의 스타일을 살아가고, 하나님의 행사가 느리다고 생각될지라도 그의 반응을 기다려야 한다. '온유'하다는 말은 복수를 포기하고 성실함과 기대를 가지고 살아감을 뜻한다."[4]

예수는 계속해서 '의에 주리고 목마른 사람'과 '자비한 사람'과 '마음이 깨끗한 사람'을 향해 그들은 이미 봉오리처럼 아름답게 시작하는 새로운 다스림 속에서 살고 있다고 확신시킨다. 그러고 나서 비록 부드러운 말을 쓰긴 했지만 의심 많은 권력자의 귀에는 모욕으로 들렸을 구절을 삽입한다.

평화를 이루는 사람은 복이 있다. 하나님이 그들을 자기의 자녀라고 부르실 것이다.

이것은 많은 사람이, 그리고 내 강의를 듣는 학생 대부분이 전에 들어본 일이 있는 구절들 중 하나다. 그들은 예수가 "평강의 왕"이라 불린다는 것도 알고 있었고, 물론 "땅에는 평화, 사람에게는 선의" 하는 크리스마스 캐럴을 불러보거나 들어본 적도 있었다. 그러나 그들은 평화를 이루는 사람들에게 주어진다는 복이 무엇인지 알지 못했다. 예수는 정확하게 누구를 두고 한 말인가? 한번은 차를 몰고 공군 기지 앞을 지나간 일이 있는데, 거기에 걸린 표어에 "평화는 우리의 비즈니스"라는 말이 쓰여 있었다. 예수는 어떤 종류의 평화를 염두에 두고 있었을까? 평화를 이루는 사람이 되기 위해 어떤 일을 해야 하는가? 좋은 생각인 것 같지만, 매우 모호하다고 할 수 없다.

사실 예수가 그 말을 할 때는 결코 애매한 말이 아니었다. 로마의 이데올로기에 정면으로 도전하는 말이었다. 오늘에는 별로 해가 될 것 같지 않은 다른 것들과 마찬가지로 이 축복도 사실은 그의 조국을 다스리는 외국 지배자들과 그들의 국내 앞잡이들에게는 심한 조소였다. 로마 제국의 명예와 합법성을 뒷받침하는 가장 중요한 주장은 로마가, 로마 홀로, 평화를 이루는 자라는 것이었다. 로마는 신성의 지배자 로마 황제의 대범한 후원 아래 '로마의 평화pax romana'를 유지하고 있었다. 신이라 주장하던 아우구스투스 황제의 공식 칭호 중 하나가 '평화를 가져오는 이'였다. 로마 군대는 이 평화를 이루고 보장하는 사람들로, 로마 제국의 신민들은 이를 지극히 고마워하고, 이에 따라 그 엄청난 세금도 즐겨 바쳐야 한다는 것이었다. 그러므로 이런 표면적으로나마 자비로운 상태에서[5] 로마 황제가 아니라 하나님이 통치자가 되시는 새로운 제국이 건설되리라고 떠들면서 돌아다니는 이 오지 출신 랍비가 도대체 누구란 말인가? 또 로마의 군대가 아니라 그의 지리멸렬한 오합지졸을 두고 참된 평화를 이루는 사람이라 주장하는 그는 누구인가?

로마는 언제나, 물론 자신들의 '평화pax'를 유지하기 위해, 끊임없이 전쟁을 벌이면서도 평화를 논하는 기술에 능숙했다. 그들은 군대가 반역자들을 박살 내고 더욱 많은 점령지를 향해 진군하는 바로 그 순간에도 온 산천을 평화의 신전으로 뒤덮고 평화를 촉진하는 비문을 세웠다. 그러나 랍비 예수가 말하고 실천한 평화는 '팍스pax'가 아니라 '샬롬shalom'이었다. 황제의 이름으로 무자비하게 강요하는 평화가 아니라 사랑의 하나님이 길러낸 평화였다. 위에서 아래로 내려오는 평화가 아니라 아래에서 위로 올라가는 평화였다. 상류 계층의 불안한 안락함과 빼앗긴 사람들의 한 맺힌 수동성으로 특징지을 수 있는 평화가 아니었다. 예언자들이 노래하고, 그 속에서 모두가 자기 무화과나무 아래 앉아 있는, 이 땅에 더는 가난한 사람이 없는 그런 샬롬이었다. 사람들 가운데 있고, 사람들 사이에 있으며, 인간과 자연 세계 사이에 있는 평화였다.[6]

실로 어려운 비전인 것은 의심의 여지가 없다. 여러 세기 동안 해석자들이 이를 무시하는 여러 가지 방법을 찾아낸 것도 무리가 아니다. 마르틴 루터를 비롯한 많은 사람이 선호한 한 가지 방법은, 산상 수훈을 그리스도인들이 가족, 친구, 이웃과의 개인적 관계에서 어떻게 행동해야 하는지를 묘사한 거라고 가르치는 것이었다. 그러나 그 위대한 개혁자 루터는 공공 영역에 이를 적용하려는 시도는 시민 생활에 질서를 주시려고 하느님이 정하신 구조에 도전하는 거라고 주장했다. 이는 필요할 경우 검을 휘두를 수 있을 뿐만 아니라 그렇게 하도록 명령을 받은 행정관의 책임을 깎아내리는 이야기라는 것이다. 고전적인 가톨릭 반응은 '종교적 삶'을 사는 사람들은 이런 가르침에 따라 지도를 받아야 하지만 그것은 사람을 다스리는 일에나, 특히 필요할 경우 전쟁을 해야 할 때는 적용할 수 없다는 입장이었다. 그러나 이 가르침의 적용 범위를 축소하려는 모든 노력에도 팔복(그리고 화들)은 계속해서 몇백만 사람들의 고뇌하는 양심에 뭔가를 말하고 있다. 예수는 이 고상한 이상들을 공중에 매달아놓지 않았다. 산상 수훈 다음 부분에서 그는 계속해서 그의 운동과 유대인 공동체 사이, 그리고 그의 운동과 나머지 세계 사이의 적절한 관계에 대해 밑그림을 그린다.

12 소금과 등잔

너희는 세상의 소금이다. 소금이 짠맛을 잃으면, 무엇으로 그 짠
맛을 되찾게 하겠느냐? 짠맛을 잃은 소금은 아무데도 쓸 데가 없
으므로, 바깥에 내버려서 사람들이 짓밟을 뿐이다.
너희는 세상의 빛이다. 산 위에 세운 마을은 숨길 수 없다. 또 사
람이 등불을 켜서 말 아래에다 내려놓지 아니하고, 등경 위에 놓
아둔다. 그래야 등불이 집 안에 있는 모든 사람에게 환히 비친다.
이와 같이, 너희 빛을 사람에게 비추어서, 그들이 너희의 착한 행
실을 보고, 하늘에 계신 너희 아버지께 영광을 돌리게 하여라.

| 마태복음 5:13-16

1950년대 내가 대학생일 때는 종교가 가파르게 쇠퇴하고 있다는 생
각이 널리 퍼져 있었다. 나는 말하자면 주로 골동품 연구가들에게나
어울릴 사라져가는 분야를 공부하고 있었던 셈이다. 어떤 종교는 과
학과 도시화와 보편화되어가는 교육의 집중 공세에서도 살아남겠지
만, 그것도 기껏해야 저들만의 성인절이나 화려한 축제일 같은 가족
적 예식이나 민속적 고립 상태에서만 가능하리라고 했다. 종교가 다

시는 공공 정책 분야에서 의미 있는 역할을 할 수는 없으리라는 것이 그 당시 일사불란한 예언이었다.

나는 이런 예언에 언제나 회의적이었다. 그 부분적인 이유는 내가 펜실베이니아 조그마한 마을에서 자라나면서 삶과 죽음의 의미, 선과 악, 그리고 이 모든 것이 어떤 의미를 가지고 있는가 등의 '거창한 질문들'에 대해 골똘히 생각해본 경험 때문이다. 그때도 벌써 거의 대부분의 경우 어른들은 이런 문제들에 대해 이야기하지 않았다. 그러나 교회에서만은 이야기했다. 나는 또 우리 바로 옆에 사는 사람들은 겨우 입에 풀칠하기도 바쁜데, 우리 마을 밖에는 승마용 말을 넣어두는 요란한 마구간을 가진 거창한 저택에 사는 사람도 있다고 하는 것이 뭔가 좀 옳지 않다는 생각을 하기 시작했다. 그러나 내 주위에 있던 어른들은 이런 이야기는 거의 하지 않았다. 교회에서마저 이야기하지 않았다.

그리고 목사님들이 있었다. 우리 교회는 조그마해서 목사님들 월급을 겨우 감당할 수 있었기 때문에 보통 신학교를 갓 졸업한 이들이 목사로 왔다. 하지만 우리가 주는 월급으로는 살아가기 힘들어서, 몇 년만 지나면 보통 더 나은 곳을 찾아 떠나곤 했다. 그 결과, 새로운 목사들이 외부 세계에서 온 사절이라도 되는 듯이 조그마한 우리 마을에 계속해서 들어왔다. 이들은 마을의 다른 사람들과 달리, '거창한 질문들'을 이야기하고 싶어 했다. 그 외에도 그들은 언제나 철학, 종교, 신학 서적이 가득한 책장을 가지고 이사를 왔고, 내가 자라면서 그 책들을 즐겨 내게 빌려주곤 했다. 그런 전문 서적에는 내가 이해할수 없는 내용도 많았지만, 나는 지치지 않고 그 책들을 탐독했다. 나는 고대 유대와 이스라엘을 그린 색깔 고운 지도, 사도 바울의 선교 여행 도표, 난해한 성경 구절에 대한 해석, 여러 철학자가 쓴 글들에 대한 논설 등 모두를 좋아했다.

간단히 말해, 나는 완전히 매료되었다. 나는 이런 영구한 주제에 대해 생각하고 이야기하는 것보다 더 재미있게 보낼 방법을 상상할 수 없었다. 열네 살 때, 나는 내가 목사가 되거나 철학과 종교를 가르치는 선생이 되고 싶어 한다는 사실을 깨달았다. 고등학교를 졸업하고 잠깐 상선을 타고 다니며 일을 한 적이 있는데, 이 경험으로 나는 2차 세계대전 이후 독일과 폴란드의 처참한 참상을 직접 목격할 수 있었다. 항구에 잠깐 정박할 때마다 남루한 어린아이들이 파괴된 거리에서 우리를 보고 동냥을 달라며 떼를 지어 달려들었다. 싸구려 화장품으로 치장하고 떨어진 양말을 신은 10대 매춘부들이 선착장 계단 아래에서 우리를 기다렸다. 열일곱 살 소년이 감당하기에는 너무나 큰 충격이었고, 이는 불의와 악에 대한 나의 질문을 더욱 날카롭게 해주었다. 따라서 펜실베이니아대학교에 입학했을 때, 나는 4년 동안 확고하고 조직적인 방법으로 이 '모든 것'을 다 배우리라 작정했다. 의무감에 충만한 마음으로 첫 가을 학기를 고대 철학과 고대사 과목으로 시작했다. 물론 필수 교양으로 들은 생물학 수업에서 현미경으로 초파리를 관찰하는 것도 흥미로웠다. 그러나 이런 관찰도 오히려 생명이란 어디서 왔으며 그 의미는 무엇인지에 대한 나의 호기심을 더욱 강화하는 쪽으로 작용할 뿐이었다.

그 당시에는 미군 제대자 원호법에 따라 보조를 받는 재향 군인들이 홍수처럼 몰려왔다. 그들 대부분은 경영학 쪽 과목에 등록했고,

소크라테스 이전의 철학자들이나 플라톤의 《심포지엄Symposium》 같은 것에는 특별한 매력을 느끼지 않았다. 많은 학부 학생들과 마찬가지로 나도 곧 마음에 맞는 일당들을 만나 같이 공부도 하고, 그곳 24시간 카페에서 정치와 종교에 대해 열띤 토론을 하며 밤을 지새웠다. 역사 전공이었지만, 2학년 때 펜실베이니아대학교에 새로 종교 사상 학과가 설립되면서 곧바로 세계 종교 과목을 택했다. 이런저런 과목을 들으면서 내가 배운 것은 소년 시절부터 내 머리를 떠나지 않았던 그 '거창한 질문들'이란 결국 언제나 제기되어왔고 또 앞으로도 언제나 제기될 거라는 사실이었다.

1965년 《세속 도시》라는 책을 냈을 때 나는 비록 종교가 제도로서는 그 힘이 쇠퇴해갈지 모르지만, 종교들이 붙들고 씨름한 그 질문들은 계속될 거라고 주장했다. 이렇게든 저렇게든 우리는 그 질문들을 다룰 수밖에 없다. 같은 해 하버드에서 가르치기 시작하면서 명백해진 것은, 물론 모두에게 그런 것은 아니지만, 적어도 어떤 사람들에게는 종교가 사라질 거라는 그 자신감 넘치는 예언이 무효화되어간다는 사실이었다. 좋든 싫든, 그리고 보통 양쪽 조금씩이겠지만, 종교는 결코 죽지 않았다. 종교는 금세 지금과 같은 형편이 되었는데, 마치 350킬로그램 나가는 고릴라가 방 한가운데 털썩 주저앉은 것과 같았다. 이 유인원은 때로는 고분고분하고 때로는 난폭하기 그지없다. 그러나 언제나 예측 불허다. 아무튼 그건 언제나 존재하고, 그 불안한 존재는 모든 사람을 불안하게 한다.

종교가 매혹적인 축제나 통상적인 행진에서뿐만 아니라 세계 여러 곳 공적 분야에서마저 점점 눈에 띈다고 하는 사실 때문에 케네디 행정대학원 학생들이 점점 더 많이 예수에 대한 내 강의를 택하게 되었다. 그들은 종교가 공공 정책 결정에 어떤 역할을 해야 하는지, 혹은 하지 않아야 하는지 등의 문제에 관심이 있었다. 그들의 기본적인 질문은 존경스러웠다. 그것은 몇천 년 동안 아리스토텔레스와 아퀴나스, 그리고 다른 많은 철학자들과 신학자들을 매혹시킨 문제였다. 공자도 무함마드도 관심을 가진 문제였고, 모든 종교 전통의 사상가들도 이런저런 방법으로 씨름하던 문제였다.

예수는 이런 문제가 얼마나 까다로운지 잘 알고 있었다. 그는 산상 수훈 둘째 부분에서 새로 생긴 자신의 운동이 이 세계와 어떤 관계를 가지고 있어야 할까 하는 문제를 다룬다. 여러 가지 정황으로 보아 그가 이 산상의 이야기를 다시 했을 때는 이미 상당한 규모의 추종자를 끌어모은 상태였을 것이다. 이들이 요즘 성서 역사가들이 말하는 이른바 '예수 운동'의 구성원들이었다. 이 그룹이 얼마나 컸는지를 확실히 아는 사람은 없다. 그러나 복음서에 보면 예수가 무리를 피하려 했다는 말이 반복해서 나오는데, 이 무리 중에는 상당수의 예수 운동 구성원들도 포함되어 있었으리라 짐작할 수 있다. 그는 때때로 사람들과 멀리 있기 위해 광야로 나가기도 하고 배에 오르기도 했다. 그러므로 때때로 그를 밀치고, 피곤하게 하고, 뭔가 갇힌 듯한 느낌을 주기에 충분한 인원이 있지 않았을까 싶다. 만약 그 정도 많은 수의 사람이 예수를 따랐다면 이들은 공중 질서에 (그리고 자기 자신의 권좌에) 위협이 된다면서 자기 경찰을 시켜 침례 요한을 이미 제거한 적이 있는 헤롯왕의 주목을 끌기에 충분했으리라 본다. 그러므로 예수가 산상 수훈 다음 부분에서 그의 점증하는 추종자 부대가 공공 분야와 어떤 관계를 가져야 할지를 다루는 것은 놀랍지 않다.

　예수가 사용한 중심 이미지는 소금과 등잔이었다. 그러나 이 이미지는 소수 운동에 적용할 때 의미가 있었다. 따라서 행정대학원 학생들이 자기들의 세미나에서 토의하는 현재의 거대한 공공 문제에 적용하는 일이 쉽지 않음을 알아두는 것이 중요하다. 예수 운동은 그 당시 사람들이 보기에 비주류이기는 하지만 앞으로 틀림없이 말썽을 일으킬 무리로, 심지어는 위험한 전복 음모를 꾸밀 도당으로 보이는 사람들로 구성되었다. 예수가 사용한 은유 속에는 이런 작은 예수 운동원을 위한 전술이 나타나 있었다. 이들 예수 운동원들은 동료 유대인들의 지지도 받지 못했고, 로마인들이 보기에도 눈엣가시처럼 보일 뿐 아니라 앞으로 진짜 말썽을 일으킬 수도 있는 위험한 존재로 여겨졌다. 예수는 자신이 처한 위험한 환경을 충분히 인지하고 있었다. 예수는 자신의 말을 이런 상황을 충분히 고려해서 선택했다. 그는 한때 헤롯을 여우라고 불렀는데, 이는 오늘 우리가 생각하는 것보다 훨씬 심한 욕이었다. 그러나 헤롯이나 빌라도에게는 무슨 충고 같은 것을 주려 하지 않았다. 그럴지라도 자신을 따르는 사람들을 '세상의 빛'이니 '평화를 이루는 사람들'이니 하는 것은 로마를 조롱하기 위해 계산된 말이었다. 로마의 정치가요 웅변가였던 키케로Cicero는 그의 《카탈리나 탄핵In Catalinem》에서 로마를 '온 세상의 빛'이라 했다. 예수는 용감하게도 이런 주장에 이의를 제기한 것이다. 이제 또 하나의 빛이 있다는 것이다.

　그러나 산상 수훈은 결코 '로마 제국의 그리스도교회'를 위한 것도 아니고 심지어 예수 운동을 이스라엘 사람들 사이에서 다수 운동으로 만들겠다는 것도 아니었다. 소금이나 등잔은 그 주위가 자기들보다 훨씬 클 때만 그 기능을 발휘한다. 등잔은 해가 나서 모든 것이 햇빛을 받고 있으면 쓸모가 없어진다. 일정량의 소금도 생선국에 맛을 내는 데 중요하지만 너무 많이 넣으면 맛보기 무섭게 뱉어버리게 된다. 콘스탄티누스 대제가 4세기에 그리스도교로 개종하고 로마 제국을 그리스도교화하기 시작한 다음에는 소금과 등잔이라는 은유는 효력이 엄청나게 줄었다. 점점 더 많은 사람이 교회로 들어왔는데, 이는 물론 정치적으로 현명한 움직임이었기 때문이다. 황제가 받아들인 종교에 들어가는 데 비록 뒤로는 혹시나 하는 마음이 있었을지 모르지만, 어찌 완전히 잘못될 수야 있겠는가, 하는 식이었다.

이제 다시 새로운 변화가 일어나고 있다. 오늘 21세기에 우리는 이른바 '그리스도교 이후 시대post-Christian era'에 살고 있다. 심지어 특정 종류의 '그리스도교 정치'를 펴는 것이 정치적으로 유리하다고 여겨지는 미국의 여러 분야에서조차, 그러한 정치를 실천하는 사람들은 그리스도인이 되는 길도 많을 뿐 아니라 그리스도교 이외에도 다른 많은 영적 길이 있다는 사실을 계속 상기할 수밖에 없는 상황이 전개되고 있다.

소금과 등잔의 은유는 소수 운동을 위해 마련된 것이다. 이런 것들은 그리스도교가 다른 많은 소리 중 하나일 때 의미가 있지, 콘스탄티누스 황제 이후에서처럼 그리스도교가 유일한, 혹은 주된 소리가 되었을 때는 무의미하다. 그러나 비록 미국이 '기독교 국가'이고, 또 계속 그렇게 되어야만 한다고 주장하는 사람들이 아직도 있는 것이 사실이지만 그것이 더는 현재의 상황이라 보기는 힘들다. 미국은 종교적으로 세상에서 가장 다원화된 나라가 되었다고 할 수 있다. 이 것은 '예수를 따르려고' 하는 사람들에게 소금과 등잔의 은유가 지난 몇백 년보다 지금 더욱 의미 있어졌다는 뜻이기도 하다. '그리스도교 왕국Christendom'이라고 하여 왕위와 제단을 사이좋게 융합해보자고 하던 천 년 묵은 생각은 오늘 사라지고 있다. 물론 아직도 그런 것이 세워지길 원하는 사람들이 있는 것은 사실이지만, 더욱 큰 사실은 그 것이 한때 힘 있는 이론이긴 했어도 실제로 존재한 적은 결코 없었다 는 것이다. 비록 그리스도인들이 다른 종교들을 무시하거나 박해하 거나 박멸하자고 외치기는 했지만, 그들은 거의 언제나 다른 종교들 사이에서 존재했다. 아무튼, 이른바 '그리스도교' 중세 시대를 거쳐, 그리스도교가 이론적으로 유럽(그리고 그 연장선에서 미국)의 종교가 된 근세 초기에 이르기까지 정치권력이 그리스도인의 손에 들어가 있었던 이상 그리스도인을 두고 어둠 속에서 비치는 빛이라 한다는 것은 전혀 의미가 없는 말이다.

등잔이나 소금의 은유는 일종의 겸손을, 심지어는 익명성을 의 미하기도 한다. 만약 산상 수훈의 지혜가 아직도 그리스도인들을 이 끄는 길잡이가 된다면, 그들이 공공 정책을 결정하는 위치에 있을 때 이런 그리스도인적 자세를 취하는 게 마땅할 것이다. 등잔은 사람들 이 쳐다보라고 등잔대 위에 올려놓는 것이 아니다. 뭔가를 비추도록 하기 위해서다. 소금이 조갯국 속에서 그 모습을 그대로 유지하여 다 른 사람 눈에 띈다면, 소금은 소금으로서 해야 할 자기의 역할을 하 는 데 실패했다는 뜻이다. 한때, 몇십 년 전 이야기도 아닌데, 선교사 들이 가공할 만한 학생 자원봉사 운동 창시자들에게 감동하여 자기들이 '우리 세대 안에 세상을 그리스도께로 인도할 수 있다'고 정말로 믿었던 적이 있다. 일종의 그리스도교 제국주의가 쉬는 최후의 숨이었는데, 산상 수훈의 정신과는 전혀 상관이 없었다. 예상할 수 있는 미래에 그리스도인들은 소수로 살아가게 될 것이다. 그 소수가 크든 작든 상관없이 다른 종교들과 이데올로기가 중요한 역할을 담당하고 있는 세상에서 하나의 소수일 것이 틀림없다. 이 말은 미국의 공공 정책은 다양한 종교 집단과 무종교 동료 시민들이 공유한 가치를 반영해서 수립할 수밖에 없다는 뜻이다. 그러나 등잔과 소금의 귀중함이 다시 한번 새롭게 인식되고, 그 형태가 어떠하든 그리스도교 제국주의에 대한 엄중한 질책으로 남게 되리라는 의미이기도 하다.

예수는 우리가 말하는 공직 생활이라는 것을 무시하지 않았다. 그러나 그가 살았던 환경 때문에 이런 공직 생활에 영향을 주거나 그 형태를 잡아주는 역할을 할 수는 없었다. 그는 법을 사랑하고 법이 얼마나 본질적인가를 잘 알고 있었다.

> 내가 율법이나 예언자들의 말을 폐하러 온 줄로 생각하지 말아라. 폐하러 온 것이 아니라 완성하러 왔다. 내가 진정으로 너희에게 말한다. 천지가 없어지기 전에는 율법은 일점일획도 없어지지 않고 다 이루어질 것이다.
>
> | 마태복음 5:17-20

이 랍비는 지금 토라를 무효화하거나 왜곡하려는 작업을 하는 것이 아니다. 그는 토라가 이스라엘을 인도하여 이스라엘이 열방에 빛이 될 수 있기를 바랐다. 그러나 토라의 규율이 추상적으로가 아니라 실제적으로 존중받기를 원했다. 그는 그의 말을 듣는 사람들에게 율법의 자구적, 문자적 의미를 넘어서 그 근본정신을 알아내어 적용하라고 권고했다. 단순히 살인을 금하는 것뿐 아니라 분노를 분출하는 것도 피하라고 했다. 단순히 간음하지 말라가 아니라 상상하는 짓도 하지 말라는 것이다. 그는 남자들이 원하기만 하면 어느 때고 마음대로 할 수 있었던 이혼을 더욱 어렵게 만들어 여자들을 남자들의 변덕에서 보호하려고 애썼다. 그는 '하늘을 두고' 하는 맹세를 금하는 법규의 타당성을 인정했을 뿐 아니라 아예 맹세를 하지 말라고 했다. "'예' 할 때에는 '예'라는 말만 하고, '아니오' 할 때에는 '아니오'라는 말만 하여라"고 했다.

산상 수훈 마지막 부분에 가서 예수는 하나의 원칙을 선언한다. 이것은, 많은 사람에게 놀라운 일이겠지만, 이 시대 어느 곳에서인가 행해지고 있는 정치적 활동가들의 관행에 대해 이야기하고 있다.

'눈은 눈으로, 이는 이로 갚아라' 하고 말한 것을 너희는 들었다. 그러나 나는 너희에게 말한다. 악한 사람에게 맞서지 말아라. 누가 네 오른쪽 뺨을 치거든, 왼쪽 뺨마저 돌려 대어라. 너를 걸어 고소하여 네 속옷을 가지려는 사람에게는, 겉옷까지도 내주어라. 누가 너더러 억지로 5리를 가자고 하거든, 10리를 같이 가주어라. 네게 달라는 사람에게는 주고, 네게 꾸려고 하는 사람을 물리치지 말아라.

| 마태복음 5:38-42

여러 세기를 통해 보복하지 말라, 혹은 악을 악으로 갚지 말라는 예수의 이 권고는 사람들의 비난과 조롱과 분명한 거절과 추상적인 찬양과 단순한 무시의 대상이었다. 종종 몇몇 성인이 개인적 차원에서 이를 실천해보기도 했다. 그러나 20세기에 들어와서야 비로소 어떤 이가 이 가르침의 핵심적 통찰을 파악하고 그것을 힘 있는 사회 운동의 실제적 전술로 바꾸었다. 그가 바로 마하트마 간디였는데, 그는 그리스도인도 아니었다.

나는 언제나 예수와 간디 사이에 1900년이란 세월과 1,000마일이라는 거리가 있는데도 그 둘 사이에 보이는 유사성에 충격을 받아왔다. 둘 다 과중한 세금과 학정에 시달리던 나라의 변방에서 자라났다. 둘 다 자신들의 종교 전통의 고전적 원천에 의지했다. 예수는 토라에, 간디는 《바가바드 기타Bhahgavad Gita》에. 그러나 둘 다 현존하는 도전에 비추어 재해석했다. 그 둘의 사명은 비제국주의적 신앙에 기초한 확신에 뿌리박고 있었다. 간디의 경우에는 그가 말하는 '사탸그라하', 곧 진리의 힘이었고, 예수의 경우에는 궁극적으로 하나님이 보여주신 사랑과 공의의 힘이었다. 둘 다 자신들의 제국주의 지배자들뿐 아니라 자기들의 동료 종교인들에게도 분노를 샀다. 둘 다 자기 국가의 과격주의자들에게 무책임한 오합지졸의 충동자라거나 뼈대도 없는 타협자라는 비난을 받았다. 둘 다 정확한 교리적 공식들보다 믿음의 실제적 결과에 더 큰 관심을 가졌다. 둘 다 자기들이 희구하던 그런 종류 세계의 축소판 모형을 만들려고 했다. 간디는 아쉬람을 만드는 것이었고, 예수는 그를 따를 열두 제자를 지정하는 것이었다. 둘 다 자기들의 사명을 완수하기 위해 애쓰다가 난폭한 죽음을 맞았다.

간디는 결정적으로 예수의 영향을 받았지만 특히 산상 수훈의 영향이 컸고, 그중에서 특별히 비폭력 무저항에 대한 예수의 가르침에 크게 영향을 받았다. 그는 한때 다음과 같이 말했다.

예수는 비폭력적 비협력의 위대한 가르침을 그렇게도 그림 같고 설득력 있는 방법으로 표현했다. 그대의 억압자에 대한 그대의 비협력이 주먹에는 주먹이라는 식이 되면 그것은 폭력적이고 길게 보아 효과가 없다. 그대의 비협력이 그대의 억압자에게 그가 필요로 하는 것을 모두 제공하는 것이 될 때 비로소 그것은 비폭력적이다. 그대의 외양적 협력을 통해 그를 완전히 무장 해제할 경우 이것이 바로 실제적으로는 완전한 비협력이 되는 것이다.[1]

간디가 예수를 찬양한 주된 이유는 예수가 가르치기만 하지 않고 그의 가르침을 그 자신의 실생활에 그대로 활용했다고 보았기 때문이다. 간디의 전기를 쓴 작가 루이 피셔Louis Fisher가 1942년 간디를 만나려 그의 아쉬람 조그만 방으로 찾아갔는데 방에는 그림 하나만 벽에 달랑 걸려 있었다. 바로 예수의 초상화로, 그 밑에는 "그리스도는 우리의 평화"(에베소서 2:14)라는 말이 적혀 있었다. 여러 선교사들의 노력에도 간디는 결코 그리스도인이 되지 않았다. 그는 자기가 그리스도인은 사랑하지만 그리스도교가 '왕들의 종교'가 되었을 때 빗나가게 되었다고 주장했다.

간디의 경우 진리의 힘이 입증되는 것은 결코 다른 사람들에게 고통을 주는 데 있는 것이 아니라 오로지 나 스스로 그것을 받아들이는 데 있었다. 상대방에게 결코 수모를 주거나 비열감을 안겨주어서는 안 된다. 사실 상대방이란 결코 '패배'시킬 수는 없다. 우리가 할 수 있는 것은 오로지 그를 '내 편으로 끌어오는 것'뿐이다. 간디는 그 비폭력 저항의 원칙을 자신이 창안했다고 주장한 적이 없다. 그의 공헌은 그가 이 원칙을 채택해서 그것을 거대한 군중 운동의 기풍으로 바꾸었다는 것이다. 이 원칙은 마침내 인도를 영국의 식민 통치에서 해방시킨 운동이었고, 미국 흑인 민권 운동 지도자 마틴 루서 킹 목사의 운동에도 결정적 영향을 미쳤다. 킹 목사의 비폭력 저항은 하나의 본보기가 되어 동독과 체코슬로바키아에서 일어난 해방 운동에 영향을 주었고, 결국 또 하나의 제국이 붕괴하는 결과를 가져왔다. 킹 목사는 2,000년이 지난 이제야 이 비폭력 저항이 더는 하나의 숭고한 이상으로만 머물지 않게 되었다는 사실을 고맙게 생각해야 한다고 말했다. 핵무기 시대에 비폭력 저항이야말로 억압받는 백성들이 호소할 수 있는 유일한 수단이기 때문이다. 몇몇 사람들이 잘못 생각하듯이 예수가 공공 정책과 그렇게 무관하지만은 않다는 뜻이 아니겠는가?

산상 수훈에는 따르기 힘든 가르침으로 가득하다. 그러나 비록 제한적이기는 하지만 이 시대에 비폭력이 성공한 사례가 보여주듯, 완전히 불가능하지만은 않을 것 같다. 그러나 예수는 한 걸음 더 나아갔다. 그는 자신의 이름과 연관 지어 언제나 기억될 한 가지 가르침으로 이 부분을 끝맺는다. 토라에 명백하게 표현된 적은 없지만, 토라의 가장 깊은 정신에 들어 있다고 믿는 가르침이다.

'네 이웃을 사랑하고, 네 원수를 미워하여라' 하고 말한 것을, 너희는 들었다. 그러나 나는 너희에게 말한다. 너희의 원수를 사랑하고, 너희를 박해하는 사람을 위하여 기도하여라. 그래야만, 너희가 하늘에 계신 너희 아버지의 자녀가 될 것이다. 아버지께서는, 악한 사람에게나 선한 사람에게나 똑같이 해를 떠오르게 하시고, 의로운 사람에게나 불의한 사람에게나 똑같이 비를 내려주신다. 너희를 사랑하는 사람만 너희가 사랑하면, 무슨 상을 받겠느냐? 세리도 그만큼은 하지 않느냐? 또 너희가 너희 형제자매들에게만 인사를 하면서 지내면, 남보다 나을 것이 무엇이냐? 이방 사람들도 그만큼은 하지 않느냐?

| 마태복음 5:43-47

처음 몇 년 동안은 강의에서 이 클라이맥스 같은 구절에 이르면, 나는 이 부분을 해석하는 여러 방법을 가지고 이야기했다. 예를 들어, 정통주의 유대교 학자 핀커스 라피드는 "너희의 원수를 사랑하라"고 한 것은 유대인들이 유월절 절기를 지키면서 자기들의 원수, 이 경우 홍해에서 빠져 죽은 이집트인들, 그들도 인간이므로, 그들의 비극을 두고 기뻐하지 말라는 유대교의 권고를 심화한 거라고 했다. 마틴 루서 킹이 원수를 사랑하는 것은 단순히 따뜻하고 안온한 감정을 갖는다는 뜻이 아니라 그가 잘되기를 진정으로 바라는 마음이라 한 것을 소개하기도 했다.

그러나 몇 년이 지나 나는 학생들이 여러 가지 다른 해석을 듣기를 원하지 않는다는 감을 잡았다. 그래서 그 후 얼마 안 가서, 강의 시간에 이 성경 절에 이르면, 나는 그것을 읽고 그저 가만히만 있었다. 영락없이 강의실에서는 심오한 침묵이 흘렀다. 모나리자를 두고 왜 주석을 붙인단 말인가? 산상 수훈이 예수의 제5교향곡이라면 이 구절은 그 중심 주제다. 뭘 덧붙인단 말인가? 거기에 주석을 다는 것, 심지어 토론하는 것도, 모두 사족처럼 보였다. 그 생각은 지금도 여전하다.

13 랍비가 토라를 가르치다

너희는 남에게 보이려고 의로운 일을 사람들 앞에서 하지 않도록 조심하여라. 그렇지 않으면, 너희는 하늘에 계신 너희 아버지에게서 상을 받지 못한다. 그러므로 네가 자선을 베풀 때에는, 위선자들이 사람들에게 칭찬을 받으려고 회당과 거리에서 그렇게 하듯이, 네 앞에 나팔을 불지 말아라. 내가 진정으로 너희에게 말한다. 그들은 자기네 상을 이미 다 받았다. 너는 자선을 베풀 때에는, 오른손이 하는 일을 네 왼손이 모르게 하여, 네 자선을 숨겨두어라. 그리하면, 남모르게 숨어서 보시는 네 아버지께서 너에게 갚아주실 것이다. 너희는 기도할 때에, 위선자들처럼 하지 말아라. 그들은 사람에게 보이려고, 회당과 큰길 모퉁이에 서서 기도하기를 좋아한다. 내가 진정으로 너희에게 말한다. 그들은 자기네 상을 이미 다 받았다. 너는 기도할 때에, 골방에 들어가 문을 닫고서, 숨어서 계시는 네 아버지께 기도하여라. 그리하면 숨어서 보시는 너의 아버지께서 너에게 갚아주실 것이다.

| 마태복음 6:1-6

의심할 여지 없이 지난 몇십 년 동안 예수에 관한 역사적 연구 업적 중에서 가장 중요한 변화는 예수가 당시 유대인들의 생활상에 얼마나 밀접하게 연결되어 있었는지를 알아낸 점이다. 유대인 학자들, 그리스도인 학자들, 일반 종교학자들 사이의 관계를 말할 수 없이 심화시키고 발전시킨 극히 환영할 만한 변화였다. 이런 변화는 몇 가지 이유 때문에 가능했다. 여러 세기 동안 예수에 대해 관심이 있던 유대인들은 자기들의 저술 활동에 대해 신경을 많이 썼다. 그들 대부분은 그리스도인들이 다수를 이루는 곳에 살았기 때문에 그리스도교 지도자들이 자기들이 쓰는 것을 읽으리라는 것, 또 그들이 하는 말이 그리스도교 교리의 특성에 부합하기 기대한다는 것을 잘 알고 있었다. 그래서 유대인 학자들은 그렇게 조심해야 할 바엔 차라리 그 문제를 다루지 않거나 자기들의 의견을 외부로 공표하지 않는 쪽을 택했다. 심지어 얼마 전까지, 이제 눈을 부릅뜨고 그들을 감시하는 이들이 없는데도, 대부분의 유대인 학자들은 몇 가지 중요한 예외적 경우를 제외하고 나사렛 랍비에 대한 문제를 피해갔다.

이 모든 것이 2차 세계대전 이후, 특히 이스라엘의 건국과 함께 극적으로 바뀌었다. 아우슈비츠 나치 수용소에서 일어난 일로 크게 충격을 받은 많은 그리스도인 학자들은 그동안 자신들과 동료 유대인 학자들 사이에서 넓어져만 가도록 방치한 그 큰 간극이 이런 대량학살이라는 비극을 초래하는 분위기를 조성하는 데 일조하지 않았는지 자성하기에 이르렀다. 곧이어서 유대인 학자들이 그 이전에는 전적으로 그리스도인 학자들이나 일반 학자들로 구성되었던 신학부나 종교학부에 합세하기 시작했다. 하버드 신학대학원에도 세계에서 비유대인 신학부로서는 최초로 유대교를 가르칠 종신 교수 자리를 만들었다. 일부 유대인 학자들은 이스라엘로 가서 정착하기로 결정했다. 거기서 그들은 누군가 어깨너머로 자기들이 하는 일을 감시한다는 염려 없이 연구 활동을 전개할 수 있게 되었다. 더욱이 이런 학자들은 그 땅의 역사에 관해 정열적으로 연구하는 경우가 허다하고, 그러다 보니 이 땅이 바로 예수가 살았던 땅이라는 사실을 외면할 수 없었다. 그리하여 그들이 전에 보지 못하던 역사적 연관을 보게 되고, 또 예수를 유대인 이야기의 한 부분으로 이해하기가 훨씬 쉬워졌다.

그리스도인 학자들이나 일반 학자들의 경우도, 새로운 전환점을 이룬 것은 역시 1947년 화제의 사해사본 발견으로 촉발된 역사적 예수에 관한 새로운 연구였다. '에세네'라고 하는 유대인 금욕 집단에 속하고, 2,000년 동안이나 동굴 속에서 보존된 이 고대 문헌의 발굴은 예수 생애의 종교적, 문화적 맥락에 대해 이전까지 알려져 있지 않던 사실들을 밝혀주었다. 이집트 나그 함마디Nag Hammadi에서 발견되고, 조금 늦은 연대에 속하는 일련의 고대 문헌에는 현존하는 사본 중 가장 오래된 《도마복음》이 들어 있었다. 이런 발견을 계기로 학자들은 초기 교부들이 현재의 신약 성경에 포함하지 않은 이른바 경외서 복음서들을 좀 더 조심스럽게 검토하게 되었다. 다 함께 이런 사본 두루마리들은 역사가들에게 보물단지 같은 발견이었다. 내가 대학원 학생이었을 때 학자들이 이런 두루마리들을 하나씩 열고, 펴고, 조각들을 열심히 짜맞출 때마다 사람들이 온통 흥분하던 일을 아직도 기억한다. 역사적 그림이 더욱 분명해지면 분명해질수록 예수 및 그가 시작한 운동과 그 당시 다른 유대교 운동들 사이에 불연속성보다는 연속성이 더 많다는 사실이 더욱 분명해졌다.

　매년 내가 '예수와 윤리적 삶'을 가르칠 때마다 유대인 학생들이 상당수 등록했다. 비록 이들 중 대부분이 이런 돌파구를 찾은 학자들의 책을 읽어보지는 못했어도, 그들은 나사렛 랍비에게서 '그 자신의 백성 중 하나'를 분명하게 인식하는 듯했다.[1] 그러나 그들은 많은 그리스도인이 예수가 오로지 자기들에게만 속하는 이라 믿고 있다는 사실도 잘 알았다. 하지만 이제 양측 모두 유대인과 그리스도인 사이의 올바른 관계가 어떠해야 하는지 고찰하고 싶어 했다. 나는 그들에게 예수 당시에는 물론 아직 '그리스도인'이라는 개념 자체가 존재하지 않았지만, 나사렛 예수가 사실 오늘 이 문제를 밝히는 데 도움이 될 몇 가지 지침을 마련해놓았다고 말했다. 그 지침은 우리가 이 장에서 살펴볼 산상 수훈의 결론 부분에 나온다.

　예수는 지금 동트고 있다고 주장한 하나님 나라의 윤리적 차원에 대해 이야기하고, 그의 작은 무리와 시민 사회의 관계에 대해 가르친 다음, 이제 이 세 번째 주제에 대해 이야기한다. 그는 모두 유대인들로만 구성되었던 그의 무리가 그 당시 훨씬 더 큰 유대인 공동체에서 감당해야 할 역할이 무엇인가 하는 문제에 주목한다. 그는 이 문제를 다루는 데, 자선이나 기도 등 그의 청중이 잘 알고 있던 종교적 의무에 초점을 맞추는 방식을 취한다. 이런 의무가 새로운 시대에 어울리지 않는 고물이라며 폐기 처분하지 않는다. 그 대신 거기에 새로운 분석과 의미를 부여한다.

　그런데 나사렛 랍비 예수는 왜 이런 것들에 대해 말했을까? 그의 열심 있는 제자들 중 더러는 하나님의 임재와 다스림이 곧 모든 곳에 편만해지면, 가난과 불의도 없어지고 따라서 기도나 자선 같은 것도 더는 필요 없는 세상이 오리라 기대하지 않았을까? 그럴 법한 추측이다. 그러나 예수는 다른 항로를 택했다. 물론 기도해야 한다. 그러나 기도를 가지고 크게 나팔 불 일은 아니라고 했다. 물론 자선을 베풀어야 한다. 그러나 남이 모르게 하라는 것이다.

이런 단순한 레벨에서는 이 구절이 매우 명확하다. 그러나 해마다 학생들은 유대인이든 그리스도인이든 혹은 그 누구든, 왜 예수가 이 모든 것을 '상'이니 '갚아주심'이니 하는 말로 표현했느냐고 물었다. 우리가 기도를 하든지 가난한 사람을 도와주든지 하는 것이 정말로 보상을 받기 위해서인가? 감사를 표하거나 내면의 고뇌를 털어놓기 위해 기도하는 것은 어떤가? 너그러움과 자비의 마음으로 자선을 베푸는 것은 어떤가? 예수가 이런 식으로 말한 것은 내가 남보다 더 좋은 상을 얻게 되리라 기대해도 좋다고 암시하는 것처럼 일종의 이기심에 호소하는 것이 아닐까?

나는 이런 질문에 어떻게 답해야 할지 알지 못했고 나 자신도 계속 어리둥절해할 수밖에 없었다. 어떤 학자들은 예수가 그의 초일상적인 메시지를 보통 사람들의 말로 표현할 수밖에 없었다고, 그리고 대부분의 사람들은 윤리적 삶에서 일종의 원시적인 인과응보 사상에 사로잡혀 있었을 거라고 해석한다. 그러나 이런 설명이 내게는 설득력이 없었다. 그의 다른 가르침 대부분에서 예수는 그의 말에 나타나는 과격한 모서리들을 다듬으려 하지 않은 것 같기 때문이다.

아무튼 이 구절을 요즘 학생들과 함께 훑어나가면서 예수 당시 누구도 예상하지 못한 문제가 제기되었다. 예수가 비판하는 것, 심지어 조롱하는 것이 오늘 말로 '영적 허세'라는 것이다. 너의 경건함을 사람들 앞에 과시하지 말라. 기도하라. 그러나 은밀하게 하라. 너의 경건함으로 남의 찬사나 인정을 받으려 하지 말라. 하지만 내가 가르친 학생들은 보통 정반대의 문제를 가지고 있었다. 그들은 자기들이 "내가 너보다는 거룩하지" 하는 태도를 가진 사람으로 여겨지는 것을 지극히 두려워했다. 회당(혹은 교회)에서 눈에 잘 띄는 곳에 앉지 말라는 예수의 제안을 따르는 데는 아무 문제가 없었다. 그들은 이미 뒷자리에 앉는 것이 더 편하다고 생각하고 있었다. 존 업다이크John Updike는 그리니치빌리지에 살 때, 어느 일요일 아침 잠에서 깨어 어쩐지 교회에 가고 싶다는 충동을 느끼게 되었는데, 그처럼 보헤미안을 꿈꾸는 동료 지성인들이 자기를 못 알아보도록 하기 위해 옷깃을 세우고 워싱턴 광장을 남모르게 가로질러 빠져나간 일이 있다고 쓴 적이 있다.

이런 상황은 지난 20여 년 사이에 바뀌고 있다. 이제 학생들과 다른 많은 사람들은 종교적 전통을 공개적으로 떳떳하게 밝히려 한다. 유대인 학생들은 [유대교식 모자인] 스컬캡을 쓰고 다닌다. 가톨릭과 다른 그리스도인 학생들은 '재의 수요일' 내내 자신들의 죽음을 상징하는 재를 이마에 바르고 다닌다. 이슬람 여학생들은 히잡(머리 스카프)을 쓰고 수업에 들어온다. 그럼에도 학생들은 교회로 돌아다니며 사진이나 찍고 자기들의 연설에 '하나님'이란 말을 엄숙하게 집어넣고 다니는 정치가들이나 행정 관료들을 계속해서 의심의 눈으로 바라본다. 예수가 영적 허세를 경계한 그 정신은 아직도 여전히 유효하다 할 것이다.

예수는 계속하여 그를 따르는 사람들에게 간단한 기도를 가르친다. 대부분의 그리스도인들이 의식하기 전에 거의 저절로 배우게 되는 기도이며, 만약 그리스도인들이 어떤 기도를 외우고 있다면 그게 바로 그 기도다. 이 기도는 아직도 영어의 경우 흠정역의 장엄한 번역으로 사람들이 외우고 있다. [아직도 많은 한국 그리스도인이 외우고 있는 한글 개역판 번역은 다음과 같다.]

> 하늘에 계신 우리 아버지여
> 이름이 거룩히 여김을 받으시오며 나라이 임하옵시며
> 뜻이 하늘에서 이룬 것 같이 땅에서도 이루어지이다 오늘날 우리에게 일용할 양식을 주옵시고
> 우리가 우리에게 죄 지은 자를 사하여준 것같이 우리 죄를 사하여주옵시고
> 우리를 시험에 들게 하지 마옵시고
> 다만 악에서 구하옵소서.
> | 마태복음 6:7-13

가톨릭은 여기에서 끝난다. 그러나 개신교는 다음 구절이 더 들어가 있다.

> 나라와 권세와 영광이 아버지께 영원히 있사옵나이다 아멘+

13 랍비가 토라를 가르치나

왜 이 두 교파 사이에 이런 차이가 있을까? 대답은 재미있다. 개신교인들은 보통 자기들이야말로 '근본'이 무엇이든 끝까지 '근본으로 돌아가기'를 원하는 사람들이라고 주장하는데, 이 경우 아이러니컬하게도 가톨릭 본이 원본에 더 가깝기 때문이다. 지금 개신교 본에 붙어 있는 끝 구절은 초대 교회 당시 기도 자체에 대한 일종의 반응을 덧붙인 것이다. 더욱이 개신교인들은 이 기도를 "주의 기도"라 하고 가톨릭은 "우리 아버지"라 부른다. 그러나 학자들을 놀라게 하는 것은 이 기도문에 유대교적 특성이 두드러진다는 점, 특별히 그리스도교에서 기원했다고 할 것이 없다는 점이다. 신약 주석가 셔먼 E. 존슨Sherman E. Johnson이 말한 것처럼, "이 기도는 철저히 유대교적인 것으로서 거의 매 구절이 카디시와 '열여덟 가지 축복'과 평행을 이루고 있다. 따라서 이것은 예수가 자신의 백성들이 가지고 있던 경건함에서 영감을 받아 독창적으로 요약했다고 할 수 있다."[2] 전체적으로 학생들은 산상 수훈의 이 부분은 별문제 없이 받아들이는 것 같았다. 그러나 다음 부분에서는 열띤 논쟁을 벌였다.

> 너희는 자기를 위하여 보물을 땅에다가 쌓아두지 말아라. 땅에서는 좀이 먹고 녹이 슬어서 망가지며, 도둑들이 뚫고 들어와서

+ 표준 새번역 개정판은 다음과 같다.
하늘에 계신 우리 아버지, 그 이름을 거룩하게 하여주시며, 그 나라를 오게 하여주시며, 그 뜻을 하늘에서 이루심 같이, 땅에서도 이루어주십시오. 오늘 우리에게 필요한 양식을 내려주시고, 우리가 우리에게 죄 지은 사람을 용서하여준 것 같이 우리의 죄를 용서하여주시고, 우리를 시험에 들지 않게 하시고, 악에서 구하여주십시오. 나라와 권세와 영광은 영원히 아버지의 것입니다. 아멘.

훔쳐간다. 그러므로 너희를 위하여 보물을 하늘에 쌓아두어라. 거기에는 좀이 먹고 녹이 슬어서 망가지는 일이 없고, 도둑들이 뚫고 들어와서 훔쳐가지도 못한다. 너의 보물이 있는 곳에, 너의 마음도 있다.

| 마태복음 6:19-21

아무도 두 주인을 섬기지 못한다. 한쪽을 미워하고 다른 쪽을 사랑하거나, 한쪽을 중히 여기고 다른 쪽을 업신여길 것이다. 너희는 하나님과 재물을 아울러 섬길 수 없다. 그러므로 내가 너희에게 말한다. 목숨을 부지하려고 무엇을 먹을까 또는 무엇을 마실까 걱정하지 말고, 몸을 감싸려고 무엇을 입을까 걱정하지 말아라. 목숨이 음식보다 소중하지 아니하냐? 몸이 옷보다 소중하지 아니하냐? 공중의 새를 보아라. 씨를 뿌리지도 않고, 거두지도 않고, 곳간에 모아들이지도 않으나, 너희의 하늘 아버지께서 그것들을 먹이신다. 너희는 새보다 귀하지 아니하냐? 너희 가운데서 누가, 걱정을 해서 자기 수명을 한순간인들 늘일 수 있느냐? 어찌하여 너희는 옷 걱정을 하느냐? 들의 백합화가 어떻게 자라는가 살펴보아라. 수고도 하지 않고, 길쌈도 하지 않는다. 그러나 내가 너희에게 말한다. 온갖 영화로 차려입은 솔로몬도 이 꽃 하나와 같이 잘 입지는 못하였다. 오늘 있다가 내일 아궁이에 들어갈 들풀도 하나님께서 이와 같이 입히시거든, 하물며 너희들을 입히시지 않겠느냐? 믿음이 적은 사람들아! 그러므로 무엇을 먹을까, 무엇을 마실까, 무엇을 입을까 하고 걱정하지 말아라.

이 모든 것은 모두 이방 사람들이 구하는 것이요, 너희의 하늘 아버지께서는, 이 모든 것이 너희에게 필요하다는 것을 아신다. 너희는 먼저 하나님의 나라와 하나님의 의를 구하여라. 그리하면 이 모든 것을 너희에게 더하여주실 것이다. 그러므로 내일 일을 걱정하지 말아라. 내일 걱정은 내일이 맡아서 할 것이다. 한 날의 괴로움은 그날에 겪는 것으로 족하다.

| 마태복음 6:24-34

"아무도 두 주인을 섬기지 못한다"는 그의 짧은 경구에서 예수는 두 가지 오래된 설화 전통들을 짜깁기하고 있다. 처음 것은 출애굽 전통으로서, 거기에는 하나님이 이스라엘 백성들을 이집트에서 구원하신 것이 단순히 그들을 자유하게 하려는 것만이 아니라 이집트 왕 파라오 대신에 하나님을 섬기도록 하기 위해서였다. 유대인들은 이 구절에 이런 의미가 있다는 사실을 바로 알아차렸을 것이다. 그러나 이 과격한 랍비는 거기에 더하여 히브리 예언자들에게 돌아가 그들의 독설을 가져온 뒤, 그 독설을 화려한 옷과 맛있는 음식에 빠져 있는 자기 나라와 더 큰 제국의 부유한 상류층에게 쏟아부었다.

　내가 학생들과 이 유명한 구절에 대해 토의할 준비가 되었을 때, 나는 [옛날 영어 성경에 나오는] '맘몬'+이 무슨 은 칠을 한 우상 같은 게 아님을 미리 말해주는 것이 좋겠다고 생각했다. 그것은 예수가 쓰던 말인 아람어로 재산이나 소유를 나타내는 말의 그리스어 형태

+　부, 재물, 소유라는 뜻으로, 하느님과 대적하는 우상 가운데 하나를 이르는 말이다.

다. 다행스럽게도 'New English Bible'에서는 이 말을 정확하고 솔직하게 'Money'라고 번역했다.[++] 예수가 여기서 말하고 있는 것은 날카로운 가장자리를 가지고 있기 때문에 나는 "아이고, 아이고. 그럴 듯하게 들리기는 하지만, 보세요. 우리도 현실 세상에서 먹고 살아야 하는 것 아닌가요……" 하는 따위의 말 같은 회의주의의 물결이 요동치리라 예상했다. 그들은 결국 월급을 많이 받을 위치에 오르기 위해 준비하고 있고, 그리고 그들도 그것을 잘 알고 있지 않은가. 내 강의를 듣는 학생 중 경영대학에서 온 학생들이 있었는데, 이들이 졸업하고 취직을 하면 처음 받는 월급이 내가 20년 동안 가르치고 지금 받는 월급보다 더 많았다. 나는 수군수군 불평 소리가 들리리라 생각했다. 이제 우리는 그 큰 것, '돈'에 대해 이야기할 차례가 되었다.

그러나 알고 보니 내 학생들이 쇳가루, 쩐, 땡전에 대해 자기들의 태도를 표현하는 데 어색해하리라 여긴 내 생각은 잘못이었다.[+++] 나는 적어도 몇 명은 그 주일 토론반에 나오지 않고 땡땡이를 칠 거라고 생각했다. 나는 학생들이 섹스나 심지어 죽음에 대해 이야기하는 것까지도 문제가 거의 없음을 알고 있었다. 그러나 돈 문제는 그들이 거의 이야기를 하지 않는 주제였다. 경제학 강의 시간에 주식이나 증권 등에 대해, 심지어 그런 것들의 상대적 가치를 판단하는 법 등에 대해서도 토론하겠지만, '자신이' 가지고 있는, 혹은 가지고 있지 못한, 돈에 대한 감정을 이야기하는 일은 거의 없었다. 그런

[++] 한국어 성경에는 '재물' 혹은 '보물'이라 되어 있다.

[+++] 저자는 돈에 대한 영어 속어인 'dough', 'bread', 'shekels', 'filthy lucre' 등의 말을 쓰고 있다.

데도 '맘몬'에 대해 토의하는 시간에 땡땡이를 치기는커녕 모두가 물밀 듯 몰려왔다. 한 해 중 출석률이 가장 좋은 시간 중 하나였다. 나는 왜 학생들이 땡땡이를 치지 않는지 금세 알 수 있었다. 그들은 돈이 있든 없든 돈에 대한 자기들의 감정을 안전한 방법으로 표출할 기회를 찾고 있었다. 내게 이것은 예수가 이 시대를 위해서도 뭔가 의미 있다는 사실을 보여주는 또 하나의 실증이었다. 그의 말은 2,000년이 지나 오늘 다른 곳에서는 금기 사항이 된 돈 이야기를 마음 놓고 할 수 있는 일종의 허가서를 준 셈이다.

학생들은 자기들의 삶을 '재정적 안정'이라 불리는 무엇을 추구하면서 살지 않아도 된다는 사실을 신기해하고 심지어 흥분하기까지 했다. 학생들은 이탈리아 의류 상인으로 거부였던 자기 아버지가 그의 사업체를 유산으로 물려주려 했지만 이를 마다하고 일생을 거룩한 방랑자, '하나님을 위한 기사'로 보낸 성 프란치스코에 대한 이야기에 완전 매료되었다. 가톨릭 노동자 운동의 창시자로서 로어 이스트사이드 노숙자들 중에서 하나님의 임재를 추구한 도로시 데이의 삶에 매혹되기도 했다.[3]

사실 학생들이 돈에 대한 자기들의 복잡한 감정을 놓고 토의하기를 원했다는 사실에 그렇게 놀랄 필요가 없었다. 어느 시대나 스스로 돈이 있든지 없든지를 불문하고 생각이 깊은 사람들은 사실 가난이 좋은 것은 아니지만 동시에 돈에는 사람들을 부패시키는 힘이 있다는 사실도 알고 있었다. 예수 당시 사려 깊은 로마인들 중에도 이런 것을 잘 알고 불평하는 이들이 많았다. 그들은 풍요와 소비에 대한 집념이 한때 튼튼하던 제국의 윤리적 구조에 악영향을 주고 있다는 사실에 심려를 표하고 있었다. 로마의 시인 유베날리스는 그의 〈풍자〉에서 그의 동료 로마인들이 가장 떠받드는 신은 비록 독립된 신전은 없지만, 바로 '페쿠니아(돈)'라고 했다. 유베날리스는 로마 제국 내에 있던 특권 계급의 허세와 사치, 위정자들의 잔인성과 부패를 신랄하게 꼬집은 사람으로 유명하다.

예수와 유베날리스는 둘 다 돈을 신으로, 비록 가짜 신이긴 하지만, 어쨌든 신 대접을 받는 존재로 보았던 것 같다. 악착같이 돈을 벌려고 하는 태도, 그것을 쌓아놓겠다는 열정의 종교적 차원에 대해 유대인 랍비와 로마 시인이 인식을 같이했다고 하는 사실을 보면 초대 그리스도교가 생각 깊은 로마인들에게 왜 그렇게 엄청난 매력으로 다가갔는지를 알려주는 귀중한 통찰을 얻을 수 있다. 예수의 메시지가 로마 제국 변방이나 제국의 수도 로마 자체에 이르렀을 때 그것은 완전히 낯선 무엇이 아니었다. 고대 세계의 가장 생각 깊은 사람들의 가장 깊은 경향성 일부를 반영하는 것이었다. 스토아학파나 심지어 에피쿠로스학파들 같은 철학자들도 재물이란 행복한 삶을 위해 필요하긴 하지만 장애물이 될 수도 있다고 가르쳤다.

돈이라는 주제는 그리스도교 전 역사를 통해 일관된 합의가 이루어지지 않은 논제였다. 초대 교회에서는 돈 많은 사람들이 교회로 들어오자마자, 그들이 교인들 중 부요하지 못한 사람들과 어느 정도 나누어 가져야 하는가 하는 문제를 놓고 논쟁이 벌어졌다. 돈 문제는 사도 바울 시대에 벌써 교회 내에 있던 적대감의 원인이었고, 그래서 바울은 더러 그의 편지들에서 이 문제를 다루어야 했다. 그 이후 4세기에 그리스도교가 합법화된 다음 그리스도인 중 많은 사람이 부유한 기성 교회에 분노를 느끼고 집단으로 빠져나가 사막에 있는 움막이나 동굴에서 살았는데, 이를 나중에 '수도원 운동'이라 불렀다. 중세 시대에도 많은 개혁자가 정기적으로 나타나 교회의 세상적 풍요를 개탄하고 심지어 이 돈 많은 교회가 재물에 얽힌 영적 위험을 경고한 그분의 메시지를 정말로 대표하는지 의문을 제기하기도 했다. 마르틴 루터가 교회에 가진 주된 불평도 교회가 가난한 사람들에게 서비스를 팔아 엄청난 재물을 축적한다는 것이었다. 이런 문제는 사라지지 않고 지금도 계속되는 불화의 씨앗으로 남아 있다.

돈이란 예민한 주제다. 학생들이 돈에 대해 이야기하고 싶어 한다는 사실에 그렇게 놀랄 이유가 없었다. 그러나 여기엔 곤란한 함정이 있다. 많은 학생이 '금송아지'를 원하지는 않았지만, 성 프란치스코와 도로시 데이가 신뢰한 그 하나님이 자기들에게도 그런 대안을 제공해주시리라고 확신할 수는 없었다. 아무런 대책 없이 사다리에서 허공으로 떨어지고 싶은 사람은 아무도 없다. 그들은 일반인들과 다른 삶의 방식을 택한 사람들을 찬양하기는 하지만, 내가 느끼기에 그들에게 일종의 반감을 느끼기도 했다. 성 프란치스코나 도로시 데이가 어떻게 "하나님이 친히 준비하시리라"(창세기 22:8)는 것을 그렇게 확신할 수 있었을까? 더욱이 둘 다 부양할 가족도 없고, 또 갚아야 할 학비 융자금도 없었다. 이런 이들이 보여주는 분명한 기쁨과 해방감은 학생들을 감동시켜 "가서 그와 같이 하라"는 말대로 따르고 싶은 마음보다는 일종의 조롱 같았다. 이제 이 문제로 고민에 빠진 사람은 바로 나였다. 학생들에게 이런 과격한 생각을 소개해서 유익함보다는 오히려 해가 된 것이 아닐까? 죄책감에 시달리는 주식 중개인이 그렇지 않은 주식 중개인보다 뭐가 더 나을까?

　나의 이런 물음에 대해 해답을, 적어도 하나의 해답을 얻는 일이 현재 프란치스코 수사로 살고 있는 이를 초대해 학생들에게 소개하면서 가능하게 되었다. 나는 브라질의 신학자 레오나르도 보프Leonardo Boff와 여러 해 알고 지내는 사이였다. 학회에서도 여러 번 만났고 리우데자네이로 교외에 있는 수도원으로 그를 찾아간 일도 있었다. 그는 거기서 영향력 있는 잡지의 편집인으로 일했고, 또 근처 빈민촌에 있는 작은 교회를 위해 섬기고 있었다. 그는 거친 천으로 만들고 허리를 매듭으로 된 끈으로 묶는 전통적 프란치스코 수사복을 입지 않았다. 처음 프란치스코 수사들이 돈에 환장하고 좋은 옷 입기에 정신이 빠졌던 13세기 신흥 재벌들에 항거할 당시에는 적절한 의상이었지만, 이제 시대가 바뀌었다는 것이다. 지금은 그 수사복이, 그 당시 불우한 이웃들과의 일체감을 상징하던 본래의 의도와 달리, 그리고 성 프란치스코의 의도와는 완전히 반대로, 그 옷을 입은 사람들을 오히려 그런 사람들에게서 분리하는 일종의 종교적 유니폼으로 변질되었다는 것이다. 그는 이런 수사복 대신에 청바지와 앞깃이 열린 셔츠를 입고 있었다.

　수사 레오나르도는 미국을 방문 중 우리 학생들을 만났을 때 맘몬을 섬기지 말라는 복음서의 명령에 대한 학생들의 모호한 입장을 주의 깊이 경청하고, 그 명령을 그대로 따른 것처럼 보이는 사람들에 대한 그들의 혐오감을 감지했다. 학생들에 대한 그의 답변은 마음을 든든하게 해주었다. 첫째 그는 '자발적 가난'과 '비자발적 가난'을 구분했다.

성 프란치스코가 택한 자발적 가난은 풍요로운 영적 보상을 가져다주지만 비자발적 가난은 세상에 있는 수많은 사람을 짓누르고 질식시키고 있다는 것이다. 자발적 가난은 축복이지만 비자발적 가난은 사람이 만든 저주다. 자발적 가난의 목적은 비자발적 가난의 비참함을 없애려는 것이다. 성 프란치스코 자신은 모두가, 아니 많은 사람이, 그를 본보기로 삼아 따를 것을 결코 기대하지 않았다. 그는 사도 바울이 말한 것처럼 '은사는 여러 가지'라는 사실을 누구보다도 잘 알고 있었다. 성 프란치스코와 그를 따르던 수도사들은 자기들에게 특별한 사명이 있다고 믿었다. 그 사명이란 병들고 가난한 사람들의 비참함을, 작은 규모로나마 덜어주겠다는 것이었다. 그러나 또한 권력과 재물을 가진 사람들에게는 그것이 기쁨이나 자유를 가져다주지 못한다는 것, 그리고 부자들은 가난에 찌든 사람들을 보살피고 고쳐줄 의무가 있다는 것을 보여주는 경고가 되도록 자신들의 삶을 살아가려 했다. 성 프란치스코는 그의 생애 마지막에 가서 나중에 '제3의 수도원'이라 불리게 된 수도원을 설립하기까지 했다. 이 수도원은 그가 보인 모범적 삶에 고취되긴 했지만 이미 결혼도 하고 가정도 가지고 있고, 또 기타 이유로 수사가 될 수 없는 일종의 평신도들의 조직이었다. 성 프란치스코 자신은 예수의 그 어려운 요구를 따르는 자기의 방식이 모든 사람을 위한 방식일 수 없다는 것을 잘 알고 있었다.

레오나르도는 또 성 프란치스코가 거의 700년 전에 살았기 때문에 시대마다 프란치스코 수사들은 그렇게도 많은 생명을 그렇게도 일찍 죽게 하는 이 강제된 가난을 물리치기 위해 어떻게 증언하는 것이 최선의 방법일까 알아낼 수 있도록 그의 사명을 철저하게 재검토할 의무가 있다고도 했다. 성 프란치스코는 13세기 초에 적절한 방법으로 그 일을 했다. 그러나 그는 욕심 많은 기업이 새끼 친 인력 착취 공장이나 가난한 사람들의 정신을 독살시키는 대중 광고가 나타나기 전에 살았다. 레오나르도는 한 사람의 프란치스코 수사로서, 따라서 해방 신학자로서, 자기는 그가 받은 재능과 교육(그는 독일의 명문 대학에서 박사 학위를 받은 사람이다)을 착취당하고 소외된 사람들의 이익을 위해 사용하는 것, 아니 작전하는 것이 정당하다고 믿는다고 했다. 성경의 하나님은 이런 사람들의 편이라고 스스로를 드러내셨기 때문에, 하나님을 만나기 위해서는 삶을 위해 몸부림치는 이런 사람들과 함께할 필요가 있음을 믿는다고 했다. 그는 껄껄 웃었다. 물론 누군가 정말로 프란치스코회에 가입하기 원한다면 자기는 이를 거부하겠다고 했다. 미국 육군의 징집 슬로건을 잘 알고 있었는지, "우리는 단 몇 명의 훌륭한 남자…… 여자가 필요하다"고 했다.

"그러나 여러분 중 다른 분들은 여러분이 받을 수 있는 최선의 교육을 받아야 합니다. 그리고 나서 비참과 불의를 영구화하는 사회 경제적 구조를 뜯어고치기 위해 하나님께서 여러분에게 허용하시는 힘과 돈 무엇이든 활용하십시오."

레오나르도 보프의 방문 결과로 프란치스코회에 가입한 학생은 없었다. 그러나 학생들은 그의 충고를 고맙게 여겼다. 그는 진홍색 하버드 티셔츠를 입고 떠났다.

맘몬 섬기기에 대한 경고를 끝내고 예수는 계속해서 그가 한 말 중에서 가장 서정적이고 가장 잘 알려지고, 그리고 가장 화나게 하는

13 랍비가 토라를 가르치다

말을 한다.

"목숨을 부지하려고 무엇을 먹을까 또는 무엇을 마실까 걱정하지 말고, 몸을 보호하려고 무엇을 입을까 걱정하지 말아라. 목숨이 음식보다 소중하지 않으냐? 몸이 옷보다 소중하지 않으냐?"

그러고 나서 그는 그의 청중을 향하여 "들의 백합꽃이 어떻게 자라는가 살펴보아라"고 한다. 그것은 "수고도 하지 않고, 길쌈도 하지 않"지만, 솔로몬이 누린 온갖 영화가 이 꽃만 못하다고 했다. 그는 끝으로 "그러므로 내일 일을 걱정하지 말아라. 내일 걱정은 내일이 맡아서 할 것이다. 한 날의 괴로움은 그날로 족하다"는 말로 결론을 내린다.

이 구절에 이르면 머리를 흔드는 학생들의 수가 늘고, 좌절감의 수위가 몇 도 올라간다. 정말 이제 해도 너무한다는 것이다. 다른 뺨을 갖다 대라? 어느 정도 가능한 일이다. 네 원수를 사랑하라. 그것도 어느 면에서는 완전 불가능은 아니다. 그러나 내일 일을 걱정하지 말라. 혹은 다음 주 일을? 특히 시험 주간을? 이건 농담이지 진담일 수 없다. 이런 멋있는 말은 자수로 놓아 사진틀에 끼워 벽에 걸어놓고, 그러고 나서 무시해버리는 일 이외에 무슨 소용이 있는가?

나는 이런 생각에 이의를 제기하기 힘들다는 것을 발견했다. 이런 학생들 주위에 있는 모든 것은 온통 그들에게 미래를 생각하도록 설계되어 있었다. 결국 그들은 나중에 올 무엇을 위해 스스로를 '준비'하도록 하는 교육을 받고 있는 것 아닌가? 좋은 유치원에 들어가야 좋은 초등학교, 좋은 중고등학교에 들어가고, 그래야 좋은 대학에 입학할 기회가 많아지고……. 그래서 부모가 그들을 가장 좋은 유치원에 넣기 위해 기를 썼을 때부터 시작된 일이 아니던가? 그리고 나 자신도 이런 문제의 일부가 아닌가? 학생들에게 북 리뷰, 중간고사, 기말고사를 부과하고, 때때로 이런 과제물의 제출 기한이 다가옴을 경고하고, 심지어 이런 것들을 준비하라고 촉구하지 않는가?

무엇을 입을까 걱정하지 말라? 백합꽃이 화려하게 차려입고 있다 할 수도 있다. 그러나 백합꽃은 취업 면접에서 잘 보이려고 애쓸 필요도 없고, 친구들과 시내에 갈 때 올해 유행이 뭐고, 뭐가 아니고 하는 것을 알 필요도 전혀 없다. 사실 요즘의 미국 고등학교 학생들이나 대학생들에게 "무엇을 입을까" 하는 문제는 이중으로 성가신 일이다. 부모 세대는 어떻게 적절히 입을까, 단정치 못하거나 누추하게 보이지나 않을까 하는 것이 문제였다. 그러나 요즘 학생들은 좀 더 복잡한 도전과 싸우고 있다. 어떻게 해야 지나치게 옷 치장한 것처럼 안 보일까, 너무 고급스럽거나 너무 튀는 것으로 보이면 어떻게 하나 등의 문제다. 내가 입는 것이 내가 누구인지, 내가 누구와 어울려 다니는지, 나 자신에 대해 내가 어떻게 생각하는지를 남에게 알려 주는 신호가 되어 발사된다. 이런 모든 것을 생각하는 것은 정말 대단한 작업이 아닐 수 없다. 백합꽃은 이를 쉽게 해내는 것 같다.

무엇을 먹을까를 생각하지 않는 것도 예수 당시의 많은 사람들이나 오늘날 세계 가난한 지역에 사는 사람들에 비교해서 잘사는 나라 사람들에게는 완전히 다른 문제라 할 수 있다. 그 다름은 잔인하다. 기아로 허덕이는 아프리카 여러 나라에 사는 젊은 어머니들은 자신들을 위해서나 자기 아기들을 위해 먹을 것을 걱정해야만 한다. 그들은 먹을 것 외에 다른 것을 생각할 겨를이 없다. 우리는 이 때문에 그들을 나무랄 수가 없다. 다른 한편, 미국 젊은이들은, 성인들도 마찬가지지만, 자기들이 먹으려 하는 것이 자기들의 몸매에 군살을 더하는 것이 아닐까 끊임없이 걱정하고 있다.

"다이어트 코크를 달라고 했잖아요!"

이런 것은 특히 젊고 늙음에 관계없이 여자들이라면 다 신경 쓰는 문제다. 미국 약국 진열장에 꽂혀 있는 '여성 잡지들'의 뚜껑에는 두 가지가 언제나 등장한다. 첫째는 풍만한 가슴에 잘록한 허리를 가지고 있으면서, 완전한 이를 드러내며 언제나 활짝 웃고 있는 여인의 수정된 사진이다. 다른 하나는 가장 최근에 발표된 화끈하면서 과학적으로 실험된 살빼기 식이요법이다. 간단히 말해, 무엇을 먹을까 무엇을 입을까 생각하지 않는다는 것이 내 학생들에게는 '완전의 권고' 같은 옛 중세 시대의 개념, 곧 수도승이나 수녀에게 요구되었지 일반인들에게는 전혀 해당하지 않던 그 무엇에나 잘 어울리는 예수의 가르침 중 하나라 생각되었다. 멋있는 생각이긴 하겠지만 그들을 위한 생각은 아니라는 것이다.

그러나 다시 한번 나는 일종의 여망 같은 것을 감지할 수 있었다. 예수가 묘사하는 것과 같이 근심 걱정 없는 삶을 살 수만 있다면 얼마나 좋을까 하는 것이다. 많은 학생이 자기 친구나 먼 친척이, 물론 예수가 의도한 방식은 아니겠지만, 아무튼 '모든 것을 던져버리고' 버몬트주에서 스키광이 되었다든가 히치하이킹으로 남부 유럽을 여행했다는 것을 좋게 이야기했다. 어떤 학생들은 돈을 섬기지 말라는 말과 내일 일을 걱정하지 말라는 말이 약간 모순되는 것 같다고 하기도 했다. 한 학생은 뿌루퉁한 표정으로 자기가 아는 사회적 낙오자들로서, 언덕배기에 좋은 빵 껍질이 있을까 하는 정도의 걱정을 제외하고 내일 일을 걱정하지 않는 사람들은 사실 그들 부모들이나 다른 누군가가 그 걱정을 대신하기 때문에 그런 식으로 무관심하게 살 수 있는 것 아니겠냐고 따졌다. 물론 이런 사회적 낙오자들도 무엇을 먹을까, 무엇을 입을까 생각했다. 그들은 최고의 레크리에이션 의상과 등산화를 자랑하고 싶어 했다. 물론 그런 것들의 값이 얼마인가는 걱정할 필요가 없었다. 신용 카드를 긁거나 신탁 자금에서 끌어오면 되었다. 또 다른 학생은 임마누엘 칸트의 잘 알려진 윤리적 행동 시험 방식을 소개했다. 그 시험이란 모든 사람이 다 그렇게 하면 어떻게 되는가 물어보는 것이다. 구멍가게 주인, 비행사, 의사, 물론 교수 등, 이 모든 사람이 '내일 일을 걱정하지' 않는다면 어떻게 될까? 세상이 정지될까? 약속 수첩, 할 일을 적어놓은 달력, 전자 수첩에는 무슨 일이 일어날까?

이와 같은 완전히 합리적인 의문들에 답하려 하기 전에 나는 이 구절이, 아마도 신약에 있는 어느 다른 구절보다 더욱, 예수가 가르친 메시지의 진정한 과격성을 강조하는 거라는 사실을 인정하지 않을 수 없었다. 그는 여기서 정말로 배수진을 친 셈이다. 진정 "머리 둘 곳도 없다"고 한 삶을 택했다. 그러나 그가 그렇게 한 것은 하나님이 정말로 무슨 방법으로든 그가 필요로 하는 것을 공급해주시리라고 진정으로 믿었기 때문이다. 그는 그를 따르는 사람들도 그때나 지금이나 그와 같은 삶을 살라고, 그 자체가 그리 튼튼하지도 않지만, 이 세상의 돈과 재산이 제공하는 것처럼 보이는 그런 안전이 아니라 그와 다른 종류의 안전을 구하라고 요청한 것이다. 그는 이 부분을 마감하면서 "너희는 먼저 하나님의 나라와 그의 의를 구하여라. 그리하면 이 모든 것을 너희에게 더하여주실 것이다"라고 했다.

그러나 예수는 모든 사람이 자기가 산 것처럼 살기를 원했을까? 그가 그의 제자들 중 하나를 회계로 지명한 것이 사실이라면(예수가 특별히 유다를 지명한 것을 보면 이런 인사 관리 면에서 그가 매우 현명한 판단 능력을 발휘했다고는 볼 수 없을 것 같다), 그의 작은 조직체에도 주머니에 뭔가 조금 있었던 것이 분명하다. 그에게는 또 마리아와 마르다, 시므온 등 그를 즐겨 집으로 맞아들이고, 그를 따르기 위해 모든 것을 버리지 않았던 친구들이 있었다. 그는 금욕주의자가 아니었다. 그는 먹고 마시기를 좋아했고, 가나의 혼인 잔치에 포도주를 마련해주기도 했다. 그러나 그가 보여준 지혜의 핵심은 그의 수사학적 질문, 즉 "목숨이 음식보다 소중하지 않으냐? 몸이 옷보다 소중하지 않으냐?" 하는 것에서 발견할 수 있다. 그가 말하려는 것은 '먹을 것과 입을 것은 기본적이다. 그러나 그러고 나서는 무어란 말이냐?'라고 생각한다. 그의 태도에서 가장 중요한 열쇠는 물질 같은 것을 함부로 버리라는 것이 아니었다. 삶이란 생계를 이어가는 것 이상이라는 것, 정말로 필요로 하는 거라면 하나님이 어떻게든 공급해주시리라는 것에 대한 확고부동한 신념이었다.

나는 복음서의 현대 영어판 새 번역들이 어느 경우에나 다 훌륭하다는 생각에 동의하지 않는다. 그러나 이 경우는 동의하지 않을 수 없다. 새 번역에서 "be not anxious걱정하지 말라"라고 한 것이 옛 번역판에서 "take no thought생각을 말라"보다 원의에 더욱 가까운 번역이다. 인간이란 본성상 미래를 생각하지 않을 수 없다. 사실 미래를 생각해야만 한다. 생각하는 것은 건설적일 수 있지만, 걱정하는 것은 우리를 마비시킨다. 알코올 중독에서 벗어나려고 모인 AA 회의 몇 백만 회원들은 '하루씩'이라는 것을 실행하는 것이 언젠가 앞으로 스트레스를 받아 다시 술병을 들게 되지 않을까 하는 병적인 걱정, 그 자체가 역설적으로 그들을 술로 내모는 그런 걱정을 피하는 데 도움이 된다는 사실을 발견했다. 예수가 말한 대로 "내일 걱정은 내일이 맡아서 해줄 것이다"(마태복음 6:34).

예수는 산상 수훈 끝에 가서 급히 몇 가지 말을 덧붙인다.

"너희가 심판을 받지 않으려거든, 남을 심판하지 말아라."

그는 또 어느 정도 귀에 거슬리는 과장법을 적절히 사용하면서 네 눈에 들보를 가지고 다니는 처지에 남의 눈에 있는 티끌에 대해 그렇게 걱정하지 말라고 충고한다.

"너희는 무엇이든지, 남에게 대접을 받고자 하는 대로, 너희도 남을 대접하여라."

"너희는 그 열매로 그들을 알아야 한다."

그는 우리에게 친숙한 다음 말로 끝을 맺는다.

그러므로 내 말을 듣고 그대로 하는 사람은, 반석 위에다 자기 집을 지은, 슬기로운 사람과 같다고 할 것이다. 비가 내리고, 홍수가 나고, 바람이 불어서, 그 집에 들이치지만, 무너지지 않는다. 그 집을 반석 위에 세웠기 때문이다. 그러나 내 말을 듣고서도 그대로 행하지 않는 사람은, 모래 위에 집을 지은 어리석은 사람과 같다고 할 것이다. 비가 내리고, 홍수가 나고, 바람이 불어서, 그 집에 들이치면, 무너진다. 그리고 그 무너짐은 엄청날 것이다.

| 마태복음 7:24-27

산상 수훈을 가지고 해마다 학생들과 같이 씨름하면서 나는 어렵지만 중요한 교훈을 배울 수 있었다. 여러 세기 전에 누군가가 수고하여 이를 기록으로 남겨놓았기에 오늘 우리가 그것을 가지고 있게 되었다는 사실에 고마움을 느꼈다. 서양 역사가, 아니 세계 역사가 이 산상 수훈이 없었다면 어떻게 전개되었을까 상상하는 것은 거의 불가능하다. 그러나 나는 나보다 더욱 그 높은 이상에 가까이 이른 사람들을 찬양하지만, 나 자신이 거기에 너무나도 못 미친다는 사실에 계속 좌절을 느끼지 않을 수 없었다. 따라서 매년 산상 수훈을 끝내고 나면 나 스스로 정말 육신적으로 그 엄청난 산꼭대기를 올랐다는 기분을 가질 때가 있다. 그러나 그 높은 곳에 오래 머물 수는 없었고, 곧 내려와야 했다. 적어도 학생들 중 더러는 같은 느낌을 가졌으리라 확신한다. 나는 때때로 마태도 같은 반응을 보이지 않았을까 생각해 본다. 마태는 다음 구절에서 산상 수훈이 끝나자 예수가 산에서 내려오고 허다한 무리가 다시 예수를 좇았는데, 그 무리 중에는 고침받기를 원하던 한 나병 환자가 있었다고 보고하고 있다.

14 비유와 죽비

그런데 그 율법 교사는 자기를 옳게 보이고 싶어서 예수께 말하였다. "그러면, 내 이웃이 누구입니까?" 예수께서 응답하여 말씀하셨다. "어떤 사람이 예루살렘에서 여리고로 내려가다가 강도들을 만났다. 강도들이 그 옷을 벗기고 때려서, 거의 죽게 된 채로 내버려두고 갔다. 마침 어떤 제사장이 그 길로 내려가다가, 그 사람을 보고 피하여 지나갔다. 이와 같이, 레위 사람도 그곳에 이르러서, 그 사람을 보고 피하여 지나갔다. 그러나 어떤 사마리아 사람은 길을 가다가, 그 사람이 있는 곳에 이르러, 그를 보고 측은한 마음이 들어서, 가까이 가서 그 상처에 올리브기름과 포도주를 붓고 싸맨 다음에, 자기 짐승에 태워서 여관으로 데리고 가서 돌보아주었다. 다음날 그는 두 데나리온을 꺼내어서 여관 주인에게 주고, 말하기를 '이 사람을 돌보아주십시오. 비용이 더 들면, 내가 돌아오는 길에 갚겠습니다' 하였다. 너는 이 세 사람 가운데서 누가 강도 만난 사람에게 이웃이 되어주었다고 생각하느냐?" 그가 대답하였다. "그에게 자비를 베푼 사람입니다." 예수께서 그에게 말씀하셨다. "가서, 너도 그와 같이 하여라."

| 누가복음 10:29-37

랍비 예수는 그의 이전이나 그의 이후의 모든 랍비과 마찬가지로 이야기하기를 좋아했다. 그에게서 이런 점보다 더 유대적이고 더 랍비적인 것은 없다. 복음서에 보면 그가 했다고 하는 이야기들이 약 60개 나오는데, 아무리 회의적인 비평가들이라 하더라도 그가 정말로 이런 이야기들을 했으리라 믿는 쪽으로 기울고 있다. 어느 학자가 말한 것처럼, "그것들은 진순한 갈릴리의 풍취를 풍기고 있다". 예수 이후 여러 세대의 랍비들이 한 이야기들은 놀라운 지혜의 보고寶庫다. 몇백만 사람들이 그 이야기들을 들었다. 그러나 예수가 한 이야기들은 몇천만, 몇억만 사람들에게 이르렀다. 그 이야기들은 전해 내려오면서 너무나도 자주 되풀이되었기에 그중 많은 것은 우리들의 관용어가 되었고 또 많은 사람은 그것들이 어디에서 나왔는지조차 알지 못한 채 거기에서 나온 구절들을 예사로 쓰고 있다. 나는 한번 학생들에게 장난기 섞인 작은 연습을 시도한 바 있다. 다음에 나오는 익숙한 구절 중 얼마나 많은 것이 예수가 처음으로 말했는지 물어보고, 그 구절들을 칠판에 나열했다. "5리를 가자고 하거든 10리를 같이 가주어라", "등불을 켜서 말 아래에다 내려놓지 아니하고", "살진 송아지를 끌어내다가 잡아라", "너희의 진주를 돼지 앞에 던지지 말아라", "길을 잃은 양을 찾아" 등이었다. 바른 대답은 물론 이 모든 말을 예수가 했다는 것이다. 이 말들은 모두 예수의 비유들에서 나왔다.✝ 만약 예수가 그의 어록에 저작권을 가지고 있었다면 그는 분명 거부가 되었을 것이다.

✝　차례대로 마태복음 5:41, 마태복음 5:15, 누가복음 15:23, 마태복음 7:6, 마태복음 18:12에 나온다.

랍비 예수는 이처럼 많은 이야기만 한 것이 아니다. 그의 이야기들은 일종의 재고품으로서, 그의 메시지를 전하는 주된 수단이었다. 비유들은 처음 세 복음서(공관복음서들)의 35퍼센트를 차지할 정도다. 그러나 이 비유들의 가장 큰 특징 중 하나는 그것들이 '하나님에 대한 것이 아니라'는 점이다. 이 비유들은 혼인 잔치, 가족 간의 긴장, 강도, 씨를 뿌리고 거두어들이는 농부들, 약삭빠른 장사꾼 같은 것들에 대한 내용이다. 하나님은 단지 한두 군데 언급될 뿐이다. 예수보다 1,500년 후에 살았던, 그러나 너무도 많은 부면에서 그를 닮았던, 저 위대한 유대교 하시디 전통의 랍비, 바알 셈 토브와 같이, 랍비 예수는 우리가 딴 세상이 아니라 '이 세상'을 유심히 보기를 원한 것이 분명하다. 우리가 하나님의 임재를 발견하는 것은 지금 여기, 온통 우리 주변에 있는 가장 일상적인 일들에서다.

여리고 길 위에서 강도 당한 희생자의 이야기는 예수가 말한 가장 유명한 비유 중 하나다. 이 비유에는 세 사람이 등장하는데, 그중 두 사람은 언제나 등장하는 전형적인 인물이다. 이들과 함께 등장하는 그 불운의 여행자는 피를 흘리며, 의식도 없이(성경에는 "거의 죽게 된 채"라 했다), 지갑도 뺏기고, 그의 머리와 몸도 상처를 입은 채, 길가 도랑에 누워 있었다. 이 세 등장인물 중에 제사장과 레위인 두 사람은 완전히 예상할 수 있는 사람들이었다. 그들은 그 당시 다른 많은 이야기 속에 등장하는 것이 보통이었다. 그러나 상투적인 이야기에서 세 번째 등장인물은 보통 일반적인 이스라엘 사람이어야만 했다. 이것은 그 당시 사회의 세 가지 잘 알려진 계급을 아우르는 형식이었는데, 언제나 일반적인 이스라엘 사람이 등장해 처음 두 부류의 사람들에게 낭패를 주는 형식이다.

그러나 랍비 예수는 깜짝 놀랄 일을 한다. 그는 우리가 기대하던 전형적인 이스라엘 사람 대신에 완전히 엉뚱한 사람을 등장시킨다. 그 세 번째 인물은 혼혈족 이방 사람 사마리아인이었다. 그 당시 보통 하던 말은 "이 사람들에게서 무슨 가치 있는 것들을 기대할 수 있겠는가"였다. 그때까지는 등장인물들이 모두 판에 박힌 듯한 사람들로서 요즘 개그에서 흔히 "어느 이탈리아 사람과 프랑스 사람과 미국 사람이 모두 술집으로 들어가고 있었는데……" 하는 말로 시작하는 것과 같았다. 그러나 이 비유에서는 기대하지 못한 반전이 나타나는데, 사실 랍비 예수는 그런 반전으로 소문이 난 사람이었다. 그 당시 세계에서 고정적으로 등장하던 인물 '제사장과 레위인'은 모두 그 비운의 여행자를 피하기 위해 길 다른 쪽으로 조심해서 지나갔다. 아마도 자기들이 그 사람을 보지 못한 것처럼 보이려고 했을지 모른다. 가던 길을 멈추고 도와준 사람은 이야기 처음에 등장하는 인물들이 아니라, 그 지지리 못난 사마리아인이었다. 그는 그 사람의 상처에 포도주를 붓고 기름을 바르는 등 요즘 말로 해서 희생자 긴급 구호 대책을 편 셈이다. 그러고 나서 그를 자기 나귀에 태우고 여관으로 데려가 잘 보살펴주도록 주선했다. 그는 자기 주머니를 털어 여관 주인에게 돈까지 지불했다.

학생들이 이 비유를 읽으면 처음 반응은 하품을 하는 것이었다. 꽤 잘 알려진 이야기일 뿐 아니라 그 뜻도 분명하게 보였기 때문이다. 대학로 길거리에서 이처럼 강도당해 누워 있는 사람을 본다면 우리도 그를 도와야 한다. 그 외에 무슨 새로운 의미가 있겠는가.

그러나 예수는 여기서 윤리적 모범을 묘사하려 한 것이 아니었다. 그는 무엇인가 다른 것을 생각하고 있었다. 그 이야기는 그가 늘 쓰는 후림 상술bait-and-switch의 한 가지 예다. 그는 그의 청중을 익숙한 일처럼 보이는 것을 따라 안내하다가 마지막 순간에 이르러 일반적으로 받아들여진 사회적 통설을 뒤집어엎고 청중의 인습적 세계관을 흔들어준다. 그의 이야기들은 야구에서 말하는 갑작스러운 '변화구'와 같았는데 처음에는 보통 속도의 공처럼 보이지만 나중에 완전히 다른 것이 되어 타자의 타이밍을 흐트러뜨리는 효과를 가져온다.

랍비 예수의 비유들을 다른 영적 스승들이 말한 비유들과 비교해보면 거기에는 놀라운 유사점과 중요한 차이 모두가 있다. 이야기는 물론 많은 종교 전통에서 즐겨 쓰던 교수 방법이다. 유대교 랍비들만 아니라 고대 그리스도교 '사막의 교부'들도 이야기하기를 좋아했다. 수피 수도사들과 불교 스님들도 이야기하기를 좋아했고 아직도 그렇게 하고 있다. 그들이 어떤 종류의 이야기를 하고 있나를 보면 그들 사이에 같은 점이 무엇이고 다른 점이 무엇인지가 분명해진다. 그러나 예수가 한 이야기들은 선불교 스님들이 해준 유명한 공안公案과 비교할 때 가장 잘 이해할 수 있다고 생각한다. 선사들도 어떤 윤리적 지침을 전달하려는 것보다는 듣는 사람들에게 의식의 변화를 가져오려 했다. 예를 들어 한 젊은 학승이 자기 스승을 떠나 영운靈雲이라는 다른 선사를 찾아간 이야기가 있다.

"부처님이 나오시기 전 세상이 어떠했습니까"

젊은 학승이 선사에게 물었다. 영운 선사는 아무 대답도 하지 않

14 비유와 숙비

고 그의 불자拂子+만을 치켜들었다. 어리둥절한 학승은 다시 "그렇다면 부처님이 나타나신 후에는 어떠했습니까" 하고 물었다.

이번에도 선사는 아까와 똑같이 불자만을 치켜들 뿐이었다. 이 젊은 학승은 영문도 모른 채 자기 스승에게로 돌아가버리고 말았다.

"어찌 이리 빨리 돌아왔는고?"

그의 스승이 물었다.

"글쎄 아무것도 알아들을 수가 없었습니다."

"그러면 이제 나에게 물어보려무나"

그래서 학승은 자신이 한 두 가지 똑같은 질문을 스승에게 했다. 스승은 두 가지 질문에 각각 똑같이 그의 불자를 들어올릴 뿐이었다. 그러나 이번에는 그 학승이 무엇인가 알아들었다는 듯 그에게 머리를 숙였다. 그러자 스승은 불자로 그의 머리를 세게 내리쳤다. 이야기의 끝이다.

이 공안은 요즘 독자들에게 매혹적이면서도 동시에 황당스럽다. 그 학승은 그의 질문에 대한 답을 얻었을까? 답이 있기나 한 걸까? 왜 그 같은 질문을 해야만 했을까? 그가 두 스승의 가르침을 정말로 '이해'했을까? 혹은 아무것도 이해하지 못했다는 사실을 이해한 걸까? 머리를 얻어맞은 까닭은 무엇이란 말인가?

완전히 엉터리 같기도 하고 아주 심오한 것 같기도 한, 아마도 그 양쪽 모두를 조금씩 포함하고 있을 것 같은, 그 유명한 공안, '한 손으로 치는 박수 소리隻手聲'라는 것처럼, 그 학승이 자기 스승과 선사를

+ 　중국 선종에서 선사들이 설법할 때 들고 있는 '총채'로 설법과 권위를 상징한다.

만났다는 이 이야기에서 한 가지 확실하게 말할 수 있는 사실은 이솝 우화처럼 어떤 윤리적 교훈 같은 것을 전달하려고 의도된 것이 아니라는 점이다. 선의 이야기들은 듣는 사람들의 사고방식, 세계를 보는 시각을 뒤흔들어놓기 위한 것이다. 이것이 바로 랍비 예수의 스타일이기도 하다. 그의 이야기 거의 모두가 반전의 고리로 끝나고 있다. 듣는 사람들에게 어떤 정보를 주기보다 충격을 준다.

위대한 일본 선승 스즈키D. T. Suzuki는 이제 고전이 된 그의 책《선불교Zen Buddhism》에서 공안의 의도가 무엇인지 서양 독자들이 감이라도 잡을 수 있게 도와주려고 했다. 그러나 그가 그렇게 해주어 우리가 랍비 예수가 한 이야기의 의도가 무엇인가를 더욱 잘 이해할 수 있게 해주고 있기도 하다. 스즈키는 선불교의 본질이 삶을 바라보는 "새로운 시각視角을 얻는 것"이라고 설명하고 있다. 그러나 이렇게 새로운 시각을 얻는 것은 "일생을 통해 우리가 통과할 수 있는 최대의 정신적 지각 변동"이라고 했다. 마치 태풍이나 지진, 혹은 바위를 산산조각 내는 것에 버금가는 거라고도 했다. "지금껏 감지되지 않았던 새로운 세계가 전개되는 것"이 바로 '깨침'이라는 것이다.

이런 깨침이 있을 때,

우리 주위에 있는 모든 것이 전혀 예기하지 못했던 시각에서 보이게 된다……. 깨침을 얻은 사람들의 경우 세계는 더는 옛 그대로의 세계가 아니다……. 그것은 결코 같을 수가 없다……. (그러나) 깨침은 우리가 그것을 체험함으로써만 얻을 수 있는 것이다.[1]

스즈키는 계속해서 깨침을 얻는 것과 어려운 수학 문제를 푸는 과정, 혹은 어떤 사람이 위대한 발견을 하고 "유레카!" 하며 환성을 발하는 것을 비교한다. 그러나 그는 이 모든 것이 아직도 깨침의 지적인 면만을 가리키는 것으로서, 깨침이 완전해지려면 삶의 모든 면을 다 포함해야 한다고 경고한다.

예수의 이야기들도 이와 비슷한 의도를 가지고 있다. 이것이 바로 내가 예수의 이야기에 붙여진 전통적 이름 '비유'라는 말을 쓰기 싫어하는 이유다. 이 말은 이런 이야기들을 단순히 우화라 생각하도록 오도하기 쉽기 때문이다. 그러나 '비유'라는 말의 배경이 되는 히브리 낱말 '마샬'은 우화보다 힘이 있는 말이다. '이야기'라는 뜻으로, 거기에는 해학과 민담을 가리키는 면도 있다. 학자들 중 일부는 그 말의 가장 오래된 뜻은 말로 된 무엇이 아니라 행동으로 표현하는 무엇이었을 거라고 보기도 한다. 아무튼 랍비 예수는 자기 당대의 유대인 가르침을 받아들여 거기에 충실하면서도 새롭고 강한 힘을 불어넣었듯이, 이 경우에도 고대 '마샬'의 형식을 받아들이되 그것을 새로운 형식으로 바꾸었다. 그리고 사람들을 일깨우는 데, 그들의 머리를 내리치는 언어의 불자로 사용했다.

예수는 또 단순히 이야기하는 것만으로 만족하지 않았다. '마샬'의 본래 의미와 마찬가지로 그 이야기들은 일종의 이동식 가두 무대에서 하는 행위로도 보였다. 예수는 가족 밥상에 둘러앉은 열외자들이나 부적응자들에 대한 자기의 생각을 '다시 말하는 것'에 머무르지 않았다. 그는 가르치러 어디에 가면 반드시 평판이 좋지 않은 사람들, 좋지 않은 병이 든 사람들, 이방인들, 로마 황제를 대표하던 경

244

멸의 대상들, 그들에게 굽실거리던 이스라엘 아첨꾼들 등과 '어울렸다'. 한번은 여리고로 가는데, 세리 삭개오가 이 소문난 랍비를 더 잘 보겠다고 나무 위에 올라가 있는 것을 보고, 그에게 내려오라 한 다음 그 사람의 집에 가서 같이 저녁을 먹겠다고 했다. 말과 행동 모두를 통해 표현하는 '마샬'이야말로 예수의 자연스러운 특기였다. 심지어 시종일관 그의 삶을 관통하는 궤적은, 복음서들이 말하는 대로, 비유였다고 해도 과언이 아니다. 그것은 깜짝스러운 끝으로 끝나는 이야기 형식이었다.[2]

그러나 예수가 한 이야기들은 어느 면에서 선의 공안과 비슷하지만, 중요한 면에서는 달랐다. 선의 이야기들이 세계를 보는 '우리의 눈'이 바뀌는 것을 목표로 한다면, 예수가 사람들에게 바라는 것은 '세상 자체가 바뀌는 것'을 보는 것, 따라서 세상을 보는 사람들의 방법을 바꾸는 것이다. 예수는 사람들 스스로가 실제로 그 변화의 동참자가 되라고 초청한 것이다. 그는 계속해서 "눈 있는 자는 보고 귀 있는 자는 들을지어다"라고 했다. 사람들이 자기들 주위에 어떤 일이 일어나고 있는가 '주목하고' 그들 코밑에서 펼쳐지는 실재를 분간하라는 것이다. 이 변화를 그는 그의 말을 듣는 이들에게 낯익은 말로 묘사했지만 그 말을 사람들이 듣고 놀랄 수밖에 없는 방법으로 사용했다. 그는 이 변화를 '하나님 나라'의 도래라고 했다. 그가 뜻한 바는 뭔가가 벌어지고 있는데, 단순히 사람들의 의식 내에서만 생기는 것이 아니라 이 세상 그 자체에서 실제로 일어나는 일이라는 것이다. 전혀 새롭고 전례가 없던 무엇이 일어나고 있는데, 사람들이 그 일부가 될 수 있다고 하는 것이다.

이런저런 방법으로 표현되기는 했지만 이것이야말로 랍비 예수가 들려준 모든 이야기를 관통하는 중심 메시지였다. 예수가 말한 이야기들에 나오는 이 반복되는 멜로디는 족보들이나 그의 탄생 설화에서 사람들이 그에 '대해' 이야기할 때 우리가 들었던 그 주제를 상기시켜주고 있다. 그 주제란 사람들이 이스라엘 공동체에 속하든 속하지 않았든 그 모든 사람을 향한 하나님의 무조건적인 은총에 관한 것이다. 이 주제는 줄거리의 반전과 예기치 못한 종결로 번뜩인다. 그리고 모든 종류의 실제 상황에 근거를 두고 있다. 그러나 그 밑바닥을 흐르는 줄기는 "잘 보고 들으라. 그러면 하나님의 평화가 동틈을 알리는 징조가 지금 여기에 나타나고 있음을 보게 될 것이다" 하는 것이다. 그러나 예수의 메시지를 들은 사람은 그 누구도 이런 일이 일어나길 손 놓고 가만히 기다리기만 하면 된다는 뜻으로 믿지 않았다. 이런저런 방법으로 반응을 보여야 한다는 것이 그가 말하고 행동한 모든 것에 나타난 근본적 요체였기 때문이다.

말할 것도 없이 이런 긴박한 상황을 알리는 예수의 가르침에 대한 반응은 여러 가지였다. 그때도 그러했고 지금도 마찬가지다. 어떤 사람들은, 사실 그 당시 사람들이 대부분 이와 같았지만, 단순히 무시하고 말았다. 그의 가르침은 결국 그들이 살고 있던 방식에 대해 불편한 변화를 요구하는 황당한 메시지였을 뿐이다. 또 어떤 사람들은 그의 가르침을 심각하게 받아들였다. 여러 세기를 거쳐 많은 사람은 이 두 부류 중간 어디쯤에 속할 것이다. 내 생각에 내 학생들도 이 중간 부류에 속하리라 믿는다. 그러나 가르치는 사람으로서 나는 예수의 비유 중에서 가장 잘 알려진 것에 속하는 씨 뿌리는 자의 비유,

곧 뿌린 씨가 더러는 가시덩굴, 더러는 돌짝밭, 더러는 옥토에 떨어졌다고 하는 이야기에서 일말의 위로를 받는다. 씨앗이 싹이 트고 자라는 데는 시간이 필요하다. 나는 자기들이 뿌린 씨가 모두 다 활짝 피는 것을 보지 못하는 것이 가르치는 이들의 공통적인 운명임을 잘 알고 있었다. 그러나 그 학생들이 이런 갑작스러운 변화구 때문에 정신이 번쩍 들었던 경험을 잊지 않으리라 확신했다.

15 부정한 최고 경영자와 망나니 아들

예수께서 제자들에게도 말씀하셨다. "어떤 부자가 있는데, 그는 청지기를 하나 두었다. 이 청지기가 재산을 낭비한다고 하는 고발이 들어와서, 주인이 그를 불러놓고 말하였다. '자네를 두고 말하는 것이 들리는데, 어찌된 일인가? 자네가 맡아보던 청지기 일을 정리하게. 이제부터 자네는 청지기 일을 볼 수 없네.' 그러자 그 청지기는 속으로 말하였다. '주인이 내게서 청지기 직분을 빼앗으려 하니, 어떻게 하면 좋을까? 땅을 파자니 힘이 없고, 빌어먹자니 부끄럽구나. 옳지, 좋은 수가 있다. 내가 청지기의 자리에서 떨려날 때에, 나를 자기네 집으로 맞이해줄 사람들을 미리 마련해야 하겠다.' 그래서 그는 자기 주인에게 빚진 사람들을 하나씩 불러다가, 첫째 사람에게 '당신이 내 주인에게 진 빚이 얼마요?' 하고 물었다. 그 사람이 '기름 100말이오' 하고 대답하니, 청지기는 그에게 '자, 이것이 당신의 빚문서요. 어서 앉아서, 쉰 말이라고 적으시오' 하고 말하였다. 그리고 다른 사람에게 '당신의 빚은 얼마요?' 하고 물었다. 그 사람이 '밀 100섬이오' 하고 대답하니, 청지기가 그에게 '자, 이것이 당신의 빚문서요. 받아서, 여든 섬이라고 적으시오' 하고 말하였다. 주인은 그 불의한 청지기를 칭찬하였다. 그것은 그가 슬기롭게 대처하였기 때문이다. 이 세상의 아들들이 자기네끼리 거래하는 데에는, 빛의 아들보다 더 슬기롭다.

그러므로 내가 너희에게 말한다. 불의한 재물로 친구를 사귀어라. 그래서 그 재물이 없어질 때에, 그들이 너희를 영원한 처소로 맞아들이게 하여라."

| 누가복음 16:1-9

이것이 정말 우리가 알고 있는 그 예수가 한 말일까? 예수는 정말로 자기를 고용한 주인을 속이고 제 둥지를 포근하게 만들어 자기 미래의 재정적 안정을 보장하겠다는 이 욕심 많고, 부패하고, 실로 사기성 짙은 경영자를 칭찬하고 있지 않은가? 어떻게 된 걸까?

우리가 강의실에서 예수의 비유에 대해 이야기할 때면, 나는 비유 중 극히 엄선해서 이야기할 수밖에 없다. 모두 60여 개의 비유들이 있는데, 예수의 이야기 전체를 단 한 학기 동안 다 끝내야 하므로, 그 비유들 중 가장 대표적인 것만을 골라야 하고, 또 어느 비유부터 시작해야 할까를 결정해야만 했다. 부자 바보, 겨자씨, 잃어버린 양, 부자와 나사로 등의 비유를 고를 수도 있지만, 나는 학생들의 기대를 가장 효과적으로 뒤집어놓을 수 있는 것부터 시작하고 싶었다. 다른 비유들로 시작해보았지만, 결국 나 스스로 '부정한 최고 경영자Crooked CEO'라 이름 붙인 위의 비유를 가지고 시작하려는 것이 내가 선택한 결정이었다. 내가 학생들에게 결코 바라지 않는 것은 그들이 비유를 '이해해버리고 마는 것'이다. 나는 학생들을 좀 놀려줘서 학생들이 앞으로 이 비유들을 다시 생각해보게 되길 원했다. 내가 이 비유

15 부정한 최고 경영자와 망나니 아들

를 택한 이유도 이것이 듣는 사람들에게 충격을 주어 사물을 보는 방법을 달리할 수 있도록 하기 위해 예수가 사용한 변화구의 실례를 가장 선명하게 보여주기 때문이었다.

이 부정한 최고 경영자 비유는 목사들의 설교에 등장하는 일이 별로 없다. 이 비유를 들어본 적이 없다고 하는 학생들이 태반이고, 또 들어보고는 황당해한다. 더러는 예수가 정말 이런 이야기를 했다고는 도저히 믿을 수 없다고도 한다. 이것은 너무나도 딴판이라는 것이다. 신문에 보면 주주들이나 고용인들을 희생시켜 결국 자기 주머니만 채우는 최고 경영자에 관한 기사로 가득하지만, 예수가 여기서 이런 간교하고 자기밖에 모르는 경영자, 마치 엔론Enron⁺ 부서 책임자같이 보이는 이 엉터리 사기꾼을 좋다고 하니 도대체 어떻게 된 것인가?

강의실에 팽배한 압력에도 나는 결코 거기 굴복해서 이 수수께끼 같은 이야기의 '진정한 의미'를 '설명'해주지 않았다. 우선, 여기에 대해 어느 정도 믿을 만하다고 할 수 있는 여러 해석을 읽어보았지만, 나 스스로도 정말 무슨 뜻인지 확실히 알 수가 없었기 때문이다. 그러나 무엇보다 주된 이유는 나사렛 랍비 예수의 정신, 특히 이 비유의 정신에 진실되고 싶었기 때문이다. 나는 학생들이 어리둥절하고 놀라워하기를, 그래서 온 세상이 아니라면 적어도 자기들 자신의 생각이라도, 그것도 아니라면 최소한 예수에 대한 자기들의 선입견이라도 고칠 수 있기를 바랐다. 이 비유 자체가 다음과 같은 일종의 설명을 덧붙이고 있다.

+ 막대한 정치 자금을 제공하고 회계 부정 스캔들로 파산한 미국 에너지 기업이다.

가장 작은 일에 충실한 사람은 큰일에도 충실하고, 가장 작은 일에 불의한 사람은 큰일에도 불의하다. 너희가 불의한 재물에 충실하지 못하다면, 누가 참된 것을 너희에게 맡기겠느냐? 또 너희가 남의 것에 충실하지 못하다면, 누가 너희의 몫을 너희에게 내주겠느냐? 한 종이 두 주인을 섬기지 못한다. 그가 한쪽을 미워하고, 다른 쪽을 사랑하거나, 한쪽을 떠받들고, 다른 쪽을 업신여길 것이다. 너희는 하나님과 재물을 함께 섬길 수 없다.

| 누가복음 16:9-13

그러나 비유 안에 나오는 이 설명을 들어도 오리무중이기는 마찬가지다. 예수가 그의 비유들에서 늘 하듯, 다가오는 하나님의 다스림을 감안할 때 윤리적 결단을 할 상황이 급박하니 '빨리 행동하는 것이 좋다'고 강조하기 위해서였을까? 혹은 그가 또 자주 그렇게 하듯 사물은 반드시 겉으로 보이는 것과 같지만은 않음을 말하는 걸까? 우리가 악당이나 건달이라 생각하는 사람들도 우리에게 뭔가 가르칠 것이 있을 수 있기 때문이다. 혹은 이 비유가 한 가지 뜻만을 가진 것이 아닐 수도 있지 않을까? 마치 선禪의 이야기처럼 우리들의 신경회로를 자극해서 생각을 온갖 새로운 가능성에 열리도록 하려고 꾸며진 것일 수도 있다. 그러나 나는 여러 해를 두고 가르치면서 나의 교수 경력 중 가장 강력한 유혹이란 결국 너무 많은 것을 너무 빨리 설명해주려고 하는 거라는 사실을 발견했다. 어리둥절함, 난처함, 혼란함이 배우는 과정에서 장애물만은 아니다. 이런 것들이 우군일 경우가 많다. 나는 예수도 그의 말을 듣는 사람들의 눈썹을 찌푸리게

15 부정한 최고 경영자와 망나니 아들

하고 머리를 흔들도록 하는 경우가 많았으리라 확신한다. 사실 이것이 그의 교수 방법의 기본이었다.

강의 시간에 학생들과 이런 비유들을 토론하면서, 그 본문 자체에 대해서는 많은 것을 배우지 못하더라도, 적어도 내가 함께하는 그 젊은이들의 세계에 대해 놀라울 정도로 많은 것을 배우는 순간들이 다가오는 경우가 많다. 아마 모든 비유 중에서 가장 잘 알려져 있음직한 다음의 비유를 살펴보자.

예수께서 말씀하셨다. "어떤 사람에게 아들이 둘 있는데, 작은아들이 아버지에게 말하기를 '아버지, 재산 가운데서 내게 돌아올 몫을 내게 주십시오' 하였다. 그래서 아버지는 살림을 두 아들에게 나누어주었다. 며칠 뒤에 작은아들은 제 것을 다 챙겨서 먼 지방으로 가서, 거기에서 방탕하게 살면서, 그 재산을 낭비하였다. 그가 그것을 다 탕진했을 때에, 그 지방에 크게 흉년이 들어서, 그는 아주 궁핍하게 되었다. 그래서 그는 그 지방에 사는 어떤 사람을 찾아가서, 몸을 의탁하였다. 그 사람은 그를 들로 보내서 돼지를 치게 하였다. 그는 돼지가 먹는 쥐엄 열매로라도 배를 채우고 싶은 마음이 간절했으나, 주는 사람이 없었다. 그제야 그는 제정신이 들어서, 이렇게 말하였다. '내 아버지의 그 많은 품꾼에게는 먹을 것이 남아도는데, 나는 여기에서 굶어 죽는구나. 내가 일어나 아버지에게 돌아가서 이렇게 말씀드려야 하겠다. 아버지, 내가 하늘과 아버지 앞에 죄를 지었습니다. 나는 더 이상 아버지의 아들이라고 불릴 자격이 없으니, 나를 품꾼으로 삼아주십시오.' 그는 일어나서, 아버지에게로 갔다. 그가 아직도 먼 거리에 있는데, 그의 아버지가 그를 보고 측은히 여겨서, 달려가 그의 목을 껴안고, 입을 맞추었다. 아들이 아버지에게 말하였다. '아버지, 내가 하늘과 아버지 앞에 죄를 지었습니다. 이제부터 나는 아버지의 아들이라고 불릴 자격이 없습니다.' 그러나 아버지는 종들에게 명령하였다. '어서 좋은 옷을 꺼내서 그에게 입히고, 손에 반지를 끼우고, 발에 신을 신겨라. 그리고 살진 송아지를 끌어내다가 잡아라. 우리가 먹고 즐기자. 나의 이 아들은 죽었다가 살아났고, 내가 잃었다가 되찾았다.' 그래서 그들은 잔치를 벌였다.

큰아들이 밭에 있다가 돌아오는데, 집에 가까이 이르렀을 때에, 음악 소리와 춤추면서 노는 소리를 듣고, 종 하나를 불러서, 무슨 일인지를 물어보았다. 종이 그에게 말하기를 '아우님이 집에 돌아왔습니다. 건강한 몸으로 돌아온 것을 반겨서, 주인어른께서 살진 송아지를 잡으셨습니다' 하였다. 큰아들은 화가 나서, 집으로 들어가려고 하지 않았다. 아버지가 나와서 그를 달랬으나, 그는 아버지에게 말하였다. '나는 이렇게 여러 해를 두고 아버지를 섬기고 있고 아버지의 명령을 한 번도 어긴 일이 없는데, 내게는 친구들과 함께 즐기라고, 염소 새끼 한 마리도 주신 일이 없습니다. 그런데 창녀들과 어울려서 아버지의 재산을 다 삼켜버린 이 아들이 오니까, 그를 위해서는 살진 송아지를 잡으셨습니다.' 아버지가 그에게 말하기를 '얘야, 너는 늘 나와 함께 있지 않느냐? 또 내가 가진 모든 것은 다 네 것이 아니냐? 너의 이 아우는 죽었다가 살아났고, 내가 잃었다가 되찾았으니, 즐거워하고 기뻐하는 것이 마땅하지 않겠느냐?' 하였다."

| 누가복음 15:11-32

그 부정한 최고 경영자 비유와는 달리 이 비유의 교훈은 아주 명료해 보인다. 이 이야기는 누가 보아도 버르장머리 없고 망나니같이 보일 수밖에 없는 아들일지라도 그에게 보여준 아버지의 너그러움과 열린 마음을 찬양하는 이야기다. 유산 상속자는 자기 늙은 아버지가 죽기까지 기다릴 수가 없었던 모양이다. 유산 중에 자기에게 돌아올 몫을 달라고 요구해 그것을 받았다. 그러고 나서 집을 나가 그것이 무엇이었는지 모르지만 허랑방탕하면서 그 돈을 탕진하고 말았다. 특히 유대인들이 가장 천하게 여기던 돼지 치는 일까지 하게 되었지만 허기진 배를 채울 수 없어 자기가 돼지들 앞에 던져주는 쓰레기를 뒤지기 시작한다. 할 수 없이 그는 집으로 돌아가 아버지의 자비에 자기를 맡기고 그의 품꾼으로라도 삼아주기를 빌어야 하겠다고 결심했다. (한 학생은 그 아들이 아마도 자기 아버지가 자기를 결코 품꾼으로 삼지는 않고 결국은 받아주리라 짐작하지 않았겠느냐며 날카롭게 지적했다.)

집으로 돌아오면서 그 아들은 아버지에게 할 감동적인 미니 연설을 머리로 연습한다. 몇몇 학자들은 이 부분을 서양 문학사에서 처음으로 나오는 내면적 독백의 예라고 주장한다. 그러나 그가 연습한 말을 꺼내기도 전에, 아버지는 멀리서 그가 오는 것을 보고는 달려와 그를 얼싸안고 집으로 들어온다. 아버지는 이 즐거운 날을 위해 잔치를 베풀라고까지 한다.

들에서 일하고 무거운 발을 끌며 들어오던 큰아들이 잔치 소리를 듣고 자기보다 이 부랑아를 더 사랑하는 아버지에게 불평을 터뜨리면서 뜻밖의 사건이 터진다. 한 가지 덧붙일 것은 이 큰아들이 자기 아버지에게 불평을 쏟을 때 자기 동생이 "창녀들과 어울려서 아버지의 재산을 다 삼켜버린 아들"이라 했다는 점이다. 이것은 앞에 나온 본문에는 없던 말로, 큰아들이 화가 나서 상상으로 내뱉은 것이 아닌가 싶다. 아무튼 아버지는 큰아들에게 작은아들을 사랑하는 것처럼 큰아들도 사랑한다고 확신을 주고, 그러나 "너의 이 아우는 죽었다가 살아났고, 내가 잃었다가 되찾았으니, 즐거워하고 기뻐하는 것이 마땅하지 않겠느냐?"고 했다.

나는 그 부정한 최고 경영자 비유 다음에 이 본문을 가지고 학생들과 토의하면 쉬워지리라 생각했다. 그러나 생각지 못한 난관에 부딪혔다. 내가 그 아버지의 사랑이, 특히 이 고마워할 줄도 모르는 꼬마 괴물에 대한 그의 사랑이, 얼마나 감동적인가 하고 강조하면 학생들은 어리둥절한 표정이었다. 뭐가 그리 대단하냐는 것이다. 그러면 나는 그가 뛰어나가 아들을 맞아들이지 않았는가, 아들에게서 어떤 설명을 듣기도 전에 그를 반기지 않았나 하고 주장한다. 이 모습이 이례적으로 관대한 아버지가 아니고 무엇인가 하고 물어본다.

학생들은 아니라는 것이다. 아버지치고 그러지 않는 아버지가 어디 있겠는가? 당연히 어느 아버지든 아들을 반기고 살진 송아지를 잡아 잔치를 벌이고 친구들을 초대하고 술독을 열어젖히리라는 것이다. 아버지들이 다 하는 일이라는 것이다. 학생들은 또 큰아들의 불평불만을 이해할 수 있다고도 말했다. (특히 학생 중 맏아들인 경우 3분의 1이 이 점을 지적했다.) 그러나 아버지가 큰아들에게 사연을 말하고 큰아들도 잔치에 합류했다고 하는 사실에서, 학생들은 그가 다음날 아침 그 전날 일 때문에 상했던 기분이 좀 풀렸을 거라고 확신하기도 했다.

이런 작은 대화를 통해 나는 가족 구조가 변화하기 때문에, 계속되는 각각의 세대는 가족에 관한 이야기를 각자 자기 식대로 읽는다는 사실을 배웠다. 행복하거나 불행한 가정들이 다 같으냐 다르냐 하는 것과 상관없이 모든 가정은 자기들 나름대로 같기도 하고 다르기도 했다. 이른바 탕자의 비유라는 이 이야기는 분명히 1세기 사람들과 중세 시대 사람들과 오늘을 사는 사람들 사이에 각각 다른 반응을 불러일으킨다. 그러나 이와 같은 설화의 힘은 세기를 달리하면서도 계속 인간들에게 무엇인가를 말해주고 있다.

끝으로 학생들에게 언제나 움츠림과 배움을 동시에 주는 비유가 있다.

예수께서 다시 여러 가지 비유로 그들에게 말씀하셨다. "하늘나라는 자기 아들의 혼인 잔치를 베푼 어떤 임금에게 비길 수 있다. 임금이 자기 종들을 보내서, 초대받은 사람들을 잔치에 불러 오게 하였는데, 그들은 오려고 하지 않았다. 그래서 다시 다른 종들을 보내며, 이렇게 말하였다. '초대받은 사람들에게로 가서, 음식을 다 차리고, 황소와 살진 짐승을 잡아서 모든 준비를 마쳤으니, 어서 잔치에 오시라고 하여라.' 그런데 초대받은 사람들은 그 말을 들은 척도 하지 않고, 저마다 제 갈 곳으로 떠나갔다. 한 사람은 자기 밭으로 가고, 한 사람은 장사하러 갔다. 그리고 나머지 사람들은 임금이 보낸 종들을 붙잡아서, 모욕하고 죽였다. 임금은 노해서, 자기 군대를 보내어 그 살인자들을 죽이고, 그들의 도시를 불살라버렸다. 그리고 자기 종들에게 말하였다. '혼인 잔치는 준비되었는데, 초대받은 사람들은 이것을 받을 만한 자격이 없다. 그러니 너희는 네거리로 나가서, 아무나, 만나는 대로 잔치에 청해 오너라.' 종들은 큰길로 나가서, 악한 사람이나, 선한 사람이나, 만나는 대로 다 데려왔다. 그래서 혼인 잔치 자리는 손님으로 가득 차게 되었다.

임금이 손님들을 만나러 들어갔다가, 거기에 혼인 예복을 입지 않은 사람이 한 명 있는 것을 보고서 '친구여, 그대는 혼인 예복을 입지 않았는데, 어떻게 여기에 들어왔는가?' 하고 물으니, 그는 아무 말도 하지 못하였다. 그때에 임금이 종들에게 말하기를 '이 사람의 손발을 묶어서, 바깥 어두운 데로 내던져라. 거기에서 슬피 울며 이를 갈 것이다' 하였다. 부름받은 사람은 많으나, 뽑힌 사람은 적다."

| 마태복음 22:1-14

처음 10절은 즐거운 이야기이고, 어느 면에서 예수가 자주 가르치던 것의 전형적인 형태라 볼 수 있다. 왕 주변에 있던 특권층과 귀족들과 고관대작들 그리고 그 부인들이 무슨 이유에서인지 초대받은 혼인 잔치에 나타나지 않았다. 식탁이 준비되고, 수저도 제자리에 놓이

15 부정한 최고 경영자와 망나니 아들

고, 포도주 마개도 땄다. 그러나 손님들이 어디 있는가? 왕은 격노했다. 충동적으로 대문을 열고 길을 가던 어중이떠중이 누구나 오도록 했다. 심지어 종들을 네거리로 보내 잔치에 데려오게 하였다.

여기까지는 전형적인 '대반전' 시나리오로서, "나중 된 자가 처음 되고 처음 된 자가 나중 된다"는 등 예수의 다른 많은 경구를 연상시킨다. 여기까지는 잘 나가고 있고, 요점이 완벽할 정도로 명백하다. 그러나 바로 다음 '변화구'가 들어온다. 왕은 길을 가다가 갑자기 불려 와 이런 호화찬란한 대접에 눈이 동그랗게 된 손님들을 돌아보고 그중에서 옷을 제대로 입지 않은 사람 하나를 보게 되었다. 왕은 그에게 가까이 갔지만, 어리둥절해하던 그 사람은 아무 말도 하지 못했다. 무슨 말을 할 수 있었겠는가? 마구간을 청소하고 나서, 혹은 밭에서 땅을 다 파고 집으로 가는데, 난데없이 왕의 종들이 나타나 그대로 왕의 잔칫상으로 끌려왔는데 어떻게 무슨 말을 할 수 있겠는가? 물론 그에게는 혼인 예복으로 갈아입을 시간이 없었다. 이상스러운 것은 이렇게 마지막 순간에 부름을 받아 온 다른 사람들은 예복을 입고 있었다는 점이다. 왕은 심히 격노해서 그 불쌍한 사람의 손발을 묶어 바깥 어두운 데로 던져버리라고 했다. 거기서 그는 "슬피 울며 이를 갈" 것이라 했다. 아무리 이해하려고 해도 아무것도 모르고 지나가다가 갑자기 불려 와 전혀 예상하지 못한 처지에 처하게 된 이 불쌍한 사람에게는 너무나도 불공평한 형벌이 아닐 수 없다.

다시 학생들이 어리둥절할 수밖에 없었다. 예수가 정말로 이 다혈질의 왕을 칭찬하고 있다고? 요점이 뭔가? 왜 예수는 그 재수 좋은 행인들이, 아마도 몇몇 집 없는 사람들이, 드디어 한턱 잘 먹게 되었다는 데서 그 이야기를 끝내지 않았을까? 왜 끝에다 이런 상식과 형평의 원칙에 정면으로 어긋나는 말을 덧붙여 이야기를 망쳐버렸는가?

"정말로 말하려고 하는 요점이 무엇인가?"

여기서도 나는 학생들의 어리둥절함을 경감시키려 하거나 이 비유의 비논리적인 측면을 합리화하지 않았다. 그렇다. 하나님의 다스리심이 지금 일어나고 있다면, 그리고 어느 시점에서든 우리 앞에 나타난다면, 우리는 준비하고 있어야 한다. 많은 비유는 이 점을 강조하고 있다. 그렇다. 어떤 종류의 행동은 하나님의 부르심에 응하는 사람들에게 기대하는 것들이기도 하다. 우리는 이 기대를 산상 수훈에서 보았다. 그러나 이 고약한 왕의 이야기는 많은 학생에게 씁쓸한 것으로 남아 있었다. 어떤 학생들은 나중에 내가 이런 몇몇 비유의 '뜻을 설명'할 수 없었던 것은 내가 나의 숙제를 제대로 하지 않아서가 아닌지 의심했다는 말까지 했다. 그들은 어차피 윤리적 '사유'라는 과목을 택한 것이 아닌가? 예수의 비유 중에 발견할 수 있는 몇 가지 사유 가능한 요점들을 전해달라는 요청이 너무한 것인가? 학생들은 수수께끼나 재치 문답 같은 것을 좋아하지 않았다.

그러나 나는 학생들의 불만에도 거기에 굴해 설명하거나 해명하거나 분명히 하는 것을 거부했다. 학생들은 우리 모두와 마찬가지로 살아 있는 동안 계속 자라나는 과정에 있었다. 자라난다는 것은 불만족스럽고 불완전한 결말들을 가지고 산다는 의미다. 생명이 중간에서 단절되거나 예기치 않은 방향으로 치닫거나, 화염에 휩싸이는 사람들과 더불어 산다는 의미다. 우리들의 삶이 아무리 평범하다

하더라도 우리가 그 마지막 신비의 문턱에 이를 때 우리의 삶은 모두 일종의 물음표로 끝나게 된다. 이것이 바로 소포클레스에서 시작하여 셰익스피어와 도스토옙스키에 이르기까지 모든 문호의 진정으로 위대한 문학 작품들이 할리우드 스타일의 해피엔드로 우리를 달래주지 못하는 이유다. 비유들은 산뜻한 결말을 갈구하는 우리의 여망에 부응하지 않기 때문에 생생하게 남을 수 있다. 비록 여기저기에서 이런저런 복음서 기자들이 예수의 비유에 나타난 코드를 풀어주려는 유혹에 넘어간 것이 사실이지만, 나는 이런 일을 하지 않는 것이 랍비 예수의 교수법에 더욱 가깝다고 믿는다.[1] 예수는 사람들을 흔들어 일깨우기를 원했다. 그리고 이 비유들이 군더더기 없이 그대로 받아들여질 때 바로 그런 일을 아직도 해주고 있다.

예수는 비유를 말로 이야기했다. 그러나 그는 그 비유를 행동으로 표현하기도 했다. 그가 행한 거의 모든 행동은 그의 과격한 메시지를 전달하기 위해, 그리고 어떤 사람들의 기는 꺾고 어떤 사람들에게는 위로를 주기 위해, 어떤 사람들에게는 충격을 주어 자신과 세계를 밑에서부터 다시 생각해보도록 하기 위해 계획적으로 한 행동이었다. 삶에 대한 비유 방식은 병 고치는 자라는 그의 사명에도 영향을 주었는데, 다음 장에서는 그 문제를 다루어보겠다.

16 큰 무리가 모여든 까닭
: 그의 병 고침도 그의 이야기를 하는 것

예수께서 배를 타고 맞은편으로 다시 건너가시니, 큰 무리가 예
수께로 모여들었다. 예수께서는 바닷가에 계셨는데, 회당장 가운
데서 야이로라고 하는 사람이 찾아와서 예수를 뵙고, 그 발 아래
에 엎드려서 간곡히 청하였다. "저의 어린 딸이 죽게 되었습니다.
오셔서, 그 아이에게 손을 얹어 고쳐주시고, 살려주십시오." 그래
서 예수께서 그와 함께 가셨다. 큰 무리가 뒤따라오면서 예수를
밀었다.

| 마가복음 5:21-24

예수에게 매료되었던 무리가 모두 그의 메시지를 듣기 위해 그를 찾
은 것이 아님은 의심할 여지가 없다. 그들은 예수가 병 고치는 이라
는 소문을 듣고 그에게 나왔다. 이는 예수의 윤리적 가르침과 본보기
에 초점을 맞추는 사람들이 흔히 잊어버리기 쉬운 무엇이다. 또한 길
거리로만 나서면 에이즈에서 골수암이나 조울증에 이르기까지 온갖
질병의 치료 방법을 연구하는 최첨단 연구소가 즐비하게 들어서서

매일 앞다투며 연구하는 요즘의 대학에서 받아들이기 쉽지 않은 무엇이기도 하다. 성경이나 다른 종교 문헌에서 발견할 수 있는 병 고치는 이야기들과 최신 줄기세포 치료법이나 현미경을 사용하는 뇌 수술의 연구 사이에 무슨 연관이 있을 수 있겠는가?

이 둘 사이의 간극을 메우는 일은 어렵다. 그러나 내가 가르친 과목의 경우 예수의 병 고침이라는 것이 또 다른 이유 때문에 예민한 토픽일 수밖에 없다는 사실을 발견하게 되었다. '예수와 윤리적 삶'이라는 강의를 듣기 위해 오는 학생 중에는 언제나 한두 명이 휠체어를 타고 들어왔다. 한 해 건너 한 번쯤은 맹인견과 함께 들어오는 학생들도 있었다. 처음 몇 년 동안 나는 예수가 병든 사람들을 고쳤다는 그 많은 이야기에 대해 실제적으로 전혀 언급하지 않았다. 가끔씩 학생들이 이런 분명한 생략에 대해 물어보면, 나는 우물쭈물 말했다.

"글쎄, 다루어야 할 게 너무도 많은데 '모든 것을 다' 다룰 수는 없지."

그러나 나는 이것이 그 빈틈의 참된 이유가 아님을 잘 알고 있었다. 진짜 이유란 내가 이른바 '치유 기적'이라는 것에 대해 무엇을 말해야 할지 알지 못했다는 것이다. 해부학과 전염병학을 전공하는 학생들, 여남은 의예과 학생들, 공중 보건 대학 학생들까지 들어와 있는 강의실에서 이런 문제를 이야기하는 것은 마음 내키는 일이 아니었다. 나는 그들이 이런 이야기를 회의적으로 볼 거라고 예상했고, 그 이야기들의 문자적 정확성을 변호할 마음이 없었다. 그러나 병 고치는 이야기를 하지 않고 건너뛴 더욱 근본적 이유는 휠체어를 타고 오는 학생들, 맹인견과 함께 오는 학생들이었다. 예수가 눈먼 사람의 눈을 고쳐주고 절름발이를 다시 걷게 했다는 이야기를 소개하여 헛된 희망 지수를 올려주고 싶은 마음이 없었다.

신학교에서 받은 교육도 이런 경우 큰 도움이 되지 못했다. 여러 해 전 내가 신학교에서 신약 성경을 공부할 때 우리를 가르치던 자유주의 교수들은 그 당시 유행하던 역사 비평적 방법을 적용하여 병 고치는 이야기를 예수가 갈릴리 호수 위를 걸었다든가 가나의 혼인 잔치에서 물을 포도주로 만들었다고 하는 다른 '기적'들과 함께 분류했다. 그들은 이런 이야기들이 과학 이전 시대부터 내려온 전설로서, 예수를 따르던 사람들과 이어진 세대들이 참된 예언자들이라면 당연히 이런 기적을 행한다고 기대하던 시대에 예수의 권위를 증명하기 위한 노력의 일환으로 예수에게 갖다 붙인 거라고 했다. 그 교수들은 또 우리에게 이런 기적 이야기의 표면 밑을 보고 그 상징적 의미와 구약 이야기의 메아리를 찾으라고 촉구했다. 예수가 정말로 병든 사람들을 고쳤을 가능성은 전혀 고려하지 않는 것 같았다. 이런 것은 크리스천 사이언스 교인들, 오순절 교회 교인들, 루르드Lourdes나 파티마Fatima를 찾아다니는 어수룩한 가톨릭 신자들의 몫으로 남겨두었다.[+] 해가 지나면서 나는 이런 해석에 대한 만족감이 점점 줄어들었지만 그렇다고 그것을 대신할 무엇을 발견하지도 못했다.

내가 이 문제를 비켜간 또 다른 이유도 있었다. 그것은 TV 전도사들이었다. 가끔씩 잠이 안 올 때면 나는 아래층으로 내려가 데운 우유를 마시거나 통밀 크래커를 씹으면서 거실 TV를 켠다. 한번

[+] 성모 마리아가 발현한 곳으로서 믿음과 건강을 위해 신비한 효험이 있다고 전해지는 프랑스와 포르투갈 마을들이다.

은 나의 이런 야행성 채널 돌리기에 뭔가 이상한 일이 있음을 감지하게 되었다. 내가 흘러간 영화, 토크 쇼, 체중 감소 다이어트 광고 등이 나오는 방송 채널들을 지나 부흥사가 넥타이를 삐딱하게 매고 성경을 펴서 손에 든 채 무대 위를 왔다 갔다 하는 것을 보기만 하면 채널을 고정시키고, 적어도 얼마 동안은 그것을 보고 있었다. 나는 그들이 자기들의 기도가 정말로 병을 고칠 수 있다고 주장하고, 사람들이 줄을 서서 마이크에 대고 정말로 자기들의 병이 나았다고 증언하는 것을 보고 이런 현상을 어떻게 이해해야 할지 몰랐다. 지미 스워거트 같은 부흥사는 시청자들에게 그들이 TV 화면에 손을 갖다 대기만 해도 하나님이 그의 기도에 응답하셔서 그들의 병을 고쳐주실 거라고 장담했다. 어떤 여자 부흥사는 지금 TV를 보고 있는 시청자들 중에 간이 좋지 않은 사람, 혹은 허리가 아픈 사람이 있는 것을 안다고 하면서 하나님이 바로 그 순간 그 병을 고쳐주신다고 주장하기도 했다.

나는 이상스럽게도 이런 프로에 매료되었다. 그러나 극히 회의적이었다. 이런 집회에 참석하여 병 낫기를 열심히 기도해 효험을 얻었다는 사람들이 다시 그전에 짚고 다니던 목발을 짚고 나서는 것을 보고 뭔가 이상하게 여기지 않을 수 없었다. 그러나 역시 이상스러운 것은 왜 내가 이 채널 저 채널을 돌리다가 꼭 그 채널에서 멈추고 보는가였다. 나는 거부감과 매혹을 동시에 느꼈다. 과장이 있겠지만, 뭔가 중요한 것, 뭔가 참인 것이 일어나고 있는 것처럼 보였다. 그러나 아직도 나는 병 고치는 이로서의 예수에 대해 무슨 말을 해야 할지 알지 못했다.

나의 이런 태도는 어느 날 생면부지의 의과대학 교수에게 전화를 받고 바뀌기 시작했다. 그는 자기가 허버트 벤슨Herbert Benson이라는 심장내과 전문의라 소개하고 나서, 나하고 뭔가에 대해 이야기를 나누어보고 싶다고 했다. 자연히 나도 호기심이 발동해서 같이 커피나 마시자고 하고 날짜를 잡았다. 한 이틀 지나 스낵바에서 만났다. 그는 스스로 매우 중요하다고 생각하는 어떤 문제에 골몰하고 있는데, 의과대학 자기 동료들은 그렇게 생각지 않을 뿐 아니라 험담이나 조롱까지 하지 않을까 염려된다고 했다. 그는 자기가 심장마비를 겪은 환자들을 위한 대체 치료법 실험을 한동안 하고 있다고 했다. 훌륭한 연구자들이 하듯 그도 환자들을 두 그룹으로 나누었다. 심장마비 재발을 방지하기 위해 한 그룹에는 일반적으로 사용하는 약들을 처방하고, 다른 한 그룹에는 완전히 다른 접근법을 사용했다는 것이다. 다른 접근법이란 환자들에게 최근 인도에서 온 수행자가 소개한 만트라(주문) 방법을 이용해 매일 명상을 하게 하는 것이었다. 그러고는 이 그룹에게는 약을 전혀 처방하지 않았다고 했다.

벤슨 교수는 놀랍게도 만트라 명상을 하는 두 번째 그룹에서 첫 번째 그룹보다 심장마비 환자가 훨씬 더 적었다고 말했다. 문제는 만트라를 사용하는 환자들이 종종 이 방법을 지루하고 이상하다고 여긴다는 점이었다. 그래서 벤슨 교수는 한 환자에게 자신의 종교 전통에서 만트라를 대신할 만한 것이 있는지 물었다. 환자는 잠깐 생각하더니 어릴 때부터 외우던 주기도문이 있다고 말했다. 벤슨 교수는 그 환자에게 주기도문을 25분간 천천히 몇 번 반복해서 외워보라고 하고, 다른 환자들에게도 몇 주일 동안 매일 명상을 해보라고 권했다.

그랬더니 이 방법도 효과가 있다고 판명되었다. 그러자 벤슨 교수는 다른 기도들에 대해서도, 그리고 종교 전통에서 찾을 수 있는 다른 치료 방법에 대해서도 생각해보기 시작했다. 그는 이런 문제에 대해 어떤 책을 읽으면 좋을지 조언을 구하기 위해 나를 만나자고 한 것이다.

나는 권해줄 책을 알고 있지 못했다. 그러나 매우 열심 있는 도서관 직원의 도움으로 곧 많은 책을 알게 되었다. 그러고는 벤슨 교수를 만나지 않았다면 읽지 않았을 많은 논문과 책을 무수히 읽고, 그중 얼마를 그에게 추천했다. 우리는 이제 서로에게 학습 과제가 된 이 문제를 토의하기 위해 점심을 같이 먹기 시작했다. 벤슨 교수는 엄청나게 학구적인 사람으로서 그때는 벌써 티베트 자료나 인도 베다경을 포함하여 동양의 치료 방법을 조사하고 있었다. 그는 불교 스님들이 영하의 기온에서도 추위를 느끼지도 않고, 더욱 신기한 것은, 동상에 걸린 기미를 보이지도 않은 채 어떻게 그렇게 깊은 명상 중에 앉아 있을 수가 있는가를 조사해보았다. 그는 달라이 라마의 주치의를 초청해서 그와 함께 매사추세츠 종합 병원을 돌아보았다. 그 여윈 늙은이는 주로 소변 받은 것의 냄새를 맡아보고, 통역의 문제가 있기는 했지만, 거의 모든 진단을 바르게 했다고 했다. 한번은 점심시간에 나보고 자기 실험실에 와보지 않겠느냐고 해서 나는 즐겁게 그의 초대를 받아들였다.

벤슨 교수의 완벽한 실험실은 알지 못할 다이얼, 손잡이, 레버 등이 붙은 번쩍거리는 스테인리스 용기로 꽉 차 있었다. 그가 이런 기구들을 보여주자마자 나는 이 교수가 남이 하는 말이나 인상파적인 증거에 관심이 없다는 것을 곧 간파했다. 그는 모든 것을 계량하는 것, 그것도 정확하게 계량하는 것에 거의 편집광적인 열성을 가지고 있었다. 자기가 조사하는 환자들의 피부 온도, 맥박수, 두뇌 활동, 그 외에 수없이 많은 특성을 하나하나 꼼꼼하게 계산했다. 그리고 그에게는 이런 것을 할 수 있는 도구들이 있었다. 그는 물론 심장병을 위한 대체 치료로 자기가 연구한 바를 불면증에 시달려 심야 TV 프로그램이나 보고 있는 사람들에게가 아니라 콧대 세고 회의적인 자기 동료 과학자들에게 입증하고 싶어 했다. 그는 이런 회의주의자들을 설득하기 위해서는 자기가 먼저 회의주의자가 되어야 한다고 했다. 그에게 내 학생 중 하나가 '불 위 걷기'를 하는데, 같이 가서 보겠느냐고 했더니 그는 쾌히 승낙했다.

'불 위 걷기'란 그 당시 젊은 전문인들이 열광하던 것으로, 두려움을 극복하고 자신감이나 담력을 키우기 위한 방법으로 인기를 얻고 있었다. 그것을 조직하는 사람들은 불 위를 걸을 수 있는 특권을 얻기 위해 쏠쏠한 돈을 지불한 후보자들과 호텔 방에 모여 한두어 시간 두려움에 대해 이야기하고 몇 가지 구호를 외쳤다. 그러고 나서 호텔 주차장으로 나가 약 3미터 길이와 1미터 폭으로 된 숯불 주위에 둘러섰다. 주최 측이 미리 쌓아놓은 장작더미를 태워서 생긴 이글거리는 숯불이었다. 하나씩 신발을 벗고 그 숯불 위를 재빠르게 밟고 지나가면(세 발짝 내지 네 발짝은 밟아야 하도록 되어 있었다), 주최 측 사람들 중 하나가 호수에서 나오는 찬물을 그들 발에 뿌려주었다. 그날 저녁 모두 35명이 숯불을 밟고 지나갔다.

나는 감동도 받고 놀라기까지 했다. 그러나 벤슨 교수는 감동도 받지 않고 놀라지도 않았다. 그는 온도계를 그 숯불에 교묘하게 집어넣어보고는, 나중에 집으로 가는 차 안에서 비록 그 숯불이 뜨거운 것은 사실이지만 세포 조직에 손상을 주려면 적어도 2초 정도의 시간이 걸린다고 이야기했다. 그는 불 위를 걷는 이들이 불을 밟을 때 한 번에 1초도 채 걸리지 않았기에 발이 불에 델 기회가 거의 없었다고 지적했다. 그는 불을 밟고 간 사람들에게 일종의 심리적 효과를 줄 수는 있을지 모르지만 모두가 완전히 눈가림이라고 취급했다. 우리의 이 작은 답사 여행으로 벤슨 교수에 대한 나의 존경심은 더욱 커졌다. 그는 비보통적인 일에 열린 마음을 가지고 있었지만 그렇다고 쉽게 속아 넘어갈 사람이 아니었다.

벤슨 교수는 치유가 무엇인가 하는 문제에 매우 인습적인(어떤 사람들은 이걸 '서양적인'이라고 부르고 싶어 하겠지만) 이해를 가지고 있었다. 그에게 치유란 아픈 사람들이 낫는 것을 뜻한다. 한번은 그에게 글을 모르는 중앙아프리카 인종 중에 행해지고 있는 종교적 치유 의례를 연구하는 인류학과 교수 한 사람을 소개해주었다. 나는 둘이 서로 알고 지내면 좋아하리라 생각했다. 그러나 내 예상은 빗나갔다. 그 인류학자는 벤슨 교수에게 자기가 연구하는 인종 중 어떤 부류는 비록 환자가 치유 도중 죽더라도, 그 치유가 성공적이라 생각한다고 했다. 치유 과정 중 그 부족 사회 안에 있던 싸움이나 분열이 치유받았다고 보기 때문이라고 했다. 이런 말을 듣고 벤슨 교수는 머리를 흔들 뿐이었다. 그가 의사들을 상대로 그의 실험관과 계량기를 가지고 영적 치유에도 실제로 뭔가 있다는 것을 증명해 보여주려 하는데, 환자가 죽었는데도 그 치유가 성공이라고 믿을 사람은 하나도 없을 테니까 말이다. 그 인류학자는 그 후 나에게 벤슨 교수가 치유에 대한 '서양적' 모델에 너무 집착하는 것 같다고 했다.

벤슨 교수는 그의 치유에 대한 열정과 강한 호기심을 공유한 다른 연구인들과 함께 결국 이 모든 것이 진지하게 연구해볼 가치가 있는 분야라며 상당수의 동료 의대 교수들을 설득할 수 있었다. 드디어 그것을 증명할 숫자의 사람들을 얻게 되었다. 그의 선구적인 연구가 있은 지 몇 년 안 되어 미국 연방 정부는 국립 보건소 내에 '대체 의학 연구소'를 설립했다. 그 초대 소장 조셉 제이콥스 박사는 처음 시작하면서 마치 "벼룩이 코끼리를 흔들려는 것"과 같은 느낌이라고 백했다. 그러나 그는 기성 의료계에서 전에 의심이나 적개심을 가지고 보던 몇 가지 치료 방법을 재평가하는 일에 용감히 나섰다. 그의 스태프들은 침술(바늘을 사용하여 여러 장기에 연결된 신경선이 있다고 하는 신체 부위를 자극하는 것)과 척추 지압 요법(척추골을 만지는 것)의 치료 성과를 재평가하기 시작했다. 이런 치료법은 입증 가능한 결과를 가져왔기 때문에 이미 어느 정도 인정을 받고 있었다. 생체 자기 제어biofeedback, 최면술, 꿀벌 꽃가루, 여러 가지 한약재, 상어 연골 등 다른 방법들은 그렇게 빨리 인정받지 못했다.

제이콥스 박사의 리스트에 올라 있는 치료법 중 나에게 가장 흥미로운 것은 '항암 치료'였다. 이 치료법은 인간의 소변에서 추출된 성분을 사용하여 일정한 암세포의 분열을 중지시킨다고 했다. 그러나 이 성분을 합성해서 만들어낼 수 있다는 사실을 발견하고 안심할 수 있었다. 이런 모든 일이 진행되는 동안 한 가지 분명한 사실은 치유에 대한 기존 개념을 완전히 새롭게 재검토하는 새로운 세계가 펼쳐졌다는 것이다.

정말 몇 년 사이에 하버드 의과대학 자체가 10년 전만 해도 가히 상상할 수도 없었던 일을 하고 있었다. 종교와 영성과 치유에 관한 거대한 학회를 주관하게 된 것이다. 벤슨 교수는 나를 연사의 한 사람으로 초청했다. 학회는 보스턴 시내 큰 호텔에서 열렸다. 도착해 보니 복도에 꽉 차 있는 사람들 틈을 비집고서야 앞으로 빠져나갈 수 있었다. 두루마기, 터번, 성직자 복장, 일반 양복 등 온갖 의상, 손님들과 연사들의 다양한 피부색은 이 모임의 다양한 문화적 배경을 말해주고 있었다. 의과대학은 벤슨 교수의 간청으로 미국 원주민 샤먼, 멕시코 심령 치료사, 크리스천 사이언스 교도에서부터 오순절 교회목사에 이르기까지 모두 다 초청했다. 내가 특별히 흥미를 느낀 것은 자기들이 환자들에게 손을 대기만 해도 환자들의 회복이 얼마나 더 빨라지는가를 설득력 있게 말하는 몇몇 간호사의 임상 보고였다. 이 특별한 학회에는 모든 사람이 치유에 보탬이 된다면 무엇이나 다 가지고 나온 것 같았다. 지미 스워거트가 직접 들어왔다고 해도 놀랄 것이 없을 정도였다. 그러나 그는 참석하지 않았다.[1]

부분적으로 허버트 벤슨 교수의 개척자적인 연구로 미국에서 촉발된 대체 의학에 대한 대규모의 재발견은, 복음서를 읽으면 거의 매 페이지 나올 정도로 많은 예수의 병 고치는 이야기들을 더는 취급하지 않고 건너뛸 수만은 없다는 확신이 들었다. 이런 것을 논하지 않을 수 없게 되었다. 그러나 여기에는 신학적 도전도 있었다. 나는 예수의 병 고침을 지금 말하는 '대체 및 보완 의학'이라는 애매한 범주에 넣고 싶은 마음이 없었다. 다른 한편, 병 고침을 하나님이 우주에 창조해놓으신 자연법칙을 특별히 정지시키는 일이라 해석하는 것도 언제나 거부감을 가지고 있었다. 나는 또 예수가 역사에 나타난 유일한 영적 치유자가 아니라는 것도 잘 알고 있었다. 치유 능력은 바알 셈 토브와 그가 창설한 하시디즘 운동에 속하는 많은 랍비들에게도 있었다고 한다. 인도의 구루들, 불교 스님들, 그리스도교 성인들도 모두 병 고치는 능력을 가지고 있었다고 알려져 있다. 간단히 말해, 그리스도교 근본주의자들에게는 좀 불편한 말이겠지만 영적 치유는 예수에게만 국한된 일이 아니었다. 이는 종교 전통의 경계를 넘어선 무엇이다. 그러나 예수의 병 고침에는 뭔가 특별한 것이 있었을까? 나는 이제 좀 더 열린 마음으로 복음서에 나오는 치유의 이야기를 다시 들여다보기로 결심했다.

이 부분들을 다시 읽으면서, 그전에 눈여겨보지 못했던 것들을 다시 발견하게 되었다. 나는 사람들이 처음에 예수를 찾아 나선 것이 그의 가르치심, 특히 '윤리적 사유'에 대한 그의 생각 때문이 아니라는 사실을 이미 알고 있었다. 그러나 그들이 갈릴리 랍비 예수가 가지고 있던 치유의 능력을 구하는 데 그렇게 열성적이었고, 심지어는 결사적이기까지 했다는 사실을 충분히 알고 있지는 못했다. 사람들이 나무에도 올라가고, 군중 사이를 비집고 들어가고, 밧줄로 친구를 지붕에 난 구멍을 통해 내려가게 하고, 그의 옷자락을 만지고 하는 것이 우선은 결코 토라에 대한 그의 창의적 해석이나 심지어 그의 매혹적인 비유를 듣겠다는 이유에서가 아니었다. 그들이 몰려온 것은 자기들이나 자기들이 돌보는 사람들이 병들었고, 이 병을 치료하고 싶어서였다.

16 큰 무리가 모여든 까닭

그러나 내가 전에 간취하지 못한 가장 중요한 요소는 예수에 관한 그의 가르침과 병 고침 사이에 아무런 차이가 없었다는 점이었다. 이 둘은 하나였다. 예수의 병 고침 이야기를 수집하고 전해준 이들은 이런 것을 눈이 휘둥그레질 만한 기적으로 묘사하지 않는다. 그들은 병 고침을 그가 전해주는 더 큰 메시지의 일부로 해석했다. 병 고침은 하나님이 시작하시는 새로운 질서가 동틈을 예고하는 '표징'(그리스어로 '세메이온', 영어로 'signs')이었다. 따라서 복음서 기자들은 거의 언제나 병 고치는 이야기를 관심 있는 줄거리와 잊지 못할 인물들과 함께 포장했는데, 이것은 그 자체, 비유들과 마찬가지로, 그 이야기 너머에 있는 더욱 큰 그림을 가리켰다. 병 고치는 이야기들은, 비유들과 마찬가지로 예기치 않던 반전을 포함하고 있다. 복음서에는 이런 병 고치는 이야기가 12개 나온다. 그러나 이 전체 장르의 본질을 포착하고 있는 특별한 이야기가 있는데, 《마가복음》5:21-42에 나온다. 첫 몇 절은 이 장 처음에 인용했다. 이는 병 고침을 포함한 예수의 행동이 그의 기본 메시지를 전달하는 필수 방법인 비유도 된다는 사실을 보여주는 훌륭한 예가 되기 때문에, 여기 그 나머지 부분도 옮겨온다. 이 이야기는 '그가 한 이야기들' 중 하나다.

그런데 열두 해 동안 혈루증으로 앓아온 여자가 있었다. 여러 의사에게 보이면서, 고생도 많이 하고, 재산도 다 없앴으나, 아무 효력이 없었고, 상태는 더 악화되었다. 이 여자가 예수의 소문을 듣고서, 뒤에서 무리 가운데로 끼어들어 와서는, 예수의 옷에 손을 대었다. (그 여자는 "내가 그의 옷에 손을 대기만 하여도 나을 터인데!" 하고 생각했던 것이다.)

그런 다음에 곧 출혈의 근원이 마르니, 그 여자는 몸이 나은 것을 느꼈다. 예수께서는 곧 자기에게서 능력이 나간 것을 몸으로 느끼시고, 무리 가운데에서 돌아서서 "누가 내 옷에 손을 대었느냐?" 하고 물으셨다. 제자들이 예수께 "무리가 선생님을 에워싸고 떠밀고 있는데, 누가 손을 대었느냐고 물으십니까?" 하고 반문하였다. 그러나 예수께서는 그렇게 한 여자를 보려고 둘러보셨다. 그 여자는 자기에게 일어난 일을 알므로, 두려워하여 떨면서, 예수께로 나아와 엎드려서 사실대로 다 말하였다. 그러자 예수께서 그 여자에게 말씀하셨다. "딸아, 네 믿음이 너를 구원하였다. 안심하고 가거라. 그리고 이 병에서 벗어나서 건강하여라."

| 마가복음 5:25-34

여기 나사렛 랍비 예수는 전형적인 상황에 처해 있는 자신을 발견한다. 무리가 그를 따르고, 밀고 제치고 하면서 그의 주목을 받으려고 애쓴다. 그들은 분명 그가 병 고치는 이라는 소식을 들었고, 그것이 바로 그들이 그를 따르는 이유였다. 그때 회당장 야이로라고 하는 아주 중요한 사람이 예수에게 다가왔다. 어떻게 그가 그 많은 무리를 헤치고 그에게로 왔을까? 아마 그는 그 지방에서 너무나도 유명하고 힘이 있었기 때문에 그가 오자 사람들이 옆으로 비켜났을 것이다. 그는 예수 앞에 엎디었는데, 그 자체가 벌써 이상스러운 행동이었다. 이 떠돌이 랍비 겸 병 고치는 예수는 이미 정치나 종교 지도

자들과 사이가 좋지 않았다. 이들은 결국 로마인과 결탁해서 예수를 죽일 음모를 꾸밀 사람들이었다. 그러나 야이로는 분명 절박한 상황에 처해 있었다. 그의 딸이 죽을병에 걸려 있었던 것이다. 그는 거의 제정신이 아니었다. 너무나 절망적이어서 예수의 발 앞에 엎디었다. 이것은 떠돌이 예수 같은 이는 고사하고 일반적으로 보통 랍비들에게도 하지 않는 존경의 자세였다. 이런 행동은 동양에서 은총을 입으려고 하는 자들이 전제 군주들에게나 보이는 그런 비굴한 태도 같은 것이었다. 무슨 이유에서든 예수는 그의 주목을 끌기 위해 서로 당기고 밀치던 그 많은 무리 중에서 이 사람의 말에 귀를 기울이기로 작정했다. 나는 예수가 왜 그렇게 했는지 알지 못한다. 그는 보통 권력을 가진 사람들에게 존경의 염을 보이는 일이 없기 때문이다. 그러나 이번만은 이 회당장의 호소에 귀를 기울일 뿐만 아니라 그와 같이 그의 집을 향해 길을 떠나기까지 했다. 물론 무리가 계속 그들의 뒤를 따랐다.

그러고 나서 처음 줄거리의 반전이 나타난다. 고질적인 혈루증으로 고생하던 한 여인이 예수의 뒤로 다가와서 그의 옷자락을 만졌다. 예수를 에워싸고 있는 그 많은 군중 속에서 그 여인이 어떻게 예수에게 다가올 수 있었을까? 내 짐작은 그 여인이 정말로 12년 동안 피를 흘리며 살았다면, 그리고 그 당시 그 사회에서 피와 접촉하는 것이 강한 금기 사항이었다면, 다른 사람들은 그 여자와 스치는 것을 피하여 모두 뒤로 물러났으리라는 것이다. 악취 또한 지독했을 것이다. 물론《레위기》법으로 보면 그 여자는 종교적으로 부정한 여인이었다. 법으로 격리되어왔을 것이다. 만약 무리 중에 있던 다른 사람들이 어떻게 하다가 잘못하여 그 여자와 접촉하게 된다면 종교적으로 정결례를 치러야 하는데, 이는 성가시고 돈이 드는 일이었다. 아무튼 그 여인은 (스스로에게, 혹은 그 옆에서 그의 말을 들을 수 있었던 사람에게) 예수의 옷에 손을 대기만 해도 자기의 병이 나을 거라고 말하면서, 예수에게 다가와 그의 옷자락을 잡았다. 그 여자는 금방 병이 나았음을 느낄 수 있었다.

그러자 예수가 그 여인에게 반응을 보인다. 예수가 그의 전 생애를 통해 전지全知했다고 믿는 사람들의 생각과 달리, 그는 무슨 일이 일어났는지 알지 못했다. 그는 그의 뒤에 따라붙고 있는 무리를 향해 누가 그의 옷에 손을 대었느냐고 묻는다. 제자들은 주위로 이렇게 많은 사람이 밀어닥치는데 누가 옷에 손을 댔는지 어찌 알 수 있겠느냐 하는 식으로 약간 떫은 듯 대답한다. 그것은 어중이떠중이가 다 모여 있는 장면이었다. 그러나 그 여인은 급히 스스로 책임감을 느끼고, 역설적으로 야이로와 똑같은 자세를 취하면서 자기가 옷에 손을 댔다고 했다. 이 이야기에서 그 여자는 '두려워하며 떨면서' 이 말을 했다고 한다. 왜 그랬을까? 그 여자는 자기가 한 가지 이상의 금기 사항을 어겼음을 알고 있었다. 몸에서 피를 흘리므로 그 여자는 종교적으로 그 여자 가까이 있는 사람 모두를 오염시키고 있었다. 당시 관습에 여자는 남자가 말을 걸어오기 전에 말하면 안 되는데 여자는 이 규칙도 어겼다. 예수의 도움이 필요했기에 자신의 높은 지위에서 스스로 내려온 야이로의 행동과 이상스러우면서도 창의적인 반전을 이루면서, 이 여자는 시궁창 같은 신분에서 위로 올라갔는데 이는 분명 자기의 분수도 모르는 경우였다.

예수는 그 여자에게 (예수 자신도 아니고 하나님도 아니라) 그 여자의 믿음이 그 여자를 구원했다고 했다. 그 여자는 이 말을 듣기 전에 벌써 그것을 느끼고 있었다. 그러나 이 용감무쌍한 여인과의 뜻하지 않은 만남으로 생긴 지연 때문에 큰일이 생겼다. 야이로의 집에서 사자가 와서 딸이 죽었다고 보고했다. 그러니 이제 그 집에 갈 일이 없어진 것 아닌가? 그러나 예수는 야이로에게 두려워하지 말라고 이르고, 계속해서 베드로, 야고보, 요한을 데리고 회당장의 집으로 갔다. 거기서 그들은 회당장의 이웃들과 전문적으로 곡하는 사람들이 와서 이미 울며 통곡하기 시작했음을 발견했다. 예수는 그의 딸이 죽지 않고 코마 상태에 있다('자고 있다')고 했다. 그들은 예수를 조롱했다. 그러나 예수는 그들을 물러가게 하고 소녀의 부모와 함께 소녀가 죽어 있는 방으로 들어갔다. 예수는 소녀의 손을 잡고 말한다. 비록 《마가복음》도 다른 복음서들과 마찬가지로 그리스어로 쓰여 있지만, 이 절에서만은 예수가 한 아람어를 그대로 보존하여 "달리다굼"이라 기록하고 있다. "소녀야, 내가 네게 말한다. 일어나거라"는 뜻이다. 소녀는 일어났다. 예수는 두 가지 지시를 내렸다. 첫째, 이 일을 아무에게도 말하지 말며 둘째, 소녀에게 먹을 것을 주라는 것이었다.

전형적인 예수의 병 고치는 이야기로서 여기에도 메시지가 잔뜩 들어 있다. 예수는 그의 말을 들을 수 있는 거리에 있는 사람이라면 누구에게나 새로운 질서에서는 "나중 된 자가 먼저 되고 먼저 된 자가 나중 된다"는 것을 선언하고 있다는 사실을 끊임없이 상기시키고 있다. 여기서 그는 종교적으로 기피 인물이고, 사회적으로 버림받은 사람, 성가시기 그지없는 그 불쌍한 여인에게 관심을 집중하기 위하여 특권층 가족의 딸을 위험에 처하게 하여 이런 가르침을 보여주고 있다.

20세기에 '해방 신학'이라는 운동이 라틴아메리카에 사는 가난한 사람들, 특히 가톨릭교인 중에 생겨났다. 이 운동은 처음 구스타보 구티에레스Gustavo Gutierrez라는 페루 신부의 저술로 촉발되었다. 그 선봉자 중 하나인 엘살바도르의 로메로 주교가 다른 여러 신부와 수녀, 평신도 등 다른 많은 사람과 함께 죽음을 당했다. 해방 신학의 기본 가르침은 성경은 계속 '가난한 자들의 우선권'을 주장한다는 것인데, 이 생각은 지금 전 그리스도계에 널리 퍼져 있다. 그러나 해방 신학자들은 언제나 자기들이 말하는 것이 새로운 게 아니라고 주장한다. 그들의 말이 맞다. 이 혈루증 여인의 이야기에서 예수는 2,000년 전에 이미 거창한 용어를 쓰지 않고도 이렇게 가난한 자들의 우선권을 입증했다.

이 여인은 말할 것도 없이 가난했다. 이 이야기에서 그 여자는 가진 것을 모두 병 고치는 데 바쳤지만 차도가 없었다. 예수는 그 여자를 '우선적으로' 고쳐주었을 뿐 아니라 자신의 '딸'이라고까지 불렀다. 물론 또 다른 딸, 회당장의 넓은 방에서 죽음의 문턱에 놓여 있던 그 특권층의 딸도 등한시하지 않았다는 사실을 주목해야 한다. 예수는 그 소녀도 고쳐주었다. 그러나 오로지 티끌에서 갑자기 나타난 자신의 '딸'을 고쳐준 다음에 있었던 일이다.

사회 계층 면에서 한쪽은 꼭대기에 있었고 다른 한쪽은 바닥에 있었던 이 두 명을 고쳐준 이야기가 여자들에 대한 이야기라는 사실을 주목하는 것도 중요하다. 복음서 이야기에서 예수는 물론 남자들도 고쳐주었다. 그러나 이 이야기에서 그는 여자들이 사회 계층에서 아직까지 '하급 성'이라는 짐을 지고 있음을 암시하는 듯하다. 이 이야기를 읽으면 예수가 그 당시 종교 지도자들을 향해 "세리와 창녀들이 오히려 너희보다 먼저 하나님의 나라에 들어간다"고 한 말이 메아리처럼 들린다. 이 말에서 세리와 창녀를 쌍으로 묶어 쓴 것은 의미심장한 일이다. 세리(세금 징수원)는 로마인들을 위해 더러운 일을 하느라 자기 동포들의 분노를 견뎌내야 했다. 창녀들은 최근의 역사 연구가 밝혀주고 있듯이 거의가 최극빈 유대인 가정의 딸들로 식구들이 굶어 죽는 것을 막기 위해 로마 군인들에게 몸을 파는 창녀촌에 팔려 가야 했다. 예수가 자주 보여주는 여인들에 대한 호감은 영원한 여성성에 대한 경외감에서 나온 것이 아니다. 그가 여자들에게 더 큰 호감을 보인 것은 그들이, 세리들과 마찬가지로, 다른 모든 사람의 멸시와 천대를 받는 부류였기 때문이다.

사복음서에는 열두 가지의 병 고치는 이야기가 있다. 그러나 회당장의 딸과 혈루증 여인의 이야기는 다른 모든 이야기의 진수를 모은 결정체라 할 수 있다. 이 두 이야기는 모두 예수가 그의 병 고침에 엄격하게 비차별적 정책을 실천했음을 말해준다. 치료를 받기 위해 유대인이거나 존경받는 사람이 되어야 할 필요가 없다. 몇 가지 경우에는 믿음이 필수적인 전제 조건이라 제시하고, 또 어떤 경우에는 그렇게 하지 않는다. 하나님의 온전하게 하심은 낮고 소외된 사람에게서 시작하지만 결국 모든 사람을 위한 것이다. 예수는 또 질병으로 생기는 고통이나 불행이 성품을 계발하는 데 좋다고 한 적이 결코 없다. 물론 좋을 수도 있다. 그러나 예수의 견해는 질병을 나쁜 것으로서 고쳐야 할 무엇이다라고 했다.

　예수는 또 이른바 질병의 존재론에 대해 남다른 견해를 가지고 있었다. 그 견해는 그 당시 널리 퍼져 있던 것, 오늘날도 널리 퍼져 있는 것과는 달랐다. 옛날에는 질병이 신이 내린 형벌의 결과라는 믿음이 일반적이었다. 따라서 병고에서 벗어나려면 자기가 지은 죄가 무엇인지 알아야 했다. 이런 생각은 구약 여러 부분에서도 나타난다. 이런 생각은 오늘날까지 계속되고 있는 형편이다. 이런 생각이 수전 손탁Susan Sontag의 웅변적인 분노를 불러일으킨 것이다. 그녀는 암이 걸린 상태에서, 암은 내적 결함의 외적 표현이라는 식으로 말하는 친구들의 이야기나 책을 접하고 격분했다. 예수는 질병을 이렇게 형벌로 보는 생각을 완전히 거부했다.

　동시에 질병에 대한 예수의 이해는 우리 현대인의 신조와도 같지 않았다. 그는 병든 사람이 아픈 것이 자기 자신의 책임만은 아니라는 사실을 명백히 했지만, 동시에 병이 자연 질서를 위해 하나님이 의도하신 바의 일부가 아니라는 것도 가르쳤다. 그는 병이 우주에 있는 일종의 구조적 결함 같은 데서 나온 결과라고 보았다. 그 당시에 쓰던 용어대로 하여, 병은 마귀나 사탄 혹은 악의 힘과 관계있다고 한 것이다. 다시 말해, 우주 자체에 오류가 있다, 정말로 악한 에너지가 작용하고 있다는 것이다. 바울은 후에 이런 생각을 두고 창조물이 "후패된다"고 표현했다. 이런 독성의 힘들이 병을 비롯하여 불의나 억압의 형태로 나타나는 것이다. 그러나 예수는 스스로를, 이런 악의 왕국과 싸우고 있지만 결국에는 승리하게 될 하나님의 사자로 보았다. 예수의 병 고침은 단순히 남의 이목을 끌려고 이루어진 것이 아니다. 결국에는 이루어질 하나님의 승리를 예고하는 '사인'이었다. 그리고 그 동틈을 알리는 그의 메시지에서 본질적인 부분으로서, 다가올 잔치를 위해 미리 마시는 일종의 기막힌 아페리티프aperitif였다.

현대적 사고방식에서 병이 단순히 '자연의 일부'가 아니라고 하는 생각은 병이 신의 형벌이라고 하는 생각만큼이나 받아들이기 힘들다. 현대 의학에서 병이란 증명할 수 있으며 병원체가 '원인'이 되어 생기는 것으로서, 병원체 중 더러는 현미경이나 방사선이나 단층촬영을 통해 찾아낼 수 있다. 이런 병원체들을, 적어도 그 대부분을 고칠 수 있는 치료법이 있다고 본다. 아직 그런 치료법이 없는 경우, 충분한 돈과 재능을 들여 연구를 하면, 어느 날엔가는 치료법이 생길 거라는 것이다. 질병은 신비가 아니다. 그냥 그렇게 있는 것뿐이다.

그러나 점점 사려 깊은 사람들은 이런 현대 정통주의에 의문을 제기하기 시작하고 있다. 소아마비, 골수염, 천연두, 당뇨병과 싸움을 거듭했지만 에이즈, 사스 등이 다시 생겨났다. 한 가지 병을 퇴치하면 다른 병이 곧 그 자리를 대신하는 것 같다. 이런 노력으로 모든 질병을 물리칠 수 있으리라는 가정은 점점 허상이 되고 있다. 홍역과 결핵은 이제 거의 완전히 과거지사가 된 것 같지만 이제 스트레스, 인구 과밀 현상, 나쁜 식생활, 대기 오염, 식수와 토양 오염 등으로 생겨나는 질병들이 점점 많은 사람에게 영향을 주고 있다. 이런 새로운 병들은 우리가 자연의 일부이며 자연과 분리되어 있지 않다는 사실을 계속해서 상기시켜주고 있다. 우리가 자연을 오용해서, 이제 자연이 되받아치는 것이다. 100년 전 그 누가 비만증이 미국에서 심각한 공중 건강 문제가 되리라 예견했겠는가? 에이즈는 생겨난 지 몇십 년에 지나지 않지만 과거 흑사병보다 더 많은 사람을 죽이려 위협하고 있다.

요컨대, 과학적 의학이 모든 형태의 질병을 물리치고 궁극적으로 승리하리라는 우리 현대인의 확신은 이제 너무 순진하다. 새로운 질병이 계속 생겨나 우리의 건방짐을 조롱하고 있다. 이런 병들이 걷잡을 수 없이 나타나 우리는 전혀 감을 잡을 수 없는, 적어도 우리의 제어 능력이나 이해력을 넘어서는 어떤 힘에 따라 우리의 공동체적 삶을 산다고 믿을 수밖에 없는 처지가 되었다. 개인들이 자기들이 앓는 병 때문에 비난을 받아서도 안 되고, 그들에게 그 병의 책임을 물어서도 안 된다. 그러나 결국 불의와 억압이 병과 연관된다고 하는 점은 사실일 것이다. 우리에게는 현대 의학이 할 수 있는 것이 무엇이고(물론 많다), 할 수 없는 것이 무엇인지(이것도 많다)에 대한 좀 더 겸허하고 현실적인 안목이 필요하다. 현대 의학이 예수가 한 많은 일을 해낼 수 있다. 적어도 눈먼 사람들을 (렌즈 이식이나 레이저 수술을 통해) 다시 보게 하고, 다리를 저는 사람들을 (의족이나 플라스틱 관절을 이용해) 다시 걷게 할 수도 있다. 우리는 이런 것이나 기타 현대 치료술을 가능하게 한 헌신적 노력과 상상력에 감사해야 한다. 그러나 현대 과학적 의학이 우리를 모든 고통과 죽음에서 구원해줄 메시아는 아니다. 거기에 부여한 우리의 유토피아적 희망과 환상은 잘못된 것이다.

질병에 대한 예수의 접근법은 올바르다. 그는 도움을 필요로 하는 사람을 거절하지 않았다. 그의 동기는 자비였지 선전이나 광고가 아니었다. 사실 그는 많은 경우 그가 고쳐준 사람들을 향해, 이 위에 논의한 그 혈루증 여인에게 한 것처럼, 다른 사람들에게 말하지 말라고 지시했다. 그는 그에게 오는 사람들을 향해 자기들의 질병에 원인이 되었을 삶의 방식을 꾸짖지 않았다. 치료비를 부과하지도 않았다. 아마도 그는 사회적으로 격리되는 것이 병의 가장 큰 원인 중 하나임을 알고 있었던 것 같다. 그래서 그의 치유 방법 중 하나는 아픈 사람을 다시 사회로 돌아가 다른 사람들과 어울려 살게 하는 것이었다. 그는 질병이 저절로 나타나는 자연 질서의 일부가 아니라 개인에게 영향을 주는 더 큰 무질서의 일부라 인정했다. 그러나 물론 그는 질병에 사변적인 태도를 취한 것이 아니다. 그저 나아가 고쳐주었을 뿐이다. 하지만 그는 자신의 병 고침을 격리된 '기적'으로 해석하지 않았다. 자신의 병 고침을, 보통 인간으로서는 파악할 수 없지만 보는 눈이 있고 들을 귀가 있는 사람이라면 분간할 수 있는, 사물의 완전한 새로운 질서를 예고하는 전조라 보았다.

강의 시간에 병 고침에 대한 이야기를 다루기 시작하고, 토의 시간에 학생들과 이야기해본 다음 나는 그들의 반응에 놀랐다. 대부분의 경우 의예과 학생들이나 공중 보건 전공 학생들이 아직 일반 의학의 가능성과 제약성 양쪽에 대해 생각해본 적이 없는 학생들보다 훨씬 더 열성적으로 이 문제에 대해 토의했다. 그러나 많은 학생이 내가 생각한 것보다 더 많은 이해심과 감수성을 가지고 대했다. 많은 학생은, 이런 것이 대학에서 금기시되는 주제가 아니라는 사실에 안도감을 표하면서, 자신이 걸렸던 병과 그 치유에 대한 이야기를 하기 시작했다. 휠체어를 타거나 맹인견을 데리고 있던 학생들도 이런 일에 동참했다. 이런 학생 중 더러는 자기들에게 너무나도 사적인 것,

그러나 친구들이 어색해서 이야기 꺼내기를 피하는 이런 문제를 이처럼 공개적으로 이야기할 수 있었던 기회는 처음이라고 했다. 아무튼 나는 예수의 삶에서 그렇게도 중심적 역할을 한 병 고치심에 주목하지 않은 채 예수의 말과 행동을 이해하려는 것은 그의 삶의 의미를 반감시키는 일이라는 사실을 절감했다.

예수 당시와 마찬가지로 지금도 병이 자기들이 행한 어떤 일에 대한 형벌이라는 믿음을 고수하는 사람들이 있다. 언젠가 과학이 우리가 알고 있는 모든 질병을 정복하리라는 환상을 가지고 있는 사람들도 있다. 예수는 이 두 이론 모두를 거절한다. 그는 형벌 이론을 단호히 배격한다. 과학적 유토피아 신봉자들의 경우, 예수 당시도 이들과 마찬가지로 모든 질병에 대한 마술적 종결을 약속하던 마술사와 엉터리 만병통치약을 팔던 약장수들이 잔뜩 있었다. 그러나 예수는 이런 사람들의 주장도 믿지 않았다. 그가 말한 비유들과 마찬가지로, 사람들이 그를 두고 한 그의 병 고치심의 이야기들도 그 당시 돌아다니던 건강과 치유에 대한 생각을 뒤흔들었을 뿐 아니라 오늘 우리가 가지고 있는 생각도 뒤집어놓고 있다.

17 아마겟돈 신드롬

예수께서 성전을 떠나가실 때에, 제자들 가운데서 한 사람이 예수께 말하였다. "선생님, 보십시오, 얼마나 굉장한 돌입니까! 얼마나 굉장한 건물들입니까!" 예수께서 그에게 말씀하셨다. "너는 이 큰 건물들을 보고 있느냐? 여기에 돌 하나도 돌 위에 남지 않고 다 무너질 것이다." 예수께서 올리브산에서 성전을 마주 보고 앉아 계실 때에, 베드로와 야고보와 요한과 안드레가 따로 예수께 물었다. "우리에게 말씀해주십시오. 이런 일이 언제 일어나겠습니까? 또 이런 일들이 이루어지려고 할 때에는, 무슨 징조가 있겠습니까?"

| 마가복음 13:1-4

성경이 책으로 나온 이후 전 역사를 통해 성경에서 비밀 부호로 된 메시지를 찾기 위해 그것을 면밀히 검토해야 한다고 주장하는 사람들이 계속 있어왔다. 이 지칠 줄 모르는 암호 탐색가들은 성경의 내용을 적혀 있는 그대로 단순하게 읽는 대신에 책장에 쓰인 낱말과 구절 뒤에 숨겨진 밀의密意의 기호를 낚느라 무진 애를 썼다. 유대교 전

통 중 카발라 신봉자들은 글자들 사이에 있는 공간이 글자들 자체만큼 중요한 의미를 가지고 있다고 주장한다. 유대인들과 그리스도교인들 중에는 성경 절을 수비학數秘學, numerology적으로 읽어야만 그 참뜻을 찾아낼 수 있다고 주장하던 사람들도 있었다. 이런 이상스러운 충동은 이런 암호 해독자들이 성경을 16세기 프랑스 점성술사 노스트라다무스의 예언서처럼 읽고, 그 속에서 장래에 무슨 일이 일어날 것인가 하는 낌새나 예보나 절대 확실한 예언을 짜내려고 하는 데서 그 절정을 이룬다.

나는 성경을 이런 식으로 읽으려는 유혹을 받아본 적이 없었다. 어렸을 때 나를 가르쳐준 목사님들은 성경을 존중하고 영적인 문제에서 성경의 권위를 따르라고 일러주었지만, 성경이 미래에 대한 무슨 불가해한 신비들을 밝혀주는 무엇이라 기대하지 말라고 경고했다. 내가 아주 어렸을 때 목사님들이 다음과 같은 예수의 가르침을 자주 인용하던 것, 아직도 기억하고 있다.

> 예수께서 그들에게 말씀하셨다. "누구에게도 속지 않도록 조심하여라. 많은 사람이 내 이름으로 와서는 '내가 그리스도다' 하면서, 많은 사람을 속일 것이다. 또 너희는 여기저기에서 전쟁이 일어난 소식과 전쟁이 일어날 것이라는 소문을 듣게 되어도, 놀라지 말아라. 이런 일이 반드시 일어나야 한다. 그러나 아직 끝은 아니다……. 그러나 그날과 그때는 아무도 모른다. 하늘의 천사들도 모르고, 아들도 모르고, 오직 아버지만 아신다."
> | 마가복음 13:5-7, 32

이것이 내가 언제나 간직하고 있던 견해였기 때문에 내 강의를 듣는 학생들 중, 성경에 대해 실질적으로 아무것도 모르던 학생 몇몇을 포함하여, 그렇게도 많은 학생이 아직도 성경 속에 무슨 감추어진 메시지가 가득하리라 믿고 있다는 데 적이 놀랐다. 학생 중 더러는 그 감춰진 메시지가 미래에 대한 거라고 생각하고, 내가 이 분야의 학자로서, 그 감추어진 비밀의 일부를 밝혀주길 기대했고, 그렇게 하지 않자 실망하기까지 했다.

처음 나는 그렇게도 많은 문제에 회의적이던 학생들이 어째서 그렇게도 많이 이런 미신적 태도의 잔재 같은 것을 아직도 그대로 간직하고 있는지 그 이유를 상상할 수 없었다. 아마도 TV 프로그램이나 《바이블 코드Bible Code》와 같이 이런 비장의 보석을 캐낼 수 있다고 주장하는 책들에 영향을 받은 것 같았다. 아무튼 이 장 첫머리에 인용한 성경 구절에 나온 것처럼 예수의 제자들이 예수에게 미래를 예언해달라고 압력을 가할 때마다 그가 이런 종류의 사변을 그만두라고 했다는 사실을 알게 되면 학생들은 실망감을 감추지 못하는 듯했다. 왜 실망했을까?

요즘 학생들은, 다른 어른들도 마찬가지겠지만, 미래에 대해 불안해하고, 이에 따라 성경이 뭔가 확실한 것을 말해주지는 않을까 알아보고 싶어 한다는 사실이 점점 분명해졌다. 비록 전문 용어를 알고 있던 학생들은 거의 없었지만, 이 학생들은 학술 용어로 '종말론'이라는 것에 끌리고 있었다. '종말론'이란 영어로 eschatology라 하는데, 이는 그리스어로 '마지막'을 의미하는 에스카타eschata에서 유래했기에, 종말론이란 결국 신학에서 '마지막 일들'에 관한 가르침을 일컬었다. 근래에 와서 이 말은 종교적이든 세속적이든 다가올 것에 대한 우리의 희망과 두려움에 관한 이론을 지칭하고 있다. 이 말이외에도 'apocalypse묵시록적 종말'라는 말도 있는데, 문자적으로 '벗기다'라는 의미의 말이지만, 이것은 특히 파괴적이고 대규모적인 종말을 일컫는다. 이런 숙어는 예수 당시에도 있었고, 예수도 그의 가르침 중에서 이런 문제에 대해 언급하기도 했다. 그러나 그가 이런 문제에 대해 언급한 것은 미래를 예견하기 위해서가 아니라 현재의 긴박성을 강조하기 위해서였다.

예수는 천리안을 가졌다는 주장을 분명히 거부했다. 그러나 불행하게도 그의 이런 조심성을 요즘 사람들이 본받으려 하지 않고 있다. 오늘 세계는 갖가지 경쟁적인 종말론들로 가득하다. 그리고 옛날 사람들처럼 요즘 학생들도 전문 용어에는 익숙하지 않아도 그런 사실만은 잘 알고 있다. 이런 미래에 대한 시나리오 중 더러는 희망찬 미래를 점치고 있다. 예를 들어 자본주의와 민주주의의 지구적 승리와 함께 우리는 이미 '역사의 종말'에 이르렀고, 은하수가 식기 전에는 흥미 있는 일이 더는 생기지 않으리라 본 프랜시스 후쿠야마 Francis Fukuyama의 밝은 확신 같은 것이다. 다른 한편 음산한 시나리오도 있다. 예를 들어 지금과 같은 비율로 지구 온난화가 진행된다면 금세기 말에 가서 지구 기온은 화씨 10도 가까이 상승할 것이고, 이에 따라 영원히 사라졌다고만 생각한 재앙들이 되돌아올 거라는 기상 전문가들의 살벌한 경고 같은 것이다. 과격파 이슬람의 지하드주의자들은 피와 화염으로 정결하게 될 세계를 마음에 그리고 있다. 월트 디즈니 월드는 플로리다주 올랜도를 찾는 방문객들에게 선의의 기업체가 다스리는 기술적인 내일의 세계가 가져다줄 비닐 축복의 샘플을 맛보게 한다. 우리는 우리가 정말로 그 환상의 땅 뷸라랜드 Beulah Land로 향하고 있는가, [요한 계시록 6:1-8에 나오는 이야기처럼] 복수하기 위해 돌아오는 "네 명의 기사들Four Horsemen"의 귀환으로 치닫고 있는가 어리둥절할 뿐이다.

최근 이런 종말론을 다룬 책으로 미국인 사이에 가장 선풍적 인기를 끌고 있는 것은 《버려진 사람들The Left Behind》이라는 일련의 소설이다.[1] 2004년까지 물경 4,500만 부가 팔렸는데 출판계에서 보기 드문 놀라운 일이 아닐 수 없다. 저자들은, 그리고 많은 독자들도 마찬가지로 생각하겠지만, 그것이 '유일한' 성경적 미래관이라 확신하고 있고, 사실 이것이 그때까지 나왔던 다른 경쟁적 이론들을 거의 다 물리친 셈이다. 《버려진 사람들》이란 책 이외에도 이와 동일한 종말관이 종교 TV 프로그램, 토크쇼, 대화방, 그리스도교 서점 등에 흘러넘친다. 이것이 지금 미국 대중 종교 문화를 뒤덮고 있다. 그 종말관은 이스라엘 극우 정치인들을 지지하는데 이것이 미국 대외 정책을 좌우하고 있다. 그리고 "모든 거대 담론은 죽었다"고 주장하는 포스트모던 사상가들을 면전에서 비웃고 있다. 그것은 몇백만 사람들에게 그림을 곁들인 일종의 종말론 안내서 같은 역할을 하는데, 사람들은 그것을 가지고 저녁 뉴스에 나타나는 황당스러운 사건들 속에서 전능자의 손길을 추적하고 있다.

《버려진 사람들》은 그 문학적 가치 때문에 중요한 것이 아니다. 그런 가치는 거의 없다. 중요한 것은 이 책이 우리가 지금 역사의 마지막 페이지에 살고 있다는 믿음, '말세end-time' 종말론의 최신판이라는 사실 때문이다. 예리한 독자들에게는 시시한 싸구려 보급판처럼 보일지 모르지만 그 판매량과 영향력이 이처럼 엄청나다는 그 단순한 사실 하나만 가지고도 학자들의 깊은 관심을 받을 만하다. 그러나 아직 학자들이 그런 관심을 기울인다는 기미는 없다. 말세 종말론의 뿌리는 멀리, 심지어 그리스도교 이전까지 거슬러 올라간다. 그러나 지금의 형태로 미국에 나타난 것은 100년 전 근본주의자들의 '성경 예언' 모임에서부터다. 근본주의자들은 '각 시대를 위한 하나님의 경륜'을 그린 휘황찬란한 도표들을 잔뜩 가지고 창조 때부터 시작해서 심판의 날에 이르기까지 전 역사를 포물선으로 도식화했다.

이를 '세대주의 신학dispensational theology'이라 하는데 역사를 7개의 독특한 세대dispensations로 나누고, 하나님이 시대마다 확연히 다른 방법으로 다스리셨다는 주장이다. 또는 천년주의Millenarianism 신학이라고도 하는데, 지상에 천 년 동안 그리스도 왕국이 건설된다는 것이 성경에 예언되어 있다는 주장이다. 따라서 우리가 지금 7개 시대 중 마지막에 살고 있고 또 천년 왕국 기간이 곧 시작되리라 주장한다. 우리는 '말세'에 산다고 한다. 이는 분명 야망에 찬 역사 신학이요, 가련한 사람들의 토인비⁺요 슈펭글러⁺⁺인 셈이다. 그러나 이런 말세 신학의 '과거사' 조사는 길지만 미래에 대한 견해는 매우 짧다. '끝이 가까워왔기' 때문이다. 하나님의 청사진을 믿는 믿음을 붙들고

+ Arnold Joseph Toynbee, 1889~1975. 영국의 위대한 역사 철학자다. 인간의 자유 의지와 행위로 역사와 문화가 형성되었다고 강조한다.

++ Oswald Spengler, 1880~1936. 독일의 위대한 역사 철학자다. 문화를 유기체로 보아, 문화도 생성·번영·쇠퇴·몰락의 과정을 밟는다고 주장했다.

있는 사람들의 경우에 그 영적 열매는 일종의 자위감과 심지어 그럴 듯한 숙명주의 같은 것이다. 또한 하나님의 통치에 대한 예수의 비전을 말로 할 수 없이 천박하게 만드는 것이기도 하다.

말세를 주제로 하는 대중 소설은 영어권 세계에서 새롭지 않다. 아일랜드 더블린에 있는 트리니티칼리지 문학 교수인 크로포드 그리벤Crawford Gribben은 이런 문학 장르를 추적해서 90년 전 1913년에서부터 1916년 사이 가상적 종말을 다루는 3부작 소설을 출판한 영국 작가 시드니 왓슨Sydney Watson에까지 거슬러 올라갔다. 이 3부작 소설은 '주홍과 자주', '짐승의 표', '눈깜짝할 사이' 같은 제목을 달고 있었다.[2] 왓슨은 강신술의 위험과 영국 교회에서 퍼지고 있던 '형식주의와 로마식 관행'이 끼치는 영향에 대해 염려하고 있었다. 그러나 그리벤은 왓슨의 소설들이, 비록 이야기 줄거리에 나타나는 표면적 세부 사항은 시대마다 다르기는 하지만, 이런 종말론적 스릴러 소설의 효시가 되었다고 믿는다.[3]

흔히 종교 개혁은 마르틴 루터만으로는 불가능했고, 활자를 발명한 요하네스 구텐베르크와 목판 화가 알브레흐트 뒤러가 있어서, 글자와 그림을 대중화하여 대중 운동을 전개할 수 있었기에 가능했다고 한다. 이와 마찬가지로 말세 신학도 염가 보급판 서적들, TV, 무수한 웹사이트를 가진 인터넷 등이 있어서 가능하다. 이것은 하나의 다른 신학이 아니라 분명 하나의 운동이다.

출판계에서 '종말 스릴러'라 부르는 현재의 물결 바로 전에 나온 것은 1969년에 출판된 할 린지Hal Lindsey의 베스트셀러 《위대한 고故 지구 행성The Late Great Planet Earth》이다. 이 제목은 그 무렵 캘리포니아주가 곧 태평양의 따뜻한 물결 속에 잠기고 말 거라고 예언한 〈위대한 고 캘리포니아주의 최후〉라는 사이비 과학 비종교적 종말론에 근거했다. 《위대한 고 지구 행성》은 조그마한 잔물결이 아니었다. 54개 국어로 번역되어 모두 3,400만 부가 팔렸다.[4] 이 예언들도 동일한 세대주의 근본주의적 접근법에 기초하고, 《이사야》, 《에스겔》, 《요한 계시록》 등을 린지식 창의력으로 판독해서 임박한 미래에 다가올 시나리오를 묘사했다. 그 책에서 말하는 말세 사건의 스케줄을 요약하면 다음과 같다.

첫째, 유대인들이 자기들의 고향으로 돌아간다. 그러고 나서 예루살렘을 수도로 하는 유대국이 재수립된다(이것은 시온주의나 이스라엘 국가가 수립되기 몇십 년 전에 만들어진 시간표로 진행된 일이라는 사실을 기억할 것).[5] 그러고 나서 파괴되었던 성전이 재건되고 없어졌던 제사장 제도가 재도입되며, 기원후 70년 로마인들이 예루살렘을 초토화하면서 중단되었던 짐승을 잡아 드리는 제사가 다시 시작된다. 자연히 세대주의 신학 신봉자들은 1948년 이스라엘 국가의 수립을 쌍수로 환영했다. 그러나 물론 고향을 그리워하던 유대인들을 황홀하게 한 그런 이유와는 전혀 다른 이유에서였다. 말세주의자들은 국가 수립을 자기들 신학이 옳았음을, 그리고 우리가 이제 마지막 장의 문턱에 서 있음을 증명해주는 사건이라고 보았다. 그러나 그다음에는 무엇이 올 것인가?

지금 세대주의자들은 예루살렘 성전이 재건되고 제사 제도가 재도입되기를 손꼽아 기다리고 있다. 이들은 같은 목적을 공유하는 비주류 유대인 집단과 긴밀한 연관을 가지고 일한다. 나는 한 번 예루살렘에 있는 작업소를 방문한 적이 있는데, 거기서는 극정통파 유대인들이 그 큰 날이 오면 사용할 제사장들의 예복과 제사 도구들을 준비하고 있었다. 이들은 미래에 대한 환상에 안주하고 있지만은 않았다. 1969년 8월 어느 날 데니스 마이클 로한이라는 젊은 호주 관광객이 성전산 꼭대기에 있는 이슬람 모스크로 올라가 휘발유를 적신 걸레에 불을 질렀다. 재판을 받는 과정에 그가 라디오로 세대주의 설교가들의 설교를 애청하던 그리스도인이라는 사실이 밝혀졌다. 그는 그 자리에다 성전을 재건하는 일을 촉진시켜 마지막 날이 빨리 임하게 하려고 했다.

그러나 이 지점부터 유대인들과 세대주의자들이 완전히 갈라서게 된다. 세대주의자들은 전쟁과 지진과 기타 징조가 증가할 거라고 예언한다. 그러고 나서 장엄한 피날레가 이른다는 것이다. 그것은 곧 적그리스도가 이끄는 불의한 연합 세력이 새로 재건한 이스라엘 국가를 초토화시킨다는 의미였다. 짐승이 새로 지어진 예루살렘 성전을 더럽히고 허물고, 그 도시에 사는 불운의 시민들을 살육한다는 것이다. 전쟁은 모든 전쟁의 어머니 아마겟돈에서 절정에 도달하는데, 처음에는 적그리스도의 세력이 이기는 것처럼 보인다. 그러나 일이 가장 절망적이라고 보이는 그 순간에 예수 그리스도가 개입하는데, 이때는 겸허한 목수나 랍비 전통의 현인이 아니라 힘센 전사로 등장한다. 짐승과 그의 앞잡이들은 패배하고 감격한 유대인들은 자기들의 참된 메시아를 알아보게 된다고 한다. 천 년 기간과 최후의 심판이 뒤따르고, 말세의 끝이 이른다는 것이다.

누구나 물어보게 되는 당연한 질문은 "도대체 이런 생각을 어디에서 가지고 왔는가?"다. 대답은 간단하지 않다. 이런 시나리오는 여기저기 흩어져 있는 성경 구절들을 문맥과 상관없이 끌어다가 이상스럽게 짜깁기를 한 것이다. 가장 이상스러운 특징 중 하나는 일이 이런 식으로 진행되다가, 언제가 될지는 누구도 장담 못 하지만, 어느 때가 되면 모든 그리스도인이 이 말썽 많은 지구에서 구주의 품 안으로 들리어 간다는 것이다. 이를 '휴거携擧, rapture'라고 한다. 휴거는 신자들이 그리스도의 재림을 기다렸다가 그와 함께 하늘로 올라간다는 생각을 자기 나름의 이유를 들어 거부한 19세기 영국 설교가 존 다비가 일반화한 개념이다. 성모 마리아가 죽음의 문을 통과하지 않고 직접 하늘로 올리움을 받았다고 주장하는 가톨릭의 성모 승천 교리와 매우 유사하다. '휴거'는 마치 우주선 엔터프라이즈의 선원들이 비물질화하는 그들의 '운반 장치'를 타고 가듯 그 행운의 소수 그리스도인들이 하늘을 향해 급상승하게 될 때 말할 수 없는 희열을 가져다준다고 한다. 우리 나머지 사람들은 지구라는 우주선에 남게 되고, 거기서 '대환란'이라는 마지막 날의 두려움과 비탄을 겪게 된다는 것이다.

《버려진 사람들》이라는 11부작 대하소설의 뼈대를 제공한 것은 바로 이 휴거라는 생각이다. '버려진 사람들'이라는 말은 물론 참된 신자들이 휴거되어갈 때 버려진 불행의 실패자들을 일컫는다. 이 대하소설이 어필하는 이유 중에서 그 독특한 신학은 일부에 지나지 않는다. 거기에는 신학을 포장지로 싸고서 그 중심되는 등장인물을 따라가는 길고도 흥미로운 줄거리가 있다. 이런 이야기가 몇백 페이지를 통해 이어지기 때문에 이 시리즈는 대서사시의 차원에 가깝다고 할 수도 있다.

　말세 신학이 미국이나, 혹은 세계의, 복음주의 프로테스탄트 교회 일부 변두리에서 발견되는 일종의 컬트 정도만을 대표한다고 생각하는 것은 잘못이다. 그 엄청난 인기는 뭔가 다른 것을 예시하고 있다. 그것은 이런 책들을 리뷰하는 평론가들이 엄청난 수의 보통 사람들이 가지고 있는 두려움과 환상을 이해하지 못하고 있는 경우가 많다는 것이다. 《버려진 사람들》 1부가 《뉴욕 타임스》 베스트셀러 목록 상위권으로 진입했을 때,[6] 누가 그 신문사 서평진에 이 책이 무슨 책이냐 물어보았더니 그 책에 대해 잘 알고 있는 사람이 하나도 없었다고 한다. 읽어본 사람이 하나도 없었다. 판매량이 치솟기 시작하자 소문만 들었을 뿐이었다. 학자들도 똑같은 맹점을 가지고 있다. 이런 책에 대해 말이라도 들어본 학자들은 이런 신학을 웃기는 것으로 취급해버리고 만다. 그러나 그렇게 한다고 해서 그 영향력을 축소할 수는 없다. 무시하는 것은 이런 신학이 미국의 대중 종교 문화를 휩쓸도록 허용하는 것이었다. 말세 지지자들의 그 엄청난 숫자와 기술적 노하우는 그리스도인 미래관의 다른 대안들을 거의 완전히 익사시킬 정도였다.

　지금 유행하고 있는 말세 신학을 다가올 하나님의 다스리심에 대한 예수의 메시지와 비교해보면 그 극명한 차이는 가히 극적이라 안 할 수 없다. 첫째, 예수는 그가 가르치는 메시지가 그 당시 사람들이나 전 인류를 위해 '복된 소식'이라 믿었다. 그러나 소위 그리스도교적이라 자칭하는 이 말세 신학은 모든 사람에게, 특히 유대인들에게 '나쁜 소식'이라는 것이다. 말세 신학 옹호자들은 자기들이 '이스라엘과 유대인들'을 사랑한다고 끊임없이 공언하고 있다. 많은 이들은 자기들을 '크리스천 시온주의자들'이라고까지 자칭하고, 자기들의 독특한 신학적 이유 때문에, 정말로 극보수주의적인 이스라엘 정당과 정치인들의 튼튼한 보루가 되어주고 있다. 그들은 열렬한 매파들로서, 이스라엘과 팔레스타인 국가의 평화 정착 같은 것에는 무조건 기를 쓰고 반대한다. 자기들의 미래를 그린 도표에는 평화라는 것이 있을 수 없기 때문이다. 그들이 그들 책에서 유대인들에게 맡긴 사명은 너무나도 뻔했다.

이 말세 신학에서 유대인들은 첫째 자기들의 성경을 고집스럽게도 오해하고 있으므로 그리스도인들의 가르침을 받아 이를 고쳐야 할 백성이다. 둘째, 유대인들은 자기들도 모르는 중에 자기들의 조국을 수립하고, 말세 신학 옹호자들이 열렬히 바라는 것같이, 곧 성전을 재건축하고 동물을 바치는 제사 제도를 재도입하여 성경 말씀대로 이루고 있는 백성이다. 이렇게 되면 성전을 더럽히는 일, 공격, 재림, 유대인들의 개종, 그리고 수많은 사람의 죽음을 포함하는 우주 서사시의 대단원을 장식할 기타 사건들이 자기들의 도표에 예언된 그대로 착착 전개된다는 것이다. 남이 안 되는 것을 보고 즐거워하는 것 같은 요소도 겉으로 드러난다. 예를 들어 린지는 자기가 읽은 《스가랴서》에 보면 예루살렘에 사는 사람 절반이 죽을 거라고 했는데, 이스라엘에 있는 이 불운한 유대인들이 일단 최후의 결전이 시작되면 그들이 겪을 가공할 일을 알지 못한다는 사실이 안타깝다고 말한다. 참 안됐지만, 각본에 그렇게 나와 있으니 어찌 그것을 피할 수 있겠는가 하는 식이다.[7]

17 아마겟돈 신드롬

《버려진 사람들》 시리즈에서 가장 두드러진 등장인물은 '치온 벤유다'라는 이스라엘 랍비다. 그는 예수를 메시아로 받아들인다. 그래서 그의 가족을 살해한 유대인 열성당들의 위협을 받고 있다. 운이 좋게도 그는 이스라엘에서 몰래 빠져나와 미국 시카고 가까이에 있는 생존자 보호소에 숨어 있다. 거기에서 '거듭난' 랍비는 그리스도인들의 도움으로 자기 예언자들의 참된 의미를 배운 다음, 인터넷으로 들어가 말세 신학을 설파하기 시작한다. 여기에서 우리는 다시 유대인들이 누구고 하나님이 유대인들에게 무엇을 바라시는지 그리스도인들이 유대인들보다 더 잘 안다는 사실을 목격할 수 있다. 말세 신학은 유대인들이란 열성당 그리스도인들의 상상력이 만들어준 그들의 역할을 강제로 수행하는 것 이외에 별도리 없는 백성이라는 것을 되풀이하는 해묵은 우화의 최신판인 셈이다. 그러나 이 우주적 드라마에는 다른 배우들도 필요하다. 가장 중요한 점은 누가 악역을 맡을까다. 누가 적그리스도인가?

냉전으로 조용하던 때에는 다가올 묵시록적 대종말에 등장하는 짐승과 기타 배역을 확정하기가 비교적 쉬웠다. 린지는 예언서 구절 중에 나오는 히브리어 '로시'라는 낱말을 '러시아'로 번역하는 창의성을 발휘했다. '로시'라는 말의 본뜻은 '머리', '대장'이다. 그의 해석학적 통찰은 모스크바가 예루살렘 북쪽에 있다는 것, 그리고 예레미야가 하나님이 택한 백성을 공격할 자가 '북쪽의 왕'이라 언급했다는 놀라운 사실을 발견함으로써 확인되었다고 믿었다. 더구나 러시아는 반反그리스도인 국가가 아닌가? 성경이 이렇게 명백하게 말하고 있는데 다른 무슨 부차적인 증거가 필요하단 말인가? 한마디 덧붙이

자면, 로널드 레이건 대통령의 그 유명한 '악의 제국' 연설문을 쓴 사람이 누구인지 모르지만, 아무튼 그는 이런 천재적 성경 해석학파의 영향을 받았다는 보고가 있다.

베를린 장벽이 무너지면서 이 예언도 함께 비틀거렸다. 그러나 다른 모든 액션 모험 영화처럼, 이 말세 신학에도 악역이 있어야 했다. 전에는 나폴레옹, 루터, 몇몇 교황, 히틀러, 스탈린 등이 그 역을 맡았다. 그러나 마지막 장면을 찍기 전에 이런 이들이 다 죽고 말았다. 몇 년 전에는 어느 기발한 해석가가 헨리 키신저Henry B. Kissinger라는 이름의 글자들에 포함된 수를 모두 합해보면 《요한 계시록》 13:16에 나오는 짐승의 표식 666이 된다고 했는데, 이제 더는 미국 전 국무장관이 그 악역의 후보가 되지는 않는 모양이다.[8]

냉전 시기가 끝나자, 말세 신학 옹호자들은 적그리스도의 역을 맡을 다른 후보자들을 긁어모아야만 했다. 처음에는 그 후보자를 해방 신학에서 찾아보았다. 그들이 보기에 해방 신학은 적그리스도답지만 그 악마적 모습을 종교적 위장술로 가리고 있다고 여겼기 때문이다. 이스라엘 평화 운동에서도 찾았다. 팔레스타인 사람들과 무슨 평화적 합의를 이룬다는 것은 아마겟돈 이야기의 줄거리를 심하게 벗어나기 때문이다. 그러나 이런 것은 줄거리의 곁가지에 불과했다. 아직도 속타는 궁금증은 그대로 계속되었다. 과연 누가 정말로 벨리알의 아들이란 말인가?

어떤 말세 신학 옹호자들의 경우, 비록 《버려진 사람들》의 저자들에게는 해당하지 않지만, 그 해답은 너무나 명백해지고 있다. 바로 이슬람, 혹은 더욱 자주 쓰는 말로 '이슬람의 검'이다. 9.11 사건 이후 이것이 다른 모든 후보를 물리치고 등장하게 되었다. 꿈에도 그리던 완전한 배역이 현실로 찾아온 셈이다. 이슬람은 종교적이고, 여러 나라의 연합을 포함하고 있고, 이 말세론적 견해에서 보면 몇 세기 전 성전 자리에다 알아크사 모스크를 건설하여 그 자리를 이미 더럽히기 시작했다는 것이다. 1,500년 동안 그리스도인들은 이슬람을 자기들의 천적으로 보았다. 따라서 이슬람에 이런 악역을 돌리는 것은 그동안 쌓인 부정적 이미지를 불러오는 것이었다.[9] 말세 신학 옹호자들에게는 요즘 중동 지방에서 유대인들과 이슬람교인들이, 흔히는 그리스도인들도 합세하여 정의로운 평화를 구축하기 위해 민간 기반 사업에 동참하고 있다는 사실은 전혀 중요하지 않다. 이들은 각본에 따라 아마겟돈 전쟁이 필연이라 믿고 있기에 평화의 가능성 자체를 계속 부정하고, 일찌감치 이슬람을 영적으로 지목된 루스벨이라 선언했기에 종교 간의 협력 같은 것은 무조건 차단하고 있다.

《버려진 사람들》은 좀 더 아리송하다. 적그리스도의 이름이 이미 밝혀져 있다. 니콜라이 제티 카르파디아라는 사람이다. 매력적이고 카리스마가 많은 루마니아 전직 대통령으로 유엔 사무총장이 되어 '지구 공동체'라는 기구의 수장이 된다. 우파 그리스도인들의 눈에 완전히 악의 화신쯤으로 비친 이 인물은 유엔을 지지하고, 군비 축소를 권장하고, 세계 단일 통화 사용을 촉구하고, 에큐메니컬 운동(교회 일치 운동)과 종교 간 협력을 강조한다. 그는 소설 뒷부분에 가서 예루살렘에서 암살당해 약간 멈칫하는 듯하지만, 신 바빌론이라는 이름으로 새로 건설된 도시에 건립된 지구 공동체의 궁전에서 부활한다. 여기에서 이슬람에 대한 의심의 냄새를 풍기는데, 거기 경호

총책임자의 이름이 수할리 아크바라는 이슬람식 이름으로 나온다는 점이다.

《버려진 사람들》 시리즈는 《해리 포터》 책들이나 디즈니 영화처럼 클럽, 게임, 토의 안내, 주보, 다른 성경 예언 사이트로 연결시켜주는 인터넷 링크 등 그 부대품이 눈덩이같이 불어났다. 《버려진 사람들》의 주제를 중심으로 해서 생겨난 어린이용 책들이 30권이나 된다. 그러나 이런 어린이들을 위한 시리즈에 나타난 주제도 어른들을 위한 것에 나타난 내용과 대동소이하고, 국제적 기구들을 악마 역할을 하는 배역으로 배치시켜 옛 전통을 답습하고 있다. 왓슨은 90년 전 영국의 주권에 위협이 되는 것을 염려했지만, 요즘의 말세 소설들은 미국이 새로운 세계 질서에서 그 독립을 상실할 수도 있다고 두려워하는 미국인들에게 어필하고 있다. 다른 대중 소설과 마찬가지로 이 시리즈를 읽어보면, 다가올 미래를 실제로 예견하려 노력했다기보다 오히려 현대인들이 경험하는 불안을 반영했다고 볼 수 있다.

흥미로운 점은 이런 말세 신학이 예수와는 거의 상관이 없다는 점이다. 말세 신학의 가장 중요한 특징 중 하나는 예수의 삶과 가르침이 '과거 세대'에 속하며 예수가 십자가에 못 박히심과 함께 끝이 났다고 선언하는 것이다. 그러므로 그의 삶과 가르침은 오늘을 사는 우리와 관련이 없다는 주장이다. 진정으로 성실한 말세 신학 신봉자들은 예수의 삶과 가르침을 설교하지 않는다. 성경에서 자기들에게 필요한 다른 여러 부분, 특히 선지서들과 《요한 계시록》에 중점을 둔다. 그러나 이런 식으로 이런 것 저런 것을 무시하는 배제의 원칙은 신약 성경을 갈기갈기 찢어 알아볼 수 없을 만큼 엉망으로 만들어버린다. 여러 가지 중에서 성모 마리아의 찬가, 탄생 설화, 산상 수훈 전체, 모든 비유 등을 다 무시할 뿐 아니라, 예수가 그를 따르던 이들이 끝이 언제 이를 것인가 계속 물어볼 때마다 이에 답하기를 거절하고 거짓 예언자들과 점쟁이들을 경계하라고 분명히 한 성경 구절들에 대해서는 일언반구도 하지 않는다.

말세 신학 신봉자들은 목적을 가진 윤리적 선택을 무력화시키기도 한다. 말세 신학은 명백히 숙명론적이다. 해석의 근거란, 내막을 잘 아는 열성가들에게, 성경은 미래에 일어날 일들을 낱낱이 다 누설한다는 것이다. 그러나 이런 전제는 인간의 자유와 책임을 말살하는 것이다. 인간은 꼭두각시가 되거나, 기껏해야 영화에 나오는 단역들에 불과하다. 휴거되는 사람들은 하늘 푹신한 의자에 앉아 화면에 전개되는 이야기를 지켜보는 관음증 관중에 불과하고, 버려진 사람들은 어쩔 수 없이 환란과 심판의 고통을 감내할 수밖에 없게 된다. 패는 정해졌고 게임은 개인의 의지와 상관없이 정해진 각본에 따라 전개될 뿐이다. 풋내기들이나 자기들이 결과를 바꿀 수 있다고 착각한다. 우리가 할 수 있는 일이란 미리 정해진 것을 빠르게 촉진하는 것뿐이다. 역사는 이제 신과 인간 사이의 자유스러운 주고받음이 이루어지는 광장이 아니라, 이미 지워질 수 없는 글자가 쓰인 두루마리를 펴는 것에 불과하다. 이는 역사적 그리스도교를 무대에서 퇴출시키는 것이다. 일종의 현대판 이신론理神論[+]을 전제로 하는 셈이다.

[+] 신이 세상을 일단 창조한 후 세상은 저절로 돌아간다고 주장하는 이론이다.

그러나 말세론자들의 신은, 옛날 이신론자들이 생각한 궐석 신과 같이 복잡한 시계를 만든 후 물러가 있는 그런 신이 아니라, 시한폭탄을 만들어놓고 누구도 그 퓨즈에 접근하지 못하게 하는 그런 신이다.

왜 내 학생들을 포함하여 그렇게도 많은 사람이 이런 황당하고 정신 나간 신학에 매료되고 있을까? 어리둥절한 나머지 나는 수업 시간 학생들에게 왜 이런 문제가, 이런 말세 시나리오가, 이와 같이 지대한 관심을 받는지 생각을 물어보았다. 나는 그 이유가, 내가 많은 학생에게서 감지한 바 있는 일종의 좌절감 같은 것 때문이 아닌가 하는 생각도 해보았다. 그러나 학생들은 대체로 쾌활하고 선한 일을 하려고 할 뿐 아니라 그 일을 잘하려는 의지로 충만했다. 도대체 그 진정한 원인이 무엇이었을까?

그 진정한 원인은 예수의 시험 중 셋째 시험, 곧 무기력한 숙명주의의 유혹에 기인했다. 말세 시한폭탄의 퓨즈처럼 참된 힘의 지렛대는 자기들이 미치는 거리 밖에 있다는 느낌이 정부와 기업체의 지도자적 위치에 설 학생들까지 휘어잡고 있었다. 어느 해, 나는 이런 상황을 고쳐보려고 좀 별다른 시도를 해보았다. 말세에 관한 책들에서 발견되는 도덕적 결함이나 논리적 모순 같은 것을 지적하는 대신, 그들에게 정말로 필요한 것은 반박(학자들은 이런 일을 너무나 잘한다)이 아니라 다른 무엇이라고 일러주었다. 다음 주일까지 《버려진 사람들》의 독자들과 똑같은 비전문적인 독자들에게 읽힐 책의 개요를 적어오되, 미래에 대해 그것과 완전히 다른 시나리오를 만들라고 했다.

학생들이 제출한 과제물에 이처럼 실망해본 적도 드물었다. 나

17 아마겟돈 신드롬

는 학생들이 다른 과제물을 훌륭히 해내는 것을 보아온 터라 뭔가 흥미로운 이야기를 만들어 오리라 기대했다. 그러나 이 과제는 대부분의 학생이 엉망이었다. 대부분의 개요는 의학의 발달이나 기술의 진보에 관한 것이었다. 랩어라운드 형으로 된 화면에 500개의 채널을 가진 TV, 안전한 고속 도로를 소리 없이 주행하는 고효율 연료의 자동차, 수명을 180으로 연장하는 약, 자는 동안 중국어를 가르치는 학습용 헬멧, 먼 은하계로 떠나는 안전한 여행 등에 관한 것이었다. 물론 세상 모든 사람이 잘 먹고 좋은 주거 생활을 하고, 훌륭한 건강 관리와 교육을 받는다는 것도 포함되었다. 모든 질병이 퇴치되고, 무엇보다 학교에서 점수 제도가 폐지되는 미래를 그리기도 했다.

학생들은 수업 시간에 자기들의 개요를 서로에게 읽어주면서, 스스로도 이렇게 책을 써서는 팔리지 않을 거라고 인정했다. 학생들에게 왜 이렇게 형편없는 개요를 써 오게 되었느냐고 다그치자, 생각이 깊은 학생 하나가 대답했다. 자기들이 본 미래의 청사진들은 실질적으로 모두가 살벌하고 황량한 암흑향暗黑鄕, dystopia이든지 밝고 환한 기술적 이상향理想鄕이든지 둘 중 하나뿐이기 때문이라는 것이다. 그들은 올더스 헉슬리의 《멋진 신세계Brave New World》와 디즈니의 '내일의 나라Tomorrow Land' 사이 어디에서 서성대는 셈이었다. 만약 그들의 대안에 영감이 부족했다면, 그 이유는 그들에게 영감을 줄 것이 거의 없었기 때문일 것이다.

실망 때문에 나는 다시 한번 《버려진 사람들》 시리즈와 그 어필의 근원에 대해 곰곰이 생각해보았다. 깊이 생각해본 결과 나는 그 작가들이 뭔가 중요한 것을 건드렸다는 사실을 인정하지 않을 수 없었다. 나름대로 왜곡되고 자기들의 목적에 부합하는 방법으로 하긴 했지만, 그 시리즈는 우리 문화에 친숙한 성경의 주제를 솜씨 좋게 되살려냈다. 그리스도인들과 유대인들 모두가 창조 세계를 위한 하나님의 뜻을 이루는 데 담당해야 할 중요한 역할이 있음을 일깨워주었다. 그러나 그렇게 하는 중에 그 시리즈는 유대인에게 치욕적인 역할을 담당하게 하고, 이슬람을 악마로 만들고, 그리스도교에서 골자를 빼버리는 일을 했다. 이 모두가 동등한 자격으로 참여함을 경축하는 그런 종말론을 상상할 수는 없을까?

또 한 가지 인정할 수 있는 공로는 이 말세 신학이 다른 그리스도교 유사 종말론들과는 달리 죽어서 천당 간다는 식만이 아니라는 사실이다. 거기에는 비록 해괴하고 위험하지만 자기 나름대로의 정치적, 사회적 차원이 있다. 그것은 우리가 지금 살고 있는 시간이 역사의 궁극 목표와 어떤 연관을 가지고 있는가를 투영해준다. 물론 그것은 치명적으로 좁아터졌다. 말세 신학은 예수가 그렇게도 염려한 지구의 비참한 사람들에 대해서 완전히 무관심하다. 참그리스도인들이 휴거된다는 이 괴상한 생각, 역사가들이 경건하고 흥분하기를 잘하는 19세기 스코틀랜드 소녀에게서 나왔다고 보는 이 생각은, 인간사의 일부가 된 고통과 재난과 맞붙어 싸우기를 싫어하는 사람들을 위해 편리한 도피처가 되어주었다.

끝으로, 나름대로 아주 소름이 끼치는 방법으로 말세 신학은 미국 소비자 영성이 모시고 있는 상냥하고 친절한 신, 저 하늘에서 심슨 가족 전부가 교회에서 정기적으로 졸도록 하는 사용자 편의의 신에 대해 의문을 제기하고 있다. 말세 신학은 어떤 사람들에게는 좋은 소식이 다른 사람들에게는 나쁜 소식이 될 수 있다는 사실을 잘 알고 있다. 그러나 말세 신학은 이 양쪽 수용자 모두를 오해하고 있고, 또한 가장 위험한 특징은 말세에 있을 재난이라는 이미지를 매혹적으로 묘사한다는 사실이다. 과거 여러 시대에 오로지 희망을 몽땅 잃어버린 피압제자들이 자기들을 절망의 구덩이에서 구원해주고 자기들의 고난을 물리쳐줄 불같은 신의 간여를 꿈꾸는 환상에 집착한 이유는 이해하기 쉽다. 이런 말세적 환상은 옛날 같으면 비교적 무해할 수도 있었고, 심지어 절망적인 사람들에게 딴 방법이 없을 경우 약간의 희망이라도 줄 수 있는 무엇이었을 수도 있다. 그러나 대량 살상무기의 도래와 함께 활활 타오르는 인위적 종말의 위협이 너무나도 현실적이 된 오늘, 인류는 종교적인 것이든 비종교적인 것이든 이런 엄청난 환상을 영원히 버려야 한다.[10]

이와 같은 언어의 위험은 이런 말세를 기다리는 사람들이 신이 행동하기를 기다리다가 언젠가 지쳐버릴 수도 있다는 것이다. 이슬람 모스크에 불을 지른 데니스 마이클 로한처럼 자신이 파괴를 통해 구원의 임무를 수행하겠다고 나올 수 있다. 말세가 되어 세상을 정결하게 한다는 생각은 인간적인 방법으로든 신의 방법으로든 입에 담기에 너무나도 위험하고 너무나도 현실적이다. 예수 자신은 겨자씨, 포도 가지 등으로 자라남과 서서히 이루어지는 성숙을 말하는 이미지, 곧 유기체적 은유를 계속 사용하여 훨씬 더 좋은 방법으로 미래를 생각하는 길을 제시했다.

종말론에 대해 생각할 때 내가 학생들과 최종적으로 합의해서 실행하기로 한 것은 '예수의 충고를 따르라'는 것이었다. '언제'나, '어떻게'에 대해 사변하기를 피하라는 것이다. 그럴 시간이 있으면 차라리 하시디즘 랍비의 권고를 따르는 것이 나으리라. 하루는 그가 정원을 가꾸고 있는데 그의 제자 중 하나가 찾아왔다. 그 제자는 물어보았다.

"랍비시여, 오늘 메시아가 오신다는 것을 알고 있다면, 무엇을 하시겠습니까?"

그 랍비는 자기의 수염을 쓰다듬고 입술을 오므리며 대답했다.

"글쎄, 나는 계속해서 내 정원에 물을 주겠네."

III

다른 이들이
예수에 대해 한
더 많은 이야기들

천사들의 합창이 이 시간을 영화롭게 하고,
하늘의 창공이 불에 녹아났다.
"아버지, 어찌하여 저를 버리시나이까?
어머니, 청컨대, 저를 위해 울지 마소서."

막달라 마리아는 자기의 가슴을 치며 흐느낀다.
그의 사랑하는 제자들은, 돌처럼 된 얼굴로 응시한다.
그의 어머니는 저만큼 서 있고, 어느 누구도
그의 눈을 들여다보지 않았다.
감히 그렇게 할 수가 없었다.

| 안나 아흐마토바, 〈십자가에 달리심〉

18 변화산과 예언자의 밤길

그리고 엿새 뒤에, 예수께서는 베드로와 야고보와 그의 동생 요한을 데리시고, 따로 높은 산으로 가셨다. 그런데 그들이 보는 앞에서 그의 모습이 변하였다. 그의 얼굴은 해와 같이 빛나고, 옷은 빛과 같이 희게 되었다. 그리고 마침 모세와 엘리야가 그들에게 나타나더니, 예수와 더불어 말을 나누었다. 베드로가 예수께 말하였다. "주님, 우리가 여기에 있는 것이 좋겠습니다. 원하시면, 내가 여기에다가 초막 셋을 지어, 하나에는 주님을, 하나에는 모세를, 하나에는 엘리야를 모시겠습니다." 베드로가 아직도 말을 채 끝내지 않았는데, 갑자기 빛나는 구름이 그들을 뒤덮었다. 그리고 구름 속에서 "이는 내 사랑하는 아들이다. 내가 그를 좋아한다. 너희는 그의 말을 들어라" 하는 소리가 들려왔다. 제자들은 이 말을 듣고, 얼굴을 땅에 대고 엎드려, 몹시 두려워하였다. 예수께서 가까이 오셔서, 그들에게 손을 대시고서 "일어나거라. 두려워하지 말아라" 하고 말씀하셨다. 그들이 눈을 들어 보니, 예수밖에는 아무도 없었다.

| 마태복음 17:1-8

최근 몇 년 동안 나의 종교학 연구 방법에 생긴 가장 큰 변화는 세계적인 종교 다원주의의 도전과 미국에 점증하는 종교적 다양성에 기인한다. 내가 자라난 조그만 마을에도 우리 나름의 다양성이 있기는 했다. 인구 1,500명가량 되는 마을에 교회가 여덟 개 있었는데, 그중 하나를 제외하고는 모두 다양한 개신교 교파를 대표하는 교회들이었다. 유일한 예외는 성 패트릭 로마 가톨릭교회였는데 훨씬 더 넓은 지역을 담당하며 봉사했기 때문에 일요일 아침 주차장에는 다른 교회들보다 더 많은 차가 있었다. 마을에는 유대인 의사 가정이 하나 있었지만 시나고그(회당)는 없었다.

어느 날 나는 내가 다니던 중학교에서 백과사전에 있는 지도를 보게 되었는데, 거기에는 '세계의 종교들'을 색깔별로 보여주었다. 동아시아 대부분은 불교와 유교로 분홍색으로 칠해져 있었다. 중동 지방은 지금은 '이슬람'이라 하지만 그 당시만 해도 일반적으로 통용되던 이름에 따라 편집자가 붙인 '마호멧교'라 하여 온통 노란색으로 칠해져 있었다. 인도 전체는 힌두교라고 짙은 빨강이었다. 유럽과 남북미, 러시아는 밝은 파랑색으로 그리스도교 국가들이라는 사실을 말해주었다. 아마 편집자들이 시크교나 자이나교나 유대교 같은 종교들은 수적으로 너무 적거나 지역적으로 너무 분산되어 있어 세계지도에 올릴 수 없다고 생각했는지 그 지도에는 나타나 있지 않았다.

요즘 이런 지도를 본다면 여러 가지로 잘못된 정보를 제공하고 있다고 할 것이다. 런던과 로스앤젤레스에 불교 사원이 있고, 로마와 뉴욕에 이슬람 모스크가 있고, 웨스트버지니아에 힌두 사원이 있고, 그리스도교 교회는 세계 거의 어디에나 다 있기에, 종교를 어느 지역

18 변화산과 예언자의 밤길

에 한정시키는 것이 더욱 어려워졌다. 그러나 그 여러 가지 색깔로 된 세계 지도는 내 호기심에 불을 질렀고, 자라면서 이런 종교들에 대해 쓴 책은 발견하는 대로 다 읽었다. 그러나 그 당시는 이런 종교들에 대해 많은 것을 배운다는 것이 그렇게 쉽지 않았다. 공립 학교에서는 아침마다 주기도문을 우물우물 외우는 것 이외에 종교라는 것이 완전히 도외시되었고, 교회에서는 그 빨강, 노랑, 분홍색 지역을 가능한 한 빨리 선교사들을 파송해야 할 지역으로 여길 뿐이었다. 내 호기심은 꺼지지 않았어도 많은 정보를 얻기는 여전히 힘들었다. 대학교에 들어가서도 세계 종교 과목은 내가 수강한 단 한 과목뿐이었고, 신학대학에서도 개신교 신학 이외의 종교 과목은 아주 드물었고 그것도 엄격하게 선택 과목에 불과했다.

그러나 1960년대 후반부터 사정이 달라져, 결국 내가 가르치는 데에도 변화가 생겼다. 케네디 대통령의 개혁이 미국 이민 정책의 패턴을 바꾼 이후, 더 많은 아시아인과 중동 지역 사람들이 들어오기 시작했다. 파고다, 모스크, 사원 등이 미국 도시 중요 거리에 등장하기 시작했다. 그러고 나서 특히 공산주의의 몰락 이후, 다른 세계 종교들이 세계 무대에서 점점 더 뚜렷하게 두각을 드러내게 되었다. 힌두 국민당이 인도의 권력을 장악했다. 티베트의 자유를 위한 달라이 라마의 비폭력 운동과 그가 쓴 영성에 관한 책들 덕택으로 더욱 많은 사람이 불교를 주목하게 되었다. 그러나 개인적으로 가장 중요한 일은 내가 하버드대학교 학부와 신학부에서 가르치는 과목들이 새로운 종교적 이질성을 반영하기 시작했다는 점이다. 나는 '다른' 종교들을 배경으로 가진 학생들이 없는 강좌를 가르친 일이 거의 없었다.

나는 나의 이전 교육 과정에서 놓쳤던 것들을 보충하기 위해 열심히 노력할 수밖에 없었다.

이렇게 노력하는 동안, 자신의 종교 전통에 대해 새로운 통찰을 얻는 가장 좋은 방법은 타 종교와 비교하고 대조하는 거라는 사실이 분명해졌다. 나의 동료 교수들과 학생들이 나에게 이런 기회를 많이 제공해주었다. 이런 종류의 비교 연구를 위해 가장 값진 기회 중 하나가 내가 예루살렘에 관한 과목을 개설하고 가르치기 시작하면서 생겼다. 그 과목은 내가 예수에 대해 가르치는 과목에서 파생했다. 나는 예수에 대해 가르치면서 자연히 기원후 1세기의 예루살렘 역사에 흥미를 느끼게 되었다. 그러자 이 거룩한 도성에 대한 나의 관심은 다윗이 이곳을 그의 수도로 만들기 이전 시대로 거슬러 올라갔고, 거기서부터 다시 그 많던 약탈, 수탈, 왕조의 교체 등을 거치면서 내려오는 것으로 확장되었다. 유혈이 낭자했던 그 도시의 긴 역사에 놀라움과 매혹을 함께 느끼면서, 나는 많은 교수가 어떤 문제에 대해 스스로 더 알아보고 싶을 때 하는 방법을 취했다. 그 방법이란 그 문제를 다루는 강좌를 개설하는 것인데 나도 그 방법을 따른 것이다.

'예루살렘: 학제 간 연구Jerusalem: An Interdisciplinary Inquiry'라는 과목은 얼마 가지 않아 내가 가르치기 좋아하는 과목 중 하나가 되었다. 그것을 좋아한 주된 이유는 그 과목을 수강하는 학생들이 유대교, 가톨릭교, 이슬람교, 개신교 등 다양한 배경을 가진 학생들이라는 점이다. 이렇게 다양한 종교적 배경을 가진 학생들이 수강하는 것은 예루살렘을, 물론 각각 다른 뜻이겠지만, 이 세 종교 전통 모두가 거룩한 곳으로 여긴다는 사실을 감안할 때 이해가 되는 일이다. 강의하는 것이외에 나는 학생들을 몇 명씩으로 된 작은 독립적 과제 그룹으로 나누었는데, 각 그룹에는 세 전통 각각을 대표하는 학생들이 섞여서 들어갈 수 있도록 했다. 나는 이들이 훌륭하게 협력해서 여러 가지 토픽에 대해 합동으로 준비한 리포트를 제출하는 것을 보고 놀라움과 고마움을 금할 수 없었다. 한 그룹에는 자기 식구들이 한때 서쪽 예루살렘에 산 적이 있다고 하는 팔레스타인 이슬람교 학생과 이스라엘 방위군에서 제대한 학생이 함께 있었는데, 이 그룹은 예루살렘 문제의 최종 해결을 위해 그럴듯한 해결책을 제시하기도 했다.

내가 신약에 나타난 예수 그리스도의 변화산 경험에 대한 토의를 시작하면서 이런 이야기를 꺼내는 것은 이상스러운 방법으로 일견 예루살렘과 전혀 관계없어 보이는 이 이야기가 이 과목 강의에서 가장 잊지 못할 시간 중 하나를 제공해준다고 하는 사실 때문이다. 이 이야기는 어느 날 이스라엘과 팔레스타인의 복잡한 지도와 성지에 대한 상충되는 주장들에 대해 토의하려다가 나왔다. 이 이야기가 잊지 못할 것이 된 이유는 이야기라는 것이 윤리적 사유뿐만 아니라 종교 사이의 대화를 위해서도 얼마나 중요한가를 다시 한번 실증해주기 때문이다. 변화산 이야기는 강의를 듣는 모든 종교적 배경의 학생들이 모두 다 반응할 수 있는 그런 이야기다.

얼른 보면 이 이야기는 잘못된 곳에 들어가 있는 것 같기도 하다. 이상스럽게도 복음서 설화의 흐름을 끊는 것 같기 때문이다. 예수는 비유를 이야기하고, 가르치고, 병을 고치고, 그의 제자들과 이야기를 나누고 있었다. 그런데 갑자기 이 이상스러운 단절이 끼어들고, 또 몇 절 지나 예수는 다시 그가 하던 일을 계속한다. '높은 산'에서 그의 모습이 바뀌는 이야기는 마치 잔잔한 바다 수면에 번뜩이는 물고기 한 마리가 튀어 오르는 것처럼 갑작스럽게 생겨난다. 이 이야기가 하도 엉뚱한 곳에 들어가 있는 것 같아 학자 중에는 사실 복음서 끝에 나오는 부활의 이야기에 함께 있어야 하는데, 초기 편집자가 이곳에 잘못 삽입했다고 생각하는 이들도 있다. 물론 이 이야기는 바로 여기에 있어야 한다고 주장하는 이들도 있다.

나에게는 이런 논쟁이 의미가 없다. 이 이야기는 예수에 대한 다른 이야기들과 마찬가지로 예수가 유대인 전통과 이스라엘의 믿음에 뿌리박고 있다는 사실을 암시한다. 그 당시 이 이야기를 듣는 사람이라면 누구나 이런 암시를 금방 알아낼 수 있었을 것이다. 여기서 예수는 새로운 모세로 묘사되고 있다. 이런 암시는 첫 절, "그리고 엿새 뒤에"라는 말에서부터 나온다. 왜 하필 엿새인가? 왜 이레나 아흐레 혹은 40일이 아닌가? 모세가 시내산에 올라가 하나님을 만난 것이 엿새 걸린 일이었기 때문이다. 모세는 적어도 그의 등반 초기에 그의 세 보조원들, 아론과 나답과 아비후를 동반했다. 예수도 베드로와 야고보와 요한을 데리고 갔다. 모세가 산꼭대기에 이르렀을 때 구름이 그에게 내려오고 하나님의 영광의 밝은빛이 비추었다(출애굽기 24:9-18). 예수의 족보에서 보았듯이, 예언자들이나 카리스마를 가진 지도자들은 전에 살았던 특출한 인물들과 동일시되는 것이 예사였다. 여기서 예수는 예언자 엘리야와, 법을 준 모세와 동일시되고 있었다.

나는 이 과목이 시작되기 전에 이미 이 구절이 예수와 그 이전의 이스라엘 예언자들을 상징적으로 연결시키고 있기 때문에 유대인 학생들과 그리스도인 학생들에게 특히 흥미로우리라 생각했다. 그러나 내가 기대하지 못한 것은 얼마나 빨리 이슬람 학생들이 그 합창에 합류했는가였다. 이슬람교인들은 무함마드가 광야를 통해 메카에서 메디나로 피란 가던 그 밤길을 이스라엘 백성들이 이집트에서 출애굽하던 경험과 비교하고, 무함마드를 모세와 동일시한다. 모르몬들도 그들을 또 다른 광야를 통해 유타에 있는 그들의 시온으로 인도해준 그들의 지도자 브리검 영을 자기들의 모세로 보고 있다. 마틴 루서 킹 목사도 마지막 날 멤피스에 있는 메이슨 기념 성전에서 한 그의 설교에서 모세가 느보산에서 그렇게 한 것처럼 자기도 약속의 땅을 멀리서나마 볼 수 있었지만, 나는 여러분과 거기 들어갈 수는 없을지도 모릅니다라고 했다. 변화산의 이야기는 또 하나의 족보로서, 예수를 모세의 후계자 반열에 정착시키기 위한 것이었다.

이 이야기에 대해 물론 다른 이론들도 있다. 대부분의 학자들은 본문에서 말하는 '높은 산'이라는 것이 지금 시리아에 있는 헤르몬산이라는 데 의견 일치를 보고 있다('헤르몬'이란 '떨어져'라는 뜻이다). 그러나 이스라엘 다볼산 꼭대기에 있는 옛 수도원의 사제들은 변화산이 헤르몬산이 아니라 다볼산이었다고 강력하게 주장하고 있다. 예수의 생애에서 일어난 사건들이 실제로 성지 어디에서 일어났는가 하는 문제를 둘러싸고 생기는 다툼은 이뿐만이 아니다. 예루살렘에는 무덤과 부활의 장소가 두 개 있다. 하나는 '성묘 교회the Church of the Holy Sepulcher' 안에 있고, '공원묘지'라는 다른 하나는 다메섹 대문 밖 가까운 곳, 주차장과 복잡한 아랍인 시장 바로 옆에 있다. 나 스스로도 예수가 침례받은 '진짜' 장소라는 곳을 네 곳이나 가본 적이 있다. 모두 다 엉터리 고고학을 마스터한 각기 다른 안내인들이 기를 쓰고 진짜라고 주장하는 곳들이었다. 교황 요한 바오로 2세도 2000년에 중동을 방문했을 때 이 침례받은 장소라고 하는 곳 중 두 곳에서 기도하는 묘안을 보인 적이 있다.

그러나 이런 식의 장소에 관한 다툼은 거의 문제될 것이 없다. 이와 같은 이야기와 다른 이야기들을 위해서라면 거의 어떤 산이든지 상관이 없다. 산 공기가 이야기들을 낳는 모양이다. 산들은 으스스한 예감을 주기도 하고 동시에 유혹적이기도 하다. 산들은 오라고 손짓하기도 하고 위협적이기도 하다. 치솟은 바윗덩어리, 가끔은 눈에 덮이기도 하고 구름에 가리기도 하는 그 산들은 경외심과 매혹을 불러일으킨다. 그 정상에 오르면 우리는 스스로 자부심과 만족을 맛보게 되고, 밑에서 보지 못하던 곳들을 볼 수 있게 된다. 산들이 그렇게도 많은 전설과 민담에 등장하는 것은 어찌 보면 당연한 일이라 할 수 있다. 산들이 종교에서 그렇게 중요한 자리를 차지하는 것도 무리가 아니다.

예언자들은 산과 자연적인 친화성을 가지고 있다. 그러므로 변화산의 이야기가 산상 수훈과 마찬가지로 산에서 생겼다는 사실은 놀랄 일이 아니다. 모세는 하나님에게서 토라를 받기 위해 그 노구를 이끌고 산을 한 번도 아니고 두 번씩이나 올랐다.

붓다의 가장 중요한 가르침 중 하나도 영취산에서 했다. 이와 비슷한 예는 얼마든지 있다. 그러나 내 강의를 듣던 이슬람 학생들이 자기들 전통 속에 나오는 비슷한 예를 들려주려고 했다. 그들이 들려준 산 이야기는 쿠란에서 나온 유명한 구절에 입각했는데, 그 일은 시온산에서 생긴 일로 복음서에 나오는 변화산 이야기를 강하게 연상시켰다. 이슬람교인들은 이를 예언자 무함마드의 '이스라'라고 하는데, 예루살렘을 향한 그의 '밤길'을 두고 하는 말이었다. 쿠란에 나오는 실제 구절은 짧았다. 그러나 그 후 여러 층의 전설들로 더욱 정교하게 꾸며졌다.

> 밤중에 그의 종(예언자)을 마스지드알하람(메카)으로부터 마스지드알아크사(가장 멀리 있는 경배 장소)로 데려다준 그에게 영광이 있을지어다.
> | 수라 17:1

쿠란이 완성된 직후 주석가들은 '가장 멀리 있는 경배 장소'를 예루살렘에 있는 성전산과 동일시했다. 그들은 무함마드가 처음에는 사람들에게 예루살렘을 향해 기도하라고 가르쳤다는 것을 알고 있었다. 예루살렘은 유대인이니 그리스도인이니 하는 구별이 있기 전 아브라함(아랍어로 '이브라힘')이 가르친 참된 원초적 종교의 시발점이고 또 솔로몬의 옛 성전이 있던 장소로 알려졌기 때문이다. 나중에 가서야 비로소 이슬람교인들은 기도할 때 메카를 향해 기도하게 되었다.

위의 구절 자체는 별로 하는 말이 없다. 그러나 무함마드의 초기 전기 작가들, 그중 무함마드 이븐 이샤크 이븐 야싸르라는 사람은, 일종의 이슬람적 미드라시 방법을 써서 이야기의 상세한 부분을 채워 넣었는데, 그 이후 이것이 '밤길the Night Journey'의 표준판이 되었다.

그는 예언자 무함마드가 직접 무리에게 하는 말을 들은 거라고 주장했다. 그에 따르면, 무함마드가 메카에 있는 카바의 거룩한 흑석 옆에서 자고 있을 때 가브리엘 천사가 와서 발로 그를 찼다고 한다. 그는 깨지 않았다. 다시 천사가 발로 찼지만 효과가 없었다. 세 번째 발로 찼을 때 무함마드가 깨어났다. 천사 가브리엘은 그를 데리고 밖으로 나가 이상스러운 짐승에 태웠다. 그것은 순백으로 반은 당나귀고 반은 노새인 짐승이었다. 그 짐승의 이름은 '부락'. 13세기부터 내려오는 '밤길'의 원고에 나온 그림을 보면 그 짐승은 여자의 머리를 하고 있다. 부락과 무함마드는 공중으로 치솟아 눈 깜짝할 사이에 메카에서 예루살렘까지 날아갔다. 심지어 시간이 좀 있어서 중간에 시내산에 잠깐 머물 여유도 있었다.

무함마드가 성전산, 이슬람 사람들은 '고귀한 성소(하람 알샤리프)'라고 하는 그 산에 안착했을 때 환영 위원회가 그를 기다리고 있었다. 환영 위원회는 지난 시대의 모든 예언자로 구성되어 있었다. 아담, 요셉, 에녹, 침례 요한, 모세, 물론 무함마드가 좋아한 예언자 아브라함도 있었다. 전기를 쓴 야싸르는 무함마드가 그들의 신체적 특성까지 일러주었다고 한다. 모세는 "혈색 좋은 얼굴에 키가 훤칠하고 살이 많으며, 고수머리에다, 매부리코를 가지고 있었다. 마리아의 아들 예수는 얼굴이 불그스레하고 중키에다, 얼굴에 주근깨가 많았고, 금방 목욕하고 나온 사람처럼 부드럽고 긴 머리칼을 가지고 있었다"고 한다.[1] 이런 세세한 내용이 나오는 것은 이야기들을 할 때 늘 쓰는 방법과 일치한다. 나중에 나온 판들에 보면 침례 요한은 메뚜기와 석청을 먹고 산 식생활 때문에 깡말랐고, 야곱의 아들 요셉은 눈

화장을 한 미소년이었다(이것은 유대교 이야기에도 나온다).

이 '이스라' 이야기에서 무함마드는, 자신의 전임자들과 함께한 이런 고도의 에큐메니컬 기도회를 마친 다음 큰 바위 위로 올라갔는데, 지금 그 찬연한 금색 지붕을 가진 반석의 돔Dome of the Rock이 우뚝 솟아 있는 바로 그 지점이었다. 그러자 가브리엘 천사가, 마치 천사 같은 베르길리우스[+]나 베아트리체[++]처럼, 무함마드를 안내하여 광명의 사다리 발판들을 밟고 올라가, 하늘의 여러 층을 통과하게 한다. 다시 그림 같은 세부 사항이 전개된다. 우선 바위 자체가 같이 올라가겠다고 한다. 그러나 가브리엘은 바위를 아래로 끌어내리고 땅에 가만있으라고 명령한다. 오늘날 열성이 뻗친 여행 안내자들은 그 바위 옆에 새겨진 가브리엘의 손가락 자국을 보여준다. 또 바위에서 그 사다리 첫 발판까지가 무함마드에게는 무척 길었던 모양이다. 힘을 주어 첫 단계로 오르느라 그 바위 꼭대기에 발자국이 선명히 새겨질 정도였다. 가브리엘 천사의 손가락 자국을 보여준 그 여행 안내자들이 틀림없이 그 발자국을 가리킬 것이다.

하늘 안마당 몇 개를 살펴본 다음 가브리엘 천사와 무함마드는 드디어 하나님의 존전에 이르게 되었는데, 하나님은 무함마드에게 그를 따르는 사람들을 가르쳐 하루에 50번씩 기도하게 하라고 했다. 50번은 너무 많은 것 같아, 내려오면서 모세를 다시 만나 그 이야기를 했다. 모세는 그에게 기도가 어려운 거라고 말하고 다시 하나님께 가서 횟수를 좀 줄여달라 부탁하라고 했다. 무함마드가 하나님께 가

[+] 고대 로마의 시인이다.
[++] 단테의 《신곡》에서 나오는 여성으로, 이상적인 여성으로 묘사되어 있다.

서 부탁을 해서, 하나님은 하루 기도하는 수를 40회로 줄여주었다. 무함마드는 다시 모세에게 그 말을 전했는데, 모세는 그것도 많으니 더 줄여달라 부탁하라고 했다. 이처럼 무함마드는 하나님과 모세 사이를 왔다 갔다 하다가 결국 그 숫자가 다섯 번으로 줄어들었다. 그래도 모세는 숫자를 더 줄여보라고 했지만, 이번에는 무함마드가 거절했다. 전능자와 이런 식으로 협상하는 것이 너무나 당혹스러운 일이라고 했다. 아무튼 그 결과로 오늘날 하루에 다섯 번 기도하라는 이슬람의 법이 생겨났다는 것이다(유대인들은 하루에 두 번 하도록 되었다).

'이스라' 이야기에는 사로잡는 힘이 있다. 그러나 이 이야기가 '정말'이냐고 물어보는 것은 어리석은 짓이다. 무함마드의 부인은 이것이 그의 꿈에서 일어난 일이라 한 적이 있다. 이 이야기는 '예언자적 상상력'이라 불리는 것을 보여주는 한 가지 기막힌 예라 할 수 있다. 이 이야기는 이슬람에서 여러 가지 종교적 목적에 이바지하고 있다. 무함마드가 하나님의 사자일 뿐 아니라 환상을 보는 사람, 신비가임을 말해주는 내용으로서, 몇백만 이슬람 수피들이 여러 세기 동안 따르고 있는 전통이다. 또한 꿈에 하늘에 닿은 사다리에 천사들이 오르내리는 것을 본 야곱의 이야기를 연상시키기도 한다. 이 이야기에 예수와 유대인 예언자들을 포함시켰다는 것은 무함마드가 얼마나 간절하게 자기가 가르치는 믿음이 유대교와 그리스도교의 믿음에 근거하기 원했는지를 실증해준다. 그리고 이슬람교인들에게 자기들이 왜 하루에 다섯 번씩 기도해야 하는가를 설명해준다. 예루살렘이 (메카와 메디나와 함께) 이슬람의 성지 중 하나가 된 까닭도 말해준다.

예루살렘에 관한 과목을 택한 학생들에게서 내가 얻은 귀중한 통찰 중 하나는 그 악명 높은 '예루살렘 문제'가 해결될 '가능성'이 있다는 점이다. 그 해결은 극히 간단하기도 하고 동시에 엄청나게 어렵기도 한데, 결국 예루살렘은 공유되어야 한다는 것이다. 그 도시를 거룩하다고 믿는 모든 종교 전통 출신으로 종교에 헌신적인 학생들이 그 도시를 공유하는 길을 생각해낼 수 있다면, 그 참혹한 과거를 가진 도시의 장래도 어느 정도 더 밝아 보인다 하겠다. 필요한 것은 정치적, 윤리적 의지와 이와 함께 성스러운 장소가 공유될 수 있다는 사실을 인정하는 것이다. 과거에도 이런 일이 가능했고 미래에도 다시 가능할 수 있다. 어느 날 예루살렘이 더는 원한과 증오의 중심지가 되지 않기를 희망하는 것은 너무 지나친 욕심이 아니다. 예루살렘은 믿음을 가진 남자 여자가 다 함께 모여 공부하고 기도하고, 그러면서 자기들의 이야기를 서로에게 해주는 그런 장소로 세계에서 가장 중요한 장소가 될 수 있다.

내가 비교종교학을 공부하면서 배우게 된 가장 중요한 사실은 세상에 있는 신앙 전통의 다양성이 공통의 윤리적 접근을 불가능하게 하지 않는다는 것이다. 신학적인 수준에서는 이런 신앙 전통들이 서로 크게 다를 수 있다. 그러나 이런 다양한 전통들은 서로 겹쳐지거나 공통적인 도덕적 가치들을 함양하고 있다. 그리스도인들은 인간의 생명뿐 아니라 다른 모든 중생, 모든 생명체의 생명을 중요시 여기는 불교의 가르침에 귀 기울일 필요가 있다. 불교인들 역시 사회 정의에 대한 그리스도교의 관심의 일부를 받아들이기 시작했다. 유대인들과 이슬람교인들은 하나님의 법이 삶의 모든 분야에 미쳐야만 한다는 통찰을 공유하고 있다.

1994년 나는 시카고에서 열린 '세계 종교 회의the Parliament of the World's Religions'라는 대형 집회에 참석했다. 그 회의 중 한 분과에서는 실질적으로 지구상에 있는 모든 종교 전통의 대표자들이 다 모여서, 가톨릭 신학자 한스 큉Hans Küng의 지도 아래 이른바 '지구 윤리'라는 것의 초안을 마련하는 작업에 들어갔다. 물론 거기에는 약간의 다름이 있었지만, 작업을 진척시키면서 점점 더 명백해진 사실은 종교들 사이에 중첩되는 가치들이 너무나도 많아, 아마 인류 역사상 최초로, 진정한 지구 윤리의 초석을 마련할 수 있었다.

노란색 승복을 걸친 달라이 라마가 반짝이는 미시간 호수 호반에서 열린 폐회식 참석자들을 향해 연설했다. 그의 연설은 대표자들에게 우리가 얼마나 많은 것을 공유하고 있는가를 상기시켰다. 이는 교황 요한 바오로 2세가 함께 기도하기 위해 몇몇 종교의 지도자들을 성 프란치스코의 고향 아시시로 초대하여 모였을 때 TV에 나와 하던 것과 같았다. 그러나 시카고 회의가 끝나고, 나는 각 종교들이 가치 이상의 것을 공유하고 있다는 사실을 자각하기에 이르렀다. 여러 종교들은 변화산 이야기와 밤길 이야기처럼 서로를 연결해주는 이야기들을 공유하고 있다. 이 사실을 기억하는 것은 매우 중요하다. 가치란 공중에 떠 있는 무엇이 아니기 때문이다. 가치란 예배 의식과 설화를 통해 대대로 이어지는 것이다. 이런 것이 없으면 가치도 곧 증발해 없어진다. 이런 종교 전통의 성인들과 예언자들이 단순히 윤리 강령의 목록만 만들지 않았다는 것은 놀라운 일이 아니다. 그들은 이야기들을 들려주었고, 우리는 그 수혜자들인 셈이다.

19 배수진과 가두극장

그들이 예루살렘 가까이에 이르러, 올리브산이 있는 벳바게 마을에 들어섰을 때에, 예수께서 두 제자를 보내시며 그들에게 말씀하셨다. "너희는 맞은편 마을로 가거라. 가서 보면, 나귀 한 마리가 매여 있고, 그 곁에 새끼가 있을 것이다. 그것을 풀어서, 나에게로 끌고 오너라. 누가 너희에게 무슨 말을 하거든 '주께서 쓰시려고 하십니다' 하고 말하여라. 그러면 곧 내줄 것이다." 이것은, 예언자를 시켜서 하신 말씀을 이루려고 하는 것이다. "시온의 딸에게 말하여라. 보아라, 네 임금이 네게로 오신다. 그는 온유하시어 나귀를 타셨으니, 어린 나귀, 곧 멍에 메는 짐승의 새끼다."
제자들이 가서, 예수께서 지시하신 대로, 나귀와 새끼 나귀를 끌어다가, 그 위에 겉옷을 얹으니, 예수께서 올라타셨다. 큰 무리가 자기들의 겉옷을 길에다가 폈으며, 다른 사람들은 나뭇가지를 꺾어다가 길에다 깔았다. 그리고 앞에 서서 가는 무리와 뒤따르는 무리가 외쳤다. "호산나, 다윗의 자손께! 복되시다, 주의 이름으로 오시는 분! 가장 높은 곳에서 호산나!"

| 마태복음 21:1-9

어렸을 때 기억 중 가장 생생하게 생각나는 교회 절기 중 하나는 종려 주일이다. 물론 언제나 봄에 찾아오는 절기로 부활절 꼭 일주일 전이다. 그래서 때로는 하나의 계절 축제로 합해지기도 한다. 음악은 분명 경쾌했고, 언제나 부르던 찬송 중 하나는 "그를 따르는 자들과 종려나무들이 서로 아름다움을 다투면서 그를 맞기 위해 향내나는 봄옷으로 단장했네"였다. 어렸을 때 이웃에 사는 가톨릭교회 어린 아이들을 부러워했던 기억이 있다. 그 아이들은 종려나무 가지를 받아 흔들었기 때문이다. 그러나 그런 불공평은 몇 년 지나 곧 시정되었다. 개신교 예배도 더욱 장엄해졌기 때문이다. 성가대 옷을 갖춰입은 성가대, 강단에 놓인 촛불들, 종려나무 가지까지 등장했다. 물론 나이 많은 교인들 중에는 너무 가톨릭식이라며 조용히 불평하기도 했다. 요즘 교회에서는 그 무리가 외치던 '호산나'를 노래하고 거의 모두가 종려나무 가지를 가지고 있는 것 같다. 그러나 거의 대부분의 그리스도인들은 종려 주일에 그들이 무엇을 기념하는지 알지 못한다. 그것이 오로지 종교적인 행사만이 아니라는 것을 아는 사람은 거의 없다. 종교적인 것만이 아니라 정치적인 것으로, 비폭력 저항을 유감없이 보여주는 일이기도 하다.

보통 종려 주일과 부활절 사이의 성주간Holy Week과 유월절이 같은 주일에 겹치는 일은 없다. 적어도 서방 교회 그리스도인들은 유대교와 동방 교회에서 지금도 사용하고 있는 음력 대신에 양력을 쓰기로 결정했기 때문이다. 그러나 몇 년에 한 번씩은 유월절과 성주간이 겹치기도 한다. 나는 그런 일이 생기면 좋아했다. 따라서 내가 서방 교회 달력을 바꿀 힘이 있다면 이 둘이 언제나 같은 주일에 오도록 했으면 하기도 했다. 이 두 절기를 같은 주간에 지킨다는 것은 예수가 제자들 및 그 주위 사람들과 함께 갈릴리에서 예루살렘으로 온 것이 유월절을 지키기 위해서라는 사실을 생생하게 상기시켜줄 수 있다. 이렇게 되면 예수가 유대교 전통에 깊숙이 뿌리박고 있었고 그가 랍비의 사명을 가지고 있었다는 사실을 재확인시켜줄 수 있다.

내 학생들 대부분은, 그중 일부는 비록 어렴풋하게나마, 예수가 당나귀를 타고 예루살렘에 입성했다는 이야기와 그리스도인들이 그 일을 종려 주일에 기념한다는 사실을 알고 있었다. 그러나 거의 대부분의 다른 사람들과 마찬가지로 예수가 이때 얼마나 큰 모험을 감행했는지, 이것이 그의 삶에서 얼마나 결정적인 순간 중 하나였는지를 아는 학생은 거의 없었다. 사실대로 말하면, 이것은 비행기가 이륙하기 위해 활주로를 질주하다가 속력이 너무 붙어 이제는 뒤로 돌아설 수 없게 되는 이른바 '불퇴의 지점'에 해당했다. 특권층 성전 기득 세력의 권좌이기도 하고 로마 점령군의 행정적 중심지이기도 한 예루살렘으로 이렇게 공공연하게 돌진하는 그의 용감한 행동은 로마 황제 카이사르가 기원전 49년 루비콘강을 건넌 것에 비견할 만한 일이었다. 이는 대결을 자청하는 것이고 이런 대결이 생긴 이상, 결코 돌아설 수는 없었다.

이 대담한 공개 시위로 랍비 예수는 관리들이 그의 전복적 사명을 눈감아줄 수도 있었던 북쪽 오지 갈릴리 지방의 상대적 무명 상태에서, 도저히 무시할 수 없는 곳으로 나올 수밖에 없었다. 그가 그런 방식으로 예루살렘에 입성한 것은 퇴로를 막아버리고 '배수진'을 친 사건일 뿐만 아니라 도발이자 힐책이었으며, 그 일이 있고 난 뒤 그는 일주일도 채 살지 못하고 죽었다.

예루살렘 입성은 하나의 비유이기도 하다. 이는 가두극장에 올려진 한 편의 드라마였고, 그 메시지는 이를 보는 누구에게나 분명했다. 예수는 다른 이들이 보기에 극점에 이른 것 같은 대담함을 가지고 하나님의 다스림이 시작되고 있다고 선언했다. 이는 분명 로마 황제의 다스림이 끝나간다는 의미다. 예수는 이런 드라마를 연출하면서, 정복한 도시로 들어가는 개선장군의 입성이라는, 잘 알려진 로마인들의 관행을 채택하고, 친숙한 메시아 시나리오에 나오는 요소를 가미하고, 전체 이야기에다 그의 특징인 반전을 삽입했다.

로마인들은 휘황찬란하고 위압적인 개선 행진의 기술을 완벽하게 발전시켰다. 모든 예식을 세심하게 준비했다. 패배한 도시를 다스릴 새로운 통치자가 말을 타고 군대와 함께, 전리품으로 가득한 마차와 사슬에 묶인 포로들을 이끌고 행진해 들어온다. 행진은 자기들 집으로 똑바로 가지 못해 딴 길로 가거나 로마 군인들에게 강제로 끌려나온 군중의 열렬한 환영을 받는다. 그러면 지방 유지가, 로마인들이 써준 것이 분명한 연설문을 낭독하고 정복자를 환영한다. 드디어 새로운 통치자와 그의 보좌관들이 그 지방 신전으로 가서 아무 신이든 거기서 경배를 받고 있는 신에게 희생 제물을 바치고, 이어서 이런 정복을 가능하게 해준 로마의 신들에게도 바친다.[1]

이와 같은 전형적 로마 군대의 호화찬란한 공연에 비추어보면, 예수의 입성은 조롱거리와 모욕에 불과하고, 누구나 그것을 오해했으리라 믿기는 불가능한 일이다. 그는 무인의 상징인 늠름하게 달리는 말이 아니라 농사꾼들의 짐을 싣고 쫄랑쫄랑 따라가는 당나귀를 타고 입성하여 황제의 권위를 풍자적으로 비웃고 있었다. 그는 무장한 군대들이 아니라, 대부분은 자기 고향에서 온 순례자들인 비무장 민간인들에게 둘러싸여 있었다. 그는 환영을 받았다. 그러나 그것은 군대의 행진 때문에 딴 길로 해서 집에 가는 사람들이 하는 환영이 아니었다. 그를 환영한 사람들은 결코 애매하지 않은 정치적 직함으로 그를 향해 외쳤다. 사람들은 그를 "다윗의 아들"이라 불렀다. 500년 전에 그 도시에 세워졌던 왕위의 합법적 계승자라는 뜻이다. 그들은 왕에게나 흔드는 종려나무 가지를 흔들었는데, 이는 "예수를 왕으로"라 적힌 플래카드를 흔드는 것과 맞먹는 일이었다. 그는 전통적 형식에 따라 성전으로 갔다. 그러나 이는 짐승 파는 일과 돈 바꾸는 일로 돈을 벌던 협잡꾼들을 뒤집어엎기 위해서였다.

예수는 로마의 개선 행진을 조롱했을 뿐 아니라 유대인들이 하나님이 보내시는 구원자가 올 거라고 밥 먹듯 외우는 시나리오도 연출했다. 마태는 그의 복음서에서 이 점을 특기했다. 그러나 이런 현란한 몸짓을 통해 예수는 뭔가 다른 것을 하고 있었다. 그는 메시아 각본을 다시 쓰고 있었다. 표준 각본에서는 유대인을 구원해줄 메시아가 그의 백성들을 모든 외국인의 굴레에서 해방시키고 그다음 그와 그의 백성들이 이룬 승리의 열매를 즐기며 사는 것으로 되어 있었다. 그러나 예수는 무력 사용을 거절했고, 그가 당나귀를 타고 성으로 들어올 때쯤에는 스스로 죽은 몸이나 다를 바 없다는 것을 알았다. 사람들이 왕에게나 흔드는 종려나무 가지를 흔들었지만, 예수는 스스로 왕이 될 마음이 없었다. 그는 하나님의 왕권이 시작된다고 선언했다. 그러나 그는 로마인들이나 그들을 돕는 유대인 부역자들이 자기들의 위엄과 권위에 도전하는 이 노골적이고 모욕적인 군중의 위협에 눈감을 수 없다는 사실도 알았다. 물론 예수의 예상이 맞았다. 그들은 그들의 순간이 오길 기다리고 있었다.

> 예수께서 성전에 들어가셔서, 성전 뜰 안에서 팔고 사고 하는 사람들을 다 내쫓으시고, 돈을 바꾸어주는 사람들의 상과 비둘기를 파는 사람들의 의자를 둘러엎으시고, 그들에게 말씀하셨다. "기록된바 '내 집은 기도하는 집이라고 불릴 것이다' 하였다. 그런데 너희는 그곳을 '강도들의 소굴'로 만들어버렸다."
> 성전 뜰에서 눈먼 사람들과 다리를 저는 사람들이 예수께 다가오니, 예수께서는 그들을 고쳐주셨다. 그러나 대제사장들과 율법 학자들은, 예수께서 하신 여러 가지 놀라운 일과, 또 성전 뜰에서 "다윗의 자손에게 호산나!" 하고 외치는 아이들을 보고 화가 나서, 예수께 말하기를 "아이들이 무어라고 하는지 듣고 있소?" 하였다. 예수께서 그들에게 말씀하셨다. "그렇다. '주께서는 어린아이들과 젖먹이들의 입에서 찬양이 나오게 하셨다' 하신 말씀을, 너희는 읽어보지 못하였느냐?" 예수께서 그들을 두고 성 밖으로 나가, 베다니로 가셔서, 거기에서 밤을 지내셨다.
> | 마태복음 21:12-17

이런 극적인 입성 후 예수는 여전히 로마의 각본을 비웃으면서 성전으로 계속 나갔다. 그러나 그 성전이 의미하는 몇 가지 사실을 이해해야만 예수가 성전에서 한 일이 어떤 의미인지 완전히 파악할 수 있다. 첫째, 성전은 고대 이스라엘의 상징적 중심이었다. 이것은 미국으로 치면 자유의 여신상, 국회 의사당 돔, 미국 국기, 워싱턴과 링컨의 기념관들 등 이 모든 것을 한데 합친 것과 같다. 이것은 부족의 토템이었고, 그 정체성을 말해주는 성상聖像이었다.

물론 성전은 나라의 종교적 중심이요, 성스러운 장소이기도 했다. 거기서 제사장들은 매일 짐승을 잡아 제사를 드렸다. 그곳은 피가 물처럼 흐르는 도살장이기도 했다. 그러나 성전의 이런 종교적 기능을 그 상징적 의미에서 분리하는 것은 오해를 사기 쉬운 일이다. 그것은 상징이었다. 그곳에서 바치는 제사가 인간들을 신에게 더욱 가까이 이끌어준다고 믿었다. 그러므로 하나님은 온 우주에 오직 한 분이시므로, 성전도 전 '우주의 중심'이요 '세상의 배꼽'이었다.

성전에는 중요한 세속적 기능도 있었다. 성전이 중요한 자금 비축소였기 때문에, 주택 융자나 지금으로 치면 여행자 수표를 사거나, 기타 융자를 받으려면 찾아가는 곳이기도 했다. 역사가들은 예루살렘 성전이 지중해 동쪽 연안에서 가장 중요한 금융 중심지였다고 말한다. 그곳은 또 요즘 말하는 세공 기술의 중심지이기도 했다. 헤롯왕은 예수가 성에 들어왔을 당시 이미 몇십 년에 걸쳐 성전 재건 사업을 하고 있어서 대장장이, 목수, 석공 등 기술자 1,000여 명에게 벌어먹고 살 일자리를 제공하고 있었다. 이는 도시 안에 살던 남자장정 50퍼센트 이상의 인구를 고용하는 셈이었다. 끝으로 성전은 순례의 장소일 뿐 아니라 관광 명소이기도 했다. 고대 세계에서 가장 아름다운 건축물 중 하나였고, 여유가 있는 사람들이라면 먼 거리를 마다치 않고 와서 성전을 구경했다.

성전의 터는 35에이커(대략 4만 3,000평)였고, 세 개의 중요한 부분으로 나누어져 있었다. 바깥마당이 있는데, 이곳에는 이방인들과 여자들이 들어올 수 있다. 안마당은 종교 예식적으로 정결한 유대인 남성들만 들어올 수 있었다. 가장 안쪽은 지성소가 있는 중심으로 대제사장만 들어갈 수 있는데, 그것도 1년에 한 번 속죄일인 '욤 키푸르'에만 허용된다.

예수가 들어갔던 부분은 바깥마당이었다. 그곳에서 모든 사람이 보는 데서 그의 생애에서 다른 어느 때보다 폭력에 가까운 행동을 했다. 제사를 위해 쓸 비둘기와 양을 팔면서 그 지방 화폐로 지불하라고 요구하여, 터무니없을 정도로 높은 환율을 적용해 환전해주는 상인들을 보고, 그는 직접적인 행동을 취했다. 그는 끈으로 채찍을 만들어 그 엉터리 사기꾼들의 자리와 상을 뒤집어엎고 그들을 거기서 내쫓아버렸다. 그렇게 일어난 소동과 소음과 혼란이 어떠했을까 가히 상상할 수 있다. 이는 분명 공공질서에 대한 위협이었다. 관리들은 당나귀 사건만 해도 어느 정도 눈감아줄 수 있었지만, 그들의 공신력을 유지하려면 이번 일만은 결코 그냥 묵과할 수가 없었다.

이 일은 예수의 삶 중에서 사람들이 흔히 오해하는 또 하나의 사건이다. 그 당시 다른 많은 유대인들과 마찬가지로 예수도 성전을 관리하는 비겁한 부역자들을 경멸했지만, 결코 성전 예배 자체를 반대하지는 않았다. 예를 들어 그는 자신이 고쳐준 사람들에게 관례대로 성전에서 감사의 제사를 드리라고 지시하기도 했다. 산상 수훈에서는 "네가 제단에 제물을 드리려고 하다가, 네 형제나 자매가 네게 어떤 원한을 품고 있다는 생각이 나거든, 너는 그 제물을 제단에 놓아

두고, 먼저 가서 네 형제나 자매와 화해하여라. 그런 다음에 돌아와서 제물을 드려라"(마태복음 5:23-24)고 했다. 여기에 분명히 나타난 것은 율법을 가르치는 랍비로서 그는 결코 그의 백성들의 예배 형식에 의문을 품지 않았다는 것이다. 그가 없애려 한 것은 가난한 사람들을 등쳐먹고 사는 환전쟁이들이었다. 그는 외쳤다.

"기록된바 '내 집은 기도하는 집이라고 불릴 것이다' 하였다. 그런데 너희는 그곳을 '강도들의 소굴'로 만들어버렸다."

이 잘 알려진 구절을 놓고 이야기하면 학생들은 언제나 열띤 토론을 펼치는데, 거기엔 보통 상당 부분 의견의 불일치가 있었다. 본문이 투명할 정도로 분명한데도 예수가 '정치와 종교를 섞지 않았다'는 생각에 집착하는 학생들이 몇 명씩 있는 것이 보통이었다. 또 로마인들과 유대인 매국노들은 예수가 그들의 권력에 위협이 된다고 생각하는데, 그 생각은 분명 옳았다고 주장하는 학생들도 있었다. 종려 주일 예배를 전과 같은 방법으로 드릴 수 없을 것 같다고 말하는 학생들도 있었다. 어떤 학생들은 이런 결과를 좋아한다고 했고, 다른 학생들은 그것 때문에 불안하다고 했다.

성전 사건은 표준적 메시아 시나리오를 예수가 다시 썼음을 강조한다. 그는 말과 행동으로 자신이 사실 하나님의 사자, 그의 '기름 부음을 받은 자'(이것이 '메시아'라는 말의 본뜻이다)라고, 그리고 새로운 날이 동터온다고 선포한 것이다. 그러나 그는 또한 자신이 고난과 죽음을 당하리라는 말도 했다. 그런데 이 두 생각은 맞아떨어지지 않았다. 만약 메시아적 해방자가 실패해 죽음을 당한다면 그는 분명 메시아일 수 없다. 그가 정말로 메시아라면 패배하고 죽지 않을 것이다. 그런데 이제 예수는 이 시나리오를 뒤집고 있다. 그렇다. 그는 하나님의 다스리심이 동터옴을 선포하지만, 그것은 조용하고 은근하게 올 뿐 군사적 승리를 통해 오지 않는다고 했다. 그렇다. 그는 불명예와 패배와 실패로 죽게 되겠지만, 이는 너무나도 놀라운 주장이어서 이를 이해하는 사람이 거의 없었다는 것도 이상한 일이 못 된다. 그러나 예수가 한 일은 그 이후 2,000년 동안 수많은 사람에게 '실패'의 의미를 되새겨보도록 강요하는 것이었다.

나는 한번 예수와 그의 실패가 무엇을 의미하는가 하는 문제를 놓고 랍비 어빙 '예츠' 그린버그와 가졌던 토론을 잊을 수가 없다. 이 랍비는 그리스도교에 대해 가장 깊은 지식과 동정심을 가지고 관찰하는 유대교 정통파 학자였다. 우리 둘은 패널로 함께 있었는데, 예수가 그의 메시아 역할을 인정했는가 하는 민감한 문제를 다루었다. 이 문제는 여러 세기를 통해 유대인들과 그리스도인들을 갈라놓는 가장 중요한 문제였다. 유대인들은 전통적으로 자기가 메시아라고 주장하는 사람이라면 반드시 성취해야 할 일을 예수가 이루지 못했기 때문에 예수가 메시아라는 주장을 받아들일 수 없다고 해왔다. 주위를 돌아보라. 아직도 세상에는 전쟁과 불의와 증오가 있지 않은가 하는 뜻이었다. 그러므로 유대인들은 예수를 자기가 메시아라고 주장하다가 결국 이슬람교로 개종하고 만 저 유명한 차바타이 츠위를 포함하여, 유대교 역사 여기저기에서 생겨난 '가짜 메시아' 그룹 중 하나로 취급했다.

지난 200년 동안 유대교 사상가들은 '메시아'라는 말이 정확하게 무슨 뜻인가 혹은 '메시아의 시대'라는 것이 어떤 것일까 하는 데

19 배수진과 가두극장

대해 여러 가지 다른 생각을 도입해왔다. 어떤 사람들은 그렇게 기다리던 메시아가 더는 그가 필요하지 않을 때에만 오리라고 주장했다. 다른 사람들은 아마도 전 유대인들이 그대로 '메시아의 백성들'일 거라고도 했다. 고故 르베 쉬너슨Rebbe Schneerson을 따르는 사람들은 미국 브루클린의 크라운 하이츠에 살며 가르치던 카바드 루바비치Chabad Lubavitch의 지도자가 사실은 메시아였고, 지금도 어느 의미에서는 그를 따르는 사람들 사이에서 살아 있다고 했다.

아직도 많은 유대인들은 예수를 가짜 메시아라고 생각한다. 그러나 랍비 그린버그는 이것이 나사렛 랍비 예수에게는 적절한 명칭이라 믿지 않았다. 그는 예수를 '실패한 메시아'로 생각하는 것이 훨씬 좋다고 했다. 예수는 메시아의 꿈을 이루려고 진지하게 노력했지만 성공하지 못했다는 주장이다. 그러므로 예수를 경멸하거나 가짜로 생각하지 말고 적어도 노력은 해본 사람으로 존경해야 한다는 것이다.

랍비 그린버그도 놀라워했겠지만, 나는 그의 말에 적어도 부분적으로는 동의한다고 했다. '하나님의 기름 부음 받은 자'라는 생각이 예수 당시 있었던 메시아 각본을 성취하는 것이라면 예수는 분명 실패했다. 그러나 그가 하려고 하던 것이 이 각본을 다시 쓰는 것이었다면 우리는 그의 '실패'를 다른 각도에서 생각해보아야만 한다. 예를 들어 예수는 우리 자신의 잔인함과 어리석음에서 우리를 구원해줄 신령한 구원자 같은 것을 기대하지 말아야 한다는 사실을 보여주려고 했다면 어떠할까. 아마도 이것이 그의 '실패' 밑에 깔려 있는 의미였을지도 모른다. 예수는 어느 의미에서 완전 실패였다. 그러나 그의 '실패'는 '성공'에 중독된 문화 속에 살고 있는 우리들에게 오늘도 그 말이 진정으로 무엇을 의미하는지 재검토하라 강요하고 있다. 요즘 실패에 대해서 크게 말하고 싶은 사람은 없다. 특히 명문 대학에서 학생들에게 이 문제를 솔직하게 이야기하도록 한다는 것은 쉽지 않다. 그들이 오늘의 그들로 있게 된 것은 이와 같은 명문 대학에 들어오기 위해서 필요한 조건을 갖추는 데 실패했기 때문이 아니라 성공했고 더러는 놀라울 정도로 성공했기 때문이다. 그러나 이 문제를 놓고 이야기를 시작하자, 이 학생들도 어느 차원에서는 적어도 모두 실패를 맞본 적이 분명 있었다. 예를 들어 축구 팀에 들어가지 못했다든가 '맥베스' 연극반이나 합창단에 가입하지 못했다는 등의 실패는 그들이 자라나면서 사소한 일에 불과했다. 이보다 더욱 고통스러운 실패도 있었다. 예를 들어 사랑하는 사람에게서 바라던 반응을 얻지 못한 것과 같은 것이다. 그들은 또 그들의 가정이나 친구 중에서 죽음, 질병, 실직 혹은 이혼 등의 형식으로 나타난 상실과 실패의 아픔을 느껴보기도 했다. 그러나 이 토론을 통해 그들은 성공에 대한 자신들의 표준이 무엇이고 실패에 대한 자신들의 정의가 무엇이었는지를 곰곰이 다시 생각할 기회를 갖게 되었다. 이런 표준들이 정말로 자기 자신들의 것이었는가 혹은 자기 주위에 있는 사람들에게서 무비판적으로 받아들인 것에 불과한가. 궁극적으로 성공과 실패를 어떻게 판단할 것인가. 예수는 2,000년 전 예루살렘으로 들어갔지만 우리는 2,000년 후 아직도 그를 연구하고 있다. 그가 궁극적으로 실패였는지 확실히 알기 위해 얼마나 더 긴 세월이 필요할까?

예수 이야기에서 가장 힘 있는 요소 중 하나는 2,000년이 지났지만 이 이야기를 다시 들려줄 때면, 정직하게 듣는 사람들이라면 누구나 우리가 보통 회피하는 그런 문제를 정면으로 바라보게 만든다는 점이다. 종려 주일 이야기는 특별히 예리한 방법으로 이런 일을 해준다. 그것은 향내나는 꽃들의 축제가 아니다. 불길한 사건에 대한 이야기다. 사람들의 주목을 받지 않고도 살 수 있었지만, 무슨 희생이 따를지 뻔히 예견하면서도 스스로를 내던진 한 사람에 대한 이야기다. 성공이라는 것이 얼마나 허망한지에 대한 이야기이기도 하다. 예수는 사람들의 환영을 받았을지도 모르지만, 며칠 후 조롱과 멸시를 받았다. 그 후 그는 죽음을 당했다.

어느 교회에서는 종려 주일에 흔들었던 종려나무 가지를 모아 불태워 재를 만드는 것이 관습으로 되어 있다. 그 재로 우리 모두는 죽을 수밖에 없다고 하는 사실, 성경에서 말하는 것처럼 "우리는 티끌에서 나와 티끌로 돌아간다"는 사실을 인정한다는 표시로 성금요일에 이마에다 표시를 한다. 이것은 엄숙한 상징이다. 그러나 아이러니컬하게도 '개선장군의 입성'이라고 불리는 것에 알맞는 상징이기도 하다.

20 재판과 재심

그들이 예수를 고발하여 말하기를 "우리가 보니, 이 사람이 우리
민족을 오도하고, 황제에게 세금 바치는 것을 반대하고, 자칭 그
리스도 곧 왕이라고 하였습니다." 그래서 빌라도가 예수께 물었
다. "당신이 유대인의 왕이오?" 예수께서 빌라도에게 말씀하셨다.
"당신이 그렇게 말하고 있소." 빌라도가 대제사장들과 무리들에
게 말하였다. "내가 보니 이 사람에게는 아무 죄가 없소." 그러나
그들은 이렇게 주장하였다. "그 사람은 갈릴리에서 시작해서 여
기에 이르기까지, 온 유대를 누비면서 가르치며, 백성을 선동하
고 있습니다."

| 누가복음 23:2-5

예수의 체포와 재판 문제에 이르면, 법과대학 학생들이 이 문제를 다
루는 수업을 가장 열렬하게 고대했다. 법과대학 스케줄이 빡빡한데
도 강의에는 언제나 몇 명의 법대생이 참석했다. 그들 중 더러는 요
즘 가장 훌륭하다고 하는 법률 교육도 법 시행에 관련된 윤리적 및
종교적 차원을 탐구할 기회를 충분히 제공하지 못한다고 느껴서 이

수업을 듣게 되었다고 했다. 이를 보충할 필요가 있다는 것이다. 토론반에서 나는 그들의 말을 이해할 수 있었다. 그들이 계발하고 있던 분석 능력은 잘못 걸려든 학부 학생들이나 좀 더 철학 지향적인 신학부 학생들을 꼼짝하지 못하게 하는 경우가 허다했다. 그러나 그들도 일반 윤리적 난제를 두고는 다른 학생들과 마찬가지로 어리둥절해하거나 말을 분명하게 하지 못했다. 따라서 예수를 다루는 재판 문제에 이르면 그들은 신나했다. 이제 이 문제에서만은 자기들이 터줏대감 노릇을 하리라 생각한 것이다.

그러나 그들은 어쩔 수 없이 실망할 수밖에 없었다. 이유는 다르지만 다른 학생들도 마찬가지였다. 사복음서에 나오는 재판 이야기들이 혼란스럽고 모순되기 때문이었다. 이 이야기들은 결코 재판 기록이나 증언자의 진술이 아니다. 예수의 재판을 이루고 있던 각기 다른 발언과 심문이 시작되었을 때쯤 해서 그의 제자들은 다 도망가버리고 없었다. 그 이야기들은 기껏해야 한 다리 건넌 것들이고 나중에 거기다 의미를 부여하려고 한 편집자가 성경의 예언들과 시편들을 짜깁기해서 생겨난 것이다.[1] 더욱이 복음서들에 나오는 일관되지 못한 보고의 증거만 가지고 보아도 예수의 '재판'에는 선서도 없고 변호인도 없고 증인들의 교차 심문도 없고 증거 제시 법칙도 없고 적절한 절차도 모두 없다. 전혀 재판이라고 할 수 없었다. 로마인들과 예루살렘 특권층이 법의 이름 아래 그 땅에서 말썽꾸러기를 없애기 위해 꾸민 명백한 계략이나 책략에 불과했다. 법과 대학생들이 그렇게 실망하는 것도 놀라운 일이 아니었다. 한 학생은 예수를 위해 항소 제도가 있었다면 자기도 항소했을 거라고 했다. 자기가 보는 대로 그 당시 적용되던 로마법을 그대로 적용한다고 하더라도 적어도 여섯 가지 말도 안 되는 절차상의 오류를 찾을 수 있기 때문이라고 했다.[2]

사복음서에 나오는 이야기들을 서로 붙여보면 대략 다음과 같은 그림이 그려진다. 성전 바깥마당에서 소란이 있은 다음 예수의 생애의 속도는 급류를 탔다. 그는 계속해서 매일 성전 마당에서 가르쳤다. 그는 유월절 만찬을 위해 그의 가장 가까운 친구들을 여관 다락방에 불러 모았다. 그들과 빵과 포도주를 같이 나누고, 기도와 노래를 함께했다. 그러고 나서 그의 가장 가까운 제자 세 명을 데리고 가까이에 있는 올리브산+에 올라 기도하며 앞으로 다가올 일을 위해 준비했다. 그의 제자들은 잠이 들었다. 그러나 오래지 않아 무기와 횃불을 든 치안대가 숲으로 덮인 산기슭에 이르렀다. 잠깐 실랑이하는 중 베드로가 그의 칼로 그 사람들 중 하나의 귀를 베었다(그가 칼을 지니고 다녔다는 사실은 예수의 사명이 어떤 성질의 것인지를 두고 제자들 사이에 큰 혼란이 있었다는 사실을 말해주기도 한다). 드디어 예수는 체포되고 그의 제자들은 도망가 숨어버렸다. 예수는 역사상 가장 불법적인 캥거루 재판 중 하나에 스스로를 내맡겼다.

이 마지막 드라마에 등장하는 인물들은 인간 심리의 원형이 되었다. 등장인물은 배신자 유다, 비겁하게 부정하는 자 베드로, 금발머리의 회개한 창녀 막달라 마리아, 소심한 정치인 빌라도와 그의 미신적인 아내, 무기력한 알랑방귀 헤롯, 예수 옆에서 십자가에 달린

+ 표준 새번역 개정판에는 올리브산으로 되어 있으나 한글 개정판에는 '감람산'으로 되어 있다.

두 강도, 슬피 우는 어머니 마리아, 그 외에 단역들과 엑스트라들이었다. 이런 인물 하나하나는 나름대로 수많은 이야기와 환상들과 유대교 미드라시에 해당하는 그리스도교식 이야기의 원천이 되었다. 이들에 관한 이야기들은 그림과 조각과 영화와 세계에서 가장 위대한 음악의 주제가 되었다. 이들이 연출해내는 비극적 줄거리는 무수히 많은 긴급한 윤리적 문제를 제기했다. 이렇게 많은 재료의 바다에 휩쓸리고, 학기는 종강으로 치닫고 있는 상황에서, 나는 전술상 결단을 하게 되었다. 나는 예수의 수난 이야기 전체에 초점을 맞추는 대신 이른바 예수의 재판에만 집중하기로 했다.

그러나 나는 학생들에게 사복음서에 나오는 수난 이야기 전체를 다 읽고 또 바흐의 〈마태 수난곡〉 같은 음악을 하나 주의 깊게 들어보라고 했다. 이렇게 해서 학생들이 적어도 그 마지막 주일의 시와 드라마가 가지고 있는 더 깊은 차원을 파악할 수 있게 되기를 바랐다. 그러나 내가 그들에게 특별히 부탁한 것은 사복음서에 나타나는 각각 다른 네 가지 재판 이야기들을 중점적으로 읽고 이들을 주의 깊게 비교해보라는 것이었다. 나는 학생들에게 소크라테스나 갈릴레오의 재판같이 역사적으로 유명한 재판들을 상기시키고 재판에서는 그전까지 땅 밑에 감추어져 있던 많은 것이 표면으로 올라오게 마련이라는 사실을 지적해주었다. 실제로 하는 재판에서는 분명한 고발 내용이 공표되고, 찬반 토의가 진행되고, 찬반에 따른 증거 제시가 있게 마련이다.

그러나 로마 대 나사렛 예수의 대결에는 이런 것들이 거의 없었다. 분명 고발은 있었지만 모두 다 소문에 근거할 뿐이었다. 그는 자기가 성전을 허물겠다고 했다더라, 유대인들은 로마 황제에게 세금을 내지 말아야 한다고 했다더라, 그는 스스로 유대인의 왕이 되려고 했다더라…… 하는 식이었다. 앞에서 말한 것처럼, 피고 측 증인도 없고, 피고인을 위한 변호인도 없고, 반대 심문도 없었다. 이런 식으로 진행된 재판이라면, 혹은 우리가 알 수 있는 그대로의 것이라면, 이 것은 광대극보다 나을 게 별로 없었다. 로마인들은 스스로 법률의 수호자들이라 자부하고 있었다. 그들의 법은 훈련받은 전문 법조인들이 법제화하고 집행했다. 법은 팍스 로마나pax romana, 로마의 평화를 지키는 도구 역할을 하고 있었다. 공평무사하다고 했다. 그러나 그렇게 뽐내는 공평무사함도 물론 로마 시민들에게만 해당되었지, 식민지 신민들에게는 상관없는 일이었다.

로마의 식민지에서는 황제에게 바치는 세금만 그대로 징수되고 선동적인 움직임만 잠재울 수 있다면 그 지방 법률 제도를 그대로 시행할 수 있게 허용했다. 그러나 사형할 수 있는 권한만은 로마인들이 잡고 있었다. 식민지 출신 통치자에게는 로마의 재가 없이 사형을 내릴 권리가 없었고, 또 사형 집행은 로마 군대에 맡겨진 권한이었다. 십자가형은 가장 흔한 사형법이었고, 그들은 십자가형을 사용하는 데 아낌이 없었다. 언제나, 빈번하게, 주저하지 않고 사용했다. 그러나 그들이 볼 때 로마 제국의 권위에 위협이 된다고 생각되는 죄를 지은 노예와 외국인들에 한해서 사용했다. 이 사형법은 너무나도 불명예스러운 제도라 로마 시민들에게는 부적절하다고 여겼다. 대체로 로마인들은 자기네 식민지 사람들 사이에서 일어나는 내부 분쟁에는 관심이 없었다. 그들은 각 지방 행정자가 이런 귀찮은

20 재판과 재심

위반 행위들을 맡아서 처리하도록 했다. 그들은 더 큰일에 신경을 써야 했다.

법률 담당 업무를 이렇게 말끔하게 갈라놓았지만 가끔씩 해당 부서에 대한 논란이 일어나기도 했다. 예수를 재판할 때가 바로 이런 경우였다. 복음서에 나타난 초점 흐린 그림 너머에서, 주의 깊은 독자라면 대제사장 가야바, 로마인들이 임명한 '유대인의 왕' 헤롯, 그 지역을 담당하던 로마 총독으로 최고 권력을 장악하고 있던 빌라도, 이 세 명의 재판관 사이에서 일어난 이상스러운 사법적 탁구 경기를 발견할 수 있다. 이 그림을 넘어서 간파할 수 있는 또 다른 사실은 이 이야기들이 책임을 전가하고, 증거를 숨기고, 전체적으로 그림을 흐리게 하려고 얼마나 조작되고 재봉질되었는가다. 재판 이야기에서 가장 끔찍스러운 왜곡 현상은 예수의 죽음을 '유대인들'의 책임으로 돌린 복음서 구절들이다. 정말로 일어났을 일을 이런 식으로 무지막지하게 뒤틀어놓은 것은 그 사건이 생긴 후 몇십 년이 지나 복음서들이 기록될 당시에 생겼다.

이렇게 유대인들에게 책임을 전가하려는 획책은 대부분의 유대인 지도자와 새로 생겨나는 그리스도교 운동 사이에 긴장이 고조되었을 때 논쟁적 목적에 부합시키기 위해서였다. 그것은 초대 그리스도인들이 점증하는 로마의 핍박 속에서 살아남기 위한 노력의 일부로 로마인들을 무죄로 만들려고 한 일종의 '현실 정치realpolitik'였다. 그러나 이런 엉터리 묘사가 역사를 통해 그리스도인들 사이에 반유대적 정서를 조장했고 그것이 불러일으킨 손상은 이루 말할 수 없을 정도다. 이는 한 이야기가 역사와 그렇게 동떨어졌을 때 어떻게 해독을 끼칠 수 있는가를 보여주는 좋은 실례다. 바로 이 때문에 어느 정보든 정치적 목적을 위해 신속히 과장되고 요리되는 오늘 같은 시대에 복음서를 잘 분간해서 읽는다는 것이, 비록 때로는 좌절감을 맛볼 수도 있지만, 그렇게도 귀중한 학습 경험이 되는 것이다. 그 외에, 세상의 온갖 얼룩투성이로 가리려 해도 기본적으로 잔학한 사실, 곧 한 유대인, 점점 많은 사람이 따르던 인기 있는, 그러나 인습 타파적이던 갈릴리 출신의 랍비, 나사렛 예수는 로마 폭압자들과 그들의 하수인들에게 고문을 당했다는 사실을 가릴 수는 없다.

한번은 하버드 법대에서 가르치는 나의 동료 앨런 더쇼위츠Alan Dershowitz 교수에게 내 학생들이, 특히 법대생들이, 예수의 재판을 이해하는 데 얼마나 애를 먹는지 말한 적이 있다. 그는 내 말을 관심 있게 들더니 예수에게 훌륭한 변호사만 있었어도 형편이 아주 달라졌으리라는 생각을 오랫동안 해왔다고 했다. 더쇼위츠 교수는 물론 훌륭한 변호사로 이름이 나 있었다. 며칠 후 그에게 전화를 걸어, 예수의 재판을 재연하는 데 변호인으로, 물론 무료로 봉사해줄 수 있는지 물어보았다. 그는 흔쾌히 허락했다. 그래서 절차를 진행했다. 나는 그 당시 신학부에서 신약을 가르치던 앨런 캘러한Allen Callahan 교수에게 검사로 나와달라고 부탁했다. 그도 그렇게 해주겠다고 했다. 그러나 법정에서 더쇼위츠 교수와 대결하는 것이 달갑지만은 않은 일이라 고백하기도 했다. 배심원이 없었기 때문에 문제가 될 것이 없었다. 그 대신 학생들에게 빌라도를 위한 자문 의회 회원의 역할을 하라고 했다. 물론 가상의 기구에 불과하다. 실제로는 그 로마 총독 빌라도는 심한 독재자였기 때문에 자문 의회 같은 것이 필요 없었고,

무슨 결정이든 자기 혼자서 내릴 뿐이었다. 그러나 학생들이 자문 의회 회원의 역할을 맡게 되면 스스로 논쟁의 무게를 잴 수 있게 되고 그들 스스로 복음서에서 기술하고 있는 대질 신문에 직접 참여한다고 상상할 수 있었다. 나는 빌라도 역을 맡기로 했다.

더쇼위츠 교수의 요청에 따라 예수의 재판에 관한 최신 연구 결과를 다 보내주었다. 그가 이를 다 읽고 나서 이런 재료가 그에게 큰 도움이 되지 않았다는 말을 했을 때 나는 크게 놀라지 않았다. 캘러한 교수는 검사로서 자기가 맡은 소송 사건이 생래적으로 취약점을 가지고 있다는 사실을 알고 있었다. 그러나 그는 취약하기는 하지만 복음서에 기록된 대로의 실제적 결과만 놓고 보면 물론 공평한 결과였는지와 상관없이 자기에게 일단 유리한 사건이라는 것도 알고 있었다.

내 역할을 위해 준비하는 과정의 일환으로 앤 로우Ann Wroe의 기막힌 전기 겸 역사 소설, 《본디오 빌라도Pontius Pilate》를 읽었다.[3] 이 소설에서 저자는 빌라도에 관한 역사 자료는 몽땅 뒤졌을 뿐 아니라 이처럼 신화화되고 풍자화된 로마 하급 관리, 역사적으로 가장 유명한 재판을 담당했다는 사실을 제외하면 이미 오래전에 완전히 잊히고 말았을 이 인물이, 그 후 여러 세기를 통해 어떻게 인식되었는지도 깊이 다루었다. 이 책은 내가 빌라도의 세계로 들어가는 길을 찾도록 해주었고 또 그가 왜 그렇게 여러 가지로 해석되었는지도 이해하게 해주었다. 저자는 이렇게 말한다.

우리가 알고 있다고 생각하는 본디오 빌라도는 사람들이 만들어낸 여남은 명 인물들의 복합체로서, 그 각각의 인물은 뭔가 하나씩을 상징하고 있다. 그 상징의 대상은 개인을 향한 국가, 그리스도교 세계를 반대하는 이방 세계, 회의주의 대 진리, 하나님을 향한 우리 자신들 등이다. 빌라도는 인간의 자유 의지, 운명 앞에 선 인간의 나약함, 악으로부터 차별화하려는 몸부림, 어려운 결정의 잔혹성 등을 대표한다.[4]

처음에는 나도 빌라도를 이해하기 시작한다고 생각했다. 그러나 읽어가면서 그가 정말 어떤 사람이었는지 점점 아리송해졌다. 그는 정말 우리가 자라면서 미워하던 그런 무자비하고 고집 센 폭군이었을까? 혹은 사생결단의 문제를 놓고 결정해야 할 자리에서도 끊임없이 로마의 눈치나 살피며 다음에 갈 자리나 염려하는 소심한 기회주의자였을까? 혹은 예수를 인간으로 보기보다는 골칫덩어리로 본 따분한 지방 관리였을까? 여러 가지 해석의 가능성을 염두에 두고 나는 이런 판결을 내릴 수밖에 없는 처지에 놓인 것을 못마땅해하고, 자기를 이런 불편한 처지로 밀어 넣은 유대인들, 유대인 모두에게 화가 난 관리로서 빌라도 역을 하기로 작정했다. 빌라도 역을 할 수 있는 다른 모든 방법 중에서 이것이 오늘을 사는 우리들에게 가장 직접적인 윤리적 의미를 가지는 길이라고 생각했기 때문이다. 정책 입안자들이 따분해하고, 주의를 산만히 하고, 집중하지 않기 때문에, 혹은 그저 귀찮고 골치 아픈 일은 하지 않겠다고 하기 때문에, 얼마나 중대한 불의가 영속화되고 있는가? 행동하지 않는 것도 행동하는 것만큼 큰 손실의 원천이 될 수 있다.

'재판'이 열리던 날 강의실에는 많은 방문객이 들어왔다. 그중에는 법대 강의를 빼먹고 참석한 학생들, 재미있을 것 같아서 보려고 온 대학 다른 학부 교수들, 뭔가 이야기가 익어간다고 낌새를 챈 지방 신문 기자들 등이 있었다. 나는 개회를 하고, 곧 빌라도의 역할로 들어갔다. 내 10대 아들의 제안에도 나는 재판관이 입는 법복을 입지 않았다. 나는 시작하면서 '의회'를 향해 내가 그렇게도 오랜 세월 황제를 위해 충성을 다했건만 어찌 이런 황폐하고 짜증스러운 오지로 부임받았는지 이해할 수 없다고 불평을 늘어놓았다. 왜 지방산 포도주가 그렇게 훌륭한 크레테나, 생활이 호화로운 이집트가 아니란 말인가? 나는 이를 통해 대부분의 교수들이, 항상 성공적이지만은 않지만, 억누르려고 애쓰는 억압된 비극적 충동들을 발산할 귀한 기회를 얻을 수 있었다.

더쇼위츠 교수와 캘러한 교수도 그들의 역에 열중했다. 변호인으로 더쇼위츠 교수는 그가 뉴욕 브루클린에 있는 유대인 학교 예시바의 학생이었고 계속해서 《탈무드》를 연구한 바 있는 이전의 경력 덕에 익숙하게 알고 있던 유대 법에 호소했다. 그는 스스로 메시아라 주장하거나 다른 이들에게 그런 소리를 듣는 것은 둘 다 유대인의 법을 어기는 것이 아니었다고 주장했는데, 그것은 맞는 말이었다. 그는 유대인 재판관들이 이 피고를 로마 법정으로 이송한 것은 일종의 직무 유기요, 빌라도도 자기 권한 밖에 있던 이 사건의 심리를 거절해야만 옳았다고 주장했다. 빈틈없고 설득력 있는 변호였고, 어느 면에서 날카로운 전략이기도 했다. 그러나 그는 왜 빌라도가 이 고소 사건에 관심을 보였나 하는 주된 이유는 피해갔다. 이 고소는 사실 이 북쪽 지방 출신의 떠돌이가 스스로 '유대인의 왕'이라 사칭하는 위험한 왕위 찬탈 음모자라는 것이었다. 만약 이것이 사실이라면 빌라도는 이런 고소를 무시할 수 없었을 것이다. 로마인들은 이미 헤롯을 유대인의 왕으로 삼았는데, 만약 엉뚱하게 나타난 이 랍비가 왕위 찬탈을 노리는 자라면, 그리고 이미 많은 사람이 그를 따르는 것이 사실이라면, 이는 로마의 다스림에 명백하고 현실적인 위험 요소였다.[5]

검사로서 캘러한 교수도 즉시 더쇼위츠 교수의 논거에 나타난 치명적 결함을 지적했다. 인간 예수는 실제로 로마인이 세우고 헤롯이 차지하고 있던 왕위를 주장하고 나섰다는 것이다. 이는 부글부글 하던 유대교 가마솥에서 끓어 올라온 미신적 잡동사니 중 하나에 불과한 예가 아니었다는 것이다. 이는 분명 로마에 진정한 위협이었고, 로마의 이익만이 아니라 로마의 정의와 시민적 평화를 위해서도 결코 가볍게 다룰 성질의 문제가 아니었다고 했다. 그는 논고를 통해 만약 빌라도가 이 사건에서 관료로서 명백한 자신의 직무를 이행하지 않았다면 분명 로마의 눈총을 피하지 못했을 거라고 공개적으로 지적했다.

빌라도로서 나는 소심하고, 까탈스럽고, 성마른, 이기적 하급 관료의 역을 했다. 나는 이 모든 일이 그냥 빨리 지나가서 내 이력에 가능한 한 어떤 흠집도 남기지 않기를 원했다. 나는 검사와 변호사 양쪽에 각각 몇 가지 질문을 했다. 그들은 자기들의 주장에 흔들림이 없었다. 캘러한 교수는, 고대 문헌을 분석하고 콥트 문서를 번역하는 일에 시간을 많이 보내는 학자로서, 담당 검사의 역을 맡아 법률문제의 최고 권위 중 하나와 맞붙어 싸운 첫판 싸움에서 그렇게 훌륭한 일을 했다는 사실에 자기도 놀라고 즐거워하는 것 같았다. 혹은 본래의 재판이 어떻게 끝났는지 이미 알고 있는 처지에, 불가능한 항소심에서 판결 번복이 있을 확률은 거의 없다는 것을 확신하고 있었기에 미소를 짓고 있었는지도 모른다.

서로 논고와 변론이 끝나고 강의실에 있던 학생들과 방문객들로 구성된 나의 '자문 의회'에 어떻게 하는 것이 좋을지 문의했다. 나는 그들을 작은 그룹으로 나누어 서로 상의할 수 있도록 약간의 시간을 허용했다. 소곤소곤 시작된 것이 서로 열을 내면서 토론하고 논쟁하느라 점점 큰 소리로 변했다. 최종 평결은 몇 표라는 매우 아슬아슬한 차이로 예수의 유죄를 인정하는 쪽으로 내려졌다. '의회' 회원들도 자기들의 역할에 열성을 다했다. 빌라도를 위한 자문을 목적으로 선정된 기관으로서 빌라도를 위해 (따라서 자신들을 위해) 자기들 스스로 최선책이라 생각한 일을 하여, 계속 빌라도의 마음에 들려고 애쓴다는 것은 이해할 만한 일이다. 그들은 유대 법에 호소한 더쇼위츠 교수의 유창한 변론을 거부하고 캘러한 교수의 고집 센, 심지어 냉소적이기까지 한 실용주의를 선호했다. 아무튼 투표는 매우 팽팽했는데, 나중에 밝혀진 바로는 의회의 '부동표'가 예수의 유죄 쪽으로 쏠린 것은 좀 더 보수주의 그리스도인 학생들이 예수의 무죄를 원하기는 했지만 그렇게 했다가는 성경에 나오는 것을 거스르는 일이라 느껴서 유죄 쪽으로 표를 던졌기 때문이라 했다.

원심에 대한 항소는 없었다. 이번 판결에 대해서도 역시 항소는 없었다. 그 말썽 많은 나사렛 랍비는 십자가에 못박혀 죽음을 당하는 십자가형을 선고받았다.

21 죽은 자가 걸어 다님

그들은 나가다가, 시몬이라는 구레네 사람을 만나서, 강제로 예
수의 십자가를 지고 가게 하였다. 그들은 골고다 곧 '해골 곳'이라
는 곳에 이르러서, 포도주에 쓸개를 타서, 예수께 드려서 마시게
하였다. 그러나 예수께서는 그 맛을 보시고는, 마시려고 하지 않
으셨다. 그들은 예수를 십자가에 못 박고 나서, 제비를 뽑아서, 그
의 옷을 나누어 가진 다음 거기에 앉아서, 그를 지키고 있었다. 그
의 머리 위에는 "유대인의 왕 예수"라고 적은 죄패를 붙였다.

| 마태복음 27:32-37

예수가 사형 선고를 받은 빌라도의 법정에서부터 처형된 골고다까
지 가는 예수의 여정을 다룬 복음서의 기록은 겨우 몇 줄에 불과하
다. 그러나 이 짧은 시간과 공간이 그 후 역사를 통해 이루 말할 수
없이 많은 전설과 후속 이야기와 상세한 설명의 원천이 되었다. 예수
가 걸려 넘어졌다는 것, 마지막으로 그의 어머니를 만났다는 것, 베
로니카라는 이름의 여인이 자기 수건으로 그의 얼굴을 닦아주고 그
래서 그의 얼굴 모양이 수건에 자국을 남겼다는 것, 이 모든 것이 여

러 세기를 거치면서 생겨난 전통들이다.

예수의 죽음 이후 1,000여 년이 지나, 주로 프란치스코 수도사들의 공로로, 이런 전통이 점차 조직화되어 결국 그리스도교 세계에서 가장 잘 알려지고 가장 사랑받는 헌신의 예식이 되었는데, 곧 '십자가의 기도처'라는 것이다. 예루살렘에서 시작되었고, 그 초기 역사는 불분명하지만 17세기 전반에 이르러서 교황이 성지의 수호자들로 삼은 프란치스코 수도사들이 금요일마다 이른바 수난의 길Via Dolorosa을 따라 맨발의 순례자들의 행진을 주도하게 되었다. 행진을 계속하면서 그들은 찬송을 부르다가 일정한 지점에 이르면 기도했는데, 그때 주로 부른 찬송은 〈아베 마리아〉와 라틴어 주기도문 '파테르 노스테르'였다. 얼마 되지 않아 여덟 곳이 보편적인 장소가 되었는데, 각 장소는 예수가 그 길을 지나갈 때 생긴 사건 중 하나와 결부되었다. 순례자들은 빌라도의 법정이라 지정된 장소에서 출발하여 '이 사람을 보라' 문Ecce Homo Arch에 잠시 머물렀다가 예수가 쓰러졌던 곳, 그의 어머니를 만났던 곳, 예루살렘 여인들에게 예루살렘 파괴를 예언했던 곳에 정지한다. 성묘 교회에 있는 예수의 감옥이라 믿고 있는 곳도 들르고, 이어서 골고다라 여겨지는 곳에서 끝이 난다.

이런 헌신의 예식은 순례자들에게 크게 인기 있었고, 이들은 자기들이 경험한 바를 고향으로 돌아가 잘 묘사했다. 곧 유럽의 그리스도인들은 자기들의 교회 안과 밖에 축소판 '십자가의 기도처'를 설치하기 시작했다. 여덟 개의 기도처는 열네 개로 확장되었고, 각 기도처는 거기 얽힌 사건을 묘사하는 그림으로 더욱 호화롭게 윤색되었다.[1] 교황 클레멘스 12세는 18세기 초 드디어 기도처의 수를 열네 개로 확정했다. 전통적 십자가의 기도처를 따라 걷는 사람들은 각 기도처에서 예수가 당한 육체적 고통과 정서적 괴로움을 스스로 상상하고 이를 나누어 가지라는 권고를 받았다. 이런 면에서 이 헌신은 예수회에서 실행하는 '영성 수련'과 매우 비슷한 면을 가졌다고 할 수 있다.

십자가의 기도처 수행법이 퍼지면서, 이 수행법은 기막힌 명작에서부터 값싼 졸작에 이르기까지 온갖 채색 유리, 조각, 수없이 많은 회화를 탄생시킨 촉진제가 되었다. 비교적 최근까지 앙리 마티스 Henri Matisse와 바넷 뉴먼Barnett Newman 같은 위대한 화가들이 그 영적 본질을 포착하려 시도했다. 그러나 전통적으로 십자가의 기도처를 그리려면 큰 공간이 필요했고, 그림이 효과적이려면 보는 사람들이 한곳에서 다른 곳으로 이동해야 한다는 사실 때문에 그들의 노력은 그렇게 성공적이지 못했다. '십자가의 길Via Crucis'에서 영감을 받았지만 그대로 따르려고 하지 않은 프랑스 화가 조르주 루오Georges Rouault 의 〈미제레레Miserere〉 시리즈가 아마도 가장 성공한 예일 것이다.

십자가의 기도처는 약간의 역사와 특별한 종교적 상상력이 영감을 받아 결합한 것이다. 어느 봄날, 나는 그 잠재적인 효능을 직접 발견했다. 이 일은 내가 예수에 관한 강의를 여러 해 해온 다음에 일어났는데, 이런 일이 좀 더 일찍 있었으면 좋았을 거라는 아쉬움이 있었다. 나는 구예루살렘 남쪽으로 몇 마일 떨어진 베들레헴 길에 위치한 탄투르 에큐메니컬 인스티튜트Tantur Ecumenical Institute에서 강연하기 위해 예루살렘으로 날아갔다. 그때는 성주간으로 그리스도의 수난 사건 기념행사가 세계 곳곳에서 거행되고 있었다. 성주간을 보내기에 예루살렘보다 더 좋은 곳은 없다. 예루살렘에 사는 가톨릭 친구 몇이 성금요일에 십자가의 길을 가는데, 나보고 함께 걷자고 초청했다. 처음에는 나의 프로테스탄트 선조들이 이런 행동을 어떻게 생각할까 궁금해하면서 약간 망설였다. 그러나 선조들은 성주간을 성지에서 보낸 적이 없었을 테니, 내 행동을 이해해주리라 믿었다.

옛날부터 하던 대로 우리는 빌라도의 법정에 집합했다. 따뜻한 날이었지만 너무 덥지는 않았다. 작은 흰 구름 조각들이 파란 하늘에 떠 있었다. 나는 맨발이 아니었다. 그러나 한 손에는 촛불을, 다른 손에는 작은 찬송가 책을 들고 있었다. 예루살렘에서 수난의 길이라 불리는 십자가의 길은 사실 일련의 골목길이다. 기념품 가게, 팔라펠 샌드위치 집, 도자기 상점 등이 길 양쪽에 줄지어 서 있었다. 상인들은 우리가 노래를 부르며 자기들 상점을 지나가도 거의 거들떠보지 않았다. 처음에 나는 우리가 지금 가고 있는 이 길이 역사적으로 얼마나 부정확한지를 쓴 그 많은 학술 논문에서 읽은 내용을 잊을 수가 없었다. 예루살렘의 거리 구조는 1세기 이후로 적어도 열두 번 이상은 바뀌었기에 예수가 실제로 어느 길로 걸어갔는지 아는 사람은 아무도 없다. 침적토가 쌓이고, 쓰레기가 덮이고 새로 포장이 되면서 본래 거리는 지금의 표층보다 한참 아래에 묻혀 있을 수밖에 없다. 빌라도의 관저가 어디 있었는가 하는 문제에도 논란이 있고, 따라서 예수가 선고를 받은 그 법정이 어디였을까 하는 것도 마찬가지다. 우리는 그 본래의 길에서 3마일이나 그 이상 빗나간 길을 걷고 있는지도 모른다. 행진은 성묘 교회에서 끝이 나지만, 아무도 그곳이 십자가 처형이 실제로 있었던 장소라 장담할 수 없다.

분향통에서 나는 연기, 발밑에 깔린 거친 자갈, 점점 커지는 찬송가 소리, 기도처마다 있는 그림들, 이 모든 것과 더불어 나의 모든 감각이 집중되는 것을 느꼈다. 나는 곧 나의 학문적 회의주의를 잠시 유예시켰다. 서서히 십자가의 길이야말로 내가 학생들에게 한 학기 내내 이야기해주던 것에 대한 기막힌 실증이 된다는 사실을 발견하고 이를 새삼 깊이 음미하기 시작했다. 그것은 얼마간의 역사와 상당 정도의 상상력을 접합하여 강력한 설화로 만든 명작으로서 수많은 사람에게 감동을 주었다. 우리가 복음서에서 읽어온 많은 자료와 같은 성질이었다. 고대 거리의 지도와 현재 관광객이나 순례자들을 위한 안내서를 비교한다는 것이 갑자기 무의미하게 느껴졌다. 이어서 내 학생 모두가 거기서 나와 함께 있을 수 있었다면 얼마나 좋을까 하는 생각이 들었다. 나는 상상력을 일깨우는, 설화가 가진 놀랄 만한 힘을 실증해주는 데 이보다 더 좋은 방법이 달리 있으리라 생각할 수가 없었다.

　　세계에서 가장 오래된 도시 중 하나인 이 고도의 좁은 통로를 따라 걸으면서 나는 평소에 별로 해본 적이 없는 일, 곧 스스로를 예수와 동일시하고 있는 모습을 발견하게 되었다. 그러나 동시에 현대 종교학의 가장 끈질긴 문제 중 하나, 곧 기록된 역사와 신화적 설화 사이의 관계라는 난제를 가지고 곰곰이 생각하는 나 자신을 발견하기도 했다. 나는 '정말로' 무엇이 일어났던가 하는 질문에서 완전히 벗어날 수가 없었다.

　　이 질문은 대답하기 쉽지 않고, 확실한 증거도 거의 없는 실정이다. 그러나 여러 해에 걸친 연구 결과 끝없이 확대되고 미화된 이 사건 밑에 깔려 있는 기본적 사실이 좀 더 명확히 드러났다고 할 수는 있다. 빌라도가 예수에게 사형 선고를 내린 다음, 예수는 그 당시 다른 모든 사형수와 마찬가지로 성 밖에 있던 골고다라는 처형 장소로 자기의 십자가를 지고 가야만 했다. 형장으로 향한 길을 따라 올라가는 이 행렬은, 마리 앙투아네트⁺가 단두대를 향해 그 험한 길을 갈 때 그랬던 것처럼, 언제나 많은 사람의 구경거리가 되었다. 무리는 임박한 죽음을 냄새 맡고, 일반인들에게 공개된 장관은 언제나 사람들의 관심과 주목을 끌게 마련이다. 이 두 가지 요소가 합쳐지면 도저히 거절할 수 없는 무엇이 된다. 성경 기록을 보면 길옆에 늘어선 대부분의 사람이 예수에게 희롱과 야유를 퍼부었다고 한다. 며칠 전만 해도 종려나무 가지를 흔들면서 다윗의 아들을 환영하던 그 많은 사람은 어디 갔는가?

　　말할 나위 없이 그들 중 더러는 아직 예루살렘에 있었을 것이다. 그러나 이런 상황에서 복지부동할 수밖에 없었을 것이다. 비록 복음서 자체에는 이 괴로운 강행군에서 무슨 일이 있었는지 명백한 언급이 거의 없지만, 그런대로 감질나게나마 약간의 힌트를 제공해주고 있다. 예를 들어 어느 지점에 이르러 예수가 너무나 지쳐 더는 자기의 십자가를 메고 갈 수 없다는 사실을 담당 군인들이 확실히 알게 되었다. 군인들은 예루살렘을 방문 중이던 나그네, 아마도 절기를 지키기 위해 왔을 뿐 예수와 아무 상관없던, 구레네 사람 시몬을 강제로 징발해 나머지 길에 십자가를 대신 지고 가게 했다.

⁺　Maire Antoinette, 1755~1793. 루이 16세의 왕비로 프랑스 혁명 때 처형되었다.

이 간단한 사건이 로마 군대의 자의성과 잔혹성을 분명히 밝혀준다. 고문을 해서 서서히 죽이는 이 십자가 처형은 분명히 식민지인들에 대한 테러 행위요 그들을 협박하기 위한 수단이었다. 십자가형은 기진맥진, 노출, 질식으로 죽는 것이다. 죽은 다음에도 지나가는 사람들에게 로마 제국의 권력과 영향력을 과시하기 위해 썩어 없어지거나 개 혹은 새들에 먹혀 없어질 때까지 처형된 자들의 시체를 공공장소에 걸어놓는 것이 보통이었다. 로마인들은 십자가형을 내리는 데 주저함이 없었다. 역사가 요세푸스의 기록을 보면, 예수가 죽고 약 30년 지나 유대인들이 로마인들에게 대항해서 들고일어난 반항의 결과로, 로마인들의 예루살렘 침공 당시 도성에서 도망가려다가 잡힌 유대인들의 수가 너무나 많아 십자가를 세울 장소는 물론이고 모든 사람을 달 십자가도 모자랐다고 한다.

십자가형을 집행하기 위해 사형수는 형장까지 자기 십자가를 지고 가야 하는데, 그 십자가는 가로와 세로로 된 완전한 것이 아니라 '파티불룸patibulum'이라고 하는 가로 막대기 하나였다. 형장에 가서 그 가로 막대기에 사형수의 팔을 묶거나 못을 박아 거기 언제나 붙박이로 있던 세로 기둥에다 갖다 붙이는 것이다. 보통 '티툴루스titullus'라고 하여 왜 이 사형수를 사형에 처하는지 말해주는 표지판을 기둥 위에 박거나 사형수의 목에 걸어주었다. 예수는 이 표지판에 '유대인의 왕 나사렛 예수'라는 비꼬는 듯한 조롱의 말이 적혀 있었다. 범죄 사유가 이제 'laesae majestatis', 곧 고도의 반역이라는 거였지만, 이 표지판이 실제로 말하고 있는 것은 이 일은 유대인의 왕이라 자칭하는 자 누구에게나 생기는 일이라는 의미였다.

로마의 군사 역사와 로마의 법 제도의 세부 사항을 인내심을 가지고 천착해온 역사가들은 우리가 예수의 처형 이야기에 있는 빈틈을 메우는 데 엄청나게 중요한 도움을 주고 있다. 예를 들어 시몬 같은 재수 없는 구경꾼에게 십자가 가로대를 지고 가게 강요했다는 것은 그 당시를 연구하는 역사가들이 자주 말하듯이 로마 군대는 시민들에게서 물품이나 봉사를 자의적으로 요구할 권세를 가지고 있었다는 사실을 입증한다. 또한 끈에다 작은 뼛조각이나 쇠붙이를 달아 만든 끈 채찍으로 채찍질 당한 예수가 십자가의 가로대를 혼자서 지고 갈 수 없을 정도로 허약해졌다는 사실을 말해주기도 한다.

　　일반 역사도 귀중한 도움이 된다. 역사학의 비판적 사고에 노출된 사람이라면 심지어 촛불을 들고 수난의 길을 따라 터벅터벅 걸어가는 동안에도 그 영향력에서 완전히 벗어날 수는 없다. 사실 나는 과거를 이해하기 위해 어렵게 얻은, 그리고 귀중한 이 방법을 피하려 해서는 안 된다고 생각한다. 그러나 사실과 함께 의미가 따라와야 한다. 그렇지 않고 사실 자체만으로는 무의미하다. 어느 의미에서 현대적이면서 동시에 종교적인 사람들에 대한 도전은, 오늘을 살아가는 다른 많은 사람에게도 마찬가지지만, 어떻게 이 둘이 함께 가도록 할 수 있을까 하는 것이다.

　　이 문제를 가장 창의적으로 다룬 사상가는 이제는 고전이 된 《자코르: 유대인의 역사와 유대인의 기억Zakhor: Jewish History and Jewish Memory》의 저자 요셉 하임 예루샬미Josef Hayim Yerushalmi다. 그의 주장을 간단하게 요약하면 의미를 창조하는 존재로서의 인간은 인간으로 남기 위해서 반드시 뭔가 기억해야만 한다는 것이다. 그러나 기억은 사실의 정확한 기록보다 훨씬 더한 무엇에 의존한다. 사실은 기억되기 위해 설화로 전달되는 일종의 형식에 짜여들어 가야만 한다.

"역사의 의미는 실제적인 역사 기술에서보다 예언자들에게서 더욱 직접적으로, 더욱 깊이 탐구될 수 있다. 집단 기억은 연대기를 통해서보다 예배 의식을 통해 더욱 적극적으로 전달된다."[2]

앙상한 사실 자체는 나사렛 예수라는 이름을 가진 어느 랍비가 로마 관할이던 유대 지방의 총독 본디오 빌라도에게 사형 선고를 받고 거기서 출발, 언덕 위 형장으로 가서 처형되었다는 것에 불과하다. 이 사건이 주는 의미는 여러 세기 동안 수없이 많은 그리스도인의 삶에서 중심이 되어왔고, 십자가의 기도처라는 것을 통해 하나의 예식으로 재현되었다. 사실이 없다면 예식은 공허한 기만일 수 있다. 그러나 예식이 없다면 그 사실은 쓸데없는 잡동사니의 단편들일 뿐이다.

십자가의 기도처는 사실과 의미를 예배 의식적 설화로 융합한 영감적인 것만이 아니다. 그것은 광범위한 종류의 미화와 해석을 불러올 정도로 융통성이 있는 것이기도 하다. 미화와 해석 중 더러는 믿음을 더욱 깊게 하고 더러는 가학피학증에 가까운 것도 있다. 멜 깁슨Mel Gibson의 영화 〈패션 오브 크라이스트〉는 편집광적으로 예수의 육체적 고통에 초점을 맞추고 있다. 십자가의 길이라는 시간과 공간을 통과하는 예수의 움직임을 재현하는 그 행진이 경우에 따라 지나치게 과장되는 수가 있다. 아직도 미국 남서부와 기타 여러 곳에서 발견되는 열성적 '통회자'들은 사람을 정말로 십자가에 묶고 정말로 피를 흘리게 한다.[3] 최근 몇몇 라틴아메리카 신부들과 평신도 지

21 죽은 자가 걸어 다님

도자들은 이 14처 행진을 좀 바꾸어 경찰서, 노동자가 착취당하고 있는 공장, 병영 등 행진에 참석하는 사람들이 아직도 불의가 편만하다고 생각하는 그런 장소에도 들르게 했다. 십자가의 기도처에 대한 가장 용감한 해석 중 하나를 2001년 12월에 매사추세츠 현대 미술 박물관Mass MoCA에서 전시했다. 이 전시는 매사추세츠주 노스 애덤스에 있는 폐쇄된 동굴 모양의 공장 건물에서 열렸다. 로버트 윌슨Robert Wilson의 〈14처〉였다. 대담하고 거대하고 몰입형의 작품으로서 미식축구 경기장 만한 길이의 공간을 차지했다. 본래의 기도처가 그런 것처럼, 이것도 그냥 보기만 해서는 그 진가를 알아볼 수 없다. 〈14처〉는 건축과 조각과 음악과 조경과 음향 효과와 조명이 한데 어울려 참여적인 사건을 위한 세팅으로 되어 있었다.[4]

그러나 여기서 표피적 유사성은 끝나고, 더욱 깊은 동류성이 드러나기 시작한다. 윌슨의 〈14처〉를 보러 가는 사람은 우선 중앙에 번쩍이는 원형의 금속성 우물이 있는 넓은 출입구에 천장이 낮은 건물로 들어가게 된다. 여기가 빌라도의 법정이다. 우리는 우물에서, 그리고 우리 주위에서 예수를 정죄하는 희미한 소리를 들을 수 있는데, 그 소리들은 우리가 이해할 수 없는 언어로 되어 있다. 불길하고 으스스한 효과를 낸다.

그러고 나서 교회의 통로를 의미하는 널을 깐 보도로 올라가는데, 그 양쪽에는 셰이커교도 스타일의 나무로 된 작은 오두막집들이 양옆으로 여섯 채씩 줄지어 있다. 오두막집에는 각각 작은 창문이 있는데, 오로지 한 사람씩만 밖을 내다볼 수 있을 뿐이다. 이 기술은 처음 너무 거창하게만 보이던 것을 아주 개인적인 경험으로 만들어준다. 각 오두막집 안에서 관람객은 전통적인 기도처에서 촉발되기는 했지만 윌슨 자신의 창의적 상상력으로 그보다 확대되고 심화된 장면을 보게 된다. 예수가 십자가를 지고 가면, 우리는 붉은 밀랍으로 된 손 위의 공중에 떠 있는 둥근 돌을 보게 된다. 예수가 쓰러질 때, 깨어진 돌로 된 바닥 위에서 비틀거리는 새끼 양을 본다. 예수가 그의 어머니를 만날 때, 우리는 작은 파이프로 완전히 구멍이 뚫린 또 하나의 둥근 돌이 달려 있고 그 밑에 추상파적 두 인물이 서로 얼굴을 마주 보고 선 모습을 본다. 구레네 사람 시몬이 십자가를 강제로 졌을 때, 우리는 사람 모양을 한 텅 빈 흰옷을 본다. 베로니카가 수건으로 예수의 얼굴을 닦아주는 장면에서 우리는 흰 세마포 옷을 아름답게 입고 있는 여인이 옛날식 다리미를 가지고 있는 것을 본다. 예수가 두 번째로 쓰러질 때, 우리는 튼튼한 돌이 공중에 뜨는 것 같은 장면을 본다. 바닥에 있는 TV 화면에는 한 남자가 저쪽에서 천천히 기어 오고 있다. 로마 군인의 투구가 한쪽 구석에 놓여 있다. 예수가 세 번째로 넘어질 때, 한 인물이 거친 나뭇가지 단을 통해 기어 온다. 다시 상이 위로 뜬다. 예수의 옷을 벗기는 장면에서는 인간의 모양이 없어지고, 큰 파이프가 빛을 들여오기 위해 집 뒤를 관통해 지나간다. 두 개의 주사위가 던져지는데, 군인들이 예수의 겉옷을 놓고 주사위를 던진 것을 떠오르게 한다. 예수의 십자가상의 죽음은 이 새로운 기도처 해석 중에 가장 마음을 산란하게 한다. 눈이 없는 붉은 이리 떼가 그 예리한 이를 드러내면서 고요한 산의 이상할 정도로 푸른 배경을 등지고 우는 장면이다. 본래의 기도처와 달리 이 현대판에서는 놀라운 부활의 장면을 포함하고 있다. 추상적인 인물이 짚과 여린 가지로 된

21 죽은 자가 걸어 다님

8미터 정도의 원뿔형 천막 안에 거꾸로 매달려 있는 모습이다. 이 모양은 교회당 동쪽 끝에 쑥 나온 반원형 부분을 연상시킨다.

어떤 사람에게는 이런 현대판 십자가의 기도처가 별로 흥미롭지 않거나 심지어 신성 모독처럼 보일지 모른다. 그러나 나는 완전히 다른 인상을 받았다. 윌슨의 십자가의 길이 가져다주는 축적된 효과는 외경과 놀라움 그 자체였다. 내 주위에서 그 작은 창문을 통해 구경하면서 다음 창문으로 이동하던 사람들은 완전히 몰입하거나, 황당해하거나, 떠는 듯했다. 이것을 두 번째로 걸어가면서 보게 되었을 때 나는 예루살렘에 있던 십자가의 길을 천천히 걸으면서 느꼈던 감정을 되살려보려고 애썼다. 나는 그 기억의 연속성도 느끼고 동시에 거기에서 확대되는 것도 느낄 수 있었다. 어느 의미에서 윌슨은 본래의 기도처가 복음서에 산재한 성경 절 몇을 가지고 해낸 것과 같은 일을 전통적 14처를 가지고 해낸 것이다. 그는 이것들을 확대하고 심화했다. 그는 그 어느 것도 위조하지 않았다. 십자가의 길 같은 강력한 설화는 많은 층의 해석과 부연을 흡수할 수 있고, 그러면서도 언제나 신선하게 보인다.

나중 윌슨의 〈14처〉를 구경한 사람들에게 그것을 보고 어떤 느낌이 들었는지 물어본 일이 있는데, 반응은 크게 달랐다. 그러나 한 가지 그들 모두 깊은 인상과 감동을 받았다고 했다. 어느 한 사람도 전통적 14처에 대한 윌슨의 재창조를 경멸스럽다거나 상관없는 거라고 하지 않았다. 《뉴욕 타임스》에 이 작품을 평한 존 로크웰은 독자들에게 윌슨이 처음 그것을 만들게 된 것은 독일 오버아머가우에서 열리는 전통 있는 수난 연극의 공연 간부에게 공연 40주년을 기넘하기 위해 제작해달라는 부탁을 받았기 때문이라는 사실,[5] 그리고 그의 작품은 아우슈비츠와 비르케나우에 있던 유대인 학살 수용소의 사진들을 반영하고 있다는 사실을 상기시켰다. 나는 그런 직접적인 언급을 발견하지는 못했지만, 윌슨이 균형과 단순성을 불러일으키기 위해 셰이커교도의 모양과 껍질이 벗겨진 가구를 사용한 것은 아주 잘한 일이라 생각했다. 다시 말해 윌슨은 그의 상징주의를 충분히 개방적으로 만들어서 모든 관람객이, 옛날의 순례자들처럼 각기 자기 자신의 기대와 희망 사항을 가지고 행렬에 참가할 수 있게 하는 데 성공했다는 것이다. 여러 가지 다양한 독법이 가능하다는 뜻이다.

노스 애덤스의 매사추세츠 현대 미술 박물관과 그 예술가 모두가 작품 〈14처〉를 영구 보존할 수 있는 장소를 찾고 있다. 이기적인 생각인지 모르지만, 어디에든 많은 사람이 관람할 수 있는 곳에 설치되기를 바란다. 특히 내가 가르쳤던 과목과 같은 예수에 관한 과목을 수강할, 앞으로 올 학생 세대들이 이 작품을 볼 수 있었으면 하는 마음이 간절하다. 나는 이처럼 효과적으로 십자가의 길을 현대인들의 마음에 쏙 들어가게 해주는 제시 방법을 본 적이 없다. 전통적 헌신에, 그리고 이 작품이 재현하는 역사적 사실에 충실하면서 사실과 이야기와 예식이 어떻게 인간 경험에 맞아떨어지는가를 찬란하고 경건하게 예시하고 있다. 이 작품은 주제의 확대가 설화의 본질이라는 사실을 명백히 보여준다. 그러나 예수 자신에게는 구예루살렘 골목을 따라서 걷는 것이 종교적 예식은 아니었다. 도시 쓰레기 처리장이기도 하고 처형장이기도 하던 언덕을 향한 발걸음이었다.

22 이성, 감정 그리고 고문

군인들이 예수를 뜰 안으로 끌고 갔다. 그곳은 총독 공관이었다.
그들은 온 부대를 집합시켰다. 그런 다음에 그들은 예수께 자색
옷을 입히고, 가시관을 엮어서 머리에 씌운 뒤에 "유대인의 왕 만
세!" 하면서, 저마다 인사하였다. 또 갈대로 예수의 머리를 치고,
침을 뱉고, 무릎을 꿇어서 그에게 경배하였다. 이렇게 예수를 희
롱한 다음에, 그들은 자색 옷을 벗기고, 그의 옷을 도로 입혔다.
그런 다음에, 그들은 예수를 십자가에 못 박으려고 끌고 나갔다.

| 마가복음 15:16-20

분노, 혐오, 공포, 포학 등과 같은 감정이 윤리적 문제를 놓고 생각하
는 우리의 사유 활동에서 도대체 어떤 역할을 해야 한단 말인가? 플
라톤 이후 칸트나 존 듀이에 이르기까지 거의 모든 도덕 철학자는 이
런 감정이 자리할 곳은 전혀 없다고 주장한다. 이런 감정은 명쾌한 사
유 활동을 흐리게 만들고 건전한 판단력을 약화할 뿐이다. 이런 말이
대체로 맞을 수 있다. 그러나 장거리 전투, 대리 살인, 이메일을 통한
강탈, 지속적인 미디어 폭력의 마비 효과가 만드는 선동 등이 난무하

는 오늘 같은 세상에서 우리는 그 반대 문제에도 봉착해 있다. 다른 이들의 고통을 감지하는 능력이 마비되고, 우리의 행동이 다른 이들에게 어떤 결과를 초래할지 상상할 수 있는 힘도 죽어가고 있다.

스페인의 게르니카에서부터 일본 히로시마에 이르는 긴 포물선은 이런 무감각 상태의 분명한 실례를 보여준다. 게르니카는 북부 스페인 비즈카야주 바스크강 연안에 있는 작은 도시의 이름이다. 1937년 4월 프랑코군을 지원하기 위해 보낸 독일 비행기들의 무차별 폭격으로 여자들과 어린이들을 포함한 민간인들이 대량 궤멸되었다. 세계는 특히 비무장 민간인들을 의도적으로 살육한 사실에 경악을 금치 못하고 분노했다. 파블로 피카소는 의분에서 '게르니카'라는 간단한 제목을 붙인 그림을 그렸는데, 그의 그림 중 가장 잘 알려진 명작이 되었고, '게르니카'라는 말 자체가 불의, 잔인성, 그리고 이런 것들이 불러일으킨 원초적 공포와 동의어가 되었다. 오로지 6년이 지나 미국도 의도적으로 독일과 일본 민간인을 대량 학살하는 일에 개입하게 되었다. 이런 행위는 하룻저녁에도 많은 수의 민간인을 포함하여 몇십만 명씩을 살상하던 드레스덴과 도쿄의 공습으로 연결되었고, 결국 히로시마와 나가사키에서 원폭으로 그 절정을 이루었다. 게르니카가 궤멸될 당시 일곱 살이었던 어린이들이 히로시마가 흔적 없이 사라질 때 겨우 열네 살에 불과했다. 그러나 그때에는 불평하는 사람들이 거의 없었다. 적어도 그 일이 일어난 직후에는 저항 예술의 명화를 그린 사람도 없었다. 이는 분노와 분노가 불러일으키는 의분이 얼마나 빨리 식어버리고 태평 상태가 되는지를 보여주는 사례다.

윤리적 예민성이 둔감해지는 비슷한 사태가 오늘날 고문의 문제에서도 일어나고 있다. 아직도 자행되고 있긴 하지만 한때 중세 암흑시대의 유물로 여겨지던 고문이 21세기 독재자들 아래에서 일반인들의 이목을 집중시키며 거세게 되돌아오고 있다. 히틀러에게 충성을 바치던 심복들이 새롭고 좀 더 현대적인 고문 방법을 도입했다. 무솔리니는 반대자들에게 대량의 피마자기름을 강제로 마시게 했다. 스탈린은 수감자들을 창문도 없는 감방에 가두어두고 그들의 배설물로 감방이 가득하게 했다. 라틴아메리카의 군사 독재자들은 전기 고문을 효과적으로 활용했는데, 전기 고문은 눈으로 볼 수 있는 흔적도 남기지 않았다. 고문 없는 세상을 만들려는 국제기구가 프랑스에서 창설되었다. 2004년 초 세상은 이라크 포로들을 고문하는 미군들의 사진을 보고 경악했다.

고문은 분명 윤리적 관심에서 뺄 수 없는 안건으로 다시 등장했다. 그러므로 우리가 예수의 재판을 재연할 때 나사렛 랍비를 고문해 죽이려는 것에 대항해 그를 그렇게도 열렬히 변호했던 변호인 앨런 더쇼위츠 교수가 고문 사용을 옹호하는 책을 출판했다는 소문이 돌았을 때 놀라움으로 다가왔다. 그가 어떻게 그런 일을 할 수 있었을까? 도저히 앞뒤가 맞지 않는 일 같았다.

나중에 밝혀졌지만, 그런 소문은 사실이 아니었다. 더쇼위츠 교수가 정말로 쓴 것은 고문이 과거에도 있었고 현재에도 있고 미래에도 어쩔 수 없이 있을 것이기 '때문에'(현재에는 테러를 뿌리뽑는다는 명분으로 자행되는 일이 흔하다) 그 사용을 철저히 제한하고 새삼스럽게 규제해야 한다는 것이었다. 공개적이고 법적으로 통제되는 영역으로 끌고 나와야 한다고 했다. 그렇지 않으면 고문은 지하실이나 어두운 뒷방으로 숨어들어 어떤 책임도 지지 않을 거라는 이야기다. 그는 자신의 주장을 뒷받침하기 위해 시한폭탄이라는 오래된 예를 사용했다. 그는 무고한 사람 5,000명이 목숨을 잃을 수도 있는 학교나 병원 같은 곳을 겨냥한 테러리스트의 폭탄 테러를 막을 정보를 '확실히' 알고 있는 어떤 사람을 법 집행관이 체포했다고 가정해보라고 했다. 그 사람에게서 필수적인 정보를 얻어내 그 모든 인명을 구할 시간은 기껏해야 두 시간 정도밖에 남지 않았다. 그러나 체포한 그 사람은 입을 열려 하지 않는다. 그 시한폭탄이 핵무기나 생화학 무기라면, 당연히 긴박함은 더욱 커진다. 당신이라면 어떻게 하겠는가?[1]

시한폭탄 시나리오는 우리가 고故 스티븐 제이 굴드Stephen Jay Gould 교수와 함께 가르친 과목에서 더쇼위츠 교수가 자주 사용하던 하나의 교수 기술의 예에 불과하다. 더쇼위츠 교수는 그것을 "법대 가설"이라 불렀다. 나는 그것을 좋게 생각했다. 어떻게 설화가 윤리적 사유를 가르치는 데 쓰일 수 있는가의 훌륭한 예를 보여주기 때문이다. 그러나 가끔씩은 의심스럽기도 했는데 가설로서는 너무 형식적이고 현실과 동떨어진 이야기로 보였기 때문이다.

시한폭탄이 어디에 숨겨져 있는지 알고 있는 용의자를 어떻게 하면 좋을까 하는 딜레마에 대한 더쇼위츠 교수의 대답은 이런 경우 실질적으로 세상 어느 경찰력이든 많은 무고한 생명을 구하기 위해 그 용의자에게 신체적, 심리적 강제력을 행사하게 되리라는 것이다. 사실 그렇게 하지 않는 것이 오히려 윤리적으로 무책임한 행위라는 주장이다. 그러나 그는 계속해서 말하기를, 그리고 이것이 그가 주장하는 핵심 사항으로 많은 사람이 놓쳐버리고 마는 것인데, 이런 고문이 필요한 한계선을 넘어서지 않도록 방지하기 위해, 그리고 고문이 무차별적이고 작위적인 행위가 되는 것을 예방하기 위해, 경찰은 정확하게 어떤 고문 방법을 사용할지를 명세하고 1회에 한해서 허용하는 '고문 영장'을 발부받아야 한다는 것이다. 이런 고문 영장은 재판장이 발부하는 것으로서 수색 영장과 비슷한 것이 되어야 한다고 했다. 거기에는 사용할 고문의 종류를 한정해야 한다고도 했다. 그의 책을 읽는 사람들은 그가 주장하는 일반적 대의를 무시하고 한 문장에 집착하는데, 그 문장에서 그는 소독된 바늘을 피의자의 손톱 밑으로 집어넣는 것을 제안하고 있다.

우리가 함께 가르치던 수업 시간에 고문 영장 같은 문제에 대해 더쇼위츠 교수와 의견을 달리했을 때 나는 이 민감한 문제를 두고 합리적인 토론을 하는 것이 얼마나 어려운 일인지 곧 깨달았다. 나는 수업을 시작하면서 학생들에게 유엔 고문 반대 협약이 있는데, 1994년 미국 상원에서 이를 인준했다는 사실을 상기시켰다. 그러나 합법성과 윤리성은 별개의 문제로서, 더쇼위츠 교수의 제안 목적은 강압적인 심문을 공개적인 것으로 끌어내려는 것이었다. 물론 모든 주장에는 똑같이 그럴듯한 그 반대 주장이 있게 마련이다. 마사 누스바움같이 현명하고 온화한 윤리 사상가마저 이렇게 말했다.

"나는 윤리적으로 의식이 바로 박힌 사람이라면 누구나 (어느 특수한 개인의) 고문이 정당화되는 상상 가능한 경우가 있을 것임을 부인하리라 생각하지 않는다."[2]

그러나 모두가 다 아는 바와 마찬가지로, 고문을 당하는 사람은 자기의 고통을 중지시키기 위해 아무 말이나 다 하게 된다. 따라서 만약 시한폭탄이 실제로 똑딱거리고 있다면, 그들이 한 말의 진실성을 확인할 수 있을 때쯤이면 이미 너무 늦을 수밖에 없을 것이다.

'미끄러운 경사'라는 논증도 있다. 일단 제한된 종류의 고문이 법적 영장으로 합법화되면 고문은 불가피하게 다른 경우, 다른 종류의 고문으로 퍼져나가게 마련이라는 것이다. 이 문제에서 프랑스의 역사적 경험이 경각심을 불러일으킨다. 알제리인들의 저항을 잠재우기 위해 한정된 고문을 합법화하고 나서 그 제도는 급속히 모든 법적 제도로 확산되었다. 완전한 참패였다. 프랑스는 알제리를 잃었을 뿐 아니라 그들이 사용한 고문은 프랑스에 대한 알제리인들의 태도를 그 후 몇십 년 동안 완전히 악화시키는 결과를 가져왔다. 이스라엘도 한때 신체적 고문을 허용한 바 있지만 결국 고문을 금하기로 결정했다. 그러나 그 결정에 박수를 보낸 사람들도 때로는 고문이 적어도 몇몇 테러리스트의 폭격은 막을 수도 있었을 거라는 사실을 인정하고 있다. 결국 이 문제는 사회가 인권에 대한 기본 가치를 희생하지 않기 위해 어느 정도 위험을 감수할 의향이 있느냐로 귀결되는 경우가 허다하다. 이런 주장들은 너무나 혼란스러워 수업 시간 우리의 토론은 결론 없이 끝나고 말았다.

이런 주장들은 내게 약간 추상적으로 보였다. 그래서 다음 수업 시간에 영어로 일곱 글자로 된 'torture고문'를 '탈추상화'시키는 것이 중요하다고 생각했다. 불행하게도 나처럼 종교사와 그리스도교사를 연구하는 데 여러 해를 보낸 사람, 이단 심문 종교 재판Inquisition에 대해 조금이라도 아는 사람은 고문에 대한 윤리적, 종교적 정당화가 그렇게 낯설지만은 않다. 우리 도서관들에는 아직도 이단이나 무녀들의 자백을 받아낼 책임을 맡은 사람들을 위해 써놓은 안내 책자들이 선반에 꽂혀 있다. 이 구체적인 안내 책자들에서는 팔다리를 잡아늘이는 고문대, 사람을 찢어 죽이는 데 쓰는 바퀴들, 시뻘건 인두, 사람 몸 모양을 본뜬 통 안쪽 면 전체에 예리한 못들이 튀어나와 있는 '철의 처녀Iron Maiden' 등 고전적 고문 기구들을 열거하고 있다. 이와 같이 소름끼치는 역사에 대해 읽다 보면 심문관이 용의자에게 이런 고전적 고문 기구를 그냥 보여주기만 해도 성공하는 일이 많았다는 사실을 알게 되는데, 이는 특별히 놀랄 일도 아니고 그렇다고 위안이 되는 일도 아니다. 나는 이런 고전적 고문 기술 중 몇을 수업 시간 학생들에게 설명하고 한두 개는 직접 보여주기도 했다.

그러나 이런 것이 중세 역사에만 있었던 것이 아니라는 사실을 지적해주기도 했다. 특히 9.11 사건과 '테러와의 전쟁'이 있고 난 뒤 고문은 세계 여러 곳에서 눈부시게 재기하고 있다. 비록 미국에서 고문을 소독한 바늘을 손톱 밑으로 집어넣는 것에 한정하는 데 성공할 수 있을지 몰라도, 이것이 다른 많은 나라에서도 같으리라 생각하기는 곤란하다. 다른 나라들은 미국이 고문을 합법화한 것을 고마운 마음으로 본받고, 더 나아가 자기들이 늘 사용하던 방법까지 다시 사용하게 될 것이다. 덧붙여, 지금 미국은 수감자들을 고문이 좀 덜 엄격한 나라들로 이송해 다른 사람이 우리가 해야 할 고문을 대신하게 하는 방법을 쓰려고 하는 것 같다. 2002년 12월 26일《워싱턴 포스트》는 미국이 테러 공격에 대해 뭔가 알고 있다고 의심이 가는 수감자들을 사우디아라비아, 이집트, 모로코 같은 나라로 이미 이송했다는 기사를 실었다. 그러나 이런 나라들이 사용하는 고문 방법을 미국 국방

부 자체에서 공개적으로 기록한 적이 있다. 피의자들을 계속해서 "벌 거벗기고 눈가리개를 하고, 발은 바닥에 닿을 듯 말 듯한 정도로 천 장이나 문틀에 매달고, 주먹이나 회초리, 쇠막대기 또는 기타 다른 물체로 매질하고, 전기 충격을 가한다"는 것이다.[3] 피의자가 시리아 로 이송된다면, 그런 경우가 적어도 한 번은 있었는데, "손톱을 뽑고, 항문에 이물질을 쑤셔넣고······ 뒤로 구부러진 의자를 사용하여 피의 자를 질식시키거나 척추를 부러뜨리는" 등의 고문 방법을 사용하는 나라로 이송하는 셈이다.[4] 이런 것들은 물론 고문 기술의 전체 범위 에서 일부에 불과하다. 가끔은 완전히 어두운 데서 오랜 기간 독방에 가두기, 계속해서 눈부신 빛이나 귀가 먹을 정도의 소음에 노출시키 기, 잠을 못 자게 하기, 가족 위협하기, 실제로 처형하는 듯이 꾸미기, 그리고 슬픈 일이지만 여자 수감자, 때로는 남자 수감자에 대한 집단 강간 등이 수시로 자행되고 있다.

학생들이 이 문제와 관련된 여러 가지 면에 대한 의견의 목소리 를 높이면서 이런저런 주장들이 들어오고 나가고 하는 과정이 계속 되었다. 시간이 끝나갈 무렵 더쇼위츠의 제안에 대해 찬반 투표를 하 기로 했는데, 결과는 정확히 50대 50이었다. 찬성하는 쪽으로 투표 한 학생들은 고전적 공리주의 논리를 사용했다. 결국은 단순한 수학 적 문제라는 것이다. 수많은 사람의 생명에 위험 부담을 안기는 것보 다는 한 사람에게 고통을 지우는 것이 낫다는 주장이었다. 그러나 나 는 아직 이런 주장에 만족할 수 없었다. 나는 또 우리 대신 고문해주 도록 부탁하는 관행에 대해서도 학생들의 의견을 물어보았는데, 거 의 만장일치로 찬동할 수 없다고 했다. 합법적 영장 발부 정책이 유효하게 되면 손톱 밑에 소독한 바늘을 자기가 직접 넣을 수 있겠느냐고 물어보았는데, 몇 명만 그렇게 하겠다고 손을 들었다. 이런 정책이 입안되기를 바라지만 직접 실행할 마음은 없다는 학생들에게 자기들의 행동에 대해, 그저 단순한 꺼림칙함 이외의 뭔가 윤리적 정당성을 제시해보라고 했다. 시무룩한 침묵만이 이어졌을 뿐이다.

다른 질문도 해보았다. 피의자가 입을 열지 않는데, 네 살과 일곱 살 난 그의 아들이 같은 방에 있다고 가정하고, 그 피의자에게서 정보를 받아내기 위해 그 아이들을 고문하겠다고 협박할 수 있겠는가? 결국 모든 것이 단순히 수학적 문제라면 5,000명 어린이의 목숨이 달린 문제인데 두 명 어린이의 고통이 뭐 그리 대단하단 말인가? 학생들 한 명도 이 아이들에게 고통을 주는 것에 찬동하지 않았다.

이런 문제들을 이성을 바탕으로 한 합리적인 방법으로 토의하고 결정하는 것은 어려운 일이다. 심지어 이런 문제를 토의하는 데 이성을 어느 정도 사용해야 하는지 그 자체가 하나의 고려 사항이다. 나는 이 사실을 거의 강제적인 방법으로 깨달았다. 하루는 수업을 끝내고 나가려는데 한 학생이 달음질치듯 강의실 앞으로 달려와 나에게 화가 난 듯 손가락질을 하며, "교수님이 지금 하신 것은 이성을 사용해야 할 토론에 감정을 도입하신 것입니다. 교수님은 학생들의 이성 대신에 그들의 감정에 호소하려 하신 겁니다" 하고 소리쳤다.

그 학생은 분명 지나쳤다. 그리고 나에게 그런 식으로 맹비난하는 것 자체도 감정적이 아니라고는 할 수 없었다. 그러나 나는 내가 가진 이성을 최대한 활용해서 대답하려고 애썼다. 나는 그에게 이렇게 말했다. 학생의 생각이 옳다. 내가 감정을 도입한 것은 사실이다.

그리고 내가 그렇게 한 것은 그렇게 할 필요가 있다고 생각했기 때문에 고의로 그렇게 한 것이다. 그러나 나는 감정과 이성이 서로 정당한 관계가 없다고 생각하는 학생의 가설을 받아들일 수가 없다. 우리의 이성에서 감정을 다 뽑아내버린다면 그 이성은 메마르고 생명력이 없게 된다. 다른 한편 우리의 감정에서 이성을 다 뽑아내버린다면, 우리의 감정은 히스테릭하고 감상적이 되고 말 것이다 하고.

분명 이성을 중시하는 합리주의자이기는 하지만, 그의 얼굴에 나타나는 색깔의 변화와 목소리의 고음화에서 분명해졌듯이 상당히 열정적인 그 학생은 내 말에 동의하지 않았다. 그는 감정이란 강의실에 있을 자리가 없다고 했다. 나는 이 토론에서 정정당당하게 겨룰 마음이 없었다. 그래서 그에게 우리가 동의하지 않기로 동의하는 것이 좋겠다고 하고, 미소를 지은 다음 손을 내밀어 악수를 청했다. 그 학생은 머뭇거리다가 내 손을 잡고 어색하게 일말의 미소를 보냈다.

나는 집으로 돌아오면서 이 사건을 생각하고, 그 학생이 그렇게 앞으로 나와준 것을 고맙게 여겼다. 강의실에서 비록 그날의 주제가 고문이라고 하더라도 하품이나 하고 시계나 들여다보는 학생들이 있게 마련이다. 그런 판국에 이 학생은 누구나 원하는 그런 종류의 학생이었다. 내 강의를 열심히 듣고 내가 학문 세계의 불문율을 어겼다고 생각하고 나와 정면 대결을 자청했다. 그 학생은 토의가 왜 그렇게 어려웠는지, 피의자를 고문하는 대신 그의 아들들을 고문하는 것이 어떤지 물어보았을 때 학생들이 왜 그렇게 극적으로 태도를 바꾸는지를 이해하도록 해주었다. 나는 기본적으로 고문할 사람의 눈에는 고문당할 사람이 우선 뭔가 인간 이하의 무엇으로 바뀌어야 한다고 확신하게 되었다. 희생자는 적이라든가, 위험한 용의자라든가, 비아리안이라든가, 테러리스트라든가, 뭔가 인간 이하의 피조물로 둔갑해야 한다. 그렇게 되었을 경우에만(물론 예외는 있겠지만) 대부분의 인간은 다른 인간에게 견딜 수 없는 고통을 의도적으로 부과할 수가 있다.

더욱이 이 학생은 자기가 의식하지는 못했겠지만 현대와 학문의 세계에서 가장 중요한 문제들 중 하나를 건드렸다. 우리의 안내자가 된다고 하는 이 이성이 도대체 정확하게 무엇을 의미하는가 하는 문제다. 이성이 사랑, 경외, 자비 등과 어떤 관계가 있고, 또 있어야 하는가? 분노와 혐오와는? 인간의 이런 모든 감정은 공기가 통하지 않는 용기에 밀봉해놓아야 할까? 서양에서는 13세기까지 이성이라고 할 때 일반적으로 훨씬 광범위한 것을 의미했다. 이성에서 이런 감성적 요소를 분리하는 것은 아주 서서히 이루어졌으며, 이런 이혼으로 양쪽 모두가 큰 피해를 입었다.[5]

예수의 삶과 그의 주변에 있던 이들의 삶은 하나의 역사만이 아니다. 그것은 짙은 감정으로 흠뻑 젖어 있었다. 감정은 기쁨과 비애감, 용기와 비겁함, 용솟음치는 희망과 칠흑보다 더 암울한 절망, 이 모두를 다 포괄한다. 그러기에 그의 이야기는 아직도 그렇게 힘 있게 우리들의 상상력을 일깨우고, 그리하여 윤리적 선택을 위한 우리의 능력을 계발시키고 있다.

23 그것은 그럴 수밖에 없었다

그들은 '해골'이라고 하는 곳에 이르러서, 거기에서 예수를 십자가에 달고, 그 죄수들도 그렇게 하였는데, 한 사람은 그의 오른쪽에, 한 사람은 그의 왼쪽에 달았다. [그때에 예수께서 말씀하셨다. "아버지, 저 사람들을 용서하여 주십시오. 저 사람들은 자기네가 무슨 일을 하는지를 알지 못합니다."]

그들은 제비를 뽑아서, 예수의 옷을 나누어 가졌다. 백성은 서서 바라보고 있었고, 지도자들은 비웃으며 말하였다. "이자가 남을 구원하였으니, 정말 그가 택하심을 받은 분이라면, 자기나 구원하라지."

| 누가복음 23:33-35

여러 가지 중요한 면에서 유대교와 그리스도교 윤리는 매우 비슷하다. 양쪽 모두 인간 가족이 하나임과 우리가 각자에 대해 지니고 있는 책임을 강조한다. 예수는 가난한 자들과 힘없는 자들을 방어하던 구약 예언자들의 전통을 계승하고 심화시켰다. 그러나 이 두 전통이 완전히 갈라지는 문제 하나가 있다. 유대인들의 사고방식은 실제

371

적인 행동과 그 결과를 강조하는 데 반해 그리스도교는 의도에 초점을 맞추는 경향이 강하다. 한번은 예수가 그의 제자들에게 식사하기 전 손을 씻지 못해도 크게 문제될 것 없다고 말을 하면서, 그는 "마음에서 악한 생각들이 나온다. 곧 살인과 간음과 음행과 도둑질과 거짓 증언과 비방이다. 이런 것들이 사람을 더럽힌다. 그러나 손을 씻지 않고 먹는 것은, 사람을 더럽히지 않는다"(마태복음 15:19-20)고 했다. 윤리적 굴절은 손에 있는 것이 아니라 마음에 있음을 말하는 것이다.

유대교와 그리스도교에 대한 이런 구분은 물론 절대적이지 않다. 유대 전통에도 십계명에 "탐내지 말라"는 것이 있는데, 이는 내면적 태도를 두고 하는 말이다. 예수는 또 여리고로 가는 길에 강도당한 사람을 보고도 못 본 체한 경건한 사람들을 못마땅하게 생각했다. 그들의 마음에 어떤 연민의 정이 있었는지 모르지만 그들은 그들이 해야 마땅한 일을 하지 않았다. 그럼에도 두 종교 전통 사이에는 여러 세기를 거치면서 일종의 구별이 확연해졌다. 그리스도인의 입장에서 보면 이는 몇 년 전 미국의 로마 가톨릭 주교회의에서 핵무기를 소유하는 것만으로도 정의로운 전쟁 윤리를 위배하는 거라고 정죄했을 때 확실히 나타났다고 볼 수 있다. 주교들은 이 핵무기들이 전쟁 억제용이 되려면 가상의 적국들이 우리가 여건이 여차할 경우 그 무기를 사용할 '의도'가 있음을 확신하게 되었을 때만 소기의 목적을 이룰 수가 있는데, 이런 의도 자체가 비윤리적이라고 주장했다. 이말의 밑에 깔린 전제는 악한 의도는 악한 행동을 가져오므로 악한 행동이 만개하기 전에 나쁜 꽃눈을 제거하는 게 좋다는 것이다.

그러나 최근 윤리적 문제에서 두 가지 사유 방식 사이에 일종의 합치점이 있음을 보기 시작했다. 실제적인 정책과 그 정책에서 생길 수 있는 결과에 대해 깊이 생각할 필요가 있음을 절감하고, 그리스도교 학자들은 행동의 동기나 의도뿐 아니라 행동이 불러올 수 있는 결과에 대해 더욱 깊이 천착하기에 이르렀다. 유대인들도 자기들의 신비주의 전통을 극적으로 재발견해내어 내적 자아와 그것에 얽힌 충동과 욕망의 미세한 미로를 더욱 깊이 탐구하게 되었다.

나는 이 두 흐름이 이처럼 합쳐지는 것을 건강한 발전이라 생각한다. 이런 것이 필요한 이유는 다시 한번 우리가 가진 기술이 우리가 가진 전통적인 도덕적 사유보다 앞서가기 때문이다. 옛날에는 나쁜 생각과 나쁜 행동이 가까운 곳에서 같이 일어났다. 이웃을 죽이려는 생각이 있으면 몽둥이나 창을 휘두르는 행동이 같이 일어났다. 그러나 이제 우리는 개인적으로 아무런 관련성을 느끼지 않고도 아주 먼 거리에 있는 수많은 사람에게 말할 수 없는 피해를 줄 수 있게 되었다.

수전 니먼Susan Neiman은《현대 사상에서의 악: 대체 철학사Evil in Modern Thought: An Alternative History of Philosophy》라는 기막힌 책에서 비인격성impersonality을 현대 윤리의 가장 심각한 딜레마 중 하나라 주장하고 있다.[1] 우리는 이제 윤리의 핵심적 문제로 악한 '의도'에만 초점을 맞출 수 없게 되었다는 것이다. 우리는 그렇게 할 의도가 없이도 큰 악을 저지를 수 있다. 오늘 우리가 필요로 하는 것은 더욱 예리한 '의식화', 다시 말해, 우리가 사로잡혀 있는 이 광대한 조직system이 어떻게 가공할 만한 악을 저지를 수 있는가, 그리고 우리가 의식하지 못하면서도 어떻게 그 악에 공헌할 수 있는가를 보다 넓게 인식하는 거라는 이야기다. 이런 생각은 우리를 심란하게 한다. 이 말은 행위와 의도 사이의 관계에 대한 전통적 논쟁을 재고해야 한다는 뜻이다. 이제 "사실 그럴 마음은 없었다I didn't really mean it"고 하는 말이나 "내가 무슨 일을 하고 있는지 전혀 몰랐다I had no idea of what I was doing"고 하는 말만 하면 면책권을 얻을 수 있던 때는 지났다. 우리가 사는 이 시대에는 의식화하지 않고 있다는 사실 하나만으로도 윤리적 이상에 이르지 못할 수 있다는 뜻이다.

이런 문제는 예수에 대한 과목을 진행하는 도중 십자가상에서 한 예수의 그 유명한 말, "아버지, 저 사람들을 용서하여주십시오. 저 사람들은 자기네가 무슨 일을 하는지를 알지 못합니다"를 가지고 토의하게 되었을 때 특히 두드러지게 대두되었다. 나는 학생들이 여러 가지 토픽에 대해, 비록 언제나 잘 정리된 생각은 아니라 할지라도, 일반적으로 강한 느낌을 가지고 있다는 것을 알았다. 학생들은 수업 시간이 끝나고 내가 다음 수업을 위해 강의실을 떠난 다음에도 그대로 남아 계속 자기들끼리 이야기하고 논쟁하는 일이 자주 있었다. 그러나 이 문제를 다루게 되었을 때는 뭔가 달랐다. 이 문제는 다른 어느 문제를 다룰 때보다 우리가 살고 있는 윤리적 세계가 복잡하다는 사실을 잘 드러내기 때문이었다.

나는 시작하면서, 학생들에게 예수가 자기를 고문해서 죽이려는 그 사람들을 죽어가는 그 마지막 순간에도 용서해주려 한다는 사실에 놀라움과 황당함을 느끼는가 하고 질문했다. 언제나 그런 것처럼 학생들의 대답은 여러 가지였다. 더러는 놀랄 것이 없었다고 했다. 예수는 결국 그런 분이 아니었던가 하는 반응이었다. 또 더러는 도저히 이해할 수가 없다고 고백한다. 자기들은 도저히 상상도 할 수 없는 엄청난 일이라고 했다. 우리가 예수를 도저히 도달할 수 없을 정도의 인물로 만든 것은 윤리적 안내자로서 그의 자격을 더욱 약화시킬 뿐이라는 주장이다. 그러나 모든 학생이 의아해하는 점은 "저 사람들은 자기네가 무슨 일을 하는지를 알지 못합니다"라고 한 구절이다. 학생들이 의아해하는 것은 어떻게 '저 사람들'이 자기들이 하는 일을 모를 수 있다는 말인가였다. 이는 완전히 불가능한 일처럼 보였다. 그리고 또 '저 사람들'이라는 말에는 누가 포함되는 걸까? 예수를 희롱하거나 매질하던 군인들일까? 혹은 그를 조롱하던 행인들이나 사형 선고를 내린 관리들, 도망친 무골의 제자들, 뇌물을 받고 그를 배반한 협력자, 이런 이들도 포함되는 걸까? 또 이들이 자기들이 하는 일을 알고 있었다면, 그래서 예수가 "저 사람들은 자기네가 무슨 일을 하는지를 알지 못합니다"라고 할 처지가 아니었다면 어떻게 될까? 그들이 알고 있었다고 하더라고 용서할 수 있었을까? 곧 분명해진 사실은 예수의 입에서 나온 이 간단한 한마디가 윤리적 난제로 겹겹이 싸여 있었다는 것이다.

한 학생이 물었다. 이처럼 무지막지한 잔혹 행위에 관여한 사람들이 자기들이 하는 바를 알지 못한다는 것이 어찌 가능할 수 있겠느냐는 것이다. 다른 학생이 대답했다.

"쉬운 일이지. 우리가 하는 일들이 함의하는 완전한 의미를 다 아는 경우는 드문 법이니까. 언제나 예기치 못한 결과가 나타나거든. 아마도 그것이 예수가 말한 뜻이었는지 모르지."

또 한 학생이 예수가 말한 '저 사람들'이란 로마 군인들로서, 그들은 단순히 명령을 따를 뿐이었다는 사실을 기억해야 한다고 지적했다. 로마인들은 자기들의 통치에 위험하다고 여겨지는 사람들을 처형하는 방법으로 십자가형을 늘 사용했다. 이 군인들은 이 일에 너무나 익숙해서, 희생자들의 신음 같은 것은 귀에 들어오지도 않았다. 전에도 밥 먹듯 들어온 소리였다. 성경 본문에 보면 그들은 천연스럽게 예수의 겉옷을 놓고 그것을 누가 가질지 결정하기 위해 주사위를 던질 정도였다고 한다. 분명 요즘의 교도관들이라면 판사의 명령에 따라, 수감자의 혈관에 극독물을 주입하거나 죄인을 전기의자에 묶어 2만 볼트의 전기 충격을 가했을 것이다. 이 군인들은 그냥 일상적인 명령을 수행하고 있다고 생각했을지 모를 일이라는 것이다.

로마 관리들과 그들을 도와준 지방 부역자들의 경우, 그들은 예수가 치안에 진정 위협이 된다고 생각하고 늘 하던 대로 취급해야 한다고 믿었는지도 모를 일이다. 그들은 자기들의 의무를 충실히 이행하면서 조금도 거리낌을 느끼지 못했을 거라는 이야기다. 그러나 대부분의 학생은 아직도 만족스러운 답을 얻지 못했다. 이 사람들이 어떻게 자기들이 하는 일을 모를 수 있느냐 하는 의문은 여전히 풀 수 없는 수수께끼로 남았다.

드디어 한 여학생이 전에 했던 이야기로 되돌아갔다. 예수가 하고 싶었던 말은 그들이 자기들 행동의 '완전한 범위'를, 혹은 장기적 의의를 알지 못했다는 의미라고 주장했다. 그들은 큰 기계의 작은 톱니바퀴 하나에 불과했다. 그런 의미에서 그들은 진정으로 '알지 못한' 상태였다는 것이다. 화학과 학생이 이에 동의했다. 어느 누구에게 자기가 하는 일이 불러올 모든 가능성에 대해 책임을 지라고 할수 있겠는가 하는 주장이었다. 그의 주장으로 토론이 더욱 활기를 띠었는데, 특히 자연 과학 전공 학생들 사이에서 과학적 발견들이 결국어떻게 쓰일지를 예견하는 것이 얼마나 어려운지, 아니 불가능한 것이 아닌가 하는 생각을 중심으로 하는 토론이었다. 이는 다시 알프레드 노벨이 다이너마이트가 폭탄에 사용될 거라는 사실을 알았다면만들어냈을까? 혹은 그대로 만들어야 할까? 하는 문제로 비화했다. 〈코펜하겐〉이라는 연극을 본 어느 학생은 원자탄을 처음으로 발명한닐스 보어, 베르너 하이젠베르크, 로버트 오펜하이머와 기타 과학자들이 당면했던 윤리적 딜레마를 상기시켜 토의를 더욱 심화시켰다. 예를 들어 오펜하이머는 원자탄의 파괴력이 얼마나 큰지 알고 있었지만, 독일에서도 만들려 한다는 사실을 알고 (혹은 그렇게 생각하고) 독일을 앞질러 만들게 되었다는 것이다. 그 후 그는 핵폭탄을 개발하는 것을 강력히 반대했다고 한다.

분반 토의는 내가 떠난 다음에도 계속되었고, 한 시간 후에 다시돌아와 보아도 대부분의 학생은 아직도 남아 있었는데 아직도 어떤합의점을 도출하지 못한 상태였다. 그래도 그 모습이 내겐 놀라운 일이 아니었다. 이 성경 본문은 학생들을 이 시대의 가장 이론이 분분한 윤리적 문제 중 하나로 끌어들였다. 기술의 발달, 특히 무기 제조기술의 발달로 개인들은 자신의 행동이 가져온 결과와 분리되었고, 그 결과 인간은 자신이 거기에 개입됐다는 생각을 조금도 하지 않고엄청난 악을 저지를 수 있게 되었다. 몇천 마일 밖에 있는 다른 사람이 계산해놓은 목표물을 향해 '발사' 단추를 누르는 것은 어떤 사람을 향해 창을 던지는 것과 완전히 다른 차원의 일이다. 싸움에 쓰던 도끼와 탄도 미사일 사이에는 양적 격차가 존재한다. 대량 살상이 일상화될 수 있다. 한나 아렌트Hannah Arendt가 아돌프 아이히만+의 사례를 묘사하면서 말했듯이 이제 '평범한' 일이 되기까지 했다.

　나는 "저 사람들은 자기네가 무슨 일을 하는지를 알지 못합니다" 하는 구절을 토의하면서 많은 것을 배웠다. 분명 학생들은 여러 가지 현대의 윤리적 이슈에 얽힌 복잡성을 좀 더 깊이 깨닫게 되었지만, 그럼에도 뭔가 '옳은 일을 하겠다'는 그들의 간절한 소망에는 변함이 없었다. 나는 또한 학생들이 자신의 주장을 펼치면서 연극, 소설, 전기, 영화, 심지어 TV 드라마까지 얼마나 민첩하게 인용하는지도 주목했다. 이는 윤리적 사유에서 설화의 힘이 커지고 있다는 나의 점점 강해지던 의견을 다시 한번 확인해주었다. 역설적이게도 어떤 사람들은 이런 설화를 만들어내는 우리의 역량이 쇠퇴하고 있다고 생각하는데 오히려 그래서 설화의 힘이 더욱 커지고 있었다. 따라서 나는 내 학생들에게 대부분의 교수들이 학생들에게 부과하는 기말 논문 대신에 이야기나 연극을 써보라고 권했다. 이런 창의적 노력의 결과물들을 받아보기 시작하면서 나는 왜 진작 이런 일을 하지 않았는지 후회했다. 이런 일을 시작하고 다음 해에는 정말로 훌륭한 창작품들이 들어오기 시작했다. 한 학생은 가상적인 반대 역사를 썼는데, 갈릴리 출신 랍비의 처형 이후의 일을 실제로 일어나지는 않았지만 일어날 가능성을 가상하고 썼다. 이것은 상상력을 동원한 가상의

+　Karl Adolf Eichmann, 1906~1962. 2차 세계대전 중 유대인을 대량 학살한 책임자로, 이후 처형되었다.

창작품이 어떻게 예수에 대한 이야기와 우리들 자신에 대한 이야기가 연결될 수 있는가를 보여주는 기막힌 예가 되기에 여기 그 줄거리를 요약해본다.

그 학생이 전개하는 가상적 사건은 다음과 같다. 그 겁에 질린 제자들이 흩어지지 않고 그 대신 다시 뭉쳤다. 그 제자들이 이미 순발력을 발휘해 예수를 방어하려 한 경험이 있는 베드로의 지휘 아래, 많은 유대인이 일주일 전만 해도 그렇게 열광적으로 입성을 환영했던 그 사람이 죽음을 당했다는 소문이 퍼지기 시작한 예루살렘으로 몰려갔다. 이 분노한 유대인들은 떼를 지어 무력으로 예루살렘을 장악하고(사실 40년 뒤 바크 코크바 봉기에서 그렇게 한 적이 있다) 그 여세를 몰아 유대 전체를 완전 장악한다. 그리하여 아이히만이나 밀로셰비치가 색출되어 재판에 회부했듯이 예수를 불법적으로 처형하는 데 책임이 있는 사람들을 체포했다. 죄목은 나사렛 예수뿐 아니라 몇백 명, 몇천 명 무고한 사람들을 고문하여 인류에 반하는 범죄를 저질렀다는 것이다.

이제 피고인들이 등장한다. 부패한 예루살렘 종교 및 정치 특권 층들, 로마의 폭정을 거드는 후안무치의 꼭두각시들이 물론 자기들은 더 많은 사람의 안녕을 위해 필요하다고 생각한 조치를 취했을 뿐이라고 항변하면서 무죄를 주장한다. 한 사람이(비록 셋이든, 백이든, 천이든) 죽는 것이 예수가 고취하려 한 듯한 폭동 때문에 몇백만이 무자비한 로마인들에게 죽는 것보다 낫다는 것이다.

"보시오. 우린들 그런 짓을 하고 싶어 했겠소? 이런 일을 하면서 좋아할 사람이 없지요. 그러나 우리도 다른 선택이 없었소. 누군가

해야 할 일인데, 우리가 그 일을 맡아서 했을 뿐이오."

　로마인 기회주의자 본디오 빌라도가 죄수의 자리에 있다고 가정해보라. 밀로셰비치처럼 그는 처음부터 이런 법정의 합법성 자체를 부정했을 것이다. "유대인 폭도들이 로마의 관리를 재판하다니!" 하는 식이다. 그가 심문에 정직하게 답하기로 했다면 이 재판이 성립되기 곤란했을 것이다. 그러나 그는 거짓말로 자기는 유대인 기득권층이 진정으로 원하던 것에 공식 허가만 내렸을 뿐이라고 주장한다. 그가 이렇게밖에 할 수 없었던 이유는 이 다스리기 힘든 식민지에서 치안을 유지하려면 불가피한 일이었다고 자기의 무죄를 주장한다. 그는 로마의 총독들이 어디에서나 그러듯이 제국의 권위와 시민 사회의 평화를 위한 수단으로 그 지방 지배 계급을 이용했다. 그들의 협력이 없이는 로마가 그 신민들에게서 당연히 기대하는 세금을 거둘 수도 없었다. 더구나 유대인들은 다스리기 힘든 백성으로 악명이 높다는 것, 그리고 이런 지방 지배 계급을 중재자로 쓰지 않고서는 전국이 그대로 불법과 무정부 상태로 굴러 떨어져버리고 만다는 것은 누구나 다 아는 사실이었다. 결국 빌라도는 자기는 궁극적으로 황제에게, 그리고 황제에게만, 책임을 질 뿐이라며 자랑스럽게 열변을 토한다. 그는 이런 무법자와 음모자들이 꾸미는 이 하루살이 인민재판의 권위를 인정하지 않는다.

　실제적으로 예수의 손발에 못을 박은 사람들, 로마식 투구를 쓴 백부장들과 땀을 뻘뻘 흘리는 군인들을 상상해볼 수도 있다. 그들은 놀란 표정으로 물론 자기들은, 고전적 아이히만 변호에서와 마찬가지로, 명령을 따랐을 뿐이라고 한다. 자기들은 신병 훈련소에서 배운 의무 규정을 위반한 일이 없다고 주장한다. 군대가 행진을 계속하는 한 영원히 되풀이되는 일반 군인들의 변명이었고, 얼굴이 개같이 생긴 이 로마 군인들도 이 점에서 다를 바가 없다.

나는 이 가상 역사가 너무나도 흥미로워 내가 보통 하지 않는 일을 했다. 그 학생에게 대화를 끌어내기 위한 방법으로 수강생 중 적어도 몇 명에게 이것을 읽어보라고 해도 괜찮은지 물어보았다. 그는 주저했다. 자기 글이 다른 학생들 손에 들어갈 거라고는 생각하지 못했기 때문이다. 그러나 결국 승락해주어서, 나는 그 복사본을 만들어 내가 들어가는 분반 토의에 참가하는 학생들에게 나누어주었다. 그리고 거기다 내가 학생들에게 물어보고 싶은 질문을 첨가했다. 내 질문은 (로마 군단이나 나치가 아니라) 친구나 가족들같이 학생들이 잘 알고 있는 이들이 윤리적으로 문제가 있을 것 같은 일을 하게 되는 이유가 무엇일까 생각해보라는 것이었다.

학생들의 대답은 비록 독창적이지는 않았지만 뭔가를 밝혀주었다. "그 당시로서는 불가피하다고 생각되었기 때문"이라는 대답이 있었다. 또 "모르겠다. 나 자신도 어쩔 수 없었기 때문에", "글쎄, 사람들이 그렇게 기대한다고 생각했기 때문에", "일이 그렇게 되기로 되어 있었기 때문에" 등의 대답도 있었다. 나는 학생들에게 구체적인 예를 들어보라고 했다. 그랬더니 그 전해 워싱턴에서 잘 알려진 상원의원의 선거 참모진에서 인턴으로 일했다는 한 학생이 흥미로운 이야기를 꺼냈다. (그 학생은 거의 만나보지 못했던) 상원의원이 그해 재선 출마를 했는데, 인턴으로서 그 학생은 주로 선거 대책 참모진들의 모임에서 커피를 나르거나 중요 사항을 기록하는 일 등을 맡았다고 한다. 하루는 여론 조사에서 이 상원의원의 지지도가 하향세로 돌아섰다는 결과가 나왔다. 참모진에서는 '네거티브 전략'으로 나갈까 말까를 결정해야만 했다. 네거티브 전략이란 TV 광고나 기자 회견 등에서 상원의원의 공약을 설명하고 선전하는 대신 상대방의 기록이나 심지어 인격을 공격하는 거였다. 그 결정을 내리기는 특별히 어려웠는데, 그 이유는 그 상원의원이 선거 운동을 시작하면서 자기는 네거티브 전략을 쓰지 않겠다고 약속했기 때문이다. 그러나 지금은 예상 외로 뒤지고 있다. 어떻게 할 것인가? 참모진은 상원의원에게 결정을 내려달라고 부탁했다. 그러나 상원의원은 참모진을 주의 깊게 선정했으니 자기는 그들의 판단을 절대적으로 신뢰한다고만 말했다. 그는 참모진이 옳은 결정을 내리리라 확신한다고 했다.

결국 그들은 네거티브 전법으로 나가기로 했다. 상원의원은 선거에서 이겼다. 그러나 선거가 끝나고 기자들이 그의 보좌관들에게 왜 네거티브 전략으로 돌아섰는지 묻자, 그들의 대답은 예로부터 내려오던 천편일률적 대답 그대로였다. "자기들도 그렇게 하고 싶지 않았지만, 달리 선택의 여지가 없었다"는 것이다. 아무리 뭐가 어떻게 돌아가는지 잘 가리지 못하는 학생이라도 이런 주장 밑에 깔린 암묵의 철학적 전제를 간파할 수 있었다. 불가피한 운명이나 필연이 사태를 이렇게 만들었다는 것이다. 선거 참모진은 자기들도 어쩔 수 없는 비정한 숙명에 따라 움직일 수밖에 없었다는 주장이다. 그렇게 믿었다는 것이 더 적절한 표현일지도 모르겠다. 아무튼 다른 경우라면 받아들일 수 없다고 판단했을 행동을 정당화하는 데 이런 주장이 편리한 방법이라고 여겼을 것이다.

그 참모진들이 나중에 사용한 또 다른 말은 "유감이지만 그건 그럴 수밖에 없었어요Too bad. But it had to be done"였다고 학생은 회상했다. 이 〔영어〕 문장에서 주목할 점은 피동문이라는 것이다. 문장의 주어는 그런 결정을 한 사람들이 아니고 '그것', 즉 결정 그 자체다. 인간의 기능이나 책임은 증발해버렸다. 더욱이 상원의원에 재선되었기에, 돌이켜보면 그 결정을 내린 참모진의 행동을 정당화하는 것 같기도 하다. 인턴으로 일했던 학생은 상원의원 참모진 안에서도 언제나 경쟁과 권력 다툼이 있기 때문에, 선거 승리로 '네거티브 전략'을 쓰자고 한 사람들의 입지가 반대한 사람들보다 더욱 강화되었다고 지적했다. 적어도 단기적으로 볼 때, 미덕이 언제나 보상을 받고 악이 언제나 처벌받는 것은 아닌 것 같다.

우리는 "저 사람들을 용서하여주십시오. 저 사람들은 자기네가 무슨 일을 하는지를 알지 못합니다"는 것을 가지고 토론하면서 완전히 만족스러운 결론에 이르지는 못했다. 그러나 우리가 인간의 몫, 의식화, 책임성 같은 문제를 깊이 들여다볼 수 있었던 것은 정말 귀중한 일이었다. 이런 문제에 천착한 덕에 학생들은 적어도 "그게 그렇게 될 수밖에는 없었다"고 하는 것이 "그게 마땅히 그래야만 했다"는 것과 반드시 일치하지는 않는다는 것, 아마도 일치하는 일이 거의 없다는 것을 발견할 수 있게 되었다. 학생들은 대안을 상상할 수 있는 자극을 받기도 했다. 학생들이 이런 문제를 가지고 씨름하는 모습을 볼 때, 그들도 우리 대부분의 일반인과 마찬가지로 윤리적으로, 그리고 스스로 책임을 지고 행동하기를 원하지만, 다른 어떤 사람들이 만든 규칙과 표준적인 작업 절차를 따라 행동해야만 하는 사회에서 살아갈 수밖에 없는 어쩔 수 없는 인간들이라는 사실을 더욱 절감하게 되었다. 그러기에 그들의 순수한 의도에도 '올바른 일을 한다'는 것이 무엇을 의미하는가 100퍼센트 분명히 알 수도 없고, 비록 분명히 아는 것 같아도 그것을 행동으로 옮길 수 있는지 100퍼센트 확신할 수도 없었다. 이런 이유로 나는 학생들에게 이 유명한 구절에서 "알지 못합니다"에만 초점을 맞추지 말고, 그 구절이 "용서하여주십시오"라는 말로 시작한다는 사실을 기억하라고 했다.

그러나 나의 제안은 그들의 딜레마를 해결하지 못했다. 오히려 학생들을 더 깊은 물속으로 밀어넣는 셈이 되었다. 학생들은 "교수님이 말씀하시는 용서가 무슨 뜻이지요?" 하고 물었다. 우리에게나 다른 사람들에게 정말로 비열하고, 심지어 가공스러운 일을 한 사람들도 무조건 용서해야 하는가? 우리가 상처를 준 사람들도 우리를 용서해주리라 기대할 수 있을까? 용서가 미안함, 후회, 참회 등과는 무슨 관계가 있는가? 등의 질문도 했다.

이런 질문들은 역사에서 모든 성현이 생각한 질문이었는데, 오늘 이 젊은이들에게, 그리고 나이 든 사람에게도, 여전히 절실하고 살아 있는 문제라는 사실은 정말 놀라운 일이다. 이런 질문은 예수의 삶을 연구하다 보면 피할 수 없다. 가장 오래된 복음서에 보면 예수가 제일 처음으로 한 말이 "때가 찼다. 하나님의 나라가 가까이 왔다" 하고 바로 이어 나오는 문장이, "회개하여라. 복음을 믿어라"(마가복음 1:14)였다. 예수의 이 말을 들은 사람들이 예수가 무엇을 요구하고 있는지, 비록 그 요구에 모두 응할 용의가 없었다 하더라도, 다 알아들을 수는 있었다고 하는 것이 여러 정황으로 보아 명백하다. 그 당시 모든 유대인은 자기들의 종교 전통에 대해 최소한의 지식만 가진 사람들이라 할지라도 모두 '회개'라는 말에 세 가지 요소가 포함된다는 사실을 다 알고 있었다. 그 세 가지란 자기의 과오를 진심으로 뉘우치는 것, 이런 과오가 다른 사람들에게 끼친 상처에 슬퍼하고 자책하는 것, 이런 잘못을 되풀이하지 않겠다고 깊이 열망하는 것이다. 이 세 가지 요인이 없다면 하나님이나 동료 인간에게 참된 용서는 기대할 수 없다는 것이다.

이 모든 것은 랍비 예수의 말을 듣는 사람들 대부분에게 귀에 익은 말이다. 새로운 요소는 회개를 촉구하는 그의 요구가 긴박한 어조를 띠고 있다는 사실뿐이었다. 경건한 유대인들이라면 언제나 기원해온 그 하나님의 다스리심이 지금 시작되고 있고, 따라서 마음의 변화를 지체할 수 없다는 것이다. 우리가 이미 살펴본 것과 같이, 예수의 비유나 이야기들은 이런 긴박성을 가지고 있었다. 오늘, 지금, 이 순간이 바로 회개할 때라는 것이다. 하나님의 나라는 비록 감추어져 있고 부분적이긴 하지만, 바로 당신들 중에서 태어나고 있다는 이야기다.

오늘날 유대인들은, 자복과 회개를 원하시는 하나님의 요구를 로시하샤나(유대력으로 새해)와 욤 키푸르(속죄일) 사이에 있는 외경의 날들Days of Awe 동안 실행한다. 우주 법정 드라마 같은 것이 열리고 백성들이 모두 모여 자기 자신들의 죄만이 아니라 모든 사람의 죄를 고백한다. 마지막 순간, 생명책이 덮이려는 그때, 하나님이 최종 판결을 공표한다. 하나님은 더 없이 자비하시므로 모든 사람은 용서를 받고 새해를 새로운 페이지로 시작할 수 있는 기회를 얻는다.

23 그것은 그럴 수밖에 없었다

예수의 지상 봉사 이후 거의 2,000년 동안 그리스도교 여러 교파들은 회개와 용서를 위한 고도로 복잡한 예식을 발전시켜왔다. 그러나 그리스도교 이해의 핵심은 '주의 만찬'('성만찬' 또는 '성체성사'라고도 한다)을 기념하라는 예로부터의 초대에 응결되어 있으며, 이는 결국 '일반 기도서'에 수록되었다. 그 내용은 다음과 같다.

그대들의 죄를 참되고 진지하게 회개하고, 그대 이웃에 사랑과 자비를 베풀고, 새로운 삶을 살아가기로 의도한 그대들은 하나님의 계명에 따라 지금부터 그의 거룩한 길에 행하면서, 믿음으로 더욱 가까이 나아가고, 이 거룩한 예식을 그대의 위로로 삼고, 전능하신 하나님께 경건하게 꿇어 엎디어 겸손히 자백할지어다.

회개와 용서에 대한 그리스도교의 이해를 이보다 더 적절하게 축약한 표현을 찾기는 힘들다. 첫째, 이 초청은 인간이 자유롭다는 사실을 가정하고 있다. 인간은 하나님께서 부여하신 선택의 능력을 가지고 있고, 이에 따라 자기들의 행동에 책임을 진다는 것이다. 물론 어느 면에서는 원죄라고 하는 그리스도교 가르침이 이런 기본 전제에 상충한다고도 할 수 있다. 그러나 역설이 개입되어 있다는 것을 인정하더라도, 그리스도교 신학의 절대적인 합의 사항은 인간의 자유 의지가 역사의 실제적 조건 안에서 아무리 손상을 받고 나약해졌다 하더라도, 인간은 역시 선택할 능력이 있다는 점이다. 그렇지 않다고 하면, 회개하라는 초청은 의미 없는 것이 되고 만다.

이런 관찰은 결코 사소한 것이 아니다. 예수가 경건한 사람들이든 망나니 같은 사람이든, 약한 사람이든 강한 사람이든, 권세가 많은 사람이든 사회적으로 주변화된 사람이든, 누구를 막론하고 그의 말을 듣는 모든 사람에게 회개하라고 초청한 것은 어떤 종류의 종교적, 심리적, 사회 문화적 결정주의라도 다 무너뜨리는 것이다. 신이나 운명이나 과거의 행위나 어린 시절의 학대 등이 우리 자신의 행위에 책임이 있다고 주장하는 업業이나 숙명 같은 개념을 단호히 배격한다. 물론 우리의 행동에 영향을 끼치는 환경이 있을 수는 있지만 운명이나 개인의 심리적 과거사가 우리의 행위를 결정하는 유일한 이유라고 내세울 수는 없다는 것을 의미하기도 한다. "그건 그럴 수밖에 없었다"든가 "어쩔 수 없었다"라는 것이 결코 핑계가 될 수 없다는 뜻이기도 하다. 또한 아무리 희생당하고 억압당하는 사람이라도, 자신의 인간성을 앗아가는 그 무엇에든 저항하기만 한다면 계속적이고 참된 책임을 부여받을 수 있다는 의미다. 나의 잘못은 어디까지나 나의 것이다. 회개에 관한 그리스도교 견해에서 보면, "나는 생각한다. 고로 나는 존재한다Cogito, ergo sum"에 해당하는 말은 "나는 회개할 수 있다. 고로 나는 책임지는 인간이다"가 될 것이다.

"참되고 진지하게"라는 말도 아주 중요한 의미를 지니고 있다. 이 말은 참되지 못한 회개도 있을 수 있다는 것을 상기시켜준다. 더욱 세속화된 오늘 우리들의 문화에서는 이런 겉치레의 회개가 '공식 사과'라는 형식으로 나타나는데, 이는 참된 회개와 거리가 멀다. 정신과 의사 애런 라자르Aaron Lazarre가 우리들이 공개적으로 하는 말은 이런 엉터리 사과투성이라는 사실을 지적한 바 있다. 자주 등장하는 형식은 "당신이 그렇게 느끼신다니 정말 죄송하다" 하는 것이나 그런 따위의 말이다. 이런 진술의 형식을 보면 성찬식 초대에 명시된 '참되고 진지한' 회개라는 기본 표준을 충족하는지 의문을 제기할 수밖에 없다. 공식 샤과는 흔히 개인을 거명하지 않고 피동형 문장을 사용하는 것이 특징이다. '나'라고 하는 주어가 사라지고, '피해가 자행되었으면……' 혹은 '실수가 발생하게 되었다면……' 하는 식이다. 이런 식으로 인칭 대명사가 사라진다는 것은 개인적으로 책임을 지기 싫어한다는 의미다.

'이웃에 대한 사랑과 자비를 베풀고' 하는 말도 참으로 회개하는 사람은 과오가 가져다준 배신으로 찢어졌던 인류 공동체의 짜임새로 자기를 다시 합류시키는 방향으로 '이미' 그 첫발을 디뎠다는 것을 의미한다. 여기에서 실천을 강조하던 고대 유대인들의 관행이 계속해서 그리스도교의 실천에 도움을 주고 있는 셈이다. 고치겠다는 '의도'만으로는 불충분하다는 것이다. '사랑과 자비를 베풀고' 하는 현재형을 사용하고 있다. 나는 내 이웃을 향해, 적어도 어느 정도라도, 이미 사랑과 자비를 베풀고 있는 상태여야만 한다. 여기에 동료 인간과의 화해와 하나님과의 화해가 불가분의 관계로 얽혀 있다는 사실을 보게 된다. 속죄일 이전 10일 동안 유대인들은 인간이 하나님에 대해 지은 죄를 용서받을 수 있지만, 동시에 우리가 우리 이웃에게 지은 죄 때문에 우리 이웃의 용서를 구해야 한다는 사실도 상기하게 된다.

그리스도교의 관점에서 보면, 이 생각은 어느 정도 수정되어야 한다. 하나님은 이웃에도 임재하시므로 이웃에 대한 죄를 포함하여 모든 죄는 결국 하나님께 대한 죄인 셈이다. 그리스도인들은 토라에서 윤리적인 요소를 취하고 예식적인 요소는 받아들이지 않기 때문에, 오로지 하나님께만 죄가 되고 이웃에는 죄가 되지 않는다는 것은 상상하기 힘들다. "새로운 삶을 살아가기로 의도한다"라거나 "지금부터 그의 거룩한 길에 행한다"라는 말도 진정으로 회개한 사람으로서 예전에 저지른 그런 파괴적인 행동을 되풀이하지 않겠다는 결의를 말해주는 것이다. 그러나 의도한다는 것은 육신을 가진 인간으로서 약점을 말해주기도 한다. 이 초대는 우리가 아무리 진지한 의도를 가지고 있더라도 그대로 살기가 힘들다는 것을 인정하고 있다. 그럼에도 비록 완전에 미치지는 못하지만, 우리는 그런 의도, 그런 작정을 해야 한다. 더욱이 '새로운 삶'이라는 것은 윤리적 지침이 없는 그런 삶을 말하는 것이 아니다. '하나님의 계명을 따른다'라는 것도 십계명뿐 아니라 황금률을 의미하기도 한다. 황금률은 여러 형식의 성찬식에서 성찬식 초대는 바로 전에 읽는 것이기도 하다. 이런 사실은 이런 성경 원리들이 회개한 사람이 살려고 의도하는 '새로운 삶'을 위한 윤리적 범위를 분명히 하려고 의도된 거라는 생각을 더욱 공고히 해주고 있다.

마지막으로, 그리고 아마도 이것이 가장 중요할 텐데, 성찬식에 참여하라는 초대다. 이는 말하자면 그리스교 신념 체계에서 전 인류 공동체를 상징하는 밥상에 둘러앉은 하나님의 가족으로 다시 들어가는 것을 의미한다. 자신이 무너뜨린 신뢰와 신용의 사귐으로 다시 환영을 받아 들어가는 관문이기도 하다. 인간의 삶을 인간적으로 만들어주는 상호관계를 회복시켜주는 길이기도 하다.

회개와 용서를 공동체 복귀와 연결시키는 것은 예수가 회개하라는 그의 부름과 하나님의 나라, 즉 고침을 받고 회복된 인간 공동체가 가까웠다는 선포를 연결시킨 것과 맥을 같이한다. 이 점은 회개에 대한 그리스도인의 견해에 결정적으로 중요하다. 진정한 회개는 하나님께서 이 세상을 위해 원하시는 정의와 평화의 화해된 세계가 이르도록 하는 데 필요 불가결의 요소라는 것이다. "인간은 자유롭게 태어났지만, 어디서나 사슬에 묶여 있다"라고 한 볼테르의 유명한 관찰과는 달리, 그리스도교에서 하는 말은 "사람들은 함께 어울려 살라고 창조되었다. 그러나 어디서나 분열되고 원수가 되어 있다"라고 하는 게 옳은 말일 것이다. 그리스도교에서 거행하는 성찬 예식은 회복된 인류 공동체라고 하는 궁극 목표를 상징한다.

　　많은 그리스도교 신학에서는 이 '인간성의 회복restoratio humanii'이 바로 성육신의 목적이라 본다. 십자가 처형을 그린 중세 그림들을 보면 십자가 밑에 아담의 해골이 놓여 있는 경우가 흔한데, 이는 처음 인간이 그 비극적 종말을 고한 바로 그 자리에 새로운 인간이 출현한다는 생각을 표현한 것이다. 예수는 지상 봉사를 하면서 일정한 종류의 사람들(창녀, 나병 환자, 세리 등)을 존경받고 경건한 사람들과 함께하는 밥상 공동체에서 배제하는 사회 문화적 타부를 부숴버렸다. 예수에게 이는 회복을 상징하는 행동이었다. 모두를 포용하는 밥상 공동체는 모두를 포용하는 인류를 본받은 것이다. 이는 그전 예언자들이 예견한 메시아의 잔치를 예표했다. 궁극적인 잔치는 무조건적으로 모든 이를 포용하는 것이다. 개신교 신학자 카를 바르트Karl Barth가 한때 말했듯이, 교회는 "전 인류를 위한 하나님의 의도를 미리 보여주는 잠정적인 예시"가 되어야 한다.

유대교 전통이나 그리스교 전통에서는 양극단을 피하는 것이 매우 중요하다. 그러나 이 두 전통은 이를 실천하는 데 성공한 것만은 아니다. 이 양극의 하나는 회개와 용서를 너무 쉬운 것으로 만들어 아무 의미도 없는 것으로 만들어버린다. 이는 회개, 용서, 화해 등이 다 함께 연결되어 있으며, 각각 진정한 노력이 필요한 항목이라는 불변의 사실을 간과한다. 가톨릭교인 중에는 고해 성사를 자기의 잘못을 되풀이할 수 있는 면허장쯤으로 오해하는 경우가 있다. 언제나 고해하기만 하면 된다고 생각하고 고해는 언제든지 할 수 있다고 생각하기 때문이다. 이와 마찬가지로 개신교인 중에도 은혜로 말미암아 의롭게 된다는 교리를 마음 내키는 대로 할 수 있는 허가서쯤이라 잘못 읽는 경우가 있다. 용서하는 것은 하나님이 하실 일이라 생각하기 때문이다. 이는 개신교 신학자 디트리히 본회퍼가 말한 "값싼 은혜"에 해당한다. 다른 한쪽의 극단은 용서를 너무나도 힘든 것으로 만든 나머지, 도스토옙스키의 소설 《악령》에 나오는 날카로운 주인공 스타브로긴이 생각한 것과 같이, 도저히 도달할 수 없는 무엇으로 만들어버린다. 나는 그리스도교와 유대교 양쪽의 우리 조상들은 용서의 조건을 너무나 크게 만들었지 않았나 생각한다. 그러나 요즘은 종교의 '사용자 위주user-friendly' 행태도 값싼 은혜로 빠져버리는 것이 아닌가 우려된다.

어느 경우든, 비록 예수의 말에 대해 생각하면서 이끌어간 우리의 긴 대화도 이 오래된 딜레마를 해결해주지는 못했지만 예수가 선포한 하나님의 나라는 잘못한 일이 전혀 없는 사람들만을 위한 게 아니라는 확신을 학생들에게 심어주었다고 생각한다. 하나님의 나라는 '죄인들', 곧 옳은 일을 하려고 최선을 다해보았지만 실패한 나머지, 하나님과 다른 사람들의 용서함을 받고, 나아가 다른 사람들과 스스로를 용서하고, 모든 것을 새롭게 시작하는 사람들을 위한 것이었다는 사실이다.

24 하나님 없는 세상?

세 시쯤에 예수께서 큰 소리로 부르짖어 말씀하시기를 "엘리 엘리 레마 사박다니?" 하셨다. 그것은 "나의 하나님, 나의 하나님, 어찌하여 나를 버리셨습니까?" 하는 뜻이다.

| 마태복음 27:46

지난 20년 동안 내가 가르친 '예수와 윤리적 삶'을 택한 수많은 학생 중에는 진지하고 경건한 그리스도교 가정 출신의 학생들도 많이 있었다. 이 학생들은 성경에 대한 나의 해석에 의문을 제기하는 경우가 많았지만, 나는 그들에게 그들의 확신에 굳게 서라고 용기를 주었다. 그들 중 더러는 예수가 그의 삶 순간순간 하나님과 언제나 가까이 있음을 느꼈다고, 그래서 하나님의 임재를 느끼는 그 심오한 느낌이 예수를 떠난 적이 한 번도 없었다고 배웠다. 이런 학생들은 위에 인용한 성경 절을 다루는 데 아주 큰 곤란을 겪을 수밖에 없었다. 예수가 여기서 하는 말은 그가 가장 필요로 하는 그 순간에 하나님이 그를 버렸다고 하는 것 같기 때문이다.

여기에 예수의 가장 인간적인 모습이 나타나 있다. 하나님이 함께하시지 않는다는 그 고통스러운 경험이 때때로 그리스도인의 경험이 될 수도 있다. '십자가의 성 요한' 같은 위대한 성인들도 그런 경험을 가진 적이 있다고 했다. 그런 면에서 예수는 이 순간 가장 그리스도인적 모습을 보였다고도 할 수 있다. 그러나 그것은 동시에 그가 가장 유대적인 모습을 드러낸 순간이기도 하다. 유대인들은 그때나 지금이나 그들이 가장 어려운 시련을 무사히 통과하는 데 도움을 얻기 위해 시편 22장을 자주 읊었는데, 예수가 지금 바로 이것을 인용하고 있기 때문이다.

이 부분은 매우 사실적으로 들린다. 유대인들은 여러 세기 동안 비극적인 일을 극복하기 위해 성경으로 돌아가는 일에 익숙했는데, 예수도 바로 그렇게 했다. 그는 자신의 삶에서 가장 밑바닥에 있었고 그 지점에서 최악의 상태로 떨어진 인간의 운명을 공유하고 있었다. 그는 친구의 배신, 사람들이 보는 앞에서 당하는 조롱, 엄청난 육체적 고통, 사명을 완수하지 못했다는 생각, 희롱, 죽음 등으로만 고통 받은 것이 아니라 가장 필요한 순간 하나님이 자신을 버렸다는 그 무서운 느낌 때문에 더욱 괴로워했다. 대부분의 사람, 심지어 건실한 신자들이라도, 때로는 하나님이 자신들을 잊으시거나 무시하시는 게 아닌가 하는 느낌을 갖는다. 그런데 예수도 그런 똑같은 감정을 가졌다는 사실을 아는 것은 그들에게 힘과 든든함이 될 수 있다.

이런 생각은 도움이 되는 것이 사실이지만, 일이 난처하게 될 때는 오래가기 불충분하다. 따라서 이 말이 훨씬 넓은 파장을 가지고 있으며, 어느 특별한 시편을 훨씬 넘어서는 유대인 특유의 음색을 내고 있다는 사실을 알 필요가 있다. 이 말은 유대인의 이야기와 그리스도인의 이야기가 여러 가지 모양으로 서로를 반사하는 바로 그 지점에 초점을 맞추고 있다. 그러기에 플로센뷔르크 수용소에서 나치에 처형당한 독일 신학자 디트리히 본회퍼가 예수가 십자가 위에서 왜 나를 버리시나이까 하고 울부짖은 그 울부짖음은 그리스도교 메시지의 핵심일 뿐 아니라 성경 전체의 중심이라 주장했는지도 모른다. 이 본문이 더 큰 유대인의 이야기를 반영한다는 사실을 알면 본회퍼의 주장이 더욱 명백해진다. 본회퍼가 그 위대한 유대교 신비주의 전통 카발라에 대해 잘 알지 못했던 것 같다. 그러나 그가 잘 알았다면 그는 하나님이 피조물들에게 숨 쉴 공간과 진정한 자유를 주기 위해 세상에서 '퇴거'한다는 '짐줌zimzum'이라는 가르침을 틀림없이 좋아했을 것이다. 미국 유대교 정통파 랍비 어빙 그린버그는, 비록 스스로 카발라 신봉자는 아니지만 이와 매우 유사한 말을 한 적이 있다.

"흔히 '하나님은 아우슈비츠+ 어디에 계셨던가?' 하는 질문을 하는데, 그 답은 '하나님은 거기 계시면서, 함께 굶주리시고, 부러지시고, 굴욕당하시고, 가스를 들이켜시고, 산 채로 불태움을 당하시고, 최대의 고통을 당할 수 있는 무한한 능력만이 나눌 수 있을 정도의 무한한 고통을 나누어 지고 계셨다'는 것이다."[1]

랍비 그린버그의 요점은 하나님이 그 흉악한 범죄가 저질러지는 동안 아래로 내려오셔서 그 불가마를 쳐부숴버리지 않으시고 오히려 희생자들과 함께하셨다면, 우리는 이제 앞으로 우리가 자초한 곤경에서 그가 우리를 구해주리라 기대해서는 안 된다는 것이다. 이

+ 2차 세계대전 때 이곳에 유대인 강제 수용소가 설치되어 400만 명 이상의 사람들이 학살되었다.

것이 적어도 '버림받았다'는 것의 의미 중 하나일 수 있다.

본회퍼는 처음부터 나치에 반대했는데, 그는 나치 정권에 반대하는 비밀 활동을 하고 있다는 혐의를 받고 1943년 게슈타포에 체포되었다(물론 그는 그런 활동을 하고 있었다). 그는 처음 베를린에 있는 군인 구치소인 테겔에 수감되었다. 그러나 1944년 7월 20일 히틀러 암살 기도가 실패로 돌아가고, 게슈타포는 그를 그 음모에 가담했다는 혐의(실제로 가담했다)로 베를린 프린츠 알브레히트 거리에 있는 게슈타포 소유의 감옥으로 이송했다가 그 후 플로센뷔르크로 옮겼는데, 미군이 이 수용소를 해방하기 불과 몇 시간 전에 교수형을 당하고 말았다.[2]

나는 방금 받아 찬연히 빛나는 박사 학위증을 손에 든 젊은 신학도로서 1년 동안 베를린에 가서 살면서 본회퍼와 함께 일한 많은 사람을 알고 난 이후 그와 그의 신학에 완전히 매료되었다. 나중에 그의 약혼자였던 마리아 폰 베데마이어 벨러도 만났다. 그들은 전쟁이 끝나고 결혼하기로 했지만, 그는 그 소원을 이루지 못하고 죽고 말았다.

본회퍼는 테겔 구치소에 있을 동안 많은 시간을 독서와 편지 쓰기로 보냈는데, 편지는 자기 부모, 약혼녀, 그의 절친한 친구 에버하르트 베트게Eberhard Bethge에게 보내는 것들이었다. 친절한 간수가 이런 편지들을 몰래 밖으로 빼내주었다. 내 생각에 본회퍼는 그 누구도 자기의 편지를 읽을 수 있으리라 기대하지 못했을 것이다. 그러나 전쟁이 끝나고 몇 년 후 베트게가 자기에게 온 편지에 나타난 과감하고 도발적인 통찰을 더 많은 사람이 읽었으면 좋겠다고 생각하고 그 편지들을 모아 처음에는 '하나님을 위한 수감자'라는 제목으로, 나중에는 '감옥에서 온 편지와 문서'라는 제목으로 출판했는데, 몇 년 사이에 20세기 영성 고전 중 하나가 되었다.[3]

본회퍼의 옥중 편지가 그렇게 강렬한 이유는, 그가 분명 죽을 수밖에 없다는 것, 따라서 결혼을 비롯하여 그의 삶에서 가장 귀한 모든 것을 잃을 거라는 것, 그런데 그걸 알면서도 그 편지들에는 우울하거나 애처로운 기색이 담긴 문장이 전혀 없다는 사실들 때문이다. 이 편지들은 달 자매, 해 형제에게 바치는 성 프란치스코의 영창곡처럼 그리스도교 문학 전체에서 가장 경쾌하고 삶을 긍정하는 문헌으로 손꼽힌다. 다가오는 죽음을 묘사한 그의 유명한 시에서마저도 즐거운 음조가 밑에 깔려 있다. 본회퍼는 인간의 나약성이나 절망에 호소하는 그리스도교라면 형태가 어떻든 단호히 반대했다. 베트게에게 보낸 편지 중 하나에서 그는 "인간의 삶 가장자리에서만, 다시 말해, 죽음, 죄, 고난 같은 데서만" 경험하는 하나님이라는 생각을 경멸한다고 했다. 감옥 창살 뒤에 갇혀서 실질적으로 확정된 사형을 앞두고 있는 사람으로서 하기 힘든 주장이 아닐 수 없다. 그러나 그는 계속해서, "내가 말하고 싶은 하나님은 가장자리에서가 아니라 중심에, 나약함이 아니라 강함에, 따라서 죽음과 죄책감이 아니라 인간의 삶과 선함에 있는 그런 하나님이다"고 설파했다.[4]

그러나 본회퍼는 예수가 그 고뇌와 죽음의 순간에 한 이 말을 알면서 어떻게 이런 주장을 할 수 있었을까? 다시 이 문제를 분명히 해주는 것은 유대교 이야기를 참고해보는 것이다. 본회퍼는 하나님이 예수를 십자가에서 구원하기 위해 그리스의 '기계에서 나오는 신deus

24 하나님 없는 세상?

ex machina'+처럼 밑으로 내려오지 않은 것은 인간들이 이제 우리가 할 일은 성패 가부간 우리 스스로 알아서 할 수밖에 없다는 의미에서 '버림받았다'는 것을 알아차리도록 신호를 보낸 거라고 믿었다. 하나님은 우리의 지독한 증오와 욕심이 낳은 가장 비극적 결과에서 우리를 구원하는 일이라 할지라도 우리의 자유를 놓고 타협하는 일을 하지 않기 위해 그런 것을 삼가신 것이다. 또 다른 편지에서 본회퍼는 베트게에게 이렇게 말한다.

> (하나님은) 이 세상에서 나약하고 무력하시다. 바로 그러시기 때문에, 그 이유 하나만으로, 그는 우리와 함께하시고, 우리를 도우시는 것이다……. 우리와 함께하시는 하나님은 우리를 버리시는 하나님이시다(마가복음 15:34). 우리로 하여금 이 세상에서 하나님이라는 가설을 설정하지 않고도 일하게 하시는 하나님이야말로 우리가 계속해서 그 앞에 서야 할 그 하나님이시다.
> | 1944년 7월 16일 편지[5]

여기까지 카발라의 가르침을 충실히 반영하고 있다. 그런 다음 본회퍼는 고도로 역설적인 그리스도교 반전을 덧붙인다.

"하나님 앞에서, 그리고 하나님과 함께, 우리는 하나님 없이 살 수 있다. 하나님은 스스로를 세상 밖으로 떠밀어내어 십자가에 달리게 하신다."

+ 그리스 연극에서 이야기의 앞뒤가 맞지 않을 때 갑자기 나타나 기적적으로 그 문제를 해결해주는 신이다.

이것은 매우 급진적인 신학이다. 그러나 본회퍼의 글과 그의 용기 있는 죽음이 보여준 본보기에서 너무나도 많은 것을 배웠기에 내 강의를 듣는 학생들에게도 그의 편지 중 얼마를 읽어보게 하고 싶었다. 학생들이 읽었다. 그러나 예기치 못한 문제가 생겼다.

본회퍼는 그 이전의 가르침과 저술을 통해 하나님은 세속 세계 너머에서가 아니라 바로 세속 세계 속에서 발견되어야 한다는 사실을 역설한 바 있다. 그런데 감옥에 갇혀 있는 동안 그는 예기치 않게 그의 신학이 정확하다는 것을 확인할 기회를 얻었다. 그는 결코 '종교적'이지 않은 다수의 용감한 사람들을 알게 되었고 그들에게 깊은 감명을 받았다. 그중 더러는 공산주의자였고, 더러는 세속적 지성인이었고, 또 더러는 단순히 게슈타포의 비위를 건드려서 잡혀온 보통 사람들이었다. 더러는 종교를 부정했고, 더러는 종교에 무관심했다. 그러나 본회퍼가 목격한 것은 그 극심한 연합군의 폭격 속에서도, 사형 선고를 받고도, 그들이 '종교의 위안'을 구하지 않았다는 사실이다.

이런 동료 수인들과 함께 여러 달을 살면서 본회퍼는 자신 속에 어떤 변화가 생기고 있음을 주목했다. 그는 비종교적 내지 탈종교적인 이 사람들이야말로 미래의 선구자라는 것, 그리고 역사는 결국 종교가 뒤로 물러서는 때를 향해 달리고 있다는 것을 믿기 시작했다. 그는 어떻게 예수의 메시지가 이와 같은 시대에 의미 있게 전달될 수 있을까 생각했다. 그는 베트게에게 털어놓았다. 종교는 그리스도교가 입고 있는 일종의 '외투'로서 이제 그 외투를 벗어던져야 할 때가 되지 않았나 생각한다고 했다. 그러고 나서 그는 정곡을 찌르는 질문을 던진다.

"우리는 이 '성년의 세계'에서 '그리스도교에 대한 비종교적 해석a non-religious interpretation of Christianity'을 창안할 수 있을까?"

슬프게도 그는 자기가 던진 이 질문에 대답할 기회를 얻지 못하고 가버렸다.

본회퍼에 대해 토의할 때 나는 학생들이 고통스러운 갈등에 시달리는 것을 발견했다. 그들은 본회퍼의 용기와 그가 "힐라리타스hilraritas"라고 명명한 단순히 이 세상에 살아 있음의 기쁨을 즐기는 그의 모습을 찬양했다. 그의 이야기는 마음을 사로잡는 듯했고 그의 편지 중 여러 구절은 정말 감동적이라 여겼다. 그러나 학생들은 '그리스도교에 대한 비종교적 해석'이란 도대체 뭐란 말인가? 하고 의문을 제기했다. 그리스도교 자체가 하나의 종교가 아니었던가? 많은 사람이 그리스도교를 최선의 종교, 혹은 최고의 종교, 심지어 '유일한 진리' 종교라 주장하지 않았던가? 이런 주장이 맞을 수도 있고 맞지 않을 수도 있지만, 하나의 '종교'라고 하는 점에는 변함이 없다. 그리스도교가 종교가 아니라면 거기에 뭐가 남게 되는가?

이런 토론을 하는 동안 나는 학생들이, 특히 젊은 학생들이, 본회퍼의 세계관이나 나 자신의 세계관을 훨씬 뛰어넘어 있다는 사실을 절감했다. 그들은 전혀 종교 이후의 시대post-religious era에 살고 있지 않았다. 그들은 20세기 마지막 몇십 년 동안 모든 종류의 종교가 놀랍게 되돌아오는 시대, 본회퍼가 전혀 예상하지 못한 반격의 시대에 살고 있었다. 어떤 학자들이 지칭하는 이 '성스러움의 귀환'은 반드시 환영할 것만은 아니다. 거기에는 세상 여러 곳의 교회 출석자

수의 증가와 함께 종교적 동기로 벌어지는 테러까지도 포함되기 때문이다. 거기에는 이슬람교의 흥기나 서양에서 불교가 퍼지는 것, 그리스도교나 유대교의 신학적 작업이 재생하는 것과 마찬가지로 크리스털이나 채널링을 비롯해 여러 가지 잡동사니 뉴에이지 경건함도 포함된다. 미국 전 지역에서 학생들은 이제 비교 종교학 과목을 열심히 수강하고 있고, 이 분야의 위대한 고전들을 탐독한다. 어떤 의미에서 종교는 다시 무대 중앙에 등장했다고 볼 수 있다.

한편 본회퍼는 인류의 역사가 신화의 '고대 시대'를 지나, 종교 제도의 '형이상학적 시대'를 거쳐, 칸트에게서 빌려와서 그가 쓰는 말, '성년의 세계world come of age'에 들어가고 있다고 보았다. 그는 '성년의 세계'라는 말을 했지만 우리 시대가 더 훌륭하다거나 더 도덕적이라는 뜻이 아니라 단순히 이제 사람들이 세계를 설명하기 위해 '하나님 가설'을 필요로 하지 않게 되었다는 것을 말할 뿐이다. 그는 우리 인간의 지식에서 모자라는 것을 채우기 위해서만 하나님을 불러들인다면 오래지 않아 하나님이 있을 자리는 완전히 없어져버리고 말 거라고 경고했다. 그는 물론 아직도 다소간 종교적인 사람들이 남아 있을 거라고 했지만, 이들은 결국 점점 더 적은 소수자가 되고 말 거라고 했다. 그리스도교는 신화와 형이상학을 뒤로 한 '제3의 인간', 결국에는 역사적 의미에서 더는 종교적이지 않은 인간에 대해 이야기할 수 있어야 한다고 했다. 우리에게 필요한 것은 '복음에 대한 비종교적 해석'이다.[6]

나는 학생들에게 본회퍼가 그리스도교의 진리를 다른 사람들에게 확신시키기 위해 예수의 메시지를 새로운 표현 방법으로 표현하려는 것만이 아니었다고 설명했지만 별로 도움이 되지 않았다. 본회퍼에게 그 방법은 개인적 구도 자체였다. 그는 결코 '신앙의 위기' 같은 것을 경험한 적이 없다. 그의 믿음은 그가 갇혀 있는 동안 더욱 깊어지고 성숙해졌다. 동시에 점점 더 자기가 '탈종교적' 인간이라는 사실을 자각하게 되었다. 그의 정열적인 편지들을 살펴보면 그가 그 자신의 삶에서 두 가지 차원을 결합시키려고 애쓴 흔적이 보인다. 그는 일상적인 세상을 떠나서 별도로 영적 영역 같은 것이 있을 수 없다고 믿게 되었다. 그는 어느 의미에서 세상을 '버린' 하나님이 아직도 살아 계시고 그 속에 현존하신다고 믿었다. 사실 하나님이 '어떻게' 현존하시는가를 보여주는 것이 바로 십자가에서 그리스도를 버리신 그 사건 자체라는 것이다. 그는 멸시받고 버려진 바 된 세상 사람들, 무시당하고 도외시되고 굴욕받을 숙명을 지닌 사람들과 함께 고통 당하시고 씨름하시면서 현존하고 계신다. 그러므로 '탈종교적' 그리스도인의 사명은 초월적 구원을 위해 애쓰는 것이 아니라 '세상에서 고통 당하시는 하나님의 고통에 즐겁게 동참하는 것', 그리고 하나님 자신만이 완성할 수 있는 창조의 회복을 위해 힘쓰는 것이어야만 한다. 이런 말들로, 그 자신은 알지도 못했지만, 본회퍼는 20년 후에 생겨난 해방 신학 운동을 위한 영감의 원천들 중 하나가 되었다.[7]

내가 "나의 하나님, 나의 하나님, 어찌하여 나를 버리셨습니까?" 하는 것을 가지고 학생들과 나눈 토론은 물론 결론 없이 끝났다. 20세기 말이나 21세기 초, 더러는 건강하고, 더러는 백해무익한 종교적 부흥 운동이 한창인 이 시기의 문화적 기후에서 왜 학생들이 '그리스도교에 대한 비종교적 해석'을 받아들이지 못했는가도 이해할 수 있는 일임을 인정할 수밖에 없었다. 본회퍼의 문화적 예언이 빗나갔다고 할 수도 있고 시기상조라 할 수도 있다. 그러나 일견 '하나님이 없어 보이는' 세속 세계에 하나님이 어떻게 현존하시는지를 말해주는 그의 묘사는 여전히 강력한 힘을 지닌다. 물론 우리는 완전히 비종교적이나 탈종교적인 시대에 이를 수 없을지 모른다. 그러나 오늘 우리를 삼켜버리는 그런 종류의 피상적 종교성이 계속 퍼진다면 심각한 그리스도교인들과 심각한 유대인들 모두가 이런 세상에서 참된 하나님의 부재를 새롭게 주장해야 할 수밖에 없다. 유대교 카발라 신봉자나 그리스도교 신비주의자 양쪽 모두 차라리 무신론이 오늘날 그렇게도 많은 사람이 가지고 있는 나약한 자기만족보다 낫다고 가르쳐왔다.

그리고 믿는 사람과 믿지 않는 사람의 차이도 많은 사람이 생각하듯이 그렇게 크지도, 그렇게 절실하지도 않다. 오늘 대부분의 참된 종교인이라도, 혹은 특히 종교인이라면, '영혼의 어두운 밤'을 거칠 수밖에 없고, 어느 경우, 어느 면에서, 세속적이거나 심지어 비종교적이 되는 것을 피할 수가 없다. 또 오늘 세상에는 자기들의 회의주의의 타당성에 대해 고뇌에 찬 의심을 품고 있는 비신자들의 수가 점증하고 있다. 우리는 모두 어느 정도 잡종들인 셈이다.

결국 나는 "나의 하나님, 나의 하나님, 어찌하여 나를 버리셨습니까?" 하는 예수의 고뇌에 찬 울부짖음이 성경에서 가장 중요한 구절이라는 것, 그리고 예수의 삶에서 가장 결정적인 순간이었다는 본회퍼의 제안을 받아들이게 되었다. 그리스도교 신앙이 갈릴리 출신 랍비 안에서 하나님 스스로가 죽음을 비롯하여 인간이 당할 수 있는 가장 처절한 고통과 그 엄청난 슬픔에 동참하셨다고 가르친다면, 하나님 스스로도 하나님에게 버림받았다고 느낀 게 틀림없다. 그도 자기 자신의 방법대로 믿음을 잃어버렸다고 느꼈을 것이다. 물론 이는 역설적인 진술이다. 어떻게 하나님이 자기 자신에게 버림받을 수 있는가? 그러나 우리가 이런 생각을 완전히 이해하지 못한다고 하는 사실이 강력함을 경감시키지는 않는다. 그것은 어떻게 하나님이 예수 안에 임재할 수 있었던가, 그리고 어떻게 하나님이 계속해서 인간 실존의 비통과 가슴 아픔을 겪고 계신가 하는 신비를 더욱 깊게 할 따름이다. 2,000년 가까이에 걸쳐 창안된 모든 교리와 이론들은 어떻게 이런 일이 가능한지 설명할 수 없었다. 앞으로도 결코 설명할 수 없을 것이다.

한번은 본회퍼의 동료 수감자가 그에게 자기 삶의 목표는 성인이 되는 거라고 한 적이 있다. 그러나 본회퍼는 자기에게는 성인이 되는 것이 그렇게 매력적인 일이 아니라고 했다. 그는 단순히 '인간이 되는 것', 완전히 인간적이 되는 것이 소원이라고 했다. 물론 본회퍼의 신학적 사상이 모두 다 정확한 것은 아니다. 그도, 우리 모두와 같이, 자기 시대의 산물이었다. 그러나 나에게 그는 21세기 그리스도인이 되는 것이 무엇인지 말해주는 모형으로 남아 있다. 아마도 테겔 군인 구치소 19호 감방의 수감인이 성인은 아니었을 것이다. 그러나 그는 내가 아는 그 어느 누구보다도 완전히 인간적인 존재에 가까웠고, 또 그는 아직도 우리 모두에게 들려줄 가치 있는 무엇을 가지고 있음에 틀림이 없다.

25 부활절 이야기

그러나 이레의 첫날 이른 새벽에, 그 여자들은 준비한 향료를 가지고 무덤으로 갔다. 그들은 무덤 어귀를 막은 돌이 무덤에서 굴려져 있는 것을 보았다. 그들이 안으로 들어가 보니, 주 예수의 시신이 없었다. 그래서 그들이 이 일을 어떻게 해야 할지를 모르고 있는데, 보니, 남자 둘이 눈부신 옷을 입고 그들 앞에 서 있었다. 여자들이 두려워서 얼굴을 아래로 숙이고 있는데, 남자들이 그들에게 말하였다. "어찌하여 부인들은 살아 계신 분을 죽은 사람들 가운데서 찾고 있습니까? 그는 여기에 계시지 않고, 살아나셨습니다. 갈릴리에 계실 때에, 하신 말씀을 기억해보십시오. '인자는 반드시 죄인의 손에 넘어가서, 십자가에 처형되고, 사흘째 되는 날에 살아나야 한다'고 하셨습니다." 여자들은 예수의 말씀을 기억하였다. 그들은 무덤에서 돌아와서, 열한 제자와 그 밖의 모든 사람에게 이 모든 일을 알렸다.

이 여자들은, 막달라 마리아와 요안나와 야고보의 어머니인 마리아이다. 이 여자들과 함께 있던 다른 여자들도, 이 일을 사도들에게 말하였다. 그러나 사도들에게는 이 말이 어처구니없는 말로 들렸으므로, 그들은 여자들의 말을 믿지 않았다.

| 누가복음 24:1-11

내가 조그마한 마을에서 어린 시절을 보내고 있을 때 부활절 주일은 언제나 잊지 못할 날이었다. 그러나 그 이유는 물론 목사님이나 교회 장로님들의 생각과 사뭇 달랐다. 그날은 마을에 있는 모든 교회 교인이 에큐메니컬 합동 일출 예배를 드리기 위해 새벽 동이 트기 전에 다 모이던 유일한 날이었다. 모든 교회라고 하지만 물론 가톨릭교회는 예외였다. 1960년대 초 제2차 바티칸 공회의에서 프로테스탄트 교회에 대한 가톨릭의 태도를 완화하기 전의 일이기 때문이다. 아직도 깜깜할 때 일어나 맨발로 차가운 마룻바닥을 밟으면서 떨던 기억이 새롭다. 나는 옷을 주워 입고 조용히 집에서 빠져나와 마을 사람들과 어울려 공원으로 향했는데, 사람들 중에는 손전등을 들고 가는 이도 있었다. 나는 적어도 그날만은 일요일마다 아침 7시 미사에 참석하러 일어나 질리는 일도 없이 우리에게 자기들이 얼마나 영웅적인가, 우리가 얼마나 게으른가 떠들어대던 우리 가톨릭 친구들보다 일찍 일어났다고 하는 데 대해 남몰래 자부심을 느끼기도 했다.

예배는 미국 독립 기념일 행진과 연례 자원봉사 소방관 대회가 열리던 큰 공원에서 열렸다. 미국 독립 전쟁 당시 무슨 전투가 있었는지, 두 대의 녹슨 대포가 한쪽 구석 국기 게양대 가까이에 자리잡고 있었다. 내가 거기 도착할 때쯤에는 여러 교회 합동 성가대가 찬송하는 소리를 들을 수 있었는데, 그들의 찬송은 음정을 맞추기 위한 거라기보다는 추위를 이기기 위한 것 같았다. 동쪽 지평선에는 이미 몇 개의 뿌연 빛줄기가 나타나기 시작했지만, 아직도 어두웠다. 예배는 해가 지평선에 반쯤 떴을 때 시작하기로 되었는데, 빗방울이 듣는 날이나 구름이 낀 날을 빼면 대부분 계획대로 진행되었다. 해sun가

뜨는 것을 아들son이 부활하는 데에 연관시킨 것이 이방 종교의식에서 왔다는 사실에 괘념하는 사람은 없는 것 같았다. 그때 목사님들마저도, 내가 오랜 뒤에서나 알게 된 사실, 곧 부활절을 영어로 'Easter'라고 하는데, 이 단어는 이방 여신 'Oester'의 이름에서 나왔고 그 여신은 해가 솟는 동쪽과 관계된 여신이라는 것을 알고 있지 못했으리라 생각한다.

부활절 새벽 일출 예배는 힘들었다. 언제나 정규 예배보다 길었기 때문이다. 마을에 있는 목사님들이 모두 축도, 기도, 환영사 등 무슨 순서든지 한 가지씩은 맡아야 했기 때문이었다. 다행스러운 것은, 설교는 해마다 차례대로 한 분씩 돌아가면서 했다. 그렇지 않았다면 일출 예배가 일몰 예배로까지 연장되었을 것이다. 아무튼 매년 다른 목사님들이 설교를 했기 때문에 나는 그들이 부활 이야기를 해석하는 데 조금씩 차이가 있음을 감지할 수 있었다. 그것이 내가 결국 일생 동안 신학이나 비교 종교학에 매료되도록 하는 씨앗을 심어준 것이 아닌가 생각된다. 예배가 힘든 다른 이유는 의자라고는 노인들과 장애인들이 가지고 온 것이 전부요, 우리는 모두 서 있어야만 했기 때문이다. 예배가 끝날 때쯤 축도가 있고, 성가대의 마지막 '아멘'이 끝나면, 나는 그다음에 올 것을 위해 준비를 했다. 연례 부활절 주일 전 교회 합동 팬케이크 조찬이었다. 비교적 큰 교회 중 하나의 지하실에서 열리는데, 언제나 성찬盛饌이었다. 큰 접시가 높이 쌓이고, 통밀가루나 흰 밀가루로 만든 따끈따끈한 팬케이크 위에는 단풍나무에서 뽑은 시럽과 구수한 버터가 듬뿍 올라가고, 그 옆에는 바삭바삭한 베이컨과 종이컵에 따라놓은 오렌지주스가 있었다. 어른들은 번쩍번쩍 빛나는 은색 커피 통에서 뽑아낸 향기 좋은 커피를 음미하면서 마셨다. 언제나 들뜬 축제 분위기였다. 적어도 우리 어린이들에게 축제의 들뜬 분위기는 우리가 기념하는 부활 사건만큼이나 음식과 다른 교회에 다니는 친구들을 만난다는 사실과도 분명 관련이 있었다. 전혀 관심이 없던 사소한 신학적 차이 때문에 갈렸던 다른 교파 아이들과 이처럼 교회에서 어울릴 수 있는 기회가 우리에게는 별로 없었다. 집에 돌아오면, 교회에 다니시지 않던 부모님이 마침 잠옷 바람으로 아침 식사를 하려고 아래층으로 내려오고 계셨다. 나는 들뜬 기분과 함께 약간 스스로 의롭다는 생각까지 했다. 내가 금방 듣고 온 이 장 첫머리에 인용한 그 성경 구절이, 혹은 이 구절을 중심으로 목사님이 하신 그 설교가, 정말인지 아닌지 생각해봤다는 기억은 없다. 그런 문제는 내 마음에 들어와본 적이 없었다.

　이런 사정이 내가 10대가 되고, 다른 모든 10대 아이들의 경우처럼, 내가 아는 사람들이 죽어가는 것을 보면서 바뀌기 시작했다. 내가 죽음을 더욱 깊이 의식한 것은 프랭크 아저씨를 위해 파트타임으로 일하면서부터라 할 수 있다. 아저씨는 그 마을에 있던 유일한 장의사였다. 나는 아저씨가 고용한 사람들과 함께 나가 금방 죽은 사람들의 시신을 거두어, 영안실에 옮기는 일을 했다. 아저씨가 시신을 흰 테이블 위에 놓고 포름알데히드로 방부 처리하는 것을 지켜보기도 했다. 관을 공동묘지로 옮기는 일도 도왔다. 아저씨가 장사지내는 사람들 중 더러는 늙었고, 더러는 젊었고, 더러는 뚱뚱했고, 더러는 바싹 말랐다. 그러나 내가 보기에 그들 모두가 한 가지 공통점을 가지고 있었다. 모두 '아주' 죽은 듯이 보였다는 것이다. 그런데도 장지에 가면 주례하는 목사님이 누구든 간에 예수의 부활에 대해서만이 아니라 반드시 죽은 자의 부활에 대해 이야기했다. 이른바 '일반 부활'이라는 것이다.

　나는 의문을 가지기 시작했다. 얼마 안 가 나는 그전 더 어릴 때는 물어보지 않던 질문을 하기 시작했다. 성경에서 말하는 것, 찬송가나 목사님이 이야기하는 것이 정말로 사실일까? 정말로 언젠가 일반 부활이라는 것이 있다면, 죽은 사람들에게는 그사이에 무슨 일이 일어날까? 사람들이 죽으면 교인들은 죽은 사람들이 이미 천국에 가 있다거나 '하나님과 함께' 있다고 한다. 그러나 이런 것은 앞으로 있을 일반 부활이라는 생각과 앞뒤가 안 맞는 말 아닌가? 그러고 나서 사후에는 생명이 없고, 일단 죽으면 죽은 것, 그뿐이라는 사람도 만나기 시작했는데, 그래도 점점 오리무중이기는 마찬가지였다. 내가 보기에 심히 모순되는 것 같은 일을 가지고 물어보아도 만족스러운 답을 얻은 적이 한 번도 없었다. 결국 물어보는 일을 그만두고 말았다.

　이런 딜레마는 내가 대학에 갈 때도 그대로 남아 있었다. 대학 2학년 철학 과목을 택했을 때 나는 플라톤의 영혼 불멸 사상이라는 주제로 기말 논문을 써서 교수에게 A⁻를 받았다. 나는 여러 종류의 교회에 출석해보는 것을 좋아해서 삶, 죽음, 부활 등에 관한 폭넓은 해석을 들을 수 있었다. 3학년 때 도스토옙스키의 소설들을 읽기 시작했는데, 그도 그의 전 생애를 통해 이런 문제를 가지고 씨름했을 뿐 아니라 이런 문제야말로 누구나 고뇌하고 글로 써야 할 가장 중요한 거라고 생각했다는 사실을 발견하고 흐뭇해했다. 나는 대학을 졸업하고 신학대학원으로 진학할 때쯤 해서 세 가지 사실을 깨달았다. 첫째, 예수 그리스도의 부활은, 그것이 무엇이었든 간에, 그리스도교에서 지엽적인 문제가 아니라 바로 핵심적인 문제라는 사실이다. 둘째, 나는 그것이 무엇을 의미하는지 혹은 거기에 대해서 내가 무엇을 믿는지 모르고 있다는 사실이었다. 셋째, 나는 내가 가지고 있는 질문에 대해 결코 답할 수 없을 것이다, 나는 어쩔 수 없이 불확실성의 요소를 지닌 채 한평생을 살아야 할 것이다, 그러나 생각이 깊은 많은 사람들(그중 많은 이가 모범적 그리스도인들이지만) 이들도 똑같은 처지에 놓여 있다는 것이었다.

그러니 내가 '예수와 윤리적 삶'이라는 과목을 가르치기 시작하고 처음 한두 해 부활 이야기를 기피했다는 것이 어찌 놀라운 사실이 될 수 있겠는가? 예수에 관한 이야기 중 이 이야기는 가장 강력하면서도 가장 불가해했다. 그럼에도 여러 세기 동안 많은 그리스도인은, 아마 거의 모든 그리스도인은 부활 이야기가 없으면 다른 모든 이야기가 그 중요성을 잃게 된다고 주장해왔다. 천사, 빈 무덤 속의 수의, 발현, 로마인들이 처형한 그분과 그를 따르던 풀죽은 제자들 사이의 신비스러운 대면 등은 우리들의 일상적 감성을 뛰어넘었다. 이것을 어떻게 이해해야 할까?

처음에는 쉽게 빠져나갈 궁리를 했다. 나는 예수의 생애를 십자가에 못 박히는 것으로 끝내고, 나머지 몇 시간은 예수의 삶이 지닌 윤리적 의미에 대해 그가 죽은 이후 역사를 통해 수없이 많이 등장한 해석들 중 얼마를 살펴보는 것으로 보냈다. 내가 부활 문제를 다루지 않고 지나간 것은 하버드대학교 기초 필수 과정에서 이야기하기에는 뭔가 좀 어울리지 않는다는 생각, 특히 다른 종교 전통을 가진 많은 학생에게는 오히려 부적절해 보일 수도 있겠다는 생각 때문이었다. 또 예수의 삶 중에 생긴 다른 사건들과는 달리 역사적인 것과 신비적인 것 사이의 경계선상에 선 이런 사건을 이야기하는 게 얼마나 어려운지도 잘 알고 있었다.

한두 해가 지나 예수 이야기에서 이런 핵심적인 요소를 다루지 않고 지나가버리는 데 대해 일말의 양심적 가책이 들었다. 가장 비판적인 성서 학자들마저도 흩어져 기가 죽었던 제자들이 '무엇인가'를 경험했기 때문에 예수가 죽었지만 그가 죽음으로 영원히 끝난 게 아니라는 확신을 갖게 된 거라는 사실을 인정하고 있다. 그렇지 않았다면, 예수를 죽인 그 잔인한 패거리들이 그대로 시퍼렇게 살아 있는데 그들이 왜 다시 모여서 예수가 한 그 위험한 일을 계속하겠다고 나섰는지 상상하기가 힘들다. 영국의 신약성서 학자 라이트N. T. Wright는 예수 당시 예수 운동과 여러 가지 면에서 비슷한 운동 여섯 가지를 열거하고 있는데, 이런 운동들은 그들의 지도자가 죽으면 녹아 없어져버리든가 새로운 지도자를 뽑았다고 한다. 어느 것도 자기들의 지도자가 다시 살아났다고 주장한 바가 없다는 것이다.[1] 더욱이 예수를 따르던 사람들은 그들이 계속 그래왔듯이, 예수가 어느 의미로든 살아서 그들 가운데 있는 것을 보았다고 주장하는 그 사실 때문에 예수처럼 체포되고 죽음을 당할 위험을 감수해야만 했다. 이제 '더 이상 죽지 않은 예수'를 만났다고 하는 이야기는 학자들이 '부활 출현 resurrection appearances'이라고 부르는 성경 구절에 기술되어 있다. 그러나 이 경험들은 경험적 역사와 맞닿아 있는 불확실하고 불안전한

25 부활절 이야기

경계선상에 둥지를 치고 있기 때문에 보통의 언어로는 표현할 수가 없었다. 진정한 신비 체험과 마찬가지로 이런 경험들은 일상의 언어로 기술할 수가 없다. 일상의 언어란 일상적 사건만을 기술할 수 있기 때문이다. 신비적 체험은 언제나 '언어의 장벽'을 뛰어넘는다. 그러기에 신비 체험자들은 상징이나 노래나 침묵에 호소할 수밖에 없다.[2]

　나 자신의 '침묵 수단'은 학생들에게도 불만족스러웠고, 궁극적으로는 나 스스로도 만족할 수가 없었다. 학생들은 금방 그리고 명백하게 구유에서부터 무덤에 이르기까지, 나와 함께 예수의 이야기를 따라왔는데, 이제 그 특별하면서도 난처한 클라이맥스를 그렇게 쉽게 빠뜨리고 넘어갈 수 있도록 허용하지 않겠다는 것을 강력하게 시사했다. 놀랍게도, 이런 반대는 그리스도인 학생들만이 아니었다. 그리스도인 학생들은 1년 절기 중 크리스마스 다음으로 사람들을 교회로 모이게 하는 이 부활절에 대한 나의 해석을 들어보고 싶어 했는데, 이것은 이해할 만한 일이었다. 그러나 종교가 없는 학생들과 다른 종교를 가진 학생들도 부활 문제를 다루지 않고 지나가는 데는 반대 의사를 표명했다. 그중 많은 학생은 예수에게 매력을 느끼는 것이 그가 현상 유지 세력에 반항한 이, 용기 있는 윤리적 모범자, 영적 지혜를 가르치는 감동적인 스승 등이어서인데, 왜 복음서에서 그의 죽음이 그렇게 클라이맥스로 묘사되었는지, 더욱이 왜 그것이 그리스도교에서 그렇게 중심적인 문제가 되었는지 의아해했다. 붓다, 공자, 소크라테스, 무함마드, 그 누구도 죽음에서 되돌아왔다고 주장하지 않았다. 그런데 왜 예수는? 나는 뭔가 침묵을 깨야만 한다는 사실을 깨달았다.

　물론 부활 이야기는 그리스도인들에게도 비그리스도인들 못지 않게 문제라는 사실을 알고 있었다. 교회에 나가는 많은 사람은 자기들이 부활절 예배에서 들은 성경 절에 대해 어떻게 생각해야 할지 알지 못한다. 이는 마치 스티븐 킹Steven King 소설에서 뽑은 인용문 같기도 하고, 주인공이 총을 맞거나 불에 타거나 산산조각이 나도 다시 비틀거리면서 살아나는 〈터미네이터〉 시리즈 같은 할리우드 스릴러의 각본 같기도 하다. 한 학생은 자기가 교회에 정기적으로 참석하지만 부활 이야기를 들을 때마다 창백한 얼굴을 한 백작이 자기 관 뚜껑을 밀어서 열고 나와 새 피를 찾아 기웃거리는 흡혈귀 드라큘라 영화의 장면이 연상된다고 했다. 물론 그는 서둘러 부활절 이야기를 이런 흡혈귀 이야기와 연결해 생각하는 것이 옳지 못하다는 것은 알지만 아무튼 그렇게 생각하지 않을 수가 없다는 말을 덧붙였다.[3] 나는 그 학생이 이런 말을 해서 다행이라 생각했다. 비록 오늘의 세계관이 이런 성경 이야기가 떠돌아다닐 때의 세계관과 매우 다르지만, 아직도 둘 사이에는 많은 유사성이 있거나, 적어도 얼른 보기에 그런 유사성이 있는 듯 여겨질 수도 있기 때문이다. 우리들의 1세기 조상들처럼 21세기에 사는 우리도 죽음의 문제에 아직도 매료와 함께 두려움을 느끼고, 죽은 사람들이 죽어 있지 않다고 할 때 불안과 함께 묘한 호기심을 느끼게 된다. 부활이라는 생각은 처음 퍼진 이후 아직까지 하나의 '스캔들'로 남아 있지만, 이를 해석하기 어려운 이유는 시대마다 달랐다.

　요즘의 젊은 사람들은 그들의 20세기 할아버지 할머니와 다르다. 이 어른들은 요즘 젊은이들보다 더 '세속적'이었다고 할 수 있다. 젊은 세대들은 1차 세계대전 이전 사고방식의 특징이었던 과학에 대한 흔들리지 않는 확신 같은 것을 공유하지 않는다. 과학에 대해 가지고 있던 그 밝은 확실성 때문에 이전 세대들은 부활 같은 생각은 그대로 말도 안 되는 소리로 치부하고 말았다. 요즘 젊은이들은 과학이 모든 대답을 다 가지고 있다고 여기는 닫힌 우주라는 생각에 몰두하지 않는다. 이들은 우리에게 익숙한 차원과 충돌하거나 심지어 그것을 꿰뚫을 수도 있는 실재의 다른 차원에 대해 어느 면에서 무비판적이라 할 정도로 열려 있다. 이들은 인간과 기계가 결합해서 생긴 잡종들, 타임머신, 물질을 비물질화할 수 있는 사람들, '100만 달러 인간' 등이 등장하는 영화를 본다. 그러나 물론 이런 사실 때문에 예수의 부활 해석 작업이 더 쉬워지는 것은 아니다. 오히려 이런 사실이 오해를 더욱 크게 할 위험성이 있을 수도 있다. 예수는 마음씨 좋은 1세기 터미네이터가 아니었다.

이런 장애물들도 엄청나기는 했지만 부활 이야기를 비껴가려고 한 또 다른 이유도 있었다. 내가 가르치던 강의실은 개인의 신앙 간증을 하는 데 적절한 장소라 할 수 없었다. 강의실에서 해야 할 일은 '설명'이었다. 그런데 부활을 학생들에게 어떻게 설명해야 할지도 몰랐을 뿐 아니라, 도대체 '설명'이라는 것이 무엇을 의미하는지도 확실하지 않았다. 그러나 결국 분명해진 사실은 나의 모든 핑계가 도저히 먹혀들 수 없었다는 것이다. 부활 이야기를 다루지 않고 끝낸다는 것은 내 학생들에게도 공평하지 못한 처사였고, 나 자신에게도 지적으로 부정직하고, 약간은 나태하고 비겁하다는 생각이 들었다. 최소한 현재 부활에 대해 어떤 해석들이 있는지 소개하고, 그중에서 학생들 스스로 택하라고 하는 정도는 해주어야 할 것 같았다.[4] 학생들이 이걸로 만족하지는 않을 것 같았는데, 그 감이 맞았다. 그러나 아무튼 침묵에서 적어도 일종의 대화로 옮겨간 것만은 사실이었다.

이 일을 준비하는 첫 단계로 사복음서에 나온 부활 이야기를 여기에 대한 여러 주석서과 함께 다시 꼼꼼하게 살펴보았다. 나는 그리스도인들이 부활 사상을 발명한 것이 아니라 히브리어 성경에 이미 있음을 알고 있었다. 그래서 히브리어 성경 중 하나님이 무고하게 고통받는 자들을 신원하시고 그들에게, 심지어 죽은 자들에게까지 새 생명의 선물을 주신다는 말씀이 있는 성경 구절들을 다시 찾아보았다. 다시 한번 유대인 성현들과 랍비들이 나에게 큰 도움이 되었다.

나는 부활 이야기를 강의에 포함하지 않았기 때문에 얼마 동안 그 중요 성경 절을 주의 깊게 연구하지 않았다. 따라서 새로 살펴보고, 몇 가지 놀라운 사실을 발견했다. 첫째, 구약에서 죽은 자들을 살리신다는 이야기들은 '불멸과 하등 관계없었다'는 사실이 금방 명백하게 드러났다. 그 이야기들은 하나님의 공의에 관한 것이었다. 형이상학적인 관심에서가 아니라 '윤리적' 요구에서 생긴 인간의 희망을 표현한 것이었다. 죽은 다음에 새로운 생명을 얻겠다는 여망에서가 아니라, 정말로 공의로우신 하나님이라면 무감각하고 힘센 자들에게 희생당한 이들의 원을 해원하셔야만 한다는 확신에서 나온 것이었다. 예언자 이사야는 이 희망을 특별히 힘찬 웅변으로 선언한다. 그는 서정적인 기대감을 가지고 "세상에 사는 사람들이 비로소 의가 무엇인지 배우게 될" 날을, "악인들은 옳은 일 하는 것을 배우려 하지 않"기 때문에 그들이 멸망될 날을 고대하고 있다(이사야 26:9-10). 그러나 그는 계속해서 비록 의로운 이들이 고난당하고 죽을지라도, "죽은 사람들이 다시 살아날 것이며, 그들의 시체가 다시 살아날 것입니다. 무덤 속에서 잠자던 사람들이 깨어나서, 즐겁게 소리칠 것입니다" 하고 예견한다.

이와 같은 정서가 예언자 에스겔의 시적인 표현 속에도 그대로 나타나 있다. 그는 하나님이 제국의 침략으로 힘없이 죽어간 사람들의 마른 뼈로 가득한 골짜기에 생기를 불어넣으셔서 그 뼈들이 다시 붙어 일어서리라고 했다.

주님께서 권능으로 나를 사로잡으셨다. 주님의 영이 나를 데리고 나가서, 골짜기의 한가운데 나를 내려놓으셨다. 그런데 그곳에는 뼈들이 가득히 있었다. 그가 나를 데리고 그 뼈들이 널려 있는 사방으로 다니게 하셨다. 그 골짜기의 바닥에 뼈가 대단히 많았다. 보니, 그것들은 아주 말라 있었다. 그가 내게 물으셨다. "사람아, 이 뼈들이 살아날 수 있겠느냐?" 내가 대답하였다. "주 하나님, 주님께서는 아십니다." 그가 내게 말씀하셨다. "너는 이 뼈들에게 대언하여라. 너는 그것들에게 전하여라. '너희 마른 뼈들아, 너희는 나 주의 말을 들어라. 나 주 하나님이 이 뼈들에게 말한다. 내가 너희 속에 생기를 불어넣어, 너희가 다시 살아나게 하겠다.'"

| 에스겔 37:1-6

프로테스탄트 신학자 위르겐 몰트만Jürgen Moltmann은 이스라엘 사람들에게는 부활이 "영원한 생명이나 행복을 의미하는 것이 아니고", 오히려 "역사의 마지막에 있을 하나님의 공의에 대한 믿음을 표현하기 위한 신학적 상징이었다……. 그것은 영생에 대한 염원이 아니라 공의에 대한 목마름이었다"고 했는데,[5] 올바른 지적이다. 하나님이 나사렛 출신의 이 의로운 랍비를 부활시키셨다는 이야기는 분명 유대인들이 가지고 있던 옛이야기의 연속이었다. 예수와 관계된 다른 많은 이야기와 마찬가지로, 예수를 그의 백성 유대인들의 계속된 전설에서 분리시키면 그를 크게 오해할 수밖에 없게 된다.

예수의 부활 이야기를 그때까지 내려오던 이런 역사적 맥락에서 읽으면 한 가지 사실이 분명해진다. 부활 이야기가 예수에 관한 이야기이듯 바로 하나님에 관한 이야기이기도 하다는 사실이다. 부활은 예수가 한 무엇이 아니라 바로 하나님이 한 무엇이었다. 엄격하게 말하면 부활 이야기는 예수가 스스로 죽음에서 깨어났다고 하지 않는다. 대부분 "하나님이 그를 일으키셨다"고 되어 있다. 《이사야》와 《에스겔》에서와 마찬가지로 하나님이 바로 이 드라마의 주인공이시다. 이런 사실은 당연히 유대인들이 유월절 만찬에서 되풀이하는 출애굽 이야기를 연상시킨다. 모세는 그의 형 아론과 함께 이스라엘 사람들을 이집트의 종살이에서 인도해냈지만 유월절 예식에서는 모세에 대한 언급이 거의 없는데, 나는 유월절 예식에 참여했다가 이 사실에 주목했다. 이는 랍비들의 지혜를 반영했다. 랍비들은 사람들이 진정한 해방자는 하나님이시라는 것을 깨닫게 하려고 모세를 중심인물로 부각시키는 일을 피한 것이다. 이런 랍비적 통찰은 다시 한

번 우리가 예수의 부활 이야기를 볼 때, 예수 '이전의' 이스라엘 역사적 배경뿐만 아니라, 예수 '이후로' 계속된 유대 역사에도 비춰봐야 한다는 사실을 암시해준다. 잠시 후 보게 될 텐데, 예수의 이야기는 옛이야기의 연속이지만 거기에 새로운 차원을 첨가한 것이다.

이집트에서 탈출한 출애굽 사건은 3,500년 동안 노래와 이야기를 통해 살아 있는 전통으로 아직도 내려오고 있는데, 인간 역사에서 가장 중요한 사건 중 하나다. 하나님은 이스라엘 백성을 속박에서 해방하셨고, 이를 통해 파라오라는 독재자 하나의 콧대를 꺾었을 뿐 아니라 앞으로 올 모든 폭군에게 계속적인 위협이 될 전례를 남기셨다. 그런 식으로 일이 전개되었다. 본래의 출애굽은 유대인들의 심성 밑바닥에 인간은 하나님에게서 자유로워질 권리를 부여받았다는 확신을 새겨주었다. 그리고 이는 그리스도교로, 나아가 세계 여러 곳의 문화들 속으로 확산되었다. 이 사건은 인간 역사에서 되돌릴 수 없는 무엇을 시작했다. 벤저민 프랭클린이 새로운 미합중국 국새를 제작하는 책임을 맡았을 때, 그는 도안사에게 이집트 군대가 홍해에 빠져 죽는 그림을 그리라고 부탁했다(이 도안은 결국 채택되지 않았다). 미국 흑인들은 출애굽 이야기를 완전히 자기들의 이야기라 생각했다. 그들은 아직 노예로 있을 때 "Let My People Go내 백성을 놓아주오"라는 노래를 불렀고, 인권 운동 기간에는 "하나님이 우리 편"이시기에 "We Shall Overcome우리 승리하리" 하는 노래를 불렀다.[6] 출애굽은 해방 신학의 주제이기도 하다. 그러므로 왜 출애굽 이야기가 초대 교회 그리스도인들(모두가 다 유대인이었다)에게 부활 이야기를 위한 역사적 패러다임을 제공할 수 있었는지 완전히 이해할 수 있다.

    이 때문에 역사적으로 그리스도인들은 부활절을 '제2의 출애굽'이라 해왔다. 예수를 죽음의 손아귀에서 해방시키는 일을 통해 하나님은 인간이 죽어야만 한다는 필연성뿐 아니라 예수와 같은 무고한 사람을 죽이는 폭력적 힘에도 치명타를 입히신 것이다. 이스라엘 백성들이 이집트에서 나왔지만 아직도 독재와 노예적 삶이 완전히 끝나지 않았듯이, 부활의 승리도 모든 것을 완전히 이룬 것은 아니다. 그러나 이제 유대인들도 그리스도인들도 이미 전환점에 이르렀고, 결정적인 전투는 이겼다는 확신과 함께, 삶을 왜곡하고 파괴하는 모든 것에 대한 이기실 하나님의 최후 승리를 기대하며 기다릴 수 있게 되었다.

    유월절에 유대인들은 그들이 노예 생활에서 구원받은 기억을 생생하게 기억하기 위해 쓴 나물과 누룩 들어가지 않은 떡(무교병)을 먹는다. 예수도 그를 따르는 사람들에게 "나를 기억하여" 떡을 먹고 포도주를 마시라고 했다. 기억은 이 두 예식에서 기본이다. 두 예식 모두 엄청나게 뒤집어엎는 파격적 사건을 기념하기 때문이다. 어느 신학자가 말했듯이 둘 모두 가장 암울한 환경에서마저도 희망의 근거가 되는 '파격적' 기억을 불러온다. 간단히 말해, 초대 그리스도인들은 출애굽 사건에서 인간의 자유를 가능하게 하며 스스로를 드러내신 바로 그 하나님이, 부활 사건에서 다시 사람들을 해방시키시는 자신의 힘의 범위를 더욱 크고 깊이 하셔서 역사하셨다고 믿었다. 이처럼 부활 이야기는 출애굽 이야기와 같이 주로 하나님에 대한 이야기인 셈이다.[7]

    물론 부활 이야기는 예수에 관한 이야기이기도 하다. 이 어리둥절하게 하는 옛이야기에 보면 하나님이 죽은 자 아무나를 부활시키신 것이 아니다. 그는 그 당시 불우한 이웃과 버림받은 사람들과 함께하고, 사람들에게 원수를 사랑하라고 가르치고, 무지막지한 특권 계급의 사람들을 대담하게 상대하고, 그 이전이나 그 후에 있었던 수많은 사람처럼 부패한 법 제도에 고문과 죽음을 당한 그 무고한 사람을 다시 살리신 것이다. 더욱이 그는 그의 인격과 행동과 말 '때문에' 죽음을 당했다. 그는 그가 살아간 방식 때문에 죽었다. 부활 이야기에서 보면 처형되기 바로 전날 밤을 유월절을 지키면서 보낸 유대인 랍비를 하나님이 해원해주셨다고 하는데 이는 매우 의미심장한 일이다. 그리스도인들은 이 불편한 사실을 간과하는 경우가 많다. 그래서 우리는 출애굽의 집단적 차원을 잊어버리고 부활을 개인적인 문제로 축소 환원하는 우를 범하게 된다.

예수가 어떻게 죽었는지는 매우 중요하다. 성경 구절에 보면 그는 단순히 "죽었다"고 하는 대신에 "십자가에 못 박혔다"고 했다. 이두 가지에는 차이가 있다. 죽은 사람을 다시 살리는 것은 반드시 죽을 운명에 대한 반격이라 할 수 있다. 그러나 십자가에 못 박힌 사람을 다시 살리는 것은 억울한 죽음을 안겨준 제도에 대한 반격이었다. 라틴아메리카 신학자 혼 소브리노Jon Sobrino가 '십자가의 세상'이라고 한 이 세상에서 몇백만 명의 사람이 사형 제도로 고통과 죽음을 겪었다. 부활 이야기는 생명이 죽음을 이긴다는 사실만이 아니라 하나님의 샬롬(평강)이 잔인함과 탐욕, 포악함을 이긴다는 최후의 승리를 가리킨다.

부활 사건을 분명히 알기 위해서는 이런 세 가지 다른 서치라이트가 필요하다. 부활 이야기를 성경을 배경으로 하고 랍비적 전통을 전경으로 하여 읽는 것은 좋은 출발점이 될 수 있다. 그러나 이 설화가 전 역사를 통해 자유 운동을 고취한 방법을 고찰하면 이 설화가 오늘날에도 중요한 이야기라는 것을 알 수 있다. 전체적으로 이 세 가지 해석학적 렌즈를 통해서 보면 신약 저자들이 무엇을 이야기하려 했는지 그 편린이라도 엿볼 수 있다.

내가 예상한 대로, 이런 것으로는 학생들을 만족시킬 수 없었다. 학생들은 자신들과 많은 교인이 제기하는 문제들에 대해 아직 시원한 답을 얻지 못한 상태였다. 학생들은 말했다.

"이 이야기가 성경에 뿌리를 박고 있는 힘 있는 이야기, 맞습니다. 역사를 통해 자유를 위해 싸우는 사람들에게 힘을 실어준 것, 맞습니다. 그러나 그것이 '정말로 일어났던 사건입니까?' 만약 흩어졌던 예수의 제자들에게 용기를 주고 다시 모이게 하여 세상에 나아가 예수가 하던 일을 계속 수행하도록 한 그 '무엇'이 있다면 그 '무엇'이 무엇입니까? 왜 예수의 제자들만 그것을 보았고, 다른 사람들은 보지 못했습니까? 혹시 제자들이 지나치게 소원했기 때문에 스스로 믿게 된 일종의 환각 작용이나 그럴듯하게 꾸민 이야기나 터무니없는 소문이 아니었습니까?"

이런 것들은 모두 완벽하게 정직한 질문들이다. 이런 질문에 줄 수 있는 단 한 가지 정직한 대답은 내가 학생들을 이 정도까지만 데리고 올 수 있을 뿐 더는 갈 수 없다는 것이다. '부활 현현'을 기록한 성경 구절들은 서로 앞뒤가 맞지 않고 빈 구멍이 많은 것이 사실이다. 복음서 이야기 중 가장 오래된 마가의 원 복음서는 막달라 마리아, 예수의 어머니 마리아, 살로메, 이 세 여인이 예수의 시신이 누워 있던 무덤에 오는 것으로 끝난다. 이 세 여인은 그 당시 관례대로 예수의 시신에 향료를 바르려고 무덤으로 갔다. 가면서 무덤 어귀를 막는 데 쓴 그 큰 돌을 어떻게 굴려낼까 걱정했다. 그러나 도착해보니 그 돌이 이미 옆으로 굴려져 비켜 있었다. 놀라운 마음으로 무덤 안으로 들어가 보니 흰옷을 입은 어떤 젊은 남자가 거기 앉아 있었다. 그들은 무슨 말을 해야 할지 몰랐다. 그 젊은 남자는(성경에는 천사라 하지 않고 '젊은 남자'라고 했다) 그들에게 말했다.

> "놀라지 마시오. 그대들은 십자가에 못 박히신 나사렛 사람 예수를 찾고 있지만, 그는 살아나셨소. 그는 여기에 계시지 않소. 보시오, 그를 안장했던 곳이오. 그러니 그대들은 가서, 그의 제자들과 베드로에게 말하기를 그는 그들보다 먼저 갈릴리로 가실 것이니, 그가 그들에게 말씀하신 대로, 그들은 거기에서 그를 볼 것이라고 하시오." 그들은 뛰쳐나와서, 무덤에서 도망하였다. 그들은 벌벌 떨며 넋을 잃었던 것이다. 그들은 무서워서, 아무에게도 아무 말도 못 하였다.
>
> | 마가복음 16:6-8

놀랍게도 《마가복음》은 "그들은 무서워서" 하는 말로 끝이 난다. 가장 오래되고 가장 권위를 인정받는 《마가복음》 사본에서는 여기가 끝이다. 오늘날 대부분의 성경 번역본은 이다음에 여러 절을 덧붙였는데, 이는 나중 사본들에 나오는 말들이다. 아무튼 학자들의 합의 사항은 나중에 나온 절들은 다음 세대의 그리스도인들이 이상스럽고, 불만족스럽고, 심지어 마음을 산란하게 하는 이 '끝 아닌 끝'을 가지고 살아가기가 힘들었기 때문에 덧붙인 거라는 설이다. 겁에 질린 여인들이 너무나 무서워 아무에게도 아무 말도 못 했다니? 예수의 이야기를 이런 식으로 끝낼 수 있는가? 이제 그러면? 그런 다음에는 무슨 일이 있었단 말인가?

본래의 《마가복음》은 이런 질문에 아무런 대답을 하지 않는다. 여인들은 예수를 보려면 예수가 가르치고, 병 고치고, 거룩한 로마 황제의 제국을 대신할 하나님의 나라를 가르쳐서 스스로를 논란의 주인공으로 만든, 그 척박한 땅 갈릴리로 돌아가야 한다는 말을 듣는다. 바로 거기, 그가 사회에서 버림받고 궁핍한 사람들 속에서 그의 삶 대부분을 보낸 바로 거기가 예수를 발견할 수 있는 곳이었다.

이 엉성한 부활 이야기는 왜 어떤 사람은 '더 이상 죽어 있지 않은' 예수를 볼 수 있었는데 다른 사람들은 볼 수 없었는가 하는 문제에 대해 놀라운 의미를 말해준다. 이 이야기에는 철학자들이 말하는 '인식론적 요점'이 내포되어 있다. 왜 어떤 사람들에게는 '그리스도가 살아나셨다'라고 하는 것이 터무니없는 미신에 불과하고, 다른 사람들에게는 자기들의 삶을 위한 갓돌capstone이 되는지(이 둘 사이에 많은 사람이 있다)를 설명하는 데 도움이 된다. 예수가 그의 가르침에서 여러 번 말했듯이, 하나님의 나라는 "눈으로 볼 수 있는 모습으로 오지 않는다"(누가복음 17:20). 이와 마찬가지로, 소외된 자들과 짓밟힌 자들의 원을 풀어주시는 하나님의 해원 작업의 연속으로서 행해진 부활은 그 본성상 눈으로 볼 수 있는 모습의 무엇이거나 심지어

공정한 조사로 증명될 수 있는 무엇이 아니다. 그러기에 부활 사건에 대해 몇 안 되는 자료를 두고 아마추어 탐정가에서부터 학문적 분석가에 이르기까지 모두가 그렇게 끊임없이 샅샅이 뒤집어보아도 모두에게 확신이나 만족을 줄 수 있는 결론에는 이르지 못했다. 이들은 본질적으로 그들이 채택한 방법의 연구 대상이 될 수 없는 무엇을 다루기 때문에 결코 증명하거나 반증할 수 없다. 예수를 '보기' 위해서, 여인들은 그가 전에 하던 일을 지금, 구체적으로 밝혀지지 않은 어떤 방법으로, 다시 계속하고 있는 그곳으로 가야 한다는 이야기를 들었다. 우리는 하나님의 현실성을 드러내주는 하나님의 사자 예수를 그가 있는 곳, 그가 처음 그의 담대한 과업을 시작한 그 갈릴리로 가야만 '만날 수' 있다. 혼 소브리노가 말한다.

"하나님을 보기 위해서는 하나님이 계신 곳으로 가야만 한다."[8]

다른 복음서들에 보면 제자들이 예수를 만났다고 한다. 그러나 이야기의 앞뒤가 잘 맞지 않는다. 그가 나타났지만 제자들이 적어도 처음에는 그를 알아보지 못했다는 것이다. 엠마오로 가는 길에서 예수를 만난 두 제자의 이야기를 보면, 풀이 죽은 두 제자가 자기들과 같이 가는 한 나그네를 만나는데, 예수의 죽음을 알고 있는 것 같지도 않고, 또 그에 대해 어떤 희망을 가지고 있는 것 같지도 않다. 그들이 그와 함께 식사를 하려고 앉은 다음에서야 그가 누구라는 것을 알아본다. 다른 구절에 보면 예수는 문과 창문이 닫혀 있는데 방으로 들어와 제자들과 합류했다고 한다. 또 다른 구절에 보면 그가 제자들과 함께 해변에 앉아 구운 생선을 먹었다고 한다. 사도 바울은 예수를 직접 만난 적이 없지만, 다메섹으로 가는 길에서 그가 땅에 쓰러져 있을 때 예수가 그에게 말했다고 주장한다. 제자들 중 더러는 예수를 '보았다'고 하고, 더러는 그의 목소리를 듣기는 했지만 보지는 못했다고 한다. 또 도마처럼, 더러는 그를 만져보았다고도 한다. 본성적으로 인간의 감각을 초월하는 그 무엇을 표현하기 위해 인간이 가진 모든 감각 기관을 그 한계에까지, 그리고 그것을 넘어서까지 동원하고 있다.

분명한 사실은 본질적으로 상이한 이런 보고들이 새로 살아난 시체를 두고 묘사한 것이 '아니라'는 점이다. 무슨 귀신 같은 것에 대한 이야기도 물론 아니다. 인간의 언어가 가진 한계 안에서 제자들이 정말로 진실되고 특별한 거라고 믿은 무엇을 묘사하려고 했다. 물론 이런 성경 구절들을 보면 그렇게 애쓰면서 표현하려고 한 그 무엇을 우리라고 분명하고 확실한 방법으로, 헷갈리지 않게, 더 잘 표현할 수 있으리라 장담할 수는 없다. 이 점에서 나는 정말로 무엇이 일어났는지를 알아보려는 내 학생들의 집념에 찬물을 끼얹을 수밖에 없었다. 나는 학생들에게 이전 세대들이 다 그랬듯이 이런 애매한 보고들을 수수께끼인 채 그냥 남겨두라고 할 수밖에 없었다.

그러나 두 가지 요소가 이 모든 이야기를 묶어주고 있다. 첫째는 예수가 아직 살아 있다고 하는 확신이 빈 무덤이나 부활에 '대해' 듣고 이를 '인정한' 사람들에게서 시작하지 않았다는 사실이다. 예를 들어, 십자가 사건 직후에 편지를 쓰기 시작한 사도 바울은 빈 무덤에 대해 들어본 일이 없는 것 같다. 예수가 어떤 방법으로든 살아 있다고 하는 확신은 기가 죽은 추종자들에게 예수가 아직 그들과 함께 한다는 사실을 확신시킨 경험에서 시작되었다. 경험이 먼저 있고, 그

다음에 이야기가 나왔다. 물론 둘은 서로 얽혀 있어서 그 이후의 세대들에게는 이 둘이 서로 떨어질 수 없는 것이 되었다. 이야기가 경험을 촉발하기 시작했다. 경험이 이야기를 지탱시켜주었다.

둘째, 예수가 사람들을 만날 때마다 거기에는 한 가지 같은 메시지가 따랐다는 것이다. 그가 하던 일, 곧 비록 감추어져 있긴 하지만, 이미 동터오는 하나님 나라의 현실성, 샬롬 시대의 산고産苦를 선포하고 제시하던 일을 그의 제자들이 계속하기를 바랐다는 점이다. 예수는 제자들이 자신에 대해 사람들이 한 이야기와 자신이 들려준 이야기들을 전하러 나아갈 때, 그들과 함께하리라고 확언했다. 이러한 경험과 과업, 대면과 과제의 융합은 그러한 생각을 유포하는 사람들에게 무슨 험악한 일이 일어나는지 보여준 세상에서 제자들이 과감하게 나아가 그 일을 계속하게 했다.

신학자 중에는 예수를 따르는 사람들이 자신들의 삶과 일 속에서 예수의 사역을 이처럼 계속하게 된 것, 바로 그것이 부활 이야기가 가리키는 애매모호한 무엇이라고 주장하기도 한다. '예수 그리스도가 살아났다'고 하는 것은 한때 그를 따르고 지금도 따르고 있는 사람들의 삶과 행동 속에 예수가 살아 있다는 의미라는 것이다. 이런 신학자들의 말처럼 '예수의 목적'은 '그대로 진행되었고', 제자들이 못 박힌 자기의 친구를 만났다는 그 모순된 묘사를 통해 이 말을 표현하려고 했다는 것이다.

이런 주장은 그럴듯하게 들리고, 또 오늘날 많은 사람에게 어필하고 있다. 그러나 이런 논리는 의문을 한발 뒤로 밀어놓은 것에 불과하다. 예수는 하나님의 샬롬이 도래한다는 그의 '목적'을 선포했을 뿐 아니라 죄인들과 함께 식사를 하고 나병 환자들을 껴안는 등으로 그 일을 실천에 옮기기도 했다. 예를 들어, 당나귀를 타고 예루살렘에 입성하는 등, 때로는 자기를 그 일과 동일시하는 것 같기도 했다. 그는 그 일을 홍보하는 사람이 아니라 그 일을 시작한 분이다. 제자들은 물론 이를 기억하고 있었다. 그리고 그들은 '예수의 목적'이 계속된다는 것, 그의 투쟁과 그의 과제가 아직도 진행된다는 것을 확신했을 뿐 아니라, 인격적인 것으로 받아들였다. 그들은 과업으로부터 인격을 분리하려 하지 않았다. 따라서 예수가 그의 죽음 이전과는 사뭇 다른 방법으로이긴 하지만 어떤 식으로든 그들 중에 살아 있다는 확신을 가지고 있었고, 이것이 바로 그 과제가 그대로 계속될 수 있고 계속되는 이유라고 생각했다. 이렇게 예수와 그의 사명을 연계시키고, 그의 인격과 그의 과업을 연결시키는 식의 방법 때문에 말할 수 없이 많은 설명 방식이 생겨났다. 그러나 그 어느 것도 완전히 만족스럽지는 못하다. 이런 설명들은 다음 세대들에게 영감을 준 '역사의 예수'와 '신앙의 그리스도' 사이의 관계, 초형prototype이나 원형archetype으로서의 예수와 '그리스도의 영' 사이의 연관성과 같은 문제를 중심으로 전개된다. 예수와 그의 '목적'을 연계시키는 것은 스스로를 하나님이 주시는 샬롬의 옹호자로 여기는 많은 사람에게 예수의 메시지만이 아니라 그에 대한 인격적 경험이 그들의 동기 유발에 큰 몫을 차지했다는 사실을 상기시켜주기도 한다.

　이런 설명이 부활을 더 믿기 쉽게 만들어주지는 않는다. 사실 '믿는다'라는 말은 이런 맥락에서 잘못된 생각이다. 부활에서만은 확신, 믿음, 신뢰 같은 말이 더 적절한 관점이라 할 수 있다. 그리스도교가 가르치듯 부활 이야기 너머나 그 아래에 뭔가 진실된 것이 있다면 이는 거대한 내디딤을 요구하는 것이다. 하나님이나 예수를 보는 견해뿐 아니라 역사적 실재 전체를 보는 관점을 과감히 수정해야 한다는 의미다. 하나님이 예수의 무죄함을 입증한 사건이 인과율이라는 폐쇄된 그물에 나타난 단 한 번의 예외적 사건에 불과하다면 이는 하나의 변칙으로 도외시되고 말 수도 있었다. 전혀 의미심장한 일이 아닐 수 있었다. 때로는 설명할 수 없는 일이 일어나기도 하는 것이 사실이니까. 그러나 부활을 이야기할 때 어쩔 수 없이 문화적으로 제약될 수밖에 없는 그 언어적 표현 밑으로 내려가 내면적 진실을 본다고 하는 것은 이런 예외적 변태를 받아들인다는 것 이상을 의미한다. 그것은 삶을 선택하는 것, 그리고 이 선택이 실상에 부합하는 것이리라는 희망을 가지고 살아가는 것을 의미한다. 그러므로 부활 이야기가 촉발시키려 하는 것은 믿음이 아니라 희망이다. 그리고 이 희망은 그럴 수도 있다고 하는 가능성이 아니라, 헤어날 길이 전혀 없다고 생각한 순간, 우리의 삶에서 가장 현실적이고 진실한 것(어떤 사람들이 '하나님'이나 '신'이라고 하는 것)에 대한 우리 자신의 감지력에 근거한다.

이런 감지력은 선禪에서 말하는 깨침보다 더욱 과격하다. 온 세상이 다르게 보이는 것이다. 희망이 없는 듯 보이던 것이 이제 희망차 보인다. 최후의 결정타를 맞고 완전히 패배한 듯 보이던 것이 일시적 후퇴에 불과할 뿐이다. 움직일 수 없는 장애물이 있는 듯 보이던 곳에서 가능성을 보기 시작한다. 마틴 루서 킹 목사가 자주 말한 것처럼, '우주적 연합군'이 있을 때만 불가능한 듯 보이는 것을 향해 계속 전진할 수 있다. 부활 신앙을 북돋우는 것은 긴 세월의 불의와 고통과 죽음에도 우리의 가장 생생한 상상력으로도 상상할 수 없는 어떤 방법으로 하나님의 샬롬이 결국에는 승리하리라는 희망을 갖는 것이다. 이것이 비록 다른 근거에 뿌리박고 있지만, 유대교인과 그리스도교인이 공유할 수 있는 희망이다.

그러나 물론 다른 종교 전통을 가진 사람들도 이 희망을 공유할 수 있다. 출애굽 모티프는 유대인들에게서 나왔다. 그것을 그리스도인들이 받아서 예수의 부활에 적용했다. 둘 다 하나님의 샬롬이 최후의 승리를 거둔다는 이야기를 하고 있다. 그러나 폭력과 증오가 사라지는 새로운 세상에 대한 이런 희망을 다른 종교를 믿는 사람이나 아무 종교도 믿지 않는 사람들이 받아들이지 못할 이유는 없다. 출애굽 이야기는 하나님이, 궁극 실재가, 이런 희망을 안고 살아가는 사람들이라면, 고대 이스라엘에서만이 아니라, 그 누구에게든 그들과 같은 편에 서신다는 것을 의미한다. 부활 이야기도 하나님은 로마인들의 손에 박해받은 사람들뿐 아니라 어느 형태의 박해를 받았든 그 희생자들을 위해 결국은 해원하신다는 것을 뜻한다. 만약 이 두 이야기가 모든 인류의 희망을 이야기한다고 풀이할 수 없다면 우리는 교회나 시나고그의 회원증을 가지고 있지 않은 사람들이 정히 무시해버리고 말 부족 신tribal god을 붙들고 사는 신세로 전락하고 말 것이다.

부활 이야기에 대해 가지고 있던 침묵을 깨고 나서 나는 학생들에게 그들이 내 권위에 좌우되어 부활 이야기를 받아들이거나 거부하는 일이 없기 바란다고 말했다. 나는 또 학생들에게, 그들이 무슨 이름으로 부르든, 그리스도인들은 하나님의 다스림이라 하는 그것의 도래를 위해 개인적으로 직접 참여하지 않는다면, 부활 이야기는 그들에게 아무 의미가 없을 거라고, 계속 실패와 좌절뿐인 것 같은 이 세상에서 유대인들이 하나님의 샬롬이라 하는 그것을 수립하려면 엄청난 노력이 필요할 거라고 경고했다. 학생들에게 복음서에 기록된 '부활 경험' 같은 것을 경험하리라 기대할 필요가 없다고도 말했다(물론 그럴 가능성을 완전히 배제하진 않았지만). 오히려 그들 자신의 삶 속에서 이와 비슷한 무엇을 위해 정신을 차려야 한다고 했다. 나는 엘살바도르에서 젊은 여인이 총탄으로 구멍이 난 젊은 남자의 시체를 놓고 눈물 흘리는, 현대판 피에타[+]를 그린 생생한 포스터를 본 적이 있다. 그 총 맞은 구멍에서 싹과 잎이 돋아나고 있었다. 죽음에서 생명이 움트는 것이다. 우리는 초대 그리스도인들이 부활의 언어에 암호로 남겨놓은 것을 새롭고 과감한 메타포를 사용해서 표현할 필요가 있다. 그들은 그 당시 자신들이 사용할 수 있는 언어를 사용했고, 우리도 그와 마찬가지로 지금 우리가 사용할 수 있는 언어를 사용해야 한다.

나는 또 무엇이든 한발 떨어져서 비판적으로 관찰할 것을 기대하는 편안한 대학 강의실이 부활 이야기에 대해 생각해보거나, 결국에는 생명이 죽음에 대해 승리하고 샬롬이 불의에 승리할 거라고 생각하며 살아갈까 말까를 가늠할 장소로는 가장 부적절할지도 모른다는 사실을 인정했다. 부활에 대한 나 자신의 희망은, 물론 그것을 이해하지 못하지만, 내가 그것을 이해하느냐 못하느냐가 아니라 내

[+] 성모 마리아가 예수의 시체를 무릎 위에 올려놓고 슬퍼하는 장면이다.

골수 더욱 깊은 데 있는 무엇에 달렸다. 나는 시민 운동 당시 남부 어느 감옥에 갇혀 있으면서, 거기 나하고 함께 갇혀 있던 젊은 흑인들이 내 감방 옆방에서 목청을 다해 "우리 승리하리We Shall Overcome"를 노래하는 소리를 들었을 때 부활을 가장 크게 확신할 수 있었다고 말해주었다. 하나님을 만나고 싶으면 하나님이 계신 곳으로 가야만 한다.

물론 이것은 부활 이야기가 무엇을 의미하는가에 대한 내 나름의 해석일 뿐이다. 나는 물론 다른 여러 가지 해석이 가능하다는 사실을 인정하고, 그 어느 해석도 폄하하려 하지 않는다. 사실 '해석'이라는 것은 매우 아류적이다. 그 '무엇'은 우리의 모든 이론이나 해석에 잡히지 않는다. 그러나 우리에게는 '이야기'가 있고, 그 이야기가 가져다주고 일깨워주는 경험이 우리의 삶을 진정으로 변화시킬 때, 그 모든 이론은 그 중요성을 잃기 시작한다.

강의실에서, 혹은 어느 곳에서든, 부활 이야기를 한다는 것은 위험한 일이다. 내가 처음에 이런 이야기에 대해 언급을 주저했는데도, 고도로 파편화되고 미궁처럼 보이는 부활 설화는 누구도 그대로 지나칠 수 없는 하나의 이야기를 구성하고 있다. 부활 이야기의 원천이 된 유월절 설화, 부활 이야기가 가리키는 정의할 수 없는 그 '무엇', 그리고 부활 이야기가 창조한 각도에서 세상을 보는 방식, 이 모두가 필요 불가결의 렌즈를 제공하고 있다. 그러나 부활 이야기는 그것을 듣는 사람들이 어느 이야기도 적절히 말할 수 없는, 그 밑에 깔린 실재에 대해 열린 자세가 되도록 해주지 못한다면 결국 실패하고 만다.

나는 미끄러지듯 넘어가기는 했지만 결국은 그런대로 침묵에서 설명으로 옮겨간 것을 다행이라 생각했다. 이렇게 옮겨가면서 초대 그리스도인들이 자기들의 친구 예수와 자기들에게 무슨 일이 일어났는지를 다른 사람들에게 어떻게 말해줄 수 있을까, 하는 문제로 겪었을 난처함과 짜증스러움에 나도 어느 정도 공감이 간다는 생각이 들었다. 그러나 그들과 마찬가지로 나도 엉성하기 그지없이 끝냈고, 내 학생들도 내가 그런 사실을 잊어버리지 못하게 했다. 학생들이 가만두지 않은 특별히 엉성한 한 가지 끝마침은 그 '몸'에 무슨 일이 일어났을까 하는 문제였다.

26 우주의 홍소

"그러므로 그들이 너희에게 '보아라, 그리스도가 광야에 있다' 하
더라도 너희는 나가지 말고, '그리스도가 골방에 있다' 하더라도
너희는 믿지 말아라. 번개가 동쪽에서 나서, 서쪽에까지 번쩍이
듯이, 인자도 그렇게 올 것이다. 주검이 있는 곳에는, 독수리가 모
여들 것이다."

| 마태복음 24:26-28

예수의 몸에 무슨 일이 일어났을까 하는 문제는 해마다 내 학생들의
호기심을 심히 자극했다. 그 이유를 알 것도 같다. 학생들은 제출해
야 할 여러 과제물을 하는 이외에도 시간 있을 때마다 페이퍼백 소설
들을 읽었는데, 그중 종교적인 주제를 다루는 소설이 있으면 수업 시
간에 그 소설을 언급하기도 했다. 거의 매년 깃털같이 가벼운 베스트
셀러 종교 서적이 등장했는데, 그 줄거리는 대략 비슷했다. 위스키,
여자에 대한 추억, 형이상학적 의심 등에 짓눌린 주인공이, 때로는
환속한 신부가, 예루살렘 가까이에서 무엇에 걸려 넘어진다. 그 무엇
이 무덤, 항아리, 심지어 예수의 유골 같은 것일 수도 있다. 뉴스가 새

어 나가기 시작하고, 물론 교황을 비롯한 그 아래 교회 당국자들은 이런 센세이셔널한 발견을 비밀에 붙이려고 한다. 그들은 만약 말이 새어 나가면 그들의 게임은 끝장임을 알고 있다. 그러고 나서 줄거리는 예견할 수 있는 음모, 술수를 쓰는 고위 성직자, 파렴치한 사기, 성적 문란, 간교한 은폐 작전 등이 여러 페이지를 통해 반전을 거치면서 계속된다. 이런 식으로 대박을 노리는 작품에는 결코 만족스러운 마감이 없지만, 그것이 문제의 핵심은 아니다. 내 학생들을 포함하여 많은 독자를 현혹하는 것은 센세이셔널한 전제 자체다. 학생들은 정기적으로 이런 성지 스릴러 중 하나를 내게 보여주면서 물어보았다.

"그러나 그렇다면……."

분명 초기 그리스도인들도 예수의 몸에 무슨 일이 일어났는지를 두고 어느 정도 혼란을 겪었다. 그중 더러는 지금 '승천'이라 부르는 것으로 대답했다. 일종의 '수직적 해결'이라 할 수 있을지 모르겠다. 부활한 예수가 그의 제자들을 남겨두고 하나님과 함께하려 (올라)갔다는 것이다. 그러므로 시체가 있을 수 없었다. 그러나 바로 이런 경우 역사 비평적 학자들의 업적에 주목해보면 도움을 얻을 수 있다. 역사적으로 말하면, 내가 여기 인용한 《누가복음》 본문은 너무나 여러 번 편집되고 첨삭되고 재기록되었기 때문에 신약 성경 중 완전한 각주를 갖춘 번역판을 보면, 모든 사본의 차이점을 나열하는 데 거의 한 페이지가 다 들 정도다. 어떤 사본에는 예수가 떠나면서 "너희들에게 평강이 있을지어다" 했다 하고 다른 사본에 보면 그런 말이 없다. 어떤 사본에는 예수가 제자들에게 자기가 귀신이 아니라는 것을 확신시키기 위함인지, 자기 손과 발에 있는 상처를 보여준다고 나온다. 또 다른 사본에는 "그가 그들로부터 들려 올라갔다"거나 "그가 하늘로 들려 올라갔다"고 되어 있다. 이 모든 편집상의 차이들은 부활 이후 예수에게 무슨 일이 있었나 하는 문제가 초대 교회에서 논란의 대상이었음을 시사한다. 그 당시 많은 사람은 '승천' 사상이 이 문제를 해결할 수 있으리라 바랐다. 그러나 해결되지는 못한 것 같다. 주로 오래된 어떤 영어 번역판에 보면 'up올라'이라는 작은 단어가 들어가 있는데, 더 믿을 만한 사본적 증거에 근거하여 번역된 새 번역본에는 이것이 들어 있지 않다. 따라서 초대 교회 당시 사람들이 합의하지 못한 문제를 우리도 떠안고 있는 셈이다.

'수직적 해결'이라는 말이 가진 치명적 결함은 이 말이 공간적 메타포(은유)로 구성되었다는 것이다. 구름 속으로 사라져가는 두 발을 제자들이 고개를 쳐들고 입을 벌린 채 쳐다보고 있는 모습을 그린 중세 그림들이 있다. 내가 이 그림을 슬라이드로 보여줄 때마다 학생들은 하나같이 웃음을 터뜨린다. 한 학생은 이 그림을 보면 우주선 발사가 생각난다고도 했다. 한 시대에는 훌륭한 효과를 가지던 상징들이 다른 시대에는 혼란을 야기하거나 심지어 조롱을 받을 수도 있다. 분명 우리는 이 초기 그리스도인들의 의도를 바르게 전달할 새로운 메타포를 찾아내야 한다. 그러나 그들이 말하고자 한 의도는 무엇이었을까?

단도직입적으로 말하면, 그들은 부활한 예수가 되살아난 시체도, 심령체적 환영幻影도 아니었고, 뭔가 새롭고 특이한 무엇이었다는 그들의 확신을 표현하려 했다고 생각한다. 그들은 그가 전과 같은 방법으로 자신들과 함께하지는 않지만, 그래도 여전히 자신들과 함께

한다는 확신을 가지고 있었다. 사도 바울과 최초의 그리스도인들의 경우, 부활에서 가장 중요한 점은 그것이 '시작에 불과하다'는 사실이다. 부활은 전 우주의 엄청난 재창조와 재생 과정에서 처음 일어난 행위였다. 그러므로 부활한 몸의 본성이 무엇이었는가 하는 형이상학적 물음은 중요하지 않았다. 《누가복음》의 이야기가 편집되기 여러 해 전에 사도 바울은 그 당시 근본주의자들을 반대하여 "살과 피는 하나님 나라를 유산으로 받을 수 없"(고린도전서 15:50)다고 기록했다. 그러나 다시 부활을 정신적인 현상으로만 해석하려는 사람들에 반대하여, 그리스도의 부활이든 모든 피조물의 부활이든, 부활은 그가 말하는 '영체spiritual body'와 관계있다고 주장했다. 폴 틸리히Paul Tillich의 설명이 도움이 되는데, 그는 이 이상스러운 어구가 자가당착처럼 보이지만, '이중 부정'을 포함하고 있어서 실질적으로 중요하기 그지없는 말이라고 했다. '영'과 '체'라는 이 두 가지 모순되는 낱말을 이처럼 과감하게 융합한 것은 우리가 시詩와 상상의 세계에 있음을 말해주는 신호라는 것이다. 그러나 이와 똑같이 중요한 것은 이것이 우리 몸속의 혈구血球마저도 광대한 상호 의존의 거미줄 안에서 가장 미세한 미생물에서부터 가장 거대한 성운에 이르기까지 우주의 모든 것과 끊을 수 없는 관계로 연계되었다는 사실을 상기시켜준다는 점 때문이다.[1]

예수가 '새로운 창조'의 시작을 알리는 부활 그 이후에도 계속 신비한 형태의 몸을 가지고 있었다는 사실은 초기 그리스도인들의 경우 새로운 창조가 '무로부터ex nihilo'의 창조가 아니었음을 의미한다. 이는 '현존하는' 세계가 변혁한다는 의미다. '영체'란 시적 표현이다. 그러나 그것은 부활이 순전히 영적이기만 한 '불멸'이거나 단순히 보통 몸이 영구히 다른 형태로 계속되는 '환생'과는 다르다는 것을 분명히 하고 있다. 인간의 몸은 역사와 자연 양쪽과 다 관련되어 있다. '영체'라는 시적 상징은 하나님이 예비하신 새 세상이 무엇이든지 간에 지금 우리가 살고 있는 이 세상을 부정하는 것이 아님을 말하고 있다. 그리스도교는 '나중 하늘에 가서 먹을 파이pie in the sky by and by'의 종교가 아니라 지금 여기 '나라가 임하옵시며'의 종교다.

이런 생각은 생태 문제에 대해서도 시사하는 바가 크다. 인간과 동물과 식물은 이 지구라는 우주선에서 다 함께 큰 위험에 직면해 있다. 우주선 자체도 마찬가지다. 그것이 운행하고 있는 이 우주 바다 자체도 위험하다. 모두가 같은 것으로 만들어져 있어서 공동의 운명에 처해 있다. 역사의 궁극 완성을 이야기할 때 나 개인의 역사에 초점을 맞추어서 안 된다는 것은 말할 것도 없지만, 인간 역사에 초점을 맞추기만 해서도 안 된다. '호모 사피엔스Homo sapiens, 인간종'가 나타나기 이전 억겁의 세월을 지탱해온 실재를 위한 희망이어야 하고, 그 희망은 목성의 가장 먼 달이나 지극히 작은 우리 이웃을 위한 희망이기도 하다. 폭풍이 몰아치는 가운데서 나오는 소리가 욥에게 말한다. 큰 그림 속에서 네 위치가 무엇인지 살피고 과대망상이나 착각하지 말지라. "네가 땅의 기초를 놓을 때", "그날 새벽에 별들이 함께 노래할 때", "네가 거기 있기라도 하였느냐?"(욥기 38:1-7 참조) 요즘 말로 풀어보면 나선형 성운이 식기 시작할 때, 혹은 세 뿔 달린 공룡이 지구에서 배회할 때 너는 어디 있었느냐? 하는 말과 같다. 이것이 우리를 인간이라는 위치에 자리매김하게 한다. 부활로 촉발된 그리

　　　　　　　　　　　　　26 우주의 홍소

스도인의 미래관은 지렁이와 블랙홀을 모두 포함해야 한다. 인간이 우주의 흙이나 바위에 들어가 있다는 말이 일종의 수사rhetoric에 불과하던 때도 있었다. 그러나 생태 운동이 일어나고 모든 미분자가 상호 의존되었다는 사실이 강조되면서 그 말이 더는 이상스러운 소리가 아니게 되었다. 심지어 최후의 만찬에서 예수가 빵 조각을 들고, "이것이 나의 몸"이라고 한 말씀도 더욱 의미 있는 말로 들리게 해준다. 그의 몸은 우리 몸과 마찬가지로 우주의 얼개를 이루는 한 부분이다. 아마도 이런 이유로 선견지명이 있던 예수회 고생물학자 피에르 테야르 드 샤르댕Pierre Tielhard de Chardin도 지구를 두고 생명의 미사가 계속 드려지는 제단이라 한 것 같다.

그러나 나는 예수 혹은 그의 부활을 생태학과 연계시킬 때 조심해야 한다고 배웠다. 지구를 위한 관심이 지금 학생들 사이에서 가장 인기 있는 과제로 등장하고, 이에 따라 그들은 어디에서나 자기들에게 필요한 실탄을 구하려 하고 있다. 나는 할 수 있는 한 최대로 그들을 돕고 싶다. 그러나 내가 특히 걱정하는 바는, 그들이 우리가 토양이나 해초와 분리될 수 없이 연결된 하나라는 사실을 발견한 것까지는 좋지만, 가끔씩 어머니 지구에 대한 요구 사항이 너무 지나치다는 점이다. 학생들은 지구를 어머니라고만 보려 하지 않고 구세주로 보려 하는데, 이 역할은 지구에게 분명 어울리지 않는다. 내가 두려워하는 것은, 몇몇 학생이 그러는 것처럼, 지구를 지구의 여신 가이아의 위치로 떠받드는 것은 불도저나 전기톱으로 지구를 생각 없이 피폐케 하는 데 대한 과민 반응이라는 것이다. 비신성화가 신격화로 대치된 셈이다. 그러나 어머니 지구를 신격화하는 것은 지구도 우리와 같은 유한성, 우리처럼 죽어야 할 운명을 공유한다는 사실을 감지하지 못한 소치다. 우리 모두와 같이 지구도 생주이멸生住異滅의 원칙에 따라 조만간 괴멸하고 말 것이다. 지구는 결국 죽어가는 태양의 폭발로 불탄 재로 변할 것이다.

지구는 하나님이 아니라 하나님의 피조물이다. 우리의 희망은 지구에 있는 것이 아니라 지구를 '위한' 것이다. 사도 바울이 말한 것처럼 '탄식하고 고통'하는 것은 인간만도 아니고 우리의 이 행성만도 아니고 전 피조물이다. 우리와 함께 피조물 모두가 인간의 손에 당하는 수모에서부터, 그리고 죽음과 속박으로부터 완전히 해방되기를 고대하고 있다(로마서 8:18-24).

이것이 엄청나다는 것, 인정한다. 그러나 우리가 이보다 더 작은 것으로 만족해야 할 이유가 어디 있는가? 그리스도교 종말론은 결국 세상을 창조하시고, 이스라엘 백성들을 이집트의 노예 생활에서 해방시키시고, 부활을 통해 모든 노예적 착취에 희생된 사람들을 해원하시고, 우주를 죽음의 포로에서 해방시켜주시겠다고 약속하신 그 이름 붙일 수 없는 분이 아직도 우리 중에 계시다는 것을 확신하는 것, 그 이상도 그 이하도 아니다. 정말로 엄청나고, 어쩌면 너무한지도 모른다. 그러나 그것이 바로 그리스도인들이 바라는 희망의 본질이다. 버릴 마음이 있으면 버려도 좋다. 생각 깊은 사람 중에서도 그렇게 한 사람들이 있다. 그러나 우리는 그것을 이리 자르고 저리 잘라 간편하고 활기 없는 그 무엇으로 만들어서는 결코 안 된다.

예수가 어떻게 떠났는가 하는 데 대한 초기 그리스도인들의 생각이 혼란스럽고 다기한 것이라면, 그다음에 무엇이 올 것인가에 대한 그들의 견해는 더욱 그러했다.《요한복음》은 피조물의 재생이 예수와 함께 시작되어, 지금 진행되고 있다고 가르친다. 더는 간여하는 일이 없이 계속될 거라고 보는 것 같다. 다른 복음서 기자들은 그리스도의 급박한 재림, 심지어 자기들이 죽기 전에라도 있을 그 재림을 기다리고 있었다. 이런 상반된 경쟁적 견해들은 아마겟돈을 다루는 장에서 이미 어느 정도 논의했다. 그러나 끝까지 버티다가 결국 교회의 역사적 신조로 들어오게 된 믿음은 '그가 영광 중에 다시 오시리라'라는 것을 선언한다. 거의 대부분의 사람에게 이는 기껏해야 헷갈리는 개념에 불과하다. '재림', '다시 오심', '그리스도의 돌아오심', '영광스러운 나타나심', '심판의 날' 같은 일련의 상징들은 모두 그들의 마음에 혼란스러운 난무같이 들쑥날쑥이었다. 사복음서 자체가 이 문제 중 어느 것에 대해서도 같은 목소리를 내지 않고 있기 때문에, 어느 신학자들은 '재림'이라는 생각은 마치 그리스도가 세상에 계속 임재해 있지 않은 것처럼 생각하는 것을 전제로 하므로 오도 내지는 오역이라 주장하기도 한다.

문제가 되는 가장 중요한 그리스어 단어는 '파루시아parousia'로 여기에는 여러 가지 의미가 있다. 귀환, 도착이라는 뜻도 있지만 '임재', '나타남'이란 의미도 있다. 위르겐 몰트만은 그의 책《하나님의 오심The Coming of God》에서 다음과 같이 말했다.

"파루시아를 '재림'이나 '다시 오심'이라 번역하는 것은 잘못이다. 왜냐하면 그것은 시간적 부재를 전제로 하는 말이기 때문이다."

그리스도교 메시지는 하나님이 오셔서 결코 떠난 적이 없다는 것이다. 이렇게 읽는 데는 믿을 만한 증거가 있다. 바울은《디모

데전서》에서 예수의 지상 생애를 지칭하기 위해 '파루시아'라는 말을 쓰고 있다. 제6장 14절에 나오는 '파루시아'를 영어 흠정역에서는 'coming오심'이라 번역하지 않고 'appearing나타나심'이라고 번역했다.✝ 예수 자신은《마태복음》마지막 절에 그의 제자들을 파송하면서 그들에게 약속했다.

"보아라, 내가 세상 끝날까지 항상 너희와 함께 있을 것이다."(마태복음 28:20)

불행하게도 재림의 생각이 그리스도교 용법에서 상당한 해악을 가져왔다. 그것은 미래를 점치는 사람들이나 말세의 기간표 작성자의 기발한 손에 들어가게 되었다. '나타남'이 더 좋은 번역이라고 생각한다. '나타남'이란 지금까지 계속해서 여기 있던 분이 어느 날 새롭고 더욱 충만한 방법으로 나타난다는 뜻을 가지고 있기 때문이다.

그러나 나는 '돌아오심return'이라는 말을 완전히 버릴 마음은 아직 없다. 학생들에게 나의 불확실성을 인정하는 이외의 다른 선택의 여지가 없었다. 그 이유는 포로로 잡혀감과 되돌아옴이라는 주제는 성경 신앙에서 너무나도 중심적이고, 특히 유대인들은 아직도 그 주제로 살아가고 있기 때문에, 나는 이런 것을 다 버리는 데 주저할 수밖에 없다. 이런 주제는 오늘 많은 사람의 귀에 공명을 일으킨다. 우리는 하나님이 우리와 함께 계심을 인정하지만 그에 못지않게 그의 부재를 경험하는 경우도 허다하다. 하나님이 우리와 완전히 함께하실 시간을 소망할 수는 없을까? 다시 유대인의 이야기가 우리에게

✝ 표준 새번역과 개역 성경에도 '나타나실 때'까지로 되어 있다.

26 우주의 홍소

도움을 준다. 여러 세기에 걸친 박해와 추방의 경험을 반추하면서, 랍비 중 일부는 '하나님이 포로 중에도 계신다' 하는 놀랍고도 심오한 통찰에 이르렀다. 하나님 자신이(그 하나님이 남성이든 여성이든, 이 경우에는 아래에서 밝혀지는 것처럼, '여성 하나님'으로 보는 것이 좋을 것 같다) 세상 모든 사람의 실향성과 소외감을 공유하신다는 것이다. 그러나 하나님의 피란과 함께 랍비들은 셰키나shekinah, 곧 하나님의 여성적인 면으로서, 관계를 주관하는 하나님의 영이 우리의 포로 상태에서라도 충실하게 우리와 함께하신다는 것을 가르치기도 한다. 유대인들은 포로 생활과 귀환, 부재와 임재를 시간적인 차원에서 보지 않는다. 이는 인간의 경험에 불가피하게 있을 수밖에 없는 양면으로서, 영원히 우리에게서 떠날 수 없다.

이것이 바로 그리스도교 신학이 유대 사상과 더욱 유익한 동반 관계로 들어갈 수 있는 부분이다. 다음 주일, 다음 해, 혹은 다음 천년에 있을 거라는 식의 시간적 의미로서의 재림 개념은 어쩔 수 없이, 《버려진 사람들》에서 보았듯 무모한 사변만 불러일으킬 뿐이다. 다른 한편, 유대인들의 '셰키나' 개념은 '감추어진 하나님deus absconditus'이 감추어져 있지만 우리가 선호하는 방법이 아니라 그가 선택하시는 방법으로, 우리와 항상 함께하신다는 그리스도교 사상과 맞먹는다. '파루시아'를 부재 중이시던 이의 '다시 오심'이라 보는 대신, 언제나 우리와 함께 계시던 분의 나타나심이라 볼 수 있는 것이다. 엠마오로 가던 제자들이 길에서 만난 예수를 알아보지 못하다가 길을 다 가서 함께 먹을 때 나타난 예수를 인식한 것과 같은 경우다. 우리는 그동안 우리와 언제나 함께 계시던 하나님과 마찬가지로 '돌아오시는' 하나님을 경험하게 된다. 하나님은 특히 이처럼 정신없이 돌아가는 경쟁 사회에서 부적응자, 낙오된 자 같은 우리가 하나님의 임재를 최소로 기대하는 그런 사람들 속에 다시 돌아오신다.

우리가 17장에서 본 것과 같이 재림이라는 생각은 '우리가 알고 있는 대로의 세상', 곧 시간과 공간의 연속이 언제 끝나는가 하는 추측과 언제나 연계되어 있다. 이런 것들은 사춘기 후반 학생들이 골몰하는 '거창한 질문들'에 속한다. 매년 이런 문제들에 대해 기말 논문을 쓰겠다고 하는 학생이 많다. 보통 확장하던 우주가 본래의 바늘 끝 정도로 축소된다든가 거대한 블랙홀이 모든 것을 그 진공 속으로 삼킨다는 등의 최신 이론을 동원하겠다고 했다.[2] 나는 학생들이 이런 방향으로 뛰어드는 것을 보통은 말리는 편이다. 결국 이 과목은 윤리적 사유에 관한 것이지 우주론에 관한 것이 아니지 않은가. 그러나 학생들이 어떤 결말을 가지고 나올까 보려는 마음에서 종종 원칙을 완화하고 요청을 허용해주기도 한다.[3]

그런데 그들의 본능이 완전히 틀린 것만은 아니다. 학생들이 생각하는 종말론은, 누가 언제 현명하게 말한 것처럼, '끝 시간' 혹은 '말세end-time'로서의 종말론이 아니라 '시간의 종말end of time', 곧 이 갑갑한 시간적 울타리를 넘어선다는 의미의 종말론이다. 죽을 수밖에 없는 우리 인간은 그 속에 살지만 뭔가 그 이상의 것, 뭔가 더한 것이 있으리라 생각한다. 어릴 때 교회에서는 "주의 나팔 소리 나고 세상 끝이 이르면……" 하는 가사로 시작하는 찬송가를 신명나게 불렀다. 나는 '세상 끝이 이르면' 하는 말이 무슨 뜻인지 궁금했다. 이 특별한 구절이 무엇을 말하는지를 생각하는 데 정신이 폭 빠져 있어서, 끝이 없을 것만 같은 긴 설교도 금방 지나가곤 했다.

나는 아직도 거기 대해 궁리하고 있다. 실로 여기에서 우리는 신학적 담론의 한계점에 이른다. 이 이후에는 이야기가 시詩로 폭발하는 것이다. 과거, 현재, 미래라는 것을 상정하지 않은 시간이란 상상할 수가 없다. 바로 이런 이유 때문에 나는 궁극 운명에 대한 그리스도인의 견해가 그 범위에서는 힘차야 하지만 세부 사항에서는 겸손해야 한다고 믿는다. 우리는 거기에 대해 노래할 수는 있지만 묘사할 수는 없다.

부활, 승천, 재림 같은 그리스도교 언어는 이제 위기의 시기를 통과하고 있다. 나는 이 고대 서술 형식이 표현하려고 하는 저변의 근본 실재는 진실이라 믿는다. 그러나 그 표현 방식이 너무 시대에 뒤떨어져서 오해의 소지가 있었다. 이제 우리에게는 새로운 언어가 절실히 필요지만, 마구 급조할 수는 없다. 때가 되면 언제나 그러했듯이, 상상과 세속이 뒤섞이고 신화와 역사가 교차하는 의식과 무의식의 경계 어디에서 저절로 솟아날 것이다.

학기가 끝나갈 때쯤이면, 나는 학생들이 고전적인 상징을 깊이 이해할 뿐만 아니라 새로운 상징의 필요성도 절실히 깨닫고 수업을 마치기를 바랐다. 그러나 어떻게 해야 이런 목적을 달성할 수 있을까? 새로운 상징의 필요성을 강의만 가지고 아무리 웅변적으로 설득하려 해도 결국 모순처럼 보일 수밖에 없다. 그러기에 미술가, 작곡가, 특히 시인이 있는 것이다. 나는 또 학생들이 '윤리적 삶'은 윤리적 사유보다 훨씬 더 크다는 것을 마음에 분명히 각인하고 나가도록 하고 싶었다. 해마다 여러 가지 작전을 써보았다.

한동안 헨델의 〈할렐루야 코러스〉 곡을 화면에다 비추어주고, 모르몬 태버나클 합창단이 부른 테이프를 틀어주면서, 학생들에게 원하면 일어서서 같이 따라 부르라고 했다. 학생들 대부분이 그렇게 했다. 어떤 해는 몇백 명 학생들의 합창 소리가 강의실 벽을 흔들 정도였다. 그러나 몇 년이 지나 부학장이 나에게 은근한 말로 이런 일이 학문적인 것을 다루는 강의실에서 완전히 적절한 활동이 아닐 수 있다고 귀띔했다. 그러고 나서 한 2년 모차르트의 〈진혼곡〉 중 얼마를 틀어주고 학생들에게 그저 앉아서 듣기만 하라고 했다.

나중에는 한 학기나 한 세상을 포함하여 모든 것이 어떻게 끝장나게 되는지를 읊은 위대한 시인들의 시를 중심으로 시 낭송을 했다. 나는 로버트 프로스트Robert Frost의 시를 읽었는데, 그는 자신이 알고 있는 욕심에 비추어볼 때 세상이 불로 끝날지 모른다고 했다. 엘리엇 T. S. Eliot의 시도 읽었는데, 그는 세상이 폭발이 아니라 흐느낌으로 끝날 거라고 했다. 그러나 모든 시인보다 월등한 시인은 단테Dante였는데, 그는 《신곡The Divine Comedy》에서 지옥에서 연옥을 거쳐 하늘 문에 이르는 점진적 상승을 묘사했다. 이 내용을 인간의 역사 과정에 대한 그의 영감적인 환상을 그린 거라고 읽지 못할 이유가 없다. 그러나 작품 초반에는 누구도 따라가지 못할 만큼 생생한 묘사를 하여 대가임을 증명했지만, 하나님의 완전한 존전에 가까이 갈수록 시각적 이미지가 부적절하다는 것을 깨닫고 그는 다른 표현 방법을 강구한다. 최고의 천상계에 가까이 이르렀을 때 그는 전에 들어보지 못한 소리를 들었다고 한다. 잠깐 멈추어서 그것을 듣는다. 그러고 나서 "Me sembiana un riso del universo"라고 기록했다. "우주의 홍소哄笑와 같은 소리"라는 것이다.

여러 해가 지나 내가 이 과목을 가르치는 것 자체가 끝나갈 무렵, 나는 학기 마지막 날 단테의 시를 처음에는 이탈리아 말로 읽고 다음 영어로 읽었다. 이는 모든 주제를 하나로 묶어주었다. 비유와 같이 놀라움을 가져다주는 클라이맥스였다. 상상력이 낳은 최고의 명작이었다. 말로 표현할 수 없는 희망을 찬양하는 것이다. 종강하는 데 이보다 더 좋은 방법이 어디 있을까 생각할 수 없었다. 전 우주가 웃는다? 이 지구 양자를 둘러싸고 있는 태양계, 은하수 그리고 몇천억 무한한 은하계가 모두 요절복통한다? 고통으로 찌든 탄식과 눈물의 전 역사를 무슨 방법으로든 따라잡는 홍소? 그렇게도 많은 죽음과 패배 후에 생명의 하나님이 웃으시는 그 최후의 웃음? 이런 것을 바라는 것은 지나친 일인가? 그럴지도 모른다. 그러나 이보다 적은 것을 바랄 이유가 무엇인가?

마치면서

종강을 하고 시험지를 채점하고 기말 논문을 다 읽고 나면 언제나 '산후 우울증' 비슷한 것을 거치지 않을 수 없다. 학생들, 토론 중 활기찬 주고받음, 끊임없이 터져 나오는 윤리적 난제들, 다음에는 무슨 일이 있을까 하는 나의 기대를 계속 뒤엎는 일, 이 모든 것이 그리워진다. 한두 주일이 지나면 나는 평상의 균형을 유지할 수 있게 된다. 그러고 나서 곧 다음 해에는 이 과목을 어떻게 가르칠까 궁리하기 시작한다. 예수에 관한 책과 최근에 윤리적인 문제들에 대한 논문이 홍수처럼 마구 쏟아져 나오는 판이라 읽어야 할 것이 산적하고, 이야기해봐야 할 것이 무진장이다. 해가 지나면서 나는 이 과목을 들었던 학생들이나 동문들 중 이 과목에 대한 그들의 기억을 놓고 이야기하기 원하는 이들을 자주 만나게 되었다. 더러는 비판과 제안을 주기도 했는데, 나는 이런 것에 귀 기울이려고 애썼다.

그리고 거의 20년이 지나 이 과목을 그만두고 '은퇴'하기로 결정했을 때 나는 새로운 종류의 슬픔, 애도와 같은 무엇, 혹은 포르투갈 말로 '사우다데saudade'라고 하는 일종의 시원섭섭한 마음 같은 것을 이겨내야만 했다. 20년 동안 내가 일주일에 두 번씩 강의했던 그 큰 강의실 중 하나에 발을 들여본 적도 두어 번 있었다. 내가 미리 알고 있어야만 했지만, 아무튼 이런 노스탤지어로의 여행이 결코 내 슬픔을 줄여주지 못했다. 결국 나는 좀 더 건설적인 방법을 채택하기로 결심했다. 나는 내 과목을 택한 것이 학생들의 윤리적 사유에 실제적으로 영향을 끼쳤는가, 끼쳤다면 어떻게 끼쳤는가를 평가하기로 한 것이다. 수많은 학생에게 성적을 주었지만, 이제 내가 이 과목 자체에 성적을 매겨보기로 했다.

나는 매우 비과학적 접근 방법을 채택했다. 내 강의를 들었던 학생을 우연히 만나게 될 때마다, 나는 일련의 짧은 질문들을 쏟아냈다. 학부 필수 선택 중 '윤리적 사유' 분과가 표명한 본래의 목적, 그리고 윤리적 삶의 기본 요소들에 대한 나의 확신으로 돌아갔다. 윤리적 선택은 그것이 윤리적 결단이라고 뚜렷이 제 모습을 드러내는 일이 거의 없이 재정적, 임상적, 정치적 결정 같은 다른 결정들의 옷을 입고 다가온다는 불편한 사실을 감안할 때, 학생들이 여러 가지 결정해야 할 상황에 처했을 때, 그것이 결국 윤리적 결정이라는 사실을 알아차리게 하는 데 도움이 되었을까?

대부분의 학생들은 도움이 되었다고 생각했다. 우리는 가족 관계, 정치, 유전학, 성性, 계급, 세대 간의 갈등, 의료 과정, 인종, 생태계, 고문, 폭력과 비폭력, 죽음과 죽어감, 지도력의 스타일, 그리고 몇십 가지 다른 문제들을 다루었다. 사실 어떤 학생들은 우리가 너무 많은 문제를 너무 급히 다루었지만, 그런 문제들 중 하나를 더욱 깊이 파고드는 기말 논문을 쓸 수 있어서 다행이었다고 했다. 아무튼 이 과목은 학생들에게 이런 문제들이 결국 윤리적 문제라는 사실을 알게 하는 데 도움을 주었다는 점에서 꽤 높은 점수를 받을 자격이 있다고 생각했다.

무엇이 '옳은 일을 하는 것'인가를 결정할 수 있는 능력은 어떻게 되는가? 이것은 좀 더 묘한 문제다. 예수의 가르침과 모범에 비추어보아 어느 문제에서는 대략적인 합의에 이를 수 있다. 그러나 다른 많은 문제의 경우 그럴 수 없었다. 어느 주어진 상황에서 '옳은 일'이란 무엇인가 하는 것은 학생마다 다 다르다는 것이 분명해졌다. 아마도 이 과목은 깊이 반성해보지 않은 일정량의 행동을 제거하는 데 도움을 주었을지도 모른다. 그러나 아무리 생각해보아도 모를 일이 수없이 많은 이 세상에서 아무리 최선의 정보를 가지고 결정한 결정이라도 틀릴 수 있다는 자각을 가지고 살아가는 법을 배우는 게 중요하다는 것도 분명해졌다. 올리버 크롬웰Oliver Cromwell은 1650년 스코틀랜드 교회 총회에 보낸 편지에서 "나는 그대들이 그대들도 실수할 수 있다는 생각을 하시길, 그리스도의 자비심을 의지해, 비는 바이다"라는 유명한 말을 했다. 300년 후 핸드 판사는 이 말이 "미국에 있는 모든 교회, 모든 학교, 모든 법정, 그리고 감히 말하거니와, 모든 입법 기관의 입구에" 새겨졌으면 좋겠다고 했다.[1]

자기도 실수할 수 있다는 것을 자인했다고 해서 크롬웰이 결정적인 행동을 취하지 않은 것이 아니다. 그 행동 중 많은 것은 성급하고 무정해 보이기도 한다. 아일랜드 사람들에 대한 그의 잔인성은 오늘까지도 그 후예들이 기억하고 있을 정도다. 그러나 이 과목이 학생들에게 무엇이 옳은가 하는 문제를 놓고 다른 사람들이 진지하게 고려하고도 학생 자신들의 결정과 사뭇 다른 결정에 도달할 수 있다는

마치면서

사실을 알게 해주었다면, 그것은 중요한 공헌이라 할 수 있다.

학생들은 자기들이 이 과목 수업을 시작할 때는 윤리적 선택에 대해, 심지어 자기들이 깊이 고려하는 문제에 대해서도 혀가 얼어붙은 듯했는데, 강의와 토론을 하면서 두 가지 일이 생겼다고 했다. 하나는 자기들이 믿는 바를 좀 더 조리 있게 전개하는 법을 배웠고, 다른 하나는 자기들이 아무리 굳게 믿는 확신이라도 되씹어보지 않을 수 없다는 생각, 자기들도 '실수하는 것이 가능하다'는 생각을 하게 되었다는 점이다. 이들의 코멘트를 들으면서 처음 내가 이런 과목을 가르칠까 말까 하면서 망설이던 일이 생각났다. 주의 깊은 토의와 연구만으로도 학생들이 윤리적 사유의 기술을 연마할 수 있을 거라고 한 동료 교수들의 주장이 적어도 부분적으로는 맞는다는 사실을 인정하게 되었다. 이 과목은 윤리적 논의의 수준을, 비록 조금이나마, 그리고 그것을 진지하게 생각한 학생들에 한한 일이지만, 올려준 것 같다. 그러나 내가 더욱 확신하는 것은 어떤 가설적인 경우가 아니라, 사람들이, 특히 학생들 자신들이, 일상에서 당면하는 실제적 선택과 결정을 가지고 이끌어가려고 한 나의 전략이 이 과목을 단순히 이론적 입씨름이 되고 말 위험에서 구해주었다는 것이다. 학생들은 이 문제들이 그저 '케이스 스터디' 같은 것이 아니라는 사실을 알고 있었다. 이것들은 실로 실제의 문제들이었다. 나는 이런 면에서 이 과목이 A⁺는 아니더라도 꽤 좋은 성적을 받을 자격이 있는 것 아닌가 생각했다.

그러나 거창한 질문, 곧 윤리적 용기는 어떻게 되는 것인가? 윤리적 결단이라는 것을 인지하고 그들이 믿기에 무엇이 옳은 일인지를 가려내는 법을 배운 다음, 그들은 그것을 그대로 '행동'에 옮길 수 있는 배포를 가지고 있는가? 인기가 없는 결단의 결과를 참아내고, 반대와 조롱이 그들을 고립시키더라도 끝까지 의연해할 용기를 불러올 수 있는가?

내 과목을 택한 학생들이 이 질문에 대답하는 것은 불가능은 아닐지 모르지만 매우 어려운 일이었다. 분명히 이것은 이 과목이 내건 중요한 목적 중 하나였다. 그러나 그 진정한 결과는 오직 훨씬 나중에 가서야 드러날 것이다. 졸업 후 15년이나 20년 뒤에 그들이 어려운 윤리적 선택에 부딪혀, 그것을 인지하고, 올바른 행동이 무엇인지 결정하고…… 그러고 나서 쉬운 길을 선택하는 유혹에 빠지게 된다면 어떻게 될까? 이것은 물론 어느 누구도 눈치챌 수 없는 선택일 수 있다. 그 낡아빠진 ROTC 건물에서 같이 수업을 들었던 동료 학생 누구도 그들을 비난할 수 없을 것이다. 어느 교수도 기말 논문 한쪽 여백에다 물음표를 달지 않을 것이다. 내가 학생들에게 전해주고자 했던 교훈 중 하나는 다른 사람들과 계속해서 윤리적 선택을 놓고 토론하는 것이 중요하기 그지없지만 그들이 그렇게 할 의사나 능력이 없을 수 있다는 것이었다. 물론 경우에 따라서는 그들이 윤리적 용기 테스트에 낙제할 수도 있다. 다른 사람들이 결국은 그들의 과오를 알아차릴 수도 있다. 그러나 더욱 빈번한 일은 그들 자신의 양심만이 이 테스트에 대답할 수 있을 뿐이다. 그들의 양심은 무슨 대답을 할까?

대학 등록실에서 줄 수 있는 성적들 중에서 이 부분에 가장 잘 들어맞을 것 같은 성적은 바로 'incomplete미완'다. 이 성적은 적절한 이유와 사전 허락이 있을 경우 기말 논문이나 시험치는 일을 연기한 학생들에게 주는 성적이다. 그렇지만 이 성적은 보통 다음 학기가 끝나기 전에 모자란 요건을 충족시켜 다른 성적으로 바꿔야 한다. 그러나 우리는 학생들뿐 아니라 과목 자체도 영원히 'incomplete'이라는 성적으로 살아갈 수밖에 없다.

"예수님이 오늘 되돌아오신다면 그분은 어떻게 생각하시고 어떻게 행동하실까?" 하는 질문은 그동안 엄청난 양의 이론과 소설과 이야기를 불러일으켰다. 그중 어떤 것은 거론할 여지도 없이 엉터리다. 대부분은 크게 도움이 되지 않는다. 상당수가 낙제를 하는데, 이런 질문을 하는 사람들 대부분이 자기들 나름대로 꿍꿍이속을 가지고 있기 때문이다. 낙제하는 또 다른 이유는 그들이 예수가 랍비였다는 것, 따라서 예수는 문제에 접근할 때 명확한 대답을 전해주는 대신 더 많은 질문을 던지거나 이야기를 하는 등 나름대로 독특한 방법을 가지고 있었다는 사실을 기억하지 못했기 때문이다. 아무튼 "그분이 오늘 무엇을 하실까?" 하는 기본 질문은 예리한 비평가들이 생각하는 것처럼 그렇게 어리석은 것만은 아니다. 그러나 여기에 대답하려면 거의 모든 성서 신학이나 도덕 이론의 한계를 훨씬 뛰어넘어야 한다. 예수가 결코 당면해보지 못한 상황으로의 도약, 상상력의 도약이 있어야 한다. 나는 인간의 상상력이 오늘날 죽었거나 죽어가고 있다고 주장하는 사람들의 말을 믿지 않는다. 이에 반하는 반증이 너무나도 많기 때문이다. 상상력이 약화되었을 수는 있다. 그러나 상상력은 배양되고 강화될 수도 있다. 상상력이 이야기라는 풍요로운 음식을 먹게 되면 다시 한번 우리가 우리 전 생애를 통해 씨름하던 윤리적 문제를 집중적으로 공략할 수 있을 것이다.

452

예수에 관한 과목이 학생들에게 어떤 영향을 끼쳤는가 평가하는 일을 몇 년 한 다음, 나는 더욱 어려운 질문에 봉착했다. 그 과목이 나 자신에게 어떤 영향을 미쳤을까였다. 어려운 질문이었다. 예수라는 인물은 내 기억이 미칠 때부터 나에게 중요한 분이었고, 그에 대한 나의 관계는 언제나 (나는 이 말을 의식적으로 쓴다) '친구'와 같은 관계였다. 어렸을 때 나는 하나님이 찡그린 얼굴을 하고 수염 달린 노인이라고 생각했다. 성령이 어떠했으리라고는 상상해본 적이 없다. 마리아는 예수의 어머니로만 알고 있었다. 그러나 내가 좋아하던 찬송가는 "어찌 좋은 친군지" 하는 것이었다. 내가 예수와의 관계를 생각할 때마다 쓰고 싶은 말은 바로 '친구'였다. '구주'니 '주님'이니 하는 말보다 더욱 좋았다. 이런 말들도 중요하다는 것을 알고 있었지만 '친구'라는 것이 그중 제일 우위를 차지했다.

내가 신학을 연구하고 가르치는 동안 예수를 친구로 생각하는 것을 비판하는 많은 서적을 읽었다. 어떤 사람들은 이 말이 너무 친밀하고, 입 싸고, 혹은 유아적이라 생각했다. 심리학자들은 보이지 않는 친구나 '마술적 도우미'를 데리고 있는 유치한 버릇에 너무 오래 집착하면 위험하다고 경고한다. 어떤 신학자들은 예수를 친구로 하는 것이 좋지 않은 이유가 거룩한 분의 위엄과 초월성을 왜소하게 하는 결과를 낳을 수 있기 때문이라고 한다. 그러나 나는 이런 논증에 흔들린 적이 없다. 우리는 우리 스스로를 표현하기 위해 오로지 인간의 말, 인간적 관계에 의존할 수밖에 없고, 이런 것이 '사랑하는 이'라는 말에서부터 '왕'에 이르기까지, '골짜기의 백합화'에서부터 '밝고 빛난 계명성'에 이르기까지 우리가 예수에 대해 이야기할 때

마치면서

사용할 수 있는 메타포(은유)를 제공해준다. 이 모든 것 중에서 나는 아직도 친구라는 말이 내가 예수와 맺고 있는 관계를 어떻게 경험하게 하는지를 전해주는 말로서뿐만 아니라 예수의 메시지 자체의 핵심을 가리키는 데 가장 가깝게 다가오는 말이라 생각한다.

이렇게 생각하는 것은 나 혼자만이 아니다. '친구'라는 말에 대해 똑똑한 비판자들도 있지만 똑같이 똑똑한 옹호자들도 있다. 친구란 우리의 허물에도 우리를 사랑하고 받아주며, 우리와 함께하기를 즐기며, 가장 어려울 때 우리의 편이 되어주는 사람이다. 20세기 가장 뛰어난 신학자 카를 바르트는 그의 여러 권짜리 신학을 한마디로 요약하라면 "하나님은 우리 '위하여'서이시다"라 할 수 있다고 했다. 나에게 가장 큰 영향력을 발휘한 신학자 디트리히 본회퍼는 예수를 단순히 '남을 위한 존재'라고 정의했다. 나는 이 학자들의 생각이 옳다고 생각한다. 예수의 전체 메시지의 요체는 하나님께서 가장 훌륭한 친구처럼 우리 모든 인간과, 특히 달리 친구가 없는 사람들과 끝까지 함께하시기로 선택하셨다는 것이다.

이 과목을 가르치면서 개인적으로나 지적으로 내가 맞붙어 씨름하지 않을 수 없었던 가장 큰 도전은 예수가 그렇게도 다양한 사람에게 그렇게도 다양한 의미를 지니고 있다는 사실이었다. 재로슬라프 펠리컨Jaroslav Pelikan이나 샬로트 앨런Charlotte Allen 같은 학자들은 역사적으로 출현한 예수관의 그 많은 종류, 어느 것은 금방 사라져버리고 어느 것은 지금까지 끈질기게 내려오는 것들을 숙련된 솜씨로 정리해놓았다.[2] 최근에는 스티븐 프로디로Stephen Prothero가 미국 역사에서 나타난 여러 가지 예수 해석을 도표로 만들었다.[3] 나사렛 출신 인간 예수를 잘 다듬어진 도덕적 이신론理神論의 모범적 패러다임(토머스 제퍼슨의 주장)이라 보거나 거의 광적인 말세론적 환상가(알베르트 슈바이처의 주장)로 보는 이론들을 아직도 기억하고 있는 사람들이 어디 있겠는가? 브루스 바턴Bruce Barton은 예수를 탁월한 재능을 가진 최고 세일즈맨으로 재벌이 될 뻔한 사람이라 묘사했다.[4] 어떤 저술가는 예수가 인간으로 결코 존재한 일이 없고, 그 이름은 1세기 유목민 떠돌이 패가 흡입하던 환각초를 부르는 이름일 뿐이었다고 주장하기까지 했다. 학생들과 나는 이 한 사람의 정체성에 대해 그렇게도 끝없이 많은 것이 제시되었다는 사실에 곤란해하고 당황해했었다. 어떤 것은 천박하고 또 어떤 것은 비열하기까지 했다. 한계가 있는가? 어떻게 한 사람이 이와 같이 혼란스러운 뒤범벅의 무엇을 만들 수 있단 말인가?

해가 가면서 나는 이와 같은 신학적 혼란에서 두 가지 사실을 주목하게 되었다. 첫째는 비록 예수에 대한 해석이 수없이 많지만 그 중에는 지속될 수 없는 것들이 있다는 사실이다. 히틀러의 철학자들은 잠시 동안 예수를 반유대주의자로 만들려 했지만 최고 열성 나치 당원들만이 이런 괴상한 생각을 받아들였을 뿐이다. 카스트로의 추종자들은 한때 기관총을 들고 있는 예수의 포스터를 배포한 적이 있지만 손꼽을 정도의 사람만이 이를 심각하게 받아들였고, 이 포스터는 지금 수집가들의 수집 품목이 되어 있을 뿐이다. 이런 것을 보면서 나는 예수가 유연한 분이기는 하지만 끝없이 늘어나는 것만은 아니라는 확신을 갖게 되었다. 아무튼 우리는 성경에 나오는 이야기들, 예수가 들려준 이야기들과 그에 대해 다른 사람들이 한 이야기들로

마치면서

계속 되돌아가야 한다. 그리고 예수는 언제나 이런 뒤틀린 묘사에도 의연히 살아남는다고 하는 사실을 주목하게 된다.

내가 주목한 두 번째 사실은 예수에 대한 해석이 계속 뻗어 나가는 것은 최근의 일만이 아니라는 점이다. 예수에 대한 견해가 많지 않았던 때가 한 번도 없었다. 그리스도인들은 예수가 누구였는가 하는 문제를 놓고 만장일치의 의견을 가진 적이 결코 없었다. 이것이 그리스도교에서 발견되는 가장 건강한 특성 중 하나다. 그리스도교는 획일적이 아니었다. 나는 우리에게 하나가 아니라 네 개의 복음서가 있는 것을 다행으로 생각한다. 네 개의 복음서는 예수에 대해 모두 한 사람이라고 알아볼 수 있을 정도로만 기술할 뿐 그에 대해 모든 면에서 일치하지 않고 있다. 복음서들이 각각 다른 것은 각각 다른 독자들을 위해 썼다는 이유뿐만 아니라, 마가의 예수 이해가 어느 면에서 마태의 예수 이해와 다르고, 누가의 예수 이해가 요한의 예수 이해와 다르기 때문이기도 했다. 우리에게 한 가지 복음서만 있었다면 그것은 가공할 만한 상실이었을 것이다. 우리는 갇히거나 강요당하는 기분을 가졌을 것이다. 우리가 예수를 이해할 때 필요한 창의성과 변화의 가능성은 방해를 받게 되고, 이는 예수가 가르치는 메시지의 핵심을 부정하는 것이다. 예수의 메시지는 양방향성과 상상적 반응을 요청했고 아직도 그렇게 하고 있기 때문이다.

내게 정말로 의미심장한 사실로 다가오는 것은 교회가 한때 가지고 있던, 혹은 가지고 있다고 주장했던, 예수에 대한 해석을 조정할 전매권을 상실했다는 사실이다. 예수는 어느 교회 기구에 속해 있지 않다. 사실 속한 적도 없다. 예수가 이제 '세상에 속해 있다면' 그것이 그가 속해 있어야 마땅한 곳이다. 만약 이슬람교도들이나 불교 신도들, 여성 운동가나 인문주의자들이 예수를 자기들의 사람이라 주장한다면, 그들의 예수관이 물론 유일한 결정판일 수는 없다는 점을 인정하는 한, 그 주장도 전적으로 정당하다. 나는 예수를 환각초라 한다든가 떠오르는 사업가라 한다거나 심지어 훌륭한 의도를 가진 정신병자라 묘사한다고 해서 걱정하지 않는다. 나는 예수가 이런 이상한 수의를 벗어던지고 그들이 그를 장사 지낸 무덤의 무장 보초원까지도 나가떨어지게 하리라 확신한다. 그 젊은이가 부활절 주일에 무덤에 나타난 세 여인에게 던진 힘 있는 질문, "어찌하여 부인들은 살아 계신 분을 죽은 사람들 가운데서 찾고 있습니까?" 하는 것은 아직도 적절한 질문이다.

몇십 년 예수에 관해 글을 쓰고, 생각하고, 가르친 후, 나는 아직도 예수를 친구로 생각하지만, 그가 점점 더 포착하기 어렵고 뭐라 꼭 집어 말하기가 불가능하다는 사실을 발견하게 되었다고 정직하게 보고할 수 있다. 자주자주 그는 나를 놀라게 한다. 때로는 겨울 오후 하버드 교정을 거닐기도 하고, 학부 학생들, 박사 후보생들, 교수들과 담소하기도 하고, 일하는 여자나 청소하는 사람과 함께 도넛을 커피에 적셔 먹기도 하고, 교회 지하실에서 노숙자 쉼터를 운영하고 있는 학생들을 도와 또 하루의 추운 밤을 준비하며 침대를 정리하는 그의 모습을 본다. 때로는 그 쉼터를 찾아 떨며 들어오는 노숙자 중의 하나에서 그를 본다. 그러나 왜 내가 이런 것을 보고 놀라야 하는가? 그는 그가 언제나 있었던 곳에 있고, 그가 언제나 하던 일을 하고 있을 뿐이다. 귀천을 가리지 않고 가르치고, 이야기하고, 먹고 마

마치면서

시는 그런 일을. 오늘도, 그때와 마찬가지로 그는 환영과 망설임, 회의주의와 거절의 뒤섞임을 만나게 된다. 그는 종교적, 정치적 기득권자들과 갈등을 일으킬 위험을 늘 가지고 있다. 그러나 그는 사람들을 부드럽게 인도하여 삶을 다른 시각에서 보게 하고 심지어 다른 방법으로 살게 해준다.

예수가 하버드에 왔다. 한 번만이 아니다. 그는 내가 '예수와 윤리적 삶'이라는 과목을 가르치기 오래전부터 와 있었고 내가 그 과목을 가르치지 않게 되었어도 하버드를 떠나지 않았다고 확신한다. 그는 아직 거기 있는데, 여전히 포착하기 어렵고, 여전히 꼭 집어 뭐라 하기 힘들다. 그러나 그는 변함이 없는 이, 바로 그 랍비다. 그는 결코 포기하지 않을 것이다.

감사의 말

이 책은 내가 여러 해 동안 가르친 과목 덕에 나왔다. 그러니 20년 넘도록 그 과목이 그런 모습이 될 수 있게 공헌한 몇천 명 학생들의 이름 하나하나를 다 적으면 좋겠지만, 물론 그렇게 할 수 없어 유감이다. 그러나 만사 여의하다면 그들도 당연히 이 책의 공저자들로 포함해야 마땅할 것이다.

나는 그들의 이름을 밝히지 않은 채 자주 인용했는데, 익명성을 보존하려고 해서만이 아니라 많은 경우 그들이 정확하게 무슨 말을 했는지, 혹은 누가 어떤 기민한 발언을 했는지 잊어버렸기 때문이기도 하다. 어디서 들었는지도 잊어버리는 경우가 허다하다. 강의가 끝나고 질문과 대답을 주고받는 동안이었는지, 혹은 토의 시간에 한 코멘트였는지, 학교 앞 술집에서 더블 카푸치노를 마시며 비공식적인 담소를 나눌 때 나온 말인지 확실하지 않다. 이런 경우들은 서로 합쳐지는 경향이 있다.

또 내가 강의 시간에 설명한 것이라 생각하지만 그렇게 하지 않은 생각들을 여기에 표현해놓았을 수 있다는 점도 인정한다. 그렇게 오랜 세월이 흘렀으니, 다 기억할 수가 없다. 우리 중 많은 사람의 경우 가장 기찬 말대답이 우리가 집에 도착해서야 머리에 떠오르게 되고, 몇 년 지난 다음에는 그것을 우리 스스로가 정말로 만들어낸 것처럼 생각하기 쉽다. 이런 것들이 나이 드는 데 따르는 곤혹스러움이다. 그러나 이런 생각들은 역시 그 가치를 보존하고 있다. 그렇지 않았다면 여기 포함시키지 않았을 것이다.

내가 즐겨 대화한 친구들과 동료들도 모두 거명하면 좋겠지만 그렇게 하지 못하는 것 역시 유감이다. 나는 그들에게서 내 지적 레퍼토리에 저장했다가 결국 이 책에 대부분 별도의 거명도 없이 써먹은 많은 통찰을 얻을 수 있었다. 전적으로 독창적이 된다는 것은 아주 어렵다. 나의 친구요 동료로서 신약과 초기 그리스도교 분야에서 크게 공헌하는 학자 앨런 캘러한 교수에게 특별히 감사하는 바다. 그와 나는 한 번 예수에 관한 과목을 같이 가르쳤는데, 여기서 엄청나게 많은 것을 배웠다. 그는 또 너그럽게도 이 책의 원고를 읽고 여러 가지 기민한 제안을 해주어 이 책을 많은 우둔한 과오에서 구해주었다. 이 책에서 역사적으로 정확한 것이 있다면 그것은 그의 안내 덕분이다. 그래도 엉터리가 남아 있다면, 물론 전적으로 내가 만들어낸 것이다.

끝없이 길어지는 것이 감사 부분의 본질에 속한다. 내 생애의 어느 시점 내가 비록 알지 못하지만 내 영적, 지적 발전에 공헌하지 않은 사람이 누구겠는가? 그러나 이 모든 이름을 나열하기보다 내가 예수에 관한 과목을 가르치기 시작한 첫 해 그 과목을 수강한 한 젊은 여학생, 그 이름조차 모르는 그 여학생에게 고마움을 표하고 싶다. 그 여학생을 이 책에서 이름 밝히지 않은 다른 모든 자료와 영감을 대표하는 상징으로 언급하고자 한다.

그 일은 이렇게 된 것이다. 하버드대학교에서 예수에 관한 과목을 처음으로 가르치기 시작했을 때 나는 아주 걱정되고 염려스러웠다. 학부 학생들에게 이런 과목을 전에 가르쳐본 일이 없었다. 등록하는 학생들이 있을까? 강의를 잘할 수 있을까? 이런 초조한 마음과 의심 밑으로 더욱 근본적인 의문이 있었다. 이런 과목이 정말로 필요한가였다.

일종의 대답은 바로 첫 몇 주일 동안에 왔다. 많은 수의 학생이 등록했다. 거기까지는 좋았다. 그러나 나는 아직도 확신이 서지 않았다. 그리고 나서 둘째 주일인가 강의를 하는데, 귀를 째는 듯한 화재 경보기의 굉음이 내가 가르치던 낡은 건물의 벽을 흔들었다. 이런 일이 가끔씩 있을 거라는 경고를 받은 바 있어서, 일단 강의를 중단하고 학생들에게 모두 뒷면에 있는 출구들로 걸어서, 혹은 뛰어서, 나가라고 했다. 나도 강의록을 들고 강단에서 내려와 학생들의 뒤를 따라가고 있었다. 그때 검은 머리를 뒤로 땋아 내린 한 젊은 여학생이 통로에서 다른 학생들과 반대 방향으로 나를 향해 오느라 기를 쓰며 내려오고 있었다. 자기의 공책을 머리 위로 흔들면서 뭐라고 큰 소리를 쳤는데, 경보기 소리 때문에 무슨 말인지 알아들을 수가 없었다. 나는 그 여학생 뒤에 있는 가까운 출구를 가리키며 "화재 경보음! 출구로 나가요, 출구로!" 하고 큰 소리를 쳤다. 그러나 그 여학생은 아랑곳하지 않고 반대 방향으로 나가는 학생들에게 이리저리 떠밀리면서도 계속 나를 향해 오고 있었다. 드디어 가까이까지 와서 그 여학생이 하는 말을 알아들을 수가 있었다.

감사의 말

"그런데 다음 시간까지 읽어야 하는 게 뭐예요? 뭘 읽어오면 돼요?"

나중에 보니 불이 난 것이 아니었다. 잘못된 경보였다. 그러나 나는 그 여학생에게 엄청나게 깊은 인상을 받았다. 그 여학생은 약간 엉뚱한 면을 가지고 있었을지도 모른다. 그러나 나는 그 여학생의 즉흥적인 행동을 달리 해석하기로 했다. 여기 다음 시간에 뭐를 읽고 와야 하는지 알지 못하고 가느니 차라리 화염을 무릅쓰겠다는 용감한 학생이 있구나, 생각이었다. 그 여학생의 무모한 행위를 보고 이런 과목이 있어야 할 필요가 정말 있구나, 그리고 나는 적어도 지금 그 필요를 충족시키는 셈이구나 하고 확신했다.

물론 이 과목을 택한 모든 학생이 이 여학생과 같은 과도한 열성을 가지고 있지는 않았다. 그러나 여러 해가 지나도 나는 아직 그 머리를 뒤로 땋았던 여학생을 즐거운 마음으로 떠올리고 있으며, 진심에서 우러나는 고마움을 전하고 싶다. 그 여학생은 약간 지나치게 열성적이었는지도 모른다. 그러나 그 여학생은 내가 그 과목을 가르치는 여러 해 동안 알게 된 많은 학생과, 강의실 밖에서 만난 셀 수 없을 정도의 사람들과, 많은 특성을 공유하고 있었다. 그 여학생과 마찬가지로 다른 이들도 한편으로는 그들이 부딪히게 되는 꽉 막힌 윤리적 오만이 역겨웠고, 다른 한편으로는 유약한 '좋은 게 좋아' 식의 느슨함도 불만스러웠다. 그들은 모두 나사렛 예수를 더 알면 알수록 그들의 윤리적 사유가 그만큼 명쾌하게 되리라는 희망을 공유하고 있었다. 그러나 역시 그 여학생과 마찬가지로, 많은 학생은 역사적으로 가장 큰 윤리적 영향력을 발휘했다고 많은 사람이 믿고 있는 이 인간 예수를 파악하기가 힘들다는 것을 발견하게 되었다. 예수는 많은 경우 너무 멀리 있는 것 같다. 아마도 우리가 잘못된 곳에서 그를 찾기 때문일 것이다. 이 책은 이런 불만족스러운 구도자들을 위해서 꾸며졌다. 나는 이 책이 또, 자기는 몰랐겠지만, 그때 불안감에 가득 찼던 한 교수에게 용기를 주어 최선을 다하도록 해준 그 머리 많은 여학생에게 주는 때 지난 감사의 표시가 되기를 바라는 마음이기도 하다.

감사의 말

초판 옮긴이의 말

지난여름 한국에 있을 동안 문예출판사 기획실로부터 이 책을 번역해달라는 부탁을 받았다. 책의 저자나 제목으로 보아 구미가 당기는 일이었지만, 정중하게 거절했다. 다른 출판사에서도 달라이 라마의 책을 번역해달라는 등 비슷한 제의를 받았으나 모두 사절한 상태였다. 지금 당장 내 책을 몇 권 계속 써야 할 판에 남의 책을 번역하고 있을 시간적 여유를 찾을 수 없다고 생각했기 때문이다.

며칠 있다가 문예출판사 김일수 기획실 대리에게 다시 전화를 받았다. 책의 성질상《예수는 없다》를 쓴 내가 꼭 번역해주었으면 좋을 책이니 일단 원고를 좀 보라는 것이었다. 일단 원고라도 보기로 하였다. 그러고는 한참 망설이다가 번역하기로 결정을 내렸다. 그런 결정을 내린 데는 다음과 같은 몇 가지 이유가 작용했다.

첫째, 무엇보다 저자가 하비 콕스라는 이유에서다. 그는 내가 대학원 시절 크게 감명을 받은《세속 도시》라는 책의 저자다. 그 후로 그의 책이 나올 때마다 거의 다 읽으면서 그의 학문적 관심과 정신적 여정이 어느 면에서 나와 상당히 비슷하다는 느낌을 가진 바 있었다. 이런 학자의 책을 내 손으로 한국에 소개하는 것도 나름대로 의미 있는 일이 아닌가 하는 생각이 들었다.

둘째, 이 책의 제목과 주제 때문이다. 내가 쓴 《예수는 없다》이후 나도 '예수' 문제에 대해 자연히 더욱 깊은 관심을 갖게 되었는데, 내가 좋아하는 저자가 같은 문제로 책을 내게 되었다니 자연히 읽어보고 싶은 생각이 들었다. 일단 훑어본 결과 그도 기본적으로는 내가 한 이야기와 여러 면에서 비슷한 이야기를 하고 있지만, 내가 충분히 다루지 않은 부분이나 부활, 승천, 재림 등 전혀 다루지 않은 문제에 대해서도 그 나름대로 이야기를 잘하고 있기에, 어느 면에서 약간 나 중심적인 생각인지 모르지만, 내 책을 읽은 독자 중 이런 문제에 대해 뭔가를 더 읽기 원하는 이들에게 나름대로 보탬이 될 수 있을 거라는 생각이 들었다. 앞으로 나 자신이 그런 문제를 내 나름대로 풀어낼 생각이지만 우선은 이런 책을 통해 생각할 거리를 얻는 것도 좋으리라 여겨졌다.

셋째, 미국 대학에서 '예수'에 관한 과목이 학부 교양 과목으로 설치되어 있고, 그 과목이 어떻게 교수되었는가, 학생들의 반응은 어떠했는가 하는 것 등이 한국에 소개되어 한국 대학에서도 예수나 공자, 석가 등을 학문적으로 가르치는 종교학 과목이 일반 대학의 교양 선택으로 설치될 수 있었으면 하는 마음도 있었다. 현재 한국에서는 극소수 종교학과가 있는 대학을 제외하면 세계 종교를 가르치는 일이 거의 전무한 상태라 할 수 있다. 인류의 정신적 유산을 학문적으로 알아보는 일은 건전한 인문학을 위해 빠질 수 없는 일이다. 지금 내가 가르치고 있는 이 캐나다 대학만 해도 공립대학으로 특정 종교와 전혀 관계가 없지만 세계 여러 종교와 종교 현상들의 의미를 탐구하는 것을 목적으로 하는 종교학과가 있고, 여기서 가르치는 과목 중 예수에 관한 것이 두 개다. 그중 하나는 스스로 무신론자라 공언하는 교수가 가르친다. 부디 이런 책이 계기가 되어 한국 대학에도 종교 현상을 학문적으로 다루는 종교학 과목들이 더욱 많이 개설되기를 기대해본다.

또, 어차피 나 자신의 책을 쓰려면 참고 문헌이 갖추어진 내 연구실에서 할 수밖에 없는데, 여름 동안 연구실에서 벗어나 떠돌고 있는 상태였기에, 한여름 홀가분한 마음으로 이런 책을 번역하는 데 시간을 써도 좋겠다는 생각도 들었다.

아무튼 이런저런 이유로 번역에 착수해서 예정대로 여름 동안 끝을 냈다. 미국에서도 아직 정식으로 출판되어 나오지 않은 원고 상태에서 번역하느라 도중에 원고가 일부분 바뀌는 데 따라 번역도 바뀌곤 했지만 일단 마무리를 하고 나니 시원한 느낌이다. 12월 미국과 한국에서 동시 출판될 예정이라니 그런 점에서도 나에게는 새로운 경험이라 할 수 있다.

책을 읽은 독자들은 아시겠지만, 이 책에서 하비 콕스 교수가 특히 강조하는 것은 예수를 철두철미 유대 랍비로 보고, 그의 생각과 말과 행동을 어디까지나 유대 랍비 전통의 틀 안에서 이해해야 한다는 것이다. 유대 랍비의 전통이란 무엇인가? 랍비 전통에서 사람들을 가르칠 때 쓰는 특징적인 방법은 무엇인가? 콕스 교수에 따르면, 인생을 살아가면서 당면하는 여러 가지 문제를 놓고 고민하는 사람들에게 기존 전통에서 내려오는 고정된 윤리 강령이나 지침을 그대로 되풀이해주는 것이 아니라, 이야기나 비유나 반대 질문 등을 통해 듣는 사람들의 고정 관념이나 인습적 관행을 뒤흔들어줌으로써, 그들 스스로 삶과 세계를 새롭게 볼 수 있는 안목을 갖도록 일깨워주는 것, 그리하여 이런 새로운 안목을 가지고 자기 나름의 해답을 찾아내어 스스로 결단하도록 해주는 방법이라는 것이다.

콕스 교수는 랍비로서의 예수가 사용한 방법이 바로 이런 것이라고 주장한다. 따라서 복음서에 나오는 예수의 가르침을 놓고 우리도 우리 스스로 일깨움을 얻는 것, 그리하여 지금 여기에서 우리에게 최선의 해결책이 무엇인가 우리 스스로 고민해서 찾아내는 것, 그리고 거기에 따라 최선의 윤리적 결단에 이르는 것이 중요하다고 역설한다. 그런 의미에서 예수의 가르침도, 모두 선禪에서 말하듯, '달을 가리키는 손가락' 역할을 한다고 볼 수 있다는 것이다. 종교적 텍스트를 읽을 때에는 그 인식 내용을 찾아내려 하기보다 그것에 의해 내면적 일깨움을 얻기 위해 '환기식 독법evocative reading'으로 읽어야 한다는 나의 평소 생각과 맥을 같이하는 것이다.

이 책 번역에서 성경 본문은 특별한 경우를 제외하면 모두 새로 나온 《표준 새번역 개정판》을 사용했다. 이 번역판을 선물로 주신 대한성서공회 총무 민영진 사촌형께 감사드린다. 컴퓨터 자판을 두드리느라 허리와 어깨가 아플 때 가끔씩 내가 불러주는 것을 받아서 쳐준 집사람에게도 고마움을 표하는 바이다. 이 번역을 주선한 문예출판사 전병석 사장님, 기획실 김일수 대리, 편집부 여러분께 감사드린다.

역자로서 바라는 바가 있다면 콕스 교수가 이 책에서 풀이한 예수의 가르침을 통해 우리 중에 달을 보게 되는 이들이 더욱 많아졌으면, 그리하여 그들의 삶이 더욱 풍요롭고 더욱 깊어지는 경험을 하게 되었으면 하는 것이다.

캐나다 리자이나대학교에서

오강남

개정판에 붙여

이 책 초판이 2004년에 나온 이후 20년이 흘러, 그사이 맞춤법이나 띄어쓰기 등의 변화가 있었습니다. 이번 개정판을 위해 문예출판사 편집실에서는 이렇게 변화된 부분을 수정하고, 여기저기 문장도 다듬었습니다. 번역자로서 고마움을 전합니다. 저도 물론 원문을 대조해가며 다듬는 데 일조했습니다.

개정판을 내면서 번역자로서 한마디 하라는 부탁을 받았습니다. 번역자의 변은 초판에 비교적 자세하게 썼기에 구태여 달리 말할 것 없이 이 책의 원저자 하비 콕스가 서문에서 한 말을 저도 따라 하고 싶습니다.

내가 바라는 것이 있다면 그것은 이 책이 하버드 교정을 넘어 더 먼 곳으로 퍼져나가, [예수에 관한] 더욱 포괄적인 탐색 작업을 촉발하고, 모든 연령층의 독자들, 그리고 다양한 종교적 배경을 가진, 혹은 그런 배경이 없는 독자들을 초청해서, 이 신나는 탐색 작업에 동참할 수 있도록 문을 열어주는 것이다.

먼 곳으로 퍼져나가면 좋겠다고 했는데, 한국까지 오게 되었습니다. 한국 독자들도 예수님을 알아보는 탐색 작업에 많이 동참하게 되기를 바랍니다.

'탐색 작업'과 관련하여 번역자로서 감히 한 가지 덧붙이고 싶은 것을 말씀드리고 싶습니다. 제가 최근 한국 토속 종교인 동학과 원불교가 주장하는 개벽 사상을 좀 더 깊이 알아보는 중 예수님도 개벽 운동가였지 않았을까 하는 생각을 하게 되었습니다. 동학이나 원불교에서 말하는 개벽이란 하늘이 무너지고 땅이 꺼지는 그런 우주적 천재지변이라기보다 무엇보다 기본적으로 이 땅에 상극의 시대가 가고 상생의 새로운 질서가 확립되는 것을 의미합니다. 예수님도 "회개하라 천국이 가까이 왔느니라"(마태복음 4:17)고 선포할 때, 그 당시 로마의 식민지 압정에 시달리는 유대인들에게 식민정치를 종식시키고 정의와 사랑이라는 하느님의 통치 원리가 작동하는 새로운 세상을 위해 힘쓰라고 선포한 것이 아닌가 하는 생각입니다.

만약 예수님의 가르침에 이런 개벽 사상이 조금이라도 내포되어 있다면 예수님을 본받으려는 이들도 개인적 영성을 함양함과 동시에 사랑과 정의가 실현되는 세상의 도래를 위해 힘쓰는 것이 그의 윤리적 가르침에 동참하는 것 아닌가 하는 생각을 해보게 됩니다. 좀 엉뚱한 생각일 수도 있겠지만, 콕스 교수 자신도 "예수가 사람들에게 바라는 것은 '세상 자체가 바뀌는 것'을 보는 것"이라고 한 것을 보면 완전히 엉뚱한 것만은 아닐 수도 있겠다고 여겨져 이 책을 읽으시면서 이런 생각도 '포괄적 탐색'의 하나로 간주해주실 수 있지 않을까 하여 몇 자 적었습니다.

독자 여러분의 즐독을 부탁드립니다.

캐나다 제월당(霽月堂)에서

오강남

개정판에 붙여

주

들어가는 말

1 심지어 무신론자들도 예수의 윤리적 모범에 끌렸다. 마르크시즘을 대표하는 철학자 밀
  란 마코베크(Milan Machovec)의 책, 영어로 A Marxist Looks at Jesus(London:
  Darton, Longman and Todd, 1976)의 독일어 원제는 Jesus für Atheisten이다.
2 Jarif Khalidi, The Muslim Jesus: Sayings and Stories in Islamic Literature
  (Cambridge, Mass.: Harvard University Press, 2001)과 Beatrice Bruteau
  (ed.), Jesus through Jewish Eyes: Rabbis and Scholars Engage an Ancient
  Brother in a New Converstaion(Maryknoll, N.Y.: Orbis Books, 2001) 참조.

1 그는 그때, 우리는 지금

1 '역사적 예수'를 재발견하기 위한 이런 노력들 중 가장 좋은 것은 Dominic Crossan,
  The Historical Jesus: The Life of a Mediterranean Peasant(San Francisco:
  HarperSanFrancisco, 1991). 최근에 Crossan이 Jonathan L. Reed와 함께 펴
  낸 책으로 다음 것이 있다. Excavating Jesus: Beneath the Stones, Behind the
  Texts(San Francisco: HarperSanFrancisco, 2003).
2 비슷한 방법을 쓰지만 약간 다른 결론에 도달한 두 학자들 간의 훌륭한 의견 교환을
  보려면 다음을 참조할 것. Marcus Borg and N. T. Wright, The Meaning of Je-
  sus(New York: HarperCollins, 1999).
3 역사적 예수를 역사적 인물로 '방치'하지 않는 중요한 예로 예수 세미나의 중요 멤버
  중 하나인 마커스 보그(Marcus J. Borg)의 책 Meeting Jesus Again for the First
  Time(San Francisco: HarperSanFrancisco, 1994)을 참조할 수 있다.

2 랍비 예수의 등장

1 Edith Wyschogrod, Saints and Postmodernism: Revisioning Moral Philoso-
  phy(Chicago: University of Chicago Press, 1990), p. xxii.
2 Martha C. Nussbaum, Poetic Justice: The Literary Imagination and Public

Life(Boston: Beacon Press, 1995), p. 9. 저자는 자기의 주장을 다음 책에서 얻었다고 한다. Wayne Booth, The Company We Keep: An Ethics of Fiction(Berkeley and Los Angeles: University of California Press, 1988), pp. 70~77. 또 Nussbaum, Upheavals of Thought: The Intelligence of Emotions(New York: Cambridge University Press, 2001)도 참조할 것.

3 예수 당시 대부분의 사람들은 문맹이었고, 따라서 이 '성경' 내용은 읽어서가 아니라 구전을 통해서 알고 있었다는 사실을 기억해야 한다

3 이야기로 가득한 세상

1 Noam Zion and David Dishon, A Different Night(Jerusalem, Israel: The Shalom Hertman Institute), p. 45에서 인용.

2 Umberto Eco, Five Moral Pieces(New York: Harcourt, 2001), p. 29.

3 Yann Martel, Life of Pi(New York: Harcourt, 2002). 인용문 출처는 판카즈 미슈라(Pankaj Mishra)의 서평 "The Man, or the Tiger?"로 다음에 실려 있다. The New York Review of Books, 27 March 2003, p. 17.

4 2차 세계대전 이전과 대전 중 엘리아데가 루마니아에서 한 역할에 대해서는 Mihail Sebastian, Journal1935-1944: The Fascist Years(Chicago: Ivan R. Dee, 2000)를 참조할 것.

5 이 방법은 나의 동료 랠프 포터(Ralph Potter)가 처음 고안한 것으로서, 그는 이것을 그의 미출판 박사학위 논문 "The Structure of Certain American Christian Responses to the Nuclear Dilemma, 1958~1963"에 사용했다. 이 논문은 하버드대학교 위드너도서관에 보관 중이다.

6 Don Cupit, What Is a Story?(London: SCM Press, 1991), p. ix.

7 Arundhati Roy, The God of Small Things(New York: HarperCollins, 1998).

8 Walter Benjamin, The Storyteller, in Hannah Arendt(ed.), Illuminations (New York: Schocken Books, 1968), p. 83.

9 Paul Elie, The Life You Save May Be Your Own: An American Pil-grimage (New York: Farrar, Straus and Giroux, 2003), p. 472.

4 '낡고'의 발라드

1 Dan Cohn-Sherbok, Fifty Key Jewish Thinkers(London and New York: Routledge, 1997).

5 적절한 여인을 고르다

1   이것은 다음 글에서 직접 인용했다. Connie Zong, "Donors Wanted: The Ivy League Factor in Egg Donations," The Harvard Science Review, Vol. 18, No. 2, (Spring 2002), p. 20.
2   Ms. 종(Zong)은 사용하는 약 이름 등을 포함하여 이 과정을 소상하게 기술하고 있다. 위에서 인용한 글, "Donors Wanted," p. 21.
3   인용문 출처는 Sally Cuneen, In Search of Mary: The Woman and the Symbol- (New York: Ballantine Books, 1996), p. 99.
4   위에 인용된 책 p. 25.

6 에덴에서 추방

1   아담과 하와 이야기에 대한 여러 가지 해석을 소개한 훌륭한 책으로 Gary A. Anderson, The Genesis of Perfection: Adam and Eve in the Christian and Jewish Imagination(Louisville, Ky.: Westminster/John Knox Press, 2001)을 볼 것. Anderson의 책 p. ii에 인용된 바를 보면 밀턴은 아담의 말을 다음과 같이 대신했다.
O goodness infinite, goodness immense!
That of all this good of evil shall produce,
And evil turn to good; more wonderful
Than that which by creation first brought forth
Light from darkness!
2   Martin Buber, Tales of the Hasidim, Book II(New York: Schocken Books, 1947), p. 207.
3   나는 이 성경 절을 결혼식에서 제일 많이 인용하고 있는 흠정역에서 인용했다. +
4   내가 학생들을 너무 성급하게 말렸는지도 모르겠다. 이런 문제를 다루는 최근의 훌륭한 책으로 다음 것이 있다. Bill McKibben, Enough: Saving Humanity in an Engineered Age(New York: Times Books, 2003).
5   인용 출처는 David Curzon(ed.), The Gospels in Our Image(New York: Harcourt Brace and Company, 1995).
6   성육신이 하나님 자신의 삶 속에 나타난 위기를 극복하기 위한 노력을 나타내는 것이라는 생각을 극히 독창적으로 검토한 책으로 다음을 참조할 것. Jack Miles, Christ: A

+   한국어 번역에서도 개역에서 인용했다.

Crisis in the Life of God(New York: Alfred A. Knopf, 2001).

7 구루들과 의심스러운 자들

1   Marc Hirshman, "Rabbinic Universalism in the 2nd and 3rd Centuries," The Harvard Theological Review, No. 932(Spring 2002), pp. 101~115 참조.

8 시므온 효과

1   시므온의 역사성마저도 의문시된다. 나의 동료 엘런 에이트킨(Ellen Aitken) 교수는 전체적으로 보아 시므온도 누가복음서 저자의 상상적 창작이라 보아야 한다고 생각한다.
2   Jacob Neusner, The Classics of Judaism(Louisville, Ky.: Westminster/John Knox Press, 1995), p. 94.
3   위의 책 p. 413.
4   Louis Ginzberg, Legends of the Bible(Philadelphia–Jerusalem: The Jewish Publication Society, 1992), p. 239.

9 마귀를 물리쳐라

1   예수의 시험 장면이 무엇을 의미하는가에 대한 훌륭한 설명을 제시해준 나의 동료 브렌트 코핀(Brent Coffin) 교수에게 감사한다.
2   예수 안에 있는 하나님 영의 임재라는 성육신 교리는 그리스도교에서 가장 많이 알려져 있지만 그리스도교 설명만 유일한 것이 아니라는 사실을 명심할 필요가 있다. 예를 들어 다음 책들을 참조할 것. Roger Haight, Jesus: Symbol of God(Maryknoll, N.Y.: Orbis Books, 1999), 그리고 John Hick, The Metaphor of God Incarnate: Christology in a Pluralistic Age (Louisville, Ky.: Westminster/John Knox Press, 1993).
3   Hugo Rahner, Ignatius the Theologian(New York: Herder and Herder, 1968), p. 89 참조.
4   역사적으로 천사의 문제는 신학자들에게 매혹적인 연구 과제였다. 토마스 아퀴나스는 천사가 특수성과 보편성 사이의 모순에 처한 것이 아니라고 했다. 틸리히는 천사를 "구조의 상징 혹은 존재의 힘에 대한 구체적 상징"이라 했다. 심리학자들 사이에 '아키타입'에 대한 논의가 활발하고 20세기 문학에 악마가 극적으로 재등장하는 것은 언어는 바뀌었지만 그 매혹은 계속됨을 말해주고 있다. Paul Tillich, Systematic Theology,

Vol. I(Chicago, Ill.: University of Chicago Press, 1951), p. 260 참조할 것.

10 캠페인이 시작되다

1 그렇지 않으면 고양이처럼 야옹했을까 개처럼 으르렁거렸을까? 스티븐 미첼(Stephen Mitchell)은 아주 읽기 쉬운 그의 책, The Gospel According to Jesus(New York: HarperCollins, 1991), p. 203에서 사람들이 사용한 마리아의 아들이라는 말은 사람들이 그를 사생아로 취급했기 때문이라고 했다. 말하자면 그들은 이 친구는 자기가 뭐라고 생각하나? 혹은 이런 걸 어디서 주워들었지? 하는 정도의 말을 한 것이라는 것이다.

2 필라델피아에 있는 자유의 종에 쓰인 다음 글은 《레위기》 25:10에 기초한 것이다. "Proclaim liberty throughout the land and to all the inhabitants thereof(전국의 모든 거민에게 자유를 선포하여라)."

11 예수는 자기 백성들의 이야기를 되풀이했다

1 폴란드어를 영어로 번역한 이는 데이비드 커즌 그라지나 드라비크(David Curzon Graznya Drabik)로서 영문 번역은 다음 책에 나온다. David Curzon(ed.), The Gospels in Our Image: An Anthology of Twentieth-Century Poetry Based on Biblical Texts(New York: Harcourt, Brace and Company), p. 80.

2 Francine du Plessix Gray, Simone Weil(New York: Viking Penguin, 2001) 참조.

3 다음 책에 고마움을 표한다. Warren Carter, Matthew and the Margins: A Sociopolitical and Religious Reading(Maryknoll, N.Y.: Orbis Books, 2000). 특히 pp. 128~137 참조.

4 위의 책, p. 133.

5 위의 책, p. 135.

6 위의 책, p. 135.

12 소금과 등잔

1 샤론 도빈스(Sharon Dobbins)가 간디의 《비폭력 저항(Nonviolent Resistance)》에서 인용. 다음을 참조할 것. "The Principles of Equity and the Sermon on the Mount as Influence in Gandhi's Truth Force," The Journal of Law and Religion, Vol. 6, No. I(1988), p. 135.

13 랍비가 토라를 가르치다

1. Michael Lerner, "Fresh Eyes: Current Jewish Renewal Could See Jesus as One Like Themselves" in Beatrice Bruteau(ed.), Jesus Through Jewish Eyes(Maryknoll, N.Y.: Orbis Books, 2001), p. 146 참조.

2. Sherman Johnson, The Interpreter's Bible, Vol. 7(New York: Abingdon Cokesbury Press, 1951), p. 309.

3. Adrian House, Francis of Assisi(Mahwah, N.J.: HiddenSpring/Paulist Press, 2001), 그리고 Robert Ellsberg(ed.), Dorothy Day, Selected Writings(Maryknoll, N.Y.: Orbis Books, 1991) 참조할 것.

14 비유와 죽비

1. D. T. Suzuki, "Satori, or Enlightenment," in William Barrett(ed.), Zen Buddhism: Selected Writings of D. T. Suzuki(Garden City, NY: Double-day Anchor, 1956), p. 83.

2. Amos N. Wilder, The Language of the Gospel: Early Christian Rhetoric (New York: Harper and Row, 1964) 특히 5장을 참조.

15 부정한 최고 경영자와 망나니 아들

1. 이런 '설명'의 좋은 예가 《마태복음》 13:36에 나온다. 여기에는 예수가 그 유명한 씨 뿌리는 자의 비유를 한 후 제자들이 그를 옆으로 모시고 가서 그 비유를 '설명'해달라고 하는 장면이 나온다. 그러나 많은 학자가 이를 후대에 덧붙여진 것, 어떤 목적을 가지고 쓴 것이라 본다. 제자들이 다른 사람들은 모르는 내부 정보를 알고 있는 듯한 인상을 주기 때문이다.

16 큰 무리가 모여든 까닭

1. Herbert Benson, The Mind/Body Effect: How Behavioral Medicine Can Show the Way to Better Health(New York: Berkeley Publishing, 1979), 그리고 마거릿 스타크(Margaret Stark)와 공저한 Timeless Healing: The Power and Biology of Belief(New York: Scribner, 1996) 참조.

17 아마겟돈 신드롬

1 현재까지 11권이 나와 있다. Left Behind, Tribulation Force, Nicolae, Soul Harvest, Apollyon, Assassins, The Indwelling, The Mark, Desecration, The Remnant, Armageddon. 저자는 팀 라헤이(Tim F. LaHaye)와 제리 젠킨스(Jerry B. Jenkins), 그리고 모두 일리노이주 휘턴에 있는 턴델하우스(Tyndale House)에서 출판되었다. +

2 이 책들은 1913년부터 런던에 있는 윌리엄 니콜슨＆선즈(W. Nicholson and Sons) 출판사에서 출판됨.

3 Crawford Gribben, "Before Left Behind" in Books and Culture, July/August 2003, p. 9.

4 Hal Lindsey, The Late Great Planet Earth(Grand Rapids, MI: Zondervan Publishing, 1970).

5 Paul C. Merkley, The Politics of Christian Zionism 1891-1948(London: Frank Cass, 1998).

6 Joan Didion, "Mr. Bush and the Divine," The New York Review of Books, 6 November 2003, p. 81. 저자는 이 베스트셀러 판매량이 양장본, 페이퍼백, 문고판, CD, 녹음, 전자책, 만화 등을 모두 포함한 것이라 했다.

7 Gershom Gorenberg, The End of Days: Fundamentalism and the Struggle for the Temple Mount(New York: The Free Press, 2000), pp. 55ff.

8 지금껏 '666'의 신비를 풀겠다는 사변적인 책이 수없이 나왔다. 가장 그럴듯한 이론은 로마의 네로 황제의 이름을 히브리 글자로 써서 그 수치를 합하면 666이 된다는 것이다. 네로는 《요한 계시록》이 기록될 당시 그리스도인들을 박해한 악명 높은 로마 황제였다.

9 Laurie Goodstein, "Seeing Islam as 'Evil' Faith, Evangelicals Seek Converts," New York Times, 27 May 2003, p. 1.

10 로버트 제이 리프턴(Robert Jay Lifton)은 Superpower Syndrome: America's Apocalyptic Con-frontation with the World(New York: Nation Books, 2003) 에서 말세론자들의 수사의 근원과 위험을 잘 묘사하고 있다.

+ 몇 권은 한국말로 번역되어 있다.

18 변화산과 예언자의 밤길

1   Kanan Makiya, The Rock(New York: Pantheon, 2001), p. 181에서 인용.

19 배수진과 가두극장

1   나의 동료 앨런 캘러핸(Allen Callahan) 교수가 로마군의 예루살렘 입성이 예수의 예
     루살렘 입성의 전례가 되었다고 지적해주었다.

20 재판과 재심

1   이처럼 재판 이야기뿐 아니라 복음서 전체에 역사와 예언이 복잡하게 얽혀 있다는 것
     을 보려면 다음의 훌륭한 책을 참조할 수 있다. Paula Fredriksen, Jesus of Naza-
     reth(New York: Random House, 1999).
2   다음 책은 예수의 재판에 관한 글이 편집된 방법을 살펴 반유대인 정서의 근원을 찾는
     다는 점에서 특별히 중요하다고 할 수 있다. John Dominic Crossan, Who Killed Je-
     sus?(San Francisco: HarperSanFrancisco, 1995).
3   Ann Wroe, Pontius Pilate(New York: Random House, 1999).
4   위의 책, p. xiv.
5   Richard Horsely, Jesus and the Spiral of Violence: Popular Jewish Resistance
     in Roman Palestine(San Francisco: Harper and Row, 1987)와 Jesus and Em-
     pire(Minneapolis: Fortress Press, 2003) 참조할 것.

21 죽은 자가 걸어 다님

1   Karen Armstrong, Jerusalem: One City, Three Faiths(New York: Ballan-tine
     Books, 1996), p. 336.
2   Yosef Hayim Yerushalmi, Zakhor: Jewish History and Jewish Memory(Seattle
     and London: University of Washington Press, 1982), p. xvii. 인용문은 해럴드
     블룸(Harold Bloom)의 서문에 나오는 것으로 강조는 내가 한 것.
3   Alberto Lopez Pulido, The Sacred World of the Penitentes(Washington, D.C.:
     The Smithsonian Institution Press, 2000).
4   저항 행진과 십자가의 기도처를 결합한 것을 소설적으로 묘사한 것을 보려면 다음 책을
     참조할 것. Ana Castillo, So Far from God(New York: Penguin Group, 1993).

5   오버아머가우 수난 공연은 1633년 이후 10년마다 한 번씩 공연된다. 2차 세계대전 이후 유대인을 판에 박힌 편견으로 묘사했다는 점 때문에 비판을 받았다. 그 이후 각본, 분장, 의상, 무대 장치 등이 완전히 바뀌었다.

22 이성, 감정 그리고 고문

1   더쇼위츠 교수의 입장은 그의 다음 책에 나타나 있다. Why Terrorism Works: Understanding the Threat, Meeting the Challenge(New Haven, Conn.: Yale University Press, 2002).
2   Eyal Press, "In Torture We Trust," The Nation, 31 March 2003, p. 11에서 인용.
3   위의 책, p. 12.
4   위의 책, p. 11.
5   이성과 감성의 합일과 분리 문제에 대해 흥미 있게 다룬 것으로 다음을 참조. John Milbank, "The Last of the Last: Theology, Authority and Democracy" in Telos, No. 123(Spring 2002), pp. 5ff. 폴 틸리히도 이 문제를 그의 다음 책에서 논의하고 있다. Paul Tillich, Systematic Theology, Vol. 1(Chicago: University of Chicago Press, 1951), pp. 53~54와 72~74.

23 그것은 그럴 수밖에 없었다

1   Susan Neiman, Evil in Modern Thought: An Alternative History of Philosophy(Princeton, N.J.: Princeton University Press, 2003).

24 하나님 없는 세상?

1   Irving Greenberg, The Jewish Way: Living the Holidays(New York: Summit Books, 1988), p. 320.
2   Andre Dumas, Dietrich Bonhoeffer: Theologian of Reality, tr. by Robert McAfee Brown(New York: Macmillan Company, 1968) 참조. 표준적인 전기로는 Eberhard Bethge, Dietrich Bonhoeffer: Theologian, Christian Contemporary(New York: Harper and Row, 1970)를 참고할 수 있다.
3   Dietrich Bonhoeffer, Letters and Papers from Prison(New York: Collier Books, 1971).
4   위의 책, p. 311.

5 위의 책, p. 360.

6 나는 40년 전 본회퍼의 영향으로 The Secular City(New York: Macmillan, 1965)라는 책을 써서 '성년의 세계'의 신학적 문제를 다루어보려고 했다.[+]

7 The Power of the Poor in History(Maryknoll, N.Y.: Orbis Books, 1983)의 서문에 보면 라틴아메리카 해방 신학의 '대부' 구스타보 구티에레스(Gustavo Gutierrez)가 본회퍼에게 영향을 받았음을 고맙게 생각하고 있다.

25 부활절 이야기

1 N. T. Wright, Jesus and the Victory of God(Minneapolis: Fortress Press, 1996), p. 110.

2 Sarah Coakley, "Not with Eyes Only: The Resurrection, Epistemology, and Gender" in Center of Theological Inquiry(ed.), Reflections(Prin-ceton, N.J.: Center of Theological Inquiry, 2003).

3 드라큘라 영화의 팬으로서 내가 한 가지 덧붙이고 싶은 것은 이렇다. 많은 영화 평론가들은 그 영화가 부활이라든가 피를 마심으로 살 수 있다고 하는 등 그리스도교 이야기의 몇 가지 요소를 기막히게 전화시켰다고 본다는 점이다.

4 Roger Haight, Jesus: Symbol of God(Maryknoll, N.Y.: Orbis Books, 1999)에 보면 부활에 대한 이런 해석들을 훌륭하게 개괄한 부분이 나온다.

5 Jon Sobrino, Christ the Liberator(Maryknoll, N.Y.: Orbis Books, 2001), p. 26에서 인용.

6 Michael Walzer, Exodus and Revolution(New York: Basic Books, 1985) 참조.

7 Sobrino, Christ the Liberator, pp. 66ff. 참조할 것.

8 위의 책, p. 35.

26 우주의 홍소

1 Paul Tillich, Systematic Theology, Vol. 3(Chicago: University of Chicago Press, 1963), p. 414.

2 이런 주제를 다룬 책으로 다음을 참조할 수 있다. M. A. Corey, God and the New Cosmology: The Anthropic Design Argument(Lanham, Md.: Rowman and Littlefield Publishers, 1993).

[+] 한국어 번역은 《세속 도시》로서 문예출판사에서 출판되었다.

 주

3   J. Polkingham and Michael Welker(eds.), The End of the World and the Ends of God: Theology and Science on Eschatology(Harrisburg, Pa.: Trinity Press, 2000) 참조.

마치면서

1   Morals in Public Lift in John Bartlett and Justin Kaplan(eds.), Bartlett's Familiar Quotations, 16th ed.(Boston: Little, Brown and Company, 1992), p. 615에서 인용.

2   Jaroslav Pelikan, Jesus Through the Centuries(New Haven, Conn.: Yale University Press, 1985), 그리고 Charlotte Allen, The Human Christ: The Search for the Historical Jesus(New York: The Free Press, 1998) 참조할 것.

3   Stephen Prothero, American Jesus: How the Son of God Became an American Icon(New York: Farrar, Straus and Giroux, 2003).

4   Bruce Barton, The Man Nobody Knows: A Discovery of the Real Jesus(New York: Triangle Books, 1940).

찾아보기

찾아보기

찾아보기

옮긴이 오강남

우리 시대의 대표적인 비교종교학자로 캐나다 리자이나대학교 종교학과 명예교수다. 서울대학교 종교학과와 동 대학원을 졸업하고, 캐나다 맥마스터대학교에서 〈화엄(華嚴) 법계연기(法界緣起) 사상에 관한 연구〉로 종교학 박사학위를 받았다. 북미 여러 대학교와 서울대학교 등의 객원교수, 북미 한인종교학회 회장, 미국종교학회 한국종교분과 공동의장을 역임했으며, 북미와 한국을 오가며 집필과 강의, 강연을 하고 있다. 저서로 한국 기독교계에 경종을 울린 명저《예수는 없다》와 종교의 심층을 탐구한《진짜 종교는 무엇이 다른가》,《오강남의 그리스도교 이야기》,《세계 종교 둘러보기》,《종교란 무엇인가》,《불교, 이웃 종교로 읽다》,《살아 계신 예수의 비밀의 말씀》,《도덕경》,《장자》 등이 있다. 옮긴 책으로는《종교 다원주의와 세계 종교》,《살아 계신 붓다, 살아 계신 예수》,《귀향》,《예언자》,《기도》,《데이비드 스즈키의 마지막 강의》,《내 인생의 탐나는 영혼의 책 50》 등이 있다. 제17회《코리아타임스》한국현대문학 영문번역상(장편소설 부문)을 수상했다.

예수, 하버드에 오다

1판 1쇄 발행 2004년 12월 30일
2판 1쇄 발행 2026년 1월 15일

지은이 하비 콕스
옮긴이 오강남
펴낸곳 ㈜문예출판사
펴낸이 전준배

편집 백수미 박해민 전하연
디자인 서혜진
영업·마케팅 하지승
경영관리 강단아 김영순

출판등록 2004. 02. 11. 제 2013-000357호 (1966. 12. 2. 제 1-134호)
주소 04001 서울시 마포구 월드컵북로 21
전화 02-393-5681
팩스 02-393-5685
홈페이지 www.moonye.com
블로그 blog.naver.com/imoonye
페이스북 www.facebook.com/moonyepublishing
이메일 info@moonye.com

ISBN 978-89-310-2645-0 03190